5판

정책학신론

이 해 영

양 성 원

서 문(5판)

『정책학신론』의 개정 5판은 정책학이란 무엇인가, 정책학의 역사와 사상은 무엇인가, 그리고 정책학의 기초적이고 중심적인 이론은 또한 무엇인가 하는, 네 가지의 큰 주제에 따라서 정책학을 설명한 것이 특징이다.

제1편 제1장의 정책학이란 무엇인가 하는, 정책이나 정책학의 정의에 해당되는 내용은 기존의 개정판과 대동소이하다. 다만 개정 5판에서는 기업유치(new business attraction)에 관한 국가정책을 사례로 제시하면서 정책과 정책학의 정의와 그에 따른 정책학의 특징 등을 설명하였다. 여기에 더하여 정책학을 이해하거나 연구하는 방법론도 제2장에서 설명하였다.

제2편 제1장은 정책학의 학문적인 발달과 성장인 정책학사(the history of Policy Studies)를 소개하고 설명하였다. 미국 중심의 정책학사에 이어서, 제2장은 한국 정책학의 역사와 여기에 더하여 일본과 중국의 정책학의 발달 등도 간단히 설명하였다.

제3장은 정책과 정책학의 본질적 가치를 철학적으로 설명하는 정책사상(政策思想: policy thought)을 소개하고 설명하였다. 제4판에서는 정책사상을 정책학의 중심이론으로 설명하였지만 개정 5판은 정책이나 정책학의 본질에 관한 철학적 사고를 이론적으로 체계화하는 정책이론인 정책사상을 정책학의 정의와 정책학사에 뒤이어 설명하였다.

정책사상은 정책학의 기초이면서도 핵심이론이다. 모든 학문분야, 특히 사회과학에서 사상 이론이나 연구는 각 학문의 정체성 확립이나 학문 발달과 성숙 등을 가늠하는 필수이론이다. 정책학도 1950년대에 미국에서 태동하면서 벌써 70여 년의 학문적 성상을 쌓아가고 있다. 정책학이 하나의 응용사회과학으로 탄생될 당시는 농업사회이거나 산업혁명에 의한 대량생산사회로 진입하는 시기였다. 그러나 지금은 인공지능(AI)이나 5G(fifth generation), 스마트폰 네트워크 기술에 의한 사물인터넷(IoTs) 등이 인간과 협력자로서 활동하는 제4차 산업혁명시대이다. 정책학이 출범할 당시의 시대적인 환경과 현실이 크게 변화되었다. 이와 같이 변화되는 정책세계를 설명하고 이론화 할 수 있는 철학적인 사고체계를 정책학은 정책사상으로 발전시키면서 학문적 성숙을 추구하고 있다. 그래서 개정 5판에서는 정책사상의 정의와 그의 중요성 및 정책사상의 유형 등을 독자들에게 소개하고 설명하였다. 이와 같은 정책사상은 필자가 근간한(2020년) 『정책사상 대계』의 일부내용을 재구성하고 정리한 것이다.

제3편은 정책학의 전통적인 기초이론에 해당되는 정책과정론과 정책분석론을 담고 있다. 특히 개정 5판에서는 정책학의 원론 수준에서 일반적으로 자세히 설명되고 있지 않은 정책분석론을 초보적인 수준 정도로 설명하였다. 정책분석론을 보다 더 자세히 공부하고자 하는 독자에게 여타의 교재 등을 활용할 것을 권장한다.

제4편에서는 정책학의 중심이론을 설명하였다. 물론 정책학의 중심이론에는 정책과정론과 정책분석론이 필수적으로 포함되어야 한다. 그러나 이 부분을 기초이론으로 제3편에서 설명하였기 때문에, 제4편에서는 정책과 국가, 정책과 정치, 정책균형이론, 정책리더십, 정책에서의 실천성 등을 정책학의 중심이론으로 취급하였다.

정책학의 중심이론은 다양하지만 본서에서는 정책은 국가를 중심으로 하는 정치적인 책략이기 때문에 우선적으로 국가주의를 중심으로 하는 국가와 정책을 설명하였다. 이에 따라서 정치와 정책과의 관계를 정책학의 중심이론으로 설명하면서, 정책에서의 민주주의도 덧붙여 설명하였다. 그리고 정책의 물리적이고 정신적인 정책인과의 균형이론을 인구문제를 예시하면서 요약해서 설명하였다.

정책의 현실에서 정책을 창도하고 주창하는 정책리더의 자질이나 도덕적이고 윤리적인 가치판단의 능력 등에 관한 정책리더십을 자정(自淨)모형(self-purification model)으로 설명하였다. 마지막으로, 정책에서의 실천성(policy practicality)을 정책학의 현실적인 적실성과 타당성을 확보하는 중심이론으로 소개하였다. 왜냐하면 정책이론의 실천적인 지식이나 실천지혜, 실천판단, 실천책무 등은 정책학의 본질적 가치인 이론-실제의 괴리현상을 치유할 핵심적인 이론이기 때문이다.

1997년에 『정책학신론』의 초판을 정책학계에 발표하면서 2020년까지 다섯 번의 개정판을 발간할 수 있었다. 특히 개정 5판에서는 중복적인 설명이나 원론적인 교과서에 불필요하다고 판단되는 것을 정리하면서 책의 분량을 대폭 축소할 수 있게 되었다. 그러나 정치학이나 정책학 또는 행정학계 등의 교과서의 출판과 수정판을 살펴보면서 발견한 하나의 고민이 있었다. 즉 원론적인 수준에서 독자들에게 정책학의 기초이론이나 논쟁점 등을 소개하고 설명하는 교과서 집필에서 참고문헌의 수준을 학문발달이나 진보에 어떻게 맞추어 정리할 것인가 하는 점이었다. 그래서 필자는 정책학의 전통적인 이론이나 방법 등에 관한 참고문헌은 개정이나 개작이 발견되는 대로 그에 따라서 관련되는 것을 소개하였다. 그 이외의 참고문헌은 되도록 최근의, 즉 2000년대 이후의 것을 기본으로 해서 검토하고자 노력했다.

해를 거듭하면서 『정책학신론』을 수정할 수 있었다는 사실만으로도 정책학도로서 필자는 독자와 동도제현(同道諸賢)에게 큰 학은(學恩)을 입은 것이다. 여기에 더하여 『정책학신론』이 20세기 중엽부터 시작된 정책학을 학문적으로나 실천적으로 계속해서 성숙하고 발전시키는 과업에 천만분의 일일지라도 기여할 수 있다면, 비록 한글 사용의 독자라는 제한된 학술적 영향력을 가진 개론서라고 할지라도, 필자에게는 과분한 학운(學運)임에 틀림없다. 그러나 이 모든 것은 독자 여러분의 지지와 격려 덕분에 가능하다는 사실을 잘 알고 있다. 다시금 제방의 선학자(善學者)와 정책실무자에게 고개 숙여 감사를 드릴 뿐이다. 교과서 시장의 어려움에도 불구하고 흔쾌히 개정5판을 출간해 주신 양성원 출판사의 강철원 사장님과 임직원분들에게 이 기회를 빌어서 감사를 드린다.

2020년 새해에,
저자 이해영(李海盈, 良田, 雲皐) 쓰다.

서 문(4판)

새로운 저서나 개정판의 서문을 쓰는 것은 힘들면서도 가슴 벅찬 일이다. 먼저 힘들다고 하는 것은 특히 개정판의 경우에 이 판을 발간하고 곧바로 돌아서면 수많은 오류와 미숙함이 발견될 것이고 그러면 학문적인 염치에도 불구하고 또다시 개정판을 준비해야 하는 미숙함에서 오는 감정이다. 동시에 가슴 벅차다는 것은 지난 판의 잘못이나 부족한 부분 또는 낯부끄러울 정도로 어설픈 설명 등을 수정할 수 있겠다는 반성과 더불어 미미하지만 그래도 새로운 이론이나 사례 등을 독자들에게 소개할 수 있는 기회를 가질 수 있다는 학동(學童)의 순진한 생각에서이다.

그래서인지는 잘 모르겠지만 필자는 책을 구입하거나 보게 되면 먼저 저자의 서문을 읽는 습관이 있다. 서문을 보면 저자의 학문적 사상이나 배경 또는 하고 싶은 이야기 등을 알 수 있게 된다. 그러면 그 책의 내용을 이해하는 데 큰 도움이 되곤 한다[1]. 『정책학신론』의 제4판을 발간하고 서문을 쓰는 일도 이와 같았다. 물론 3판(2010년) 이후 지금까지 정책학의 대계를 구성할 이론이나 방법론 등이 크게 변화된 것은 없었지만[2], 필자가 그 동안에 공부한 정책학의 중심이론이나 중심사상, 정책(학)을 이해하고 설명하기 위한 중요한 전제조건이나 선행과제라고 할 수 있는 국가주의 정책 등을『정책학신론』에서 독자들에게 좀 더 자세히 알리고자 하는 학문적 욕망과(물론 부끄러움을 무릅쓰고) 여기에 더하여, 최근의 정책사례를 현장감 있게 제공하기 위해서 4판을 준비하였다. 전정 제4판에서 중점적으로 변화된 내용은 다음과 같다.

첫째, 정책학을 이해하고 설명하기 이전에 정책이란 무엇이며 이것을 현실적으로 어

1) 필자의 석사과정 때, Carl J. Bellone의『Organization Theory and the New Public Administration』(1980). Boston: Allyn and Bacon, Inc.)의 서문과 Emmette S. Redford의『Democracy in the Administrative State』(1969). New York: Oxford University Press)의 서문이 가장 인상적으로 기억에 남아 있다(외국학자의 것만 생각나서 좀 그렇지만, 그 당시에는 별다른 생각없이 서문에 매료되었던 것 같다).

2) 필자의 과문한 탓도 있겠지만 최근의 연구경향이나 내용을 소개한 글을 보더라도 정책학의 진원인 미국의 정책학에서도 큰 변화를 발견하기 어렵고, 한국의 정책학 연구경향이나 내용에서도 큰 변화를 찾기 어려워서 이렇게 진단한 것이다.

떻게 이해할 것인가 하는 것을 제1장으로 추가하였다. 특히 정책은 국가의 공권력 작용이며 국가통치 행위라는 사실에서 볼 때, 왜 국가는 공공의 이익이나 목적을 위해서 개인의 자유로운 판단과 결정에 끊임없이 개입하거나 간섭하는가 하는 국가주의를 정책과 정책학을 이해하기 위한 대전제로 설명하였다. 아마도 지금까지 정책학이 간과한 분야가 '정책'과 '국가' 또는 '국가주의'와의 관계라고 할 수 있다. 정치학이나 인근 학문 분야에서 국가와 국가주의 등을 많이 연구하고 논의하면서 자연적으로 정책학에서 이것을 재론할 필요성이 없었을 수도 있다. 그러나 정치학이나 인근 학문에서도 국가주의를 중심으로 하는 정책정향의 연구는 희박한 편이다.

뒤이어 제2장에서 국가주의를 전제로 하는 정책을 이론적이고 사상적으로 체계화한 지식체계로 정책학을 정의하면서 학문적 정체성과 과학성 및 범학제성 등을 전면적으로 개작하였다.

둘째, 정책학의 교과서적인 이론인 정책과정론의 각 단계를 좀 더 자세히 설명하기 위해서 기존의 정책과정론을 두 개의 장으로 구분하였다. 특히 정책과정론 II에서 정책집행과 평가 및 종결의 내용을 자세히 기술하였으며 정책과정에서 정책의 변화를 정책변동으로 첨가하였다. 정책학의 원론적 수준에서는 정책과정의 단계적 내용이 좀 더 보완되어야 한다는 독자들의 요구와 정책학을 강의하시는 교수님들의 평가와 지도편달에 따라서 이와 같이 정책과정의 내용을 약간 보강하였다.

셋째, 정책학의 학문적 체계를 정립하기 위한 지적 근간인 정책학의 사고체계인 정책사상을 제8장에서 설명하였다. 정책학이 학문적이고 실천적으로 그 존재가치를 인정받고자 한다면 정책사상이 먼저 체계화되어 있어야 한다. 또한 정책학이 발달하면서부터 지금까지도 정책학에 비판적이고 회의적인 논쟁들을 보면 정책학의 학문적이고 실천적인 사상이 부족하고 더구나 이것이 체계화되지 못했다는 공통점을 찾을 수 있다. 특히 정책학의 이론적 맥락이나 정책사상을 체계화할 수 있어야 정책학은 학문적 정체성을 확보할 수 있다는 전제에 따라서 정책사상을 국가주의를 중심으로 하면서 선도(善導)주의와 물아(物我)주의, 균형주의, 현실주의 등으로 설명하였다.

넷째, 정책현실이나 현장의 정책감각을 좀 더 잘 이해할 수 있도록 최근의 정책사례를 다양하게 소개하였다. 특히 시민의 자율적인 판단과 결정에 국가가 개입하고 간섭하는 정책개입의 본질적 이유와 정당성 등을 이해하기 위해서 제1장에서 2015년 초여름에 발생한 중동호흡기증후군(MERS) 사례를 제시하였다. 그리고 정책과정론에서도 정책집행의 성공이 정책성공이라는 것을 사례로 설명하기 위해서 아프리카에 보내진 말라리아 방역 모기장이 물고기 잡는 그물로 사용되는 현실을 예시하였다. 그리고 정책학의 지적 근간인 정책사상을 정책현장에서 이해하기 위하여 혁신도시건설 사례를 소개하였고, 정책학과 정치에서는 세종대왕 당시의 소 일만 마리의 조공무역을 해결한 사건을 예시하여 정책은 수혜자 중심의 정치적 손익관계를 고려하지 아니할 수 없다는 정책현실의 감각을 이해할 수 있도록 했다. 나아가 1950년의 한국전쟁에 미군의 참전을 결정한 Harry Truman 미국대통령의 리더십을 사례로 정책리더십을 설명하였고, 박근혜 정부의 창조경제정책의 구체적 사업과 프로그램 등을 소개하면서 정책균형이론의 필요성과 실천방법 등을 설명하였다. 마지막 사례로 주민의 직접투표에 의한 방사성폐기물 처리장 부지선정 사례를 들면서 정책학과 민주주의를 설명하였다.

다섯째, 책의 체제와 편집에 관한 것이다. 정책학을 소개하는 제1편의 정책학의 역사(정책학사)는 제4편의 정책학의 과거와 현재 및 미래를 신설하여 그쪽으로 이동하였다. 정책학의 학문적 이론구성이나 체계에서 보면 정책학사를 정책학의 정의와 방법론에 뒤이어 설명해야 하지만 정책학의 교육편제(pedagogical edition)에서 보면 정책학사를 제4편에서 설명하는 것이 보다 더 타당할 것으로 판단되었다. 그리고 정책학사에서 일본과 중국의 정책학을 소개해서 동아시아 3국의 정책학을 비교적으로 이해할 수 있도록 했다. 또한 정책학의 중심이론인 정책사상에서 정책철학의 개념을 비교하여 설명하면서 '정책철학'을 삭제하였다.

초판부터 목차와 중심적인 내용을 간단히 요약한 영문판을 책 뒤편에 달았지만 전정4판에서는 영문 차례(analytical contents)를 국문의 차례 다음에 배치하였다. 그러나 독자들의 편의와 수요에 따라서 영어용어 색인 편은 살렸다. 이와 동시에 개론서의 특성상 각 장의 참고문헌 정리가 크게 필요하지 아니할 것으로 판단되어 책의 말미에 참고문헌을 일괄적으로 정리했다.

지금까지 『정책학신론』의 네 번째 개정판을 발간하지만 중심적인 패러다임은 크게 변함이 없다. 정책과 정책학을 국가주의의 정책개입의 정당성을 기초로 하면서 정책이론과 현실의 조화를 위한 정책학의 학문체계를 구성하고자 하였다. 그리고 다양하게 분파적으로 발달하고 있는 정책과정과 정책분석의 이론을 정책학의 이름으로 체계화해서 정책학의 학문적 정체성과 독자성을 확보해야 한다는 정책학의 통합구도를 견지하고 있다. 나아가 오늘날의 정책현실을 바탕으로 하는 정책학의 중심이론이 체계적으로 정립되어야 정책학이 학문적으로나 실천적으로 더욱 성숙할 수 있다고 보고 있다.

언제나 변함없이 『정책학신론』의 독자가 되어 주신 모든 분들에게 학은(學恩)의 감사 인사를 올리면서 전정의 제4판을 정성껏 출판해 준 양서원 출판그룹 학현사의 박철용 회장님과 임직원분들께 감사드린다.

2015, 乙未年 가을날에,

이 해 영 운고(雲皐), 양전(良田) 쓰다.

서 문(3판)

학문의 원론적이고 개론적인 성격의 책을 출간한 저자들이 항상 부담으로 느끼고 있듯이, 필자도 『정책학신론』의 전정 2판을 2004년 출간한 이후에, 언제 그리고 어떻게 개정판을 낼 것인가 하는 고민과 부담을 가지고 있었다. 이제 제방의 도움과 격려로 전정의 3판을 출간하게 되었다. 이것도 새로운 학민을 제공할 것이지만 학숙(學宿)으로 감용(堪容)하면서, 제3판의 특징을 다음과 같이 소개한다.

첫째, 정책학을 어떻게 정의할 것인가 하는 것은 정책학도의 한결같은 고민이고 어려움 중의 하나이다. 그래서 3판에서는 이전의 입장을 수정하면서, 정책학의 본질이 인간을 위한 학문이고 인간이 정책의 주체라는 사실에서 정책학을 인(仁)과 덕(德)의 정치를 실천할 수 있는 인의의 학문이라고 정의해 보았다.

특히 서구 중심의 정책학의 특성에 덧붙여 동양사상에 의한 정책학의 다양한 이론들의 가능성 탐색에도 초점을 두었다. 이와 같은 예로서, 정책학의 접근방법의 하나로 수기치인(修己治人)에 의한 군자론, 정책균형이론, 정책리더십의 자정(自淨)모형, 정치-정책관계, 다차원 모형 등을 소개하여 정책학의 내용을 다양화시켜 보았다.

그리고 정책학사 편에서도 한국정책학의 역사를 자세히 설명하였다. 동시에 인근 국가이면서 유교를 중심으로 하는, 동양사상과 가치를 공유하고 있는 중국과 일본의 정책학도 간단히 소개하였지만 앞으로 더 많은 연구가 필요한 분야일 것이다.

둘째, 그간 필자의 선행연구에서 발표된 내용에 기초하여 정책학의 중심이론 편을 크게 수정했다. 구체적으로, 정책학과 정치에서는 동서양의 정치의 본성을 비교하면서 정책이론으로서의 발전방향에 초점을 두었다. 정책철학 편에서는 정책철학의 이론적 가능성을 강조하였다. 그리고 필자의 정책균형이론에 따라서 정책균형이론을 전면적으로 개정하였다. 개론서이기 때문에 독자의 편에서 정책균형이론을 쉽게 설명하고자 했지만 미흡함도 많을 것이다.

셋째, 책의 구성에서 보면 기존의 총 15개의 장을 12개의 장으로 축소하였다. 1판과

2판에서 정책학의 새로운 지평선이라는 제하에서 사이버 사회와 지방자치시대 및 국제화시대의 정책이론을 설명한 것을 삭제하였다. 근본적으로 필자의 능력한계가 문제되었지만, 동시에 정책학의 개론서에 너무 다양한 분야의 내용을 수록하다 보니 정책학의 학문적 체계를 수립하기 어려운 점 등이 있었기 때문이다.

그리고 정책이론과 현실과의 조화를 결론으로 하는 초판과 2판의 내용을 삭제하고, 정책학의 정향을 후기의 형태로 간단히 설명하였다. 즉 정책과정과 정책분석의 이론을 정책학의 학문적 이름으로 통합하여 정책학의 체계를 수립할 정향과, 새로운 정책현실과 정책지식의 발달에 의한 정책학의 중심이론을 개발할 정향, 그리고 동양사상에 뿌리를 둔 인간중심의 정책학에 필요한 정책이론들을 발견할 정향 등을 제시해 보았다. 정책학의 정향이라고 했지만, 이것은 다양한 관점에 따라서 정책학의 하나의 패러다임을 제공할 수 있다는 것을 예시한 것에 불과하다.

넷째, 다양한 유형의 정책사례를 소개한 것을 두 개의 사례로 축소하였다. 정책학을 정의하고 존재하는 목적 등을 설명하기 위해서 지구온난화 정책을 소개하고, 이에 따라서 정책학의 중심이론을 설명하기 위해서 대북 및 통일 정책사례를 수정 · 소개했다.

이것도 역시 필자의 게으름과 분석능력의 부족함이 가장 큰 원인이었지만 이 책을 활용하는 교육의 현장에서, 정책사례가 크게 유용한 영역이 되지 못하고 있다는 독자들의 지적이 있었기 때문이다. 동시에 생명력 있는 정책사례가 사이버 공간이나 기타 여러 문헌에서 이제 편리하게 활용될 수 있기 때문에 여러 가지 정책사례를 이 책에서 소개할 필요가 감소되었기 때문이다.

이 책이 무지의 산물이 되지 않기를 간절히 희구했지만 그러나 모든 것에 대한 판단은 독자 여러분의 몫이다. 이 책을 정책학의 교육현장에서 활용하시는 학자분과 그리고 정책현장에 적용하시는 실무자분들에게 고개 숙여 감사를 드리면서, 동시에 미숙함에 의한 부끄러움도 감출 수 없다. 특히 정책학의 학문적 정체성이나 발전 정향 등에 관하여 지도편달 해주시는 그분들의 하해와 같은 학은(學恩)을 어떻게 갚아야 할지 아득하기만 하다. 또한 이 책을 활용한 독자, 특히 대학원생 여러분에게도 진심으로 감사드린다. 이들이 후속 정책학도로서 정책학의 중심축으로 활동할 것으로 확신한다.

이와 같은 학문적 은혜에 조금이라도 보답하기 위해서 정책학의 다양한 이론과 지식을 필자가 이해하고 발견하는 대로 수정과 개정의 노력을 다하고자 한다. 양서원(www.yswpub.co.kr)의 출판그룹으로 새롭게 출발한 학현사 박철용 회장님과 임직원 여러분께 감사드린다.

2010년 새해에

이 해 영 識

서 문(2판)

1997년 초봄에 『정책학신론: 이론-실제 이원론의 극복』의 초판을 출간한 이후에 정책학계와 실무계에서 보내 준 지도편달에 힘입어 전정의 제2판을 세상에 내어놓게 되었다. 이것은 전적으로 정책학계와 실무계에 계시는 동도제현의 성원과 지지와 격려의 덕분이다.

특히 어설픔과 설익은 맛이 진하게 배어 있는 초판의 『정책학신론』을 대학의 강단에서 활용해주신 정책학 관련 교수님께 진심으로 고개 숙여 감사의 뜻을 표(表)하지 아니할 수 없다. 그리고 이 책을 실무에 이용하면서 정책실무의 현장감각과 현실적인 과제를 하나하나 정확하고 논리적으로 지적해 주신 실무자분들에게도 말과 글로는 다할 수 없는 은혜를 입었다. 또한 이 책을 이해하기에 많은 어려움과 고통이 있었음에도 불구하고, 이 책으로 정책학을 공부한 학생들, 특히 대학원생들에게 필자는 태산 같은 신세를 지고 있음도 사실이다.

이와 같은 커다란 은혜와 성원에 보답하기 위한 작은 길이라도 찾기 위해서, 지난 7년간의 정책학의 학문적인 발전내용을 조사 수집하면서, 그리고 특히 초판에서 범한 여러 가지의 오류와 설명의 미숙함과 내용의 부실 등을 전반적이고 전체적으로 수정하는 전정의 작업을 택하였다.

초판을 보면서 필자는 솔직히 말하지 아니할 수 없는 몇 가지 사실이 있다. 첫째, 의욕이 앞선 만큼 이를 소화하고 해결할 만큼의 능력과 재능을 갖추지 못했다는 점이다. 특히 제2편의 정책학의 연구과제의 내용은 미숙하기가 그지없었다. 둘째, 보다 더 다양한 분야의 정책사례를 심층적으로 설명하지 못한 아쉬움이 있었다. 셋째, 정책학을 처음 공부하는 학생이나 또는 보다 체계적으로 정책학을 이해하고자 하는 대학원생들에게 필수적인 정책학의 역사를 설명하지 못한 점이다. 넷째, 정책이론과 현실과의 이원론을 비판하고 이에 대응할 수 있는 보다 정확하고 실천적인 정책이론을 개발하지 못한 점이었다.

이와 같은 자성과 더불어, 동도제현의 지도편달의 뜻에 미력이나마 부합하기 위해서, 제2판은 제2편의 정책과정-분석 이원론을 제외한 모든 내용을 전면적으로 개정하였다.

크게 버리지 못하면 작은 것도 얻을 수 없다는 원론적인 경구에 따라서 근원적으로 초판을 버리고, 제2판의 원고를 작성했다. 그러면서도 초판에서 잡은 정책학 저술의 프레임과 철학(정책이론과 현실의 조화, 정책과정론과 정책분석론을 정책학의 이름으로 통합, 21세기 정책현실에 타당한 정책학의 새로운 지평선)은 그대로 견지하였다.

이와 같은 과정에서 진행되어 출판된 제2판의 특징적인 요소를 여섯 가지로 요약할 수 있다. 첫째, 항상 마음의 빚으로 남아 있던, 정책학의 역사를 제1장에서 설명할 수 있게 되었다는 사실이다. 물론 아직까지 정책학의 역사(정책학사)를 학설사적이고 역사학적인 관점에서 정확하고 풍부하게 설명할 수 있는 학문적인 수준이 성취되지 못한 점과 필자의 내적 능력이 부족한 점도 있었지만, 그래도 또 한 번 용기를 내어서 미국 중심의 정책학의 발달과 여기에 더하여 유럽(영국)과 한국에서의 정책학의 발달을 정리하고 설명하였다.

둘째, 초판에서 사용한 정책사례 중 한약조제권분쟁과 핵폐기물처리장의 결정, 지구온난화현상 등은 수정보완하여 사용하였지만, 그 이외의 것은 국가정책의 전 영역에 관한 정책사례로 대체(북한 핵의 대응정책, 의약분업정책, 교육개혁정책, 대북 통일정책, 사이버범죄, 지방분권운동)하였다. 특히 초판에서 의료나 보건 등의 정책사례가 너무 많다는 지적을 받아들여, 국가정책의 전 분야에 관한 정책사례를 각 장의 주제에 맞도록 채택하였다.

셋째, 초판에서 제3편으로 되어 있는 정책과정-분석 이원론을 제2판에서는 정책학의 역사와 정의 및 접근방법을 설명한 후에 바로 연결되도록 제2편에 위치시켰다. 그 주된 이유는 정책학의 독자(특히 학부생)의 입장에서 전통적인 정책이론을 정책학의 역사와 연계하여 이해할 수 있도록 한 것이다.

넷째, 제3편의 정책학의 중심이론을 다섯 개의 영역으로 구체화시켰다. 특히 정책비용과 혜택의 형평 조정의 내용을 전면적으로 보완 수정하는 차원에서 정책균형이론으로 제시하였으며, 정책학에서의 민주주의도 추가하여 설명하였다. 제3편의 내용은 정책학의 중심이론일 뿐만 아니라 정책실무에서도 가장 중요한 영역이기 때문에 앞으로 더욱더 보완되고 수정되어야 하지만, 제2판을 준비하는 현재에서 많은 시간과 노력을 투자하여 설명하였다. 특히 이와 같은 내용들이 필자가 주장하는 정책학의 중심이론이고 내용이기 때문에 설명에의 논리적인 모순이나 오류, 아직까지 미숙한 점 등이 많이 발견될 수 있는 분야이다. 그렇지만 정책학을 공부하는 대학원생이나 정책학계의 토론

내용 등에 중요한 분야가 될 것이다.

다섯째, 제4편의 정책학의 새로운 지평선은 사이버 사회와 국제화 및 지방화시대의 정책이론의 발달과 발전방향 등을 중점적으로 설명한 분야이다. 특히 제12장의 사이버 사회에서의 정책이론에서는, 초판을 집필할 때와 가장 현저하게 변화된 정책현실이기 때문에, 정보사회 대신에 사이버 사회로 명칭을 변경하면서, 변화된 정책현실을 설명할 수 있는 정책이론을 소개하였다. 그리고 초판과 달리 국제화시대의 정책이론을 먼저 설명한 후에 지방화시대의 정책이론을 설명하였다. 마지막으로 제15장의 결론에서, 정책이론과 현실과의 조화이론으로 다차원 정책론을 소개하였다. 이것은 2001년에 『다차원 정책론: 실체와 적용』을 출간하면서, 그 중심적인 내용을 정책이론과 현실과의 조화를 설명할 수 있는 새로운 이론으로 소개한 것이다.

여섯째, 제2판에서는 독자들에게 독서의 편의를 제공하고, 나아가 편집에서의 어수선함 등을 정리하기 위해서 용어를 이해하는 데 꼭 필요한 경우가 아니면 영어나 원어를 덧붙이지 아니했다. 필요한 경우에는 관련되는 인용자료나 문헌을 분명하게 제시해 두었기 때문에 그것을 참조할 수 있도록 했다. 특히 제2판에서는 관련되는 참고내용을 각주(쪽의 하단)로 정리하여, 본문에서 설명할 수 없었던 내용이나 또는 보다 더 심층적이고 구체적인 내용이 필요한 독자들의 욕구에 쉽사리 응할 수 있도록 했다. 그리고 본문에서 인용하거나 참조한 원문의 내용도 각주에 소개하여 독자들이 정확한 내용을 참조할 수 있도록 했다. 참고문헌은 각 장이 끝날 때마다 정리하며, 필요한 참고문헌의 내용을 쉽고 편리하게 찾을 수 있도록 했다.

제2판의 『정책학신론』에도 많은 잘못이나 미숙한 설명 등이 있을 것이다. 독자 여러분의 해량(海諒)을 구한다. 그럼에도 불구하고 한 가지 아쉬운 점은 제3편의 정책학의 중심이론에서 정책네트워크이론을 정리하고 소개하지 못한 것이다. 필자의 능력 부족이 전적인 이유이다. 다음의 제3판에는 정책네트워크이론을 설명해서, 사이버 사회에서의 정책이론의 한 중요한 패러다임이 될 가능성도 설명할 예정이다.

초판의 서문에서, 수많은 정보와 지식과 주장이 넘치고 있는 이 사회에서 이 책이 또 하나의 책임없는 무지의 소산이거나, 빛 좋은 백과사전이 되지 않도록 각별한 주의와 노력을 기울이려고 했다는 내용을, 여기서도 다시 한번 더 인용한다. 그러나 이 모든 것에 대한 판단은 독자분들의 몫이다. 이와 같은 비판과 지도편달은 다음의 제3판의 밑거름으로 활용될 것이다.

『정책학신론』이 정책학을 연찬하고 실천하는 정책학도와 실무계뿐만 아니라 국가정책을 이해하고 국정에 참여하고자 하는 독자들에게도 조금이나마 실천학문으로서 정책학을 이해하고 접하는 데 도움이 될 수 있기를 간절히 회구하는 심정이다. 이것이 자리이타의 이타에 해당된다면, 정책학을 보다 새로운 차원으로 연구하고 설명할 수 있는 능력과 기회를 가질 수 있었던 것은 필자의 자리에 해당될 것이다.

여러 가지로 어려운 사정에도 불구하고 제2판을 출간해 주신 학현사 사장님과 이영관 편집부장님 및 임직원 여러분께 진심으로 감사의 인사를 드린다. 그리고 독자의 편에서 원고를 읽어 주고 교정한 내자에게도 따뜻한 정을 표한다. 그러나 무엇보다도 제2판을 가능하게 한 제방의 독자 여러분에게 머리 숙여 감사드린다. 이분들의 은혜에 보답하기 위해서도 여기서 멈추지 않고 변화되는 정책현실에 따라서 정책학의 새로운 이론과 지식이 발전되고 축적되는 대로 수정과 보완의 노력을 다할 것을 약속드린다.

2004년 새해에,

이 해 영 識

서 문(초판)

정책현실에서 적절하고도 타당한 정책이론을 사회과학의 한 학문으로 어떻게 체계화할 것인가 하는 것은 정책학의 가장 주요한 연구과제이며 또한 존재목적이기도 하다. 다시 말하면, 정책이론이 과연 어느 정도로 정책현실과 실제를 과학적으로 설명할 수 있고, 나아가 과학적인 설명이론과 방법에 의해서 정책과제를 얼마만큼 효과적으로 해결할 수 있을 것인가, 또 해결할 수 있는 길을 예측할 수 있을 것인가 하는 문제이다.

모든 정책학도는 아마도 이것을 평생토록 그들의 연구문제로 간직하고 있을 것이다. 그러면서 동시에 평생토록 여기에 만족할 만한 해답을 제시하기도 쉽지 않을 것이다. 때문에 우리는 이것을 자주 딜레마라고 표현하기도 한다.

이 책을 집필한 필자의 경우도 이러한 딜레마에서 결코 예외일 수는 없을 것이다. 그래서 이 책을 저술하면서 가장 큰 문제점으로 생각한 것이 어떻게 하면 정책이론과 실제의 이원론적이고 괴리적인 현상을 극복할 수 있을 것인가 하는 점이었다. 이 책의 제목을 『정책이론과 현실의 이원론을 극복할 정책학신론』이라고 결정한 이유도 바로 여기에 있었다.

먼저 실용적이고 실천적인 관점에서 정책학을 어떻게 설명하고 기술할 것인가 하는 저자의 철학적이고 지적인 근간을 크게 세 가지로 나누어 볼 수 있다.

실제로 지금까지 정책학 또는 정책이론 등에서 가장 많은 연구의 초점을 받으면서 동시에, 가장 해결하기 어려운 것이 바로 이 세 가지 내용이다. 즉 정책이론의 과학화와 동시에 정책실제와의 조화문제가 그 첫 번째이고, 농경사회와 산업사회에서 발달된 정책이론이 과연 지금의 정보통신사회와 국제사회에서도 어느 정도로 타당하며 적절한 이론이 될 수 있을 것인가 하는 점이 그 두 번째이다. 그리고 세 번째는 정책학의 학문발달이 정책과정론과 정책분석론으로 이원화되어 있는 정책과정-분석 이원론을 어떻게 정책학의 이름으로 통합할 것인가 하는 문제이다. 이와 같은 내용을 좀 더 구체적으로 설명하면 다음과 같다.

첫째, 정책학의 이론과 정책실제와의 조화문제이다. 즉 정책학은 원래 탄생될 때부터 정책현실에의 실용성을 추구하고 이에 기초해서 '정책학'이라는 하나의 사회과학으로서 독자적인 학문체계를 정립하려고 한 것이라는 것은 잘 알려진 사실이다. 그러나 정책이론과 현실의 괴리현상이 지금까지도 정책학의 딜레마의 하나로 남아 있다는 사실에는 변명의 여지가 없다.

물론 이론과 실제의 괴리현상을 극복하는 과제가 사회과학의 전 학문분야에서 제일의 공통적인 연구과제이고, 또 해결하기 어려운 문제임에는 틀림없다. 또한 정책학이 아직까지 학문으로서의 발달이 일천하고 정책학이라는 그 자체의 정의와 이론체계에도 많은 어려움과 미성숙된 모습이 있는 것도 사실이다. 그러나 가장 중요한 연구문제였고, 또한 가장 주요한 정책학의 학문적인 존재목적이었던 이론과 실제의 이원론을 극복하려는 연구과제가 실제로는 많은 정책학도의 관심과 연구영역이 되지 못했다는 것도 피할 수 없는 사실이다.

두 번째의 중요한 철학적인 근간은 위의 첫 번째에서 논리적으로 제기되는 것이면서 동시에, 정책실제와 이론과의 괴리현상 그 자체에서 곧바로 나타나는 것이다.

정책학의 탄생과 정책학의 발달초기의 주요 이론이 형성될 때의 정책현실은 농경사회나 산업사회였다. 미국이나 구미 선진제국에서 산업사회의 정책현실에서 국가라고 하는 정책주체가 중심이 되어서 그 사회에서 공통적으로 발생되는 주요 문제를 해결하고, 국가사회의 번영과 조화를 이룩하고자 한 목적에서 다양한 이론과 방법과 처방전이 제시되었고, 이것을 하나의 학문적인 이론으로 체계화하고자 했던 것이 정책학으로 대칭되기도 했다.

여기에 더하여 후진공업국이나 기타 국가에서는 정책환경이 농업사회를 기반으로 하고서 산업사회로 전환되려는 전환기 사회이거나 또는 아직까지 농업사회의 문화나 사회제도가 주요 정책환경으로 남아 있는 사회였다. 이러한 국가에서는 산업사회에서 발달된 정책이론과 연구과제가 학문적인 호기심으로 먼저 도입되었고 발달되었던 것이 사실이었다. 즉 산업사회의 정책이론과 방법론을 배울 수 있고 경험할 수 있었던 소수의 정책학자들, 특히 한국의 경우에는 행정학자들이 중심이 되어서 선진 공업사회의 정책이론을 소개하였다. 우리도 산업사회로 변화되면 그때의 정책현실을 잘 설명하고, 나아가 미래의 사회 변화방향이나 발전방향의 철학과 지표와 이론적인 도구가 될 수 있다는 긍지에서 정책이론들이 광범위하게 소개되고 연구되기도 했었다.

그러나 현재는 선·후진국 등의 정책환경을 구별하기 어렵게 되었다. 즉 과거의 농업사회나 산업사회에서 거의 동시적으로 정보통신사회와 국제사회로 변화되고 있다. 또한 국가라고 하는 정책주체의 절대개념이 이제 변화되면서, 국가라고 하는 이념적인 조직과 단체 그리고 일정한 영토와 주민을 독점적으로 지배하고 관리할 수 있다는 국가주권주의도 변화되고 있다.

그래서 이러한 변화환경을 Francis Fukuyama가 주동이 되어 역사의 종언, 즉 모든 국가는 자본주의의 이념과 가치와 민주주의 자유와 자결의 철학이 조화되는 21세기의 새로운 역사현실을 경험하고 있다는 것이다. 이념적이고 인종적이며 종교적인 통치철학을 기초로 하는 국가는 이와 같은 거대한 21세기의 현실을 거부할 수 없을 것이고, 다양한 문화와 가치와 종교와 이념의 대립현상에 의한 역사의 발달은 드디어 종언을 고하게 된다는 것이다. 또한 지리적으로도 국가라고 하는 배타적인 영토지배 개념이 오늘날의 사회에서는 더 이상 아무런 의미도 가질 수 없게 된다는 지리의 종언 등이 곧 바로 국제사회인 지구촌사회로의 변화를 잘 지적하고 있는 것이다.

지구촌사회의 발달요인은 무엇보다도 인간의 인지가 발달된 탓도 있지만, 정보통신기술의 발달에 따라서 경제적으로 국가를 단위주체로 해야 할 필요성이 점점 감소하게 된 것이 가장 큰 요인이라고 할 수 있다. 그래서 오늘날의 사회를 국제사회나 정보사회라고 하는 것이다.

이때의 정책환경은 더 이상 정책학이 처음 탄생되고 발달될 때의 농업사회나 산업사회가 아니다. 따라서 과거의 정책학의 이론과 방법론이 지금의 정책현실에서도 과연 어느 정도로 타당한 사회과학이론이 될 수 있을 것인가 하는 것은 당연한 질문이다. 그래서 이 책에서도 21세기의 새로운 정책환경을 설명하고 이에 적용될 수 있는 정책학의 새로운 지평선을 개척할 수 있어야 된다는 전제에서 출발했다.

세 번째의 이 책의 철학적이고 지적인 근간은, 여러 분야의 학문적인 배경을 가진 학자들이나 실무자들에 의해서 다양한 이론이나 방법론 등으로 발달되어 온 정책학을 체계화해야 할 필요성이 점점 커지고 있다는 점이다. 특히 그 중에서도 각기 독립적으로 발달되어 왔던 정책과정이론과 정책분석론을 정책학의 학문적인 이름으로 체계화할 필요성이 대단히 크다는 사실이다. 다시 말하면, 정책과정론이나 정책분석론이 정책학이라는 하나의 학문으로 체계화되어야 한다는, 즉 종합되어야 한다는 이론적일 뿐만 아니라 현실적인 당위성이 정책학이 점점 발달되자 필연적으로 나타나게 되었다.

정책학의 학문적인 기초와 철학을 근간으로 하지 않고 발달된 정책분석론이나 정책과정론을 각자의 입장에서 정책학이라고 주장하는 현상인, 소위 정책과정-분석 이원론이 오늘날 크게 문제시 되었다. 따라서 이것을 이제 정책학이란 하나의 이름으로 통합하고 체계화해야 할 필요성이 대두되어 과정론과 분석론의 다양한 이론을 통합할 방법론이 필요하게 되었다. 그래서 이 책은 이와 같은 통합구도를 정책과정론의 한 단계인 정책형성론에서 정책분석의 이론이 융합되면 정책학의 이름으로 통합시킬 수 있다는 전제에서 출발했다.

이와 같은 세 가지의 큰 맥락이 이 책을 저술하기 위한 주요한 사상적인 근간이 되었다. 그런데 이 책, 제3편의 주요내용인 정책과정과 분석 이원론을 하나의 통합이론, 즉 정책학이라는 학문으로 체계화할 과제도 넓은 의미에서 보면 정책학의 이론과 실제와의 조화의 한 연구문제라고 할 수 있다. 왜냐하면, 정책과정론과 정책분석론도 각자 이론과 기법을 정책현실에 적용하고 이용하다 보니 많은 문제점과 한계점을 발견하게 되었다. 즉 정책과정론은 정책현실을 관찰하고 여기서 검증되고 타당성이 입증되어 하나의 이론으로 정책분석론은 개념적이고 기법적인 것을 타 학문분야에서 원용해 와서 정책문제에 적용하려는 것이 그 주류를 이루었다.

따라서 이제는 왜 자기들의 이론이 정책현실에서 많은 제약점이 있는가를 살펴보니 정책분석론은 정책과정론의 장점을 흡수하지 못했고, 반대로 정책과정론은 정책분석론의 과학적인 연구방법을 경시해서 그렇게 되었다는 것을 인식하게 되면서부터 정책학이라는 학문으로서 통합의 필요성을 절감했기 때문이라고 할 수 있다. 그래서 정책과정-분석 이원론의 통합도 정책이론이 정책현실과의 괴리현상을 극복하려는 학문적인 통합노력의 하나라고 할 수 있다.

제2편의 정책학의 연구과제의 내용은 정책이론과 정책현실의 이원현상을 극복하고 새로운 정책학의 학문적인 이정표와, 정책학의 학문성을 높이기 위한 내용 중의 일부에 해당되는 것이다. 모든 관련되는 내용을 설명하고 그 문제점을 제시하기에는 무엇보다도 저자의 능력과 자료분석에 한계가 있었고 또한 제약된 지면 탓도 있었다.

그러나 제2편에서 설명한 네 가지 정도는 실제로 다양한 학문적 배경과 가치와 경험과 능력을 가진 정책학자들이 연구할 공통적이고 핵심적인 이론들이라고 할 수 있다. 즉 다양한 분야의 경험과 이론으로 접근해서 정책현실을 설명한 지금까지의 정책이론이 소홀히 취급했던 내용들이라고 할 수 있다.

이와 같은 것으로서 먼저 정치현상을 설명하고자 하는 정책학이론은 후기실증주의의 관점에서 연구하는 가장 중요한 정책이론 중의 하나이다. 둘째, 정책철학론이다. 가치와 사실의 이분적인 정책학의 연구는 결국 정책현실의 가치와 목표와 정책체제의 다원적인 이해관계를 설명하고 연구할 수 없는, 즉 정책현실의 실상을 설명할 수 없다는 전제에서 정책학을 새로이 연구하는 분야이다.

셋째, 정책비용과 정책혜택과의 불균형을 형평하게 조정하는 정책형평론이다. 정책안이 실제로 정책과제에 적용되어 정책효용이 성공적으로 발생되기 위해서는 정책과 정책결과의 인과관계를 명확하게 설명해야 한다. 또한 인과관계에 의한 정책의 혜택과 비용이 형평화될 수 있는 새로운 방법이나 제도나 절차가 존재해야만 실제로 정책은 완성될 수 있을 것이다.

넷째, 정책리더십 연구도 정책학이라는 학문에서 꼭 설명되고 연구되어야 할 기초이론이고 중심이론이다. 즉 정책을 수행하고 이를 실행시키는 정치적인 면과 관리적인 측면 그리고 경제적인 분야에 이르기까지의 문제적응적이며 현장실천적인 정책리더십에 관한 연구가 정책학의 공통적이고 핵심적인 이론분야이다.

'정책학의 새로운 지평선'이라는 제4편은 정책환경이 오늘날의 정보사회와 국제사회로 변화되었는데, 이와 같이 변화된 정책환경에서 새로운 정책학의 이론이 개발되고 연구되어야 한다는 전제에서 출발했다. 즉 정책학의 새로운 이론적인 지평선이 정책현실과 괴리되지 아니하고 조화될 수 있어야 한다는 전제에서 출발한 것이다. 따라서 제4편의 내용들은 물론 현재의 정책이론을 전부 다 포괄적으로 설명할 것은 아니지만, 그 중에서도 가장 중요한 것으로서 크게 네 가지로 나누어서 설명한 것이다.

첫째, 정보사회에서의 정책학을 정보정책의 다양한 가치와 정책결정에서 정보의 역할, 그리고 정보네트워크와 정책참여 등으로 설명하였다.

둘째는, 지방자치시대의 정책학의 연구과제를 지방정부의 정책결정권과 지방자치와의 상관관계를 중심으로 설명했다. 그리고 지방정책의 유형과 결정방법, 자치단체장의 정책역할 등도 설명하였다.

셋째는, 국제화시대의 정책학은 국가 주권주의의 정책이론과 분명히 차이가 있을 것이다. 따라서 국제화시대에는 정책학의 새로운 패러다임이 필요하고, 이와 같은 패러다임의 형성에 영향을 미치는 국제화 변수와 정책학의 새로운 가치 등을 설명했다.

넷째는, 이 책의 결론으로서, 그리고 정책학의 가장 중요하고도 어려운 연구과제인 정책이론과 실제의 조화 문제를 다루었다. 특히 정책학의 새로운 지적 타당성과 존재목적은 이제 정책이론이 정책현실을 얼마만큼 타당하고 적절하게 설명할 수 있을 것인가 하는 점에 달려 있다. 따라서 이론과 실제의 통합방법이 주로 서양(미국 중심)에서 발달되어 왔지만 그 통합론에도 많은 문제점과 한계가 있는 것도 사실이다. 그래서 이러한 서양의 통합론에 동양의 중론적 접근방법을 가미할 수 있으면 보다 타당성 있는 통합이론이 될 수 있음을 지적했다.

이와 같이 4편 13개장으로 구성한 이 책의 첫 번째 특징은, 정책학의 다양한 이론과 방법 등을 백과사전이나 크리스마스트리 제작 방식과 같이 소개하는 것을 지양하고 대신에 무엇이 정책학이며, 그 근본과제는 무엇이고, 어떠한 방법으로 연구되고 있으며, 앞으로의 연구과제와 발전방향은 어떻게 될 것인가 하는 점에 초점을 두고 정책학의 체계를 세울 수 있도록 이해와 설명 위주의 저술방법을 택하였다는 점이다. 특히 각 장의 말미에 마련된 연구문제는 구체적인 사례와 그에 관련되는 이론적 맥락을 정리할 수 있는 기회를 제공할 수 있을 것이다.

두 번째 이 책의 특징은, 정책학을 공부하는 학생이나 연구자 또는 정책실무에 종사하는 실무자가 정책이론을 체계적이고 효과적으로 공부하는 학생이나 연구자 또는 정책이론의 설명에는 관련사례나 그 사례의 배경과 발달역사나 전개과정이나 특징 또는 내재된 가치문제 등을 먼저 알기 쉽도록 기술하고 나서 관련된 정책이론을 설명했다.

정책학도로서 필자는 정책학의 체계화에 많은 고민을 하여 왔다. 특히 정보사회와 세계시민사회로 대표되는 21세기에는 무엇이 정책학의 새로운 연구과제이며 방법일까 하는 점에도 많은 관심을 기울여 왔다. 이러한 고민과 관심의 결과물을 도서출판 학현사 사장님과 임직원들의 덕택으로 출간하게 되었다.

글에는 춘하추동이 있어야 하며 그 겨울은 짧을수록 좋다고 깨우쳐 주신 영주 부석사의 근일(勤日)대선사 법하에 머리 숙여 감사를 드린다. 그 외 다수의 원로 및 선배와 동료 교수들의 조언과 비판과 격려 덕분에 이 책을 완성할 수 있게 되었음을 밝혀 둔다. 마지막으로 필자에게 헌신적인 내조를 아끼지 아니한 내자에게도 감사한다.

이 작은 일이 필자가 항상 잊지 아니하고 있는 자리이타의 한 길이 되기를 기대한다. 이 조그만 일로 인하여 필자가 정책학을 보다 새로운 차원으로 연구할 수 있는 능력과 기회를 가질 수 있었으면 이는 자리(自利)일 것이다. 또한 독자의 편에서도 이 책으로 정책학을 체계적이고 실용적으로 이해하는 데 조금이라도 도움이 되었다면 이는 타리(他利)일 것이다.

필자의 지식체계를 정리하고, 설명해야 할 연구주제를 사고하고, 관련되는 정책사례를 수집하여 정책학의 이론들을 스스로 올바르게 이해하기 위해서 미력이나마 온 힘을 쏟아 이 책을 만들려고 노력했다. 또한 수많은 정보와 지식과 주장이 넘치고 있는 이 사회에 무식하고 책임없는 목소리로 현인을 격노케 하고, 독자를 현혹시키고, 선남선녀를 우롱하고, 실무자를 오도하는 저술이 되지 아니하도록 각별한 주의를 기울이려고도 했다. 특히 학문에의 정직과 성실을 파괴하는 그 어떠한 것에는 추호도 의심없게 하려고 분투하였다. 그러나 이 모든 것에 대한 평가는 독자 여러분의 몫이다.

앞으로 정책학의 이론과 방법에 급격하고 다양한 발전과 변천이 있을 것으로 예상된다. 새로운 이론이 발견되는 대로, 또 이 책의 전개와 정책이론과 각종 사례의 설명에 미흡과 잘못이 지적되는 대로 증보와 수정의 노력을 다할 것을 독자 여러분에게 약속한다. 강호의 동도제현에게 머리 숙여 감사를 표한다.

이 해 영(李 海 盈)

1996년 12월

차 례

제2편 정책학사와 정책사상

제3편 정책학의 기초이론

표 차례

그림 차례

제 1 편

정책학이란 무엇인가?

정책 사례 기업유치 정책

국가나 지방자치 정부가 새로운 기업을 그들의 통치지역으로 유인하는 기업유치정책은 국가경제정책이나 산업정책 등의 핵심적인 과제이다. 그러나 일반적으로 기업유치정책을 'attracting policy to new business'라고 해서 신규기업을 유치하는 것으로 이해하고 있기도 하다. 물론 기업을 유치하고자 하는 지역의 입장에서 보는 신규기업이다. 즉 기존의 기업을 이전하든지 또는 새로운 사업을 시작하는 기업이든지 국가나 지방정부의 입장에서는 신규기업에 해당된다.

기업유치정책은 일반적으로 지방정부가 중심적인 역할을 하는 지역산업정책이나 지역경제정책 등으로 설명되고 있다. 왜냐하면 국가가 중심이 된다고 해도 최종적으로 기업을 유치하는 사업장의 부지를 제공하는 것은 지역정부이기 때문이다.

예외적으로 국가의 정책으로 대기업이나 다국적기업 또는 고부가가치를 가지고 있는 또는 창출할 수 있는 거대기업이나 글로벌기업을 유치하는 경우에 국가가 중심이 되고 있기도 하다. 그 대표적인 것이 삼성전자, 정확하게는 삼성전자 생산공장을 베트남이나 인도 등에 건립하는 기업유치정책을 들 수 있다. 삼성전자의 베트남 현지법인은 SEV–Samsung Bac Ninh, SEVT–Samsing Thai Nguyen, Samsung Display Vietnam(SDV), Samsung HCMC CE Complex(SEHC) 등이며, 스마트폰과 액세서리, 전자제품 등을 생산하고 있다. 2017년 삼성전자의 총 영업이익은 59억 달러이고, 2018년에는 47억 달러를 기록했다(비즈니스 플러스, 2019년 3월 15일).

왜 삼성전자는 베트남에 생산공장을 건설하였는가, 하는 질문은 민간기업인 삼성전자의 의사결정에 관한 것이다. 한국이나 베트남 등의 국가는 최종적인 결정권한이 없다. 그럼에도 불구하고 삼성전자가 최종적으로 베트남 현지법인을 신설하고 상품, 즉 베트남 제품(made in Vietnam)을 생산하고자 한 결정에 영향을 미친 유소를 찾아보면, 기업유치 전략에 관련된 다양한 제도나 절차 및 사회경제적 환경 등과 같은 국가의 기업유치정책의 실상을 알 수 있게 된다.

〈표〉 삼성전자 베트남 공장 설립 요인 비교(한국 대 베트남)

구분	생산직 근로자급여	법인세*	공장 부지가격	생산요소 (전기료)	수요자 (총인구)	노동자 평균연령	정치 환경
한국	400만원(월)	25%	100만원/평당	109원/kwh	5천만 명	41세	불안정
베트남	40~50만원(월)	20%	18만원/평당	68원/kwh	1억 명	28세	안정 노조 없음

* 베트남 법인세 외 세제혜택: 기본적 2년간 면세, 4년간 법인세 50% 감면: 대규모 투자기업인 경우 4년간 면세, 9년간 법인세 50% 감면.

* https://www.youtube.com (제목: "삼성이 베트남으로 떠나는 이유." 호치민 정보통 작성; 게시일: 2019년 1월 7일; 검색일: 2019년 5월 27일).

위의 〈표〉와 같은 요인 이외에 일반적으로 기업이전이나 기업유치의 입지요인으로, 교통 및 통신 등과 같은 생산과 물류 등의 접근성, 국가의 기업 관련 정책이나 노사관계 정책, 그 이외의 사회적인 다양성의 수용 정도, 정주조건(기후, 음식, 교육 등) 등을 추가할 수 있다(박종화, 2007).

위의 〈표〉의 통계는 일반적인 다수 독자들을 위한 것으로 개략적이다. 그럼에도 불구하고 위의 표에서 왜 삼성전자는 베트남을 선택하였는가 하는 이유를 어느 정도 가늠해 볼 수 있기도 하다. 물론 삼성전자의 의사결정을 정확하게 파악할 수 있는 자료나 통계분석지표 등을 찾을 수 없지만, 삼성전자가 2019년에 제공한 SWOT 분석(강점(strength), 약점(weakness), 기회(opportunity), 위협(thereat)에 의하면, 전략적 협력과 동반 관계를 기회라고 했다(Samsung Electronics Co., Ltd., 2019). 이와 같은 분석전략을 본다면, 삼성전자는 정치적 환경이 안정적이면서도 값싸고 우수한 풍부한 노동력과, 노사문제를 사회적이고 정치적인 이슈와 연계하는 한국형 노사관계 등이 없는 베트남에 사업장 설립의 의사결정을 했을 가능성이 크다.

그러면 과연 한국(정부가 아닌 대한민국 국가[1])은 삼성전자라는 글로벌기업을 한국에 유치하기 위한 유인책(attractives)을 어떻게 준비하고 제안하였으며, 실질적으로 삼성전자 사업장 유치에 관련된 구체적인 분석 등을 삼성전자 의사결정자(단)에게 제안하고 협상하였는가 하는 점이 기업유치정책의 핵심이다.

만약 하였다면, 왜 실패했는가 하는 원인을 찾아 볼 수 있을 것이다. 만약 하지 아니했다면 또한 그 원인도 찾아 볼 수 있다. 결론적이지만, 삼성전자는 한국의 기업유치의 유인책을 냉정하게 분석한 이후에 한국과 베트남의 유인책의 장단점을 판단해서 사업장 설립을 결정했을 것이다.

기업유치정책에서 볼 때, 위의 〈표〉에서만 제시된 기업유치 요소를 다음과 같이 몇 가지로 요약해 볼 수 있다. 즉 한국의 법인세는 기업유치에 경쟁력을 갖출 수 있었는가, 공장부지 가격이나 제공조건은 타당하고도 적절하였는가, 근로자 급여 수준이 노동생산성의 조건에 타당하였는가, 최저임금제의 현실적인 장단점을 잘 제시하였는가, 기업친화적인 사회적이고 정치적인 환경조건을 제안할 수 있었는가, 잠재적인 생산상품의 수요자뿐만 아니라 우수한 질의 노동력을 계속적으로 공급할 수 있는 인력계획 등을 제공하였는가, 물류비용이나 접근성의 탁월함 등을 제공하였는가, 전기나 상하수도 등과 같은 공장가동의 기본적인 생산소요의 비교우위를 제공하였는가 하는 점 등을 들 수 있다. 이와 같은 주요 요소를 전략적인 유치정보로 제공하면서 끊임없는 홍보와 설득과 협상 등을 병행하였는가 하는 점 등이 기업유치정책의 주요 논쟁점이 될 것이다.

1) 정책학은 국가(state)와 정부(government)를 구별한다. 국가는 항구적인 조직으로 정치적 의사결정의 주체이다. 반면에 정부는 국가를 대표하는 정치조직으로서 시민의 정치적 선택(선거)에서 위임받은 것을 결정하고 시행하는 헌법기구이다.

기업유치정책의 사례에서 볼 때, 정책을 기업을 유치할 다양한 전략이나 내용 등을 준비하고 결정하는 국가의 전략적인 활동이고 결정이라고 이해할 수 있다. 구체적인 정책의 예를 들면, 법인세에 관한 결정, 근로자의 임금이나 최저임금의 결정, 정치적이고 사회적인 환경에 관한 수준의 결정, 인력수급계획 등을 들 수 있다.

정책학은 이와 같은 정책을 체계적으로 설명할 수 있는 이론을 구성하고 축적하는 학문이다. 예를 들면, 민간기업의 활동이나 의사결정 등에 관한 정책적인 이론, 법인세에 관한 정책적 이론, 인력수급계획에 관한 노동과 일자리 등의 이론, 임금 등에 관한 결정이론, 사회적이고 정치적인 환경이론, 공공적 성격의 노사관계 이론 등을 국가의 전략적인 활동인 정책으로 체계적으로 설명할 수 있는 이론을 구성하고 축적하는 것이 정책학이다.

정책과 정치를 하나의 정책사례인 기업유치정책으로 일단 이해하면서 지금부터는 좀 더 구체적이면서도 학술적으로 정책과 정책학을 이해해 볼 수 있다.

제 1 장

정책학이란 무엇인가?

1. 정책이란 무엇인가?

1) 어의적 의미의 정책

어의적으로(semantic) 정책의 단어구성을 파자하여 정책의 의미를 이해해 볼 수 있다. 정책, 'Policy'의 어원이 그리스어나 산스크리트어에서 국가를 뜻하는 'polis'와 도시정부를 나타나는 'pur'에서 유래했다. 그 이후에 라틴어로 국가를 뜻하는 'politia'로, 중세영어에서는 'policie'로 발전되었다(Dunn, 2018). 또한 많은 유럽국가의 언어는 정책과 정치를 구별하지 않기 때문에 정책의 정확한 사전적인 의미도 다양하다.

한자문화권인 동양에서는 정책(政策)을 정치의 책략으로 이해할 수 있다. 국민을 다스리는 정(政)의 책략이기 때문에 때로는 통치에 관한 방책이나 방법인 통치술로 이해하고 있기도 하다. 그래서 정책은 술학(術學)으로서 정치의 목적과 이상을 실천할 수단적이고 방편적인 성격이 강하다. 그러나 일반적으로 정치와 정책을 구별하기보다 정치로 통칭하여 이해하였다.

정책의 어원을 공자(孔子)가 정치를 정의하고 설명한 것에서 좀 더 구체적으로 찾아볼 수 있다. 먼저 공자는 "정치는 올바른 것(정자정야: 政者正也)"(『논어』, 안연)이라고 정의했다. 그래서 올바른 것의 방법론으로, 어떻게 하는 것이 바르게 하는 것인가 하는 질문에 공자는 좀 더 구체적으로 대답하였다. 즉, 다섯 가지 착하고 아름다운 것을 존중하고 네 가지 악한 것을 막는 것"(『논어』, 요왈)이라고 했다[1]. 또한 정치를 "국사의 담당자로서 언제나 부지런하고 정성과 최선으로 직무를 수행하는 것"(『논어』, 안연)이라고도 했다. 마찬가지로 정치를 "시민들에 앞장서서 일하는 것이다. 이것을 게으르지 않는 것"이라고 공자가 재차 강조했다(『논어』, 자로). 이와 같이 정치를 하면, "가까운 사람들

---

1) 공자는 다섯 가지 미덕으로 베풀지만 낭비하지 않는 것, 백성을 부지런히 힘써 일하게 하나 그들로부터 원망받지 않는 것, 일정한 이득을 바라지만 탐욕하지 않는 것, 학문과 인덕을 겸비하고 태연자약하지만 교만하지 않는 것, 위엄이 있지만 사납거나 각박하지 않는 것 등이라고 했다. 그리고 네 가지 악덕을 학정(백성을 가르치지 않고 죄를 지으면 사형에 처하는 것), 폭정(백성을 훈계하거나 미리 지도하지 않고 결과만을 보고 처벌하는 것), 도적정치(급박하게 엉터리 법령을 수립하여 이를 강제로 지키게 하는 것), 그리고 어차피 지출해야 할 것을 인색하게 하는 하급관리들의 작태 등이라고 했다(『논어』, 요왈).

이 기뻐하고 멀리 있는 사람들이 따라온다"(『논어』, 자로)라고 했다.

공자는 정치의 핵심이 방책이고 술책이지만 이것을 수립하고 집행할 수 있는 수신(修身)한 사람이 있어야 한다; 수신한 사람이 있으면 정치가 올바로 될 수 있고, 이들이 없으면 정치도 없어진다고 했다. 따라서 정치의 흥망과 성패는 수신한 사람에 달려있고, 수신은 곧바로 도가 되어야 하고, 도로서 수신한 정치는 인(仁)의 정치라고 했다[2].

유교사상이 지배적인 동양사회에서의 정치는 국가의 술책을 의미한다. 이와 같은 술책을 실현할 이상과 방법으로 인의 정치(인정:仁政)와 덕의 통치(덕치: 德治)를 제시했다. 그래서 정치는 방책이고 술책이기 때문에 현대적 의미로 곧 정책이다. 따라서 정책을 이해하고 설명하는 것이 정치라고 할 수 있다. 그래서 공자는 정치의 요체를 식량을 풍족하게 하고(족식: 足食), 국방을 튼튼하게 하며(족병: 足兵), 국민으로부터 신뢰를 얻는 것(민신: 民信)이라고 했다(『논어』, 안연).

정치는 권력의 구성이나 분배가 아니라 국사를 실천하고 실현하여 그 이익을 시민과 공유하면서 만인의 행복과 복지를 추구하는 인간에 의한 인의(仁義)의 실천이라고 할 수 있다. 이것이 정책을 통한 정치이다. 이것이 국가를 중심으로 하는 국가주의의 중심사상이다. 따라서 서양뿐만 아니라 동양문화권에서도 본질적으로 정책과 정치를 구별하기 어렵다는 것을 다시금 알 수 있다.

정책이 정치의 책략이라는 어의적 의미의 정책을 가장 쉽게 찾아 볼 수 있는 것이 있다. 예로서, 새로운 정권이 탄생될 때마다 각 정부는 국정철학과 비전을 제시하고, 이에 따라서 추진해야 할 주요한 국정과제를 제시하는 것을 들 수 있다.

2) 이론적이고 인식적인 의미의 정책

정책을 어의적이면서도 현실적인 사례에서 이해했다면 이것을 하나의 조작적 수준이지만[3], 정책학을 이해하기 위한 전 단계로서 정책을 이론적이고 인식적으로 정의하면

---

2) "子曰 文武之政 布在方策 其人存 則其政擧 其人亡 則其政息...(중략), 故 爲政在人 取人以身 修身以道 修道以仁."(『중용』).

3) 정책이나 정책학을 '조작적 수준에서 정의(a working definition)' 한다고 하는 의미는 여기서의 정의가

서 설명할 수 있다. 그래서 정책을 공공의 목적과 이해관계를 위한 국가의 공권력 작용에 의한 정치적 책략이라고 정의해 볼 수 있다. 그러면 정책학은 정책을 설명하고 이해하기 위한 이론이나 사상을 학문으로 체계화한 것으로 정의해 볼 수 있다. 위와 같이 정의한 정책을 국가의 공권력 작용과 공공의 목적과 이해관계로 나누어 설명할 수 있다.

첫째, 정책은 국가의 공권력 작용이다. 앞서 정책을 국가의 정치적인 책략이라는 어의적인 의미의 정책을 개념적으로 정의하면서, 정책은 권위적이고 공식적인 국가의 공권력 작용이라고 할 수 있다. 여기에도 두 가지의 의미가 있다.

① 국가의 공식적이고 권위적인 의사결정 그 자체인 정책을 결정하고 집행하는 일련의 정책과정도 정책이다. 정책을 결정하고 집행하면서 최종적으로 추구하는 정책이념이나 목표를 달성하여 정책을 성공적으로 완수하는 등의 정책과정도 정책의 중요한 내용이다.

정책은 국가의 공식적인 권위에 의하여 법령으로(모든 것이 법령화되는 것은 아니지만) 제정된 것이다. 이와 같은 일련의 정부활동이나 작용으로 진행되는 사건이나 일들을 시간적인 순서에 따라서 이해하고 설명하는 것이 일반적으로 정책을 이해하는 것이다. 그래서 정책을 공부하는 원론적인 수준에서는 이와 같이 시차에 의한 정부활동의 정책 내용을 단계적으로 설명하고 이것을 정책과정으로 소개하고 있다.

정책을 공식적인 국가의 공권력 작용이라고 정의한 것은 정책의 핵심적인 속성을 밝힌 것이다. 즉 정책이 정치적 책략이지만 국가라는 공공의 권력작용의 주체가 결정한 일들이라는 의미이다. 그래서 정책을 이해하기 위해서는 왜 국가가 정책의 주체이며, 나아가 국가의 공권력 작용은 정당한가 하는 문제를 설명할 수 있어야 한다. 이것을 정책학의 중심이론의 하나인 정책과 국가 편에서 보다 자세히 설명하기로 하고, 여기서는 정책을 개인적이고 사적인 이해관계나 시장경제의 선택이나 결정 등을 의미하는 의사결정(decision)이나 선택(choice), 판단(judgment) 등과 다르다는 것을 먼저 설명하고자 한다[4]. 정책은 국가를 중심으로 하는 공식적인 정부의 활동이고 선택이며 결정이다.

일반적으로 정책학계나 실무계 또는 사회과학의 학문영역에서 일반적으로 통용되고 수용되는, 즉 적어도 학문적일 뿐만 아니라 실천적으로 모든 사람이 동의하고 찬성하는 수준의 정의가 아니라는 뜻이다. 단지 『정책학신론』의 원론적인 교과서에서 정책학을 공부하는 입장에서 이것을 설명하고 이해하기 위한 교육의 목적(a pedagogical goal)에서 정의한 것이다.

4) 의사결정에 관한 것으로 의사결정학(decision science), 의사결정이론(decisionmaking theory 또는 decision theory) 등으로 통계학이나 수학, 심리학, 신경과학, 경제학, 컴퓨터공학, 체제이론, 게임이론 등에서

그래서 정책(政策)은 다스린다는 의미의 '정(政)'과 그 수단이나 방법을 뜻하는 '책(策)'으로 연결된 용어이다. 동시에 정치와 정책을 구별하지 아니하는 이유도 공공의 의사결정이고 선택이기 때문이다.

구체적이고 세부적인 정책의 내용을 결정하거나 선택할 때, 이것을 의사결정이나 선택(특히 정책대안의 선택) 또는 정책가치나 목표의 판단 등과 같은 용어를 사용하고 있다. 또한 다양한 선택거리를 준비하거나 발굴하는 것을 주요 과제로 하고 있는 정책분석 등에서는 'decision'이나 'choice' 등과 'policy'를 구별하지 않고 사용하기도 한다. 그러나 정책은 정치적인 정당성이나 공식적이고 법적 권위와 자격 그리고 공공성 등을 전제로 하고 있는 용어이다.

② 정책결정의 과정에 따라서 최종적으로 결정된 결과산물도 정책이다. 즉 정책을 결정하는 복잡하고도 동태적인 정치과정을 정책으로 이해해야 하지만, 이와 같은 과정에서 최종적으로 결정된 것을 일반적으로 정책으로 이해하는 경우가 많다.

둘째, 국가는 공식적이고 권위적인 의사결정의 과정과 그 결과인 정책을 현실에 적용하고 실천해야만 정책의 존재가치가 실천된다. 이것을 두 가지 의미로 이해할 수 있다.

① 추구하는 목적이 무엇인가 하는 것이다. 구체적인 정책에 따라서 정책목표와 가치 및 이념 등이 다양하다. 그러나 일반적으로 정책은 개인적 이해관계의 목적이나 욕구 또는 희망이나 가치보다 사회적이고 공공적이며 다수의 이해관계(이것을 일단 공익(public interest)으로 이해할 수 있다)를 추구하고 달성하고자 한다. 그래서 정책은 공공의 안녕과 질서 및 정의, 사회적인 선이나 윤리, 국가의 보편적인 국익(비경제적 포함)이나 국가의 품위(국격: 國格), 국토방위나 안보, 사회행복 등등과 같은 가치와 목표를 추구하고자 한다. 이것을 공공성(publicness)으로 요약할 수 있다. 이와 같은 목적이나 가치가 아닌 것을 추구하는 것은 정책이라기보다 개인적인 이해관계의 선택이고 결정일 것이다. 따라서 정책은 공공성이나 공익을 추구하기 때문에 그의 존재가치를 가진다.

② 국가정책이 정당하고 타당한가 하는 정책 그 자체의 정당성뿐만 아니라, 국가가 정책을 통한 개인의 판단과 결정에 개입하고 간섭하는 것이 정당한가 하는 국가개입,

---

다양하고 복잡한 이론이나 기법 등이 있다. 물론 정책을 결정할 때도 이와 같은 의사결정의 이론이나 기법과 방법 등을 활용하고 이용하지만, 정책을 의사결정과 구별해서 정치적 정당성과 이념 및 공공성 등을 의미하는 것으로 이해하고 있다.

보다 정확하게는 정책개입이 정당한가 하는 문제이다.

정책의 정당성(justification)은 정책을 이해하기 위한 하나의 화두와 같은 전제이다. 정책은 국가의 공권력 작용이다. 법령으로 법적 권위와 강제력을 가지고 있다. 그러나 정책은 법령과 같은 법적 권위와 정당성(legitimation)이 없다고 하더라도, 정권을 가진 정치적 이상과 비전을 실천하기 위한 다양한 사업을 진행하고 집행하면서, 시민들의 적극적인 참여와 협조를 구하고 있다. 그러나 동시에 그들의 신체적이고 경제적인 자유와 자율을 침해하거나 방해할 수 있는 것도 정책이다.

이와 같은 경우에 국가의 정책은 과연 정당성이 있는가? 왜 국가는 일반 시민들의 자율적이고 자유로운 판단이나 결정과 행위에 개입하거나 간섭하는가? 이와 같은 물음을 이론적일 뿐만 아니라 현실적으로 이해하는 것이 정책이란 무엇인가를 보다 정확하게 그리고 보다 현실적으로 이해할 수 있는 정책학의 주요한 과제라고 할 수 있다[5].

2. 정책학이란 무엇인가?

1) 정책학의 정의

첫째, 정책을 어의적 의미로 다스리는 정(政)의 책략이라고 하면, 다스리는 주체인 정책결정자(policy maker)와 객체인 정책의 대상자(policy target)가 있을 것이다. 그리고

5) 1950~70년대 정책학이 탄생되고 발달하고 있는 미국, 소위 미국정책학을 수입하고 전수하여 받아들이고 있는 한국의 정책학에서 간과한 것이 바로 정책을 설명하고 이해하기 이전에 국가행위로 나타나는 정책의 정당성이나 국가 중심의 국가개입 등을 설명하지 못한 점이다. 미국정책학은 정치학이나 사회학, 경제학 등의 기본이론을 전제로 하고 발달된 것이다. 동시에 정책학의 교육도 정책학 전문대학원이나 또는 대학원 중심으로 진행되고 있다. 그래서 정책학의 기본이론인 국가론이나 국가개입의 정당성, 정부론 등은 정치학이나 인근 학문에서 잘 다루어지고 있고, 이것을 학부 중심의 대학에서 수학한 것으로 전제하고 있다. 이와 같은 미국정책학을 한국이 수입하면서, 정책학의 기본적인 이론(정부론, 국가론, 정치사상과 방법, 통치학, 경제이론 등)을 소홀히 한 경향이 있었다(김주환, 2006; 목진휴 외 6인, 2007). 그래서 『정책학신론』의 개정 5판에서도(제4편 제1장) 정책과 국가를 설명하면서 국가주의 정책의 본질적 특성이나 국가정책으로 인한 정책개입의 개인적일 뿐만 아니라 사회적인 정당성(justification) 등을 정책학의 중심이론으로 설명하였다.

다스리는 방법도 있을 것이다. 동시에 정책은 정치적인 책략이기 때문에 정치의 이상과 비전 및 목표 등과 같은 통치철학도 가지고 있을 것이다.

둘째, 정치적 책략인 정책은 일반적으로 법치주의 국가에서는 다양한 법령으로 구체화되고 있다. 그 법령의 내용과 목적은 정책의 구체적 내용이면서 또한 정책의 목표이기도 하다. 이것이 정책의 철학이고 이념이다. 그래서 정치를 담당하는 각 정부마다 각자의 정치이념과 철학에 따라서 다양한 정책을 가지고 있다.

셋째, 이론적이고 인식론적으로 정책은 법령화된 정책뿐만 아니라, 정치적으로 약속되고 선언된 목적과 내용을 법적 권위와 정치적 정당성을 가진 집단이 실천하는 공권력 작용이라고 설명했다. 이때 국가가 개인의 판단과 결정에 개입하거나 간섭하는 국가주의의 정책개입이 중심적인 주제이다. 즉 정책개입은 개인적일 뿐만 아니라 사회적으로도 가치있고 타당하다고 하는 정당성을 실천적으로 증명할 수 있어야 한다.

그럼에도 불구하고 하나의 의문이나 질문을 제기할 수 있다. '왜 하필 국가이어야 하는가' 하는 것이다. 물론 이것은 국가론의 핵심주제이다. 물론 정책학의 정의에 관한 내용을 이해한 독자는 쉽게 대답할 수 있겠지만, 정책학을 정의하고 이해하기 위하여 좀 더 설명하고자 한다.

개인은 때때로 많은 경우에 국가보다 다양하고 풍부하며 전문적이고 시의적절한 정책의 지식과 정보와 경험을 가지고 있다. 특히 보다 합리적이고 이성적이며 타당성이 큰 정책을 결정하고 실천할 수 있는 지식이나 능력과 정보 등을 가지고 있기도 하다. 그럼에도 불구하고 국가가 중심이 되어(국가중심주의) 우월적이고(국가우월주의) 독점적으로(국가독점주의) 정책을 결정하고 실천한다.

이것이 현실이다. 우리는 필요에 의해서 뿐만 아니라 인간의 본질적 속성인 정치적 동물(*homo politicus*)의 이상에 충실하기 위해서 국가, 특히 근대적 의미의 입헌민주주의 국가를 만들었고 발달시켰다. 동시에 개인은 많은 결정권한을, 특히 공공생활 부분에서 국가에 위임했다. 따라서 국가는 이제 정치적이고 법적으로 정당하게 국가행위를 전담할 수 있게 되었다. 점점 더 개인의 역할보다 국가의 공동체적 역할과 책임이 커지게 되었다. 이것이 국가주의로 집약해서 설명되고 있다.

국가가 중심이 된 국가중심주의의 정책을 어의적이고 사례적이며 이론적으로 설명한 것을 학문적인 체계로 정립한 것이 정책학이라고 할 수 있다. 학문적인 체계란 정책을 이론적이고 사상적으로 체계화시킨 것이다. 특히 이론적이고 사상적으로 체계화 한다는 것은 정책을 논리적이고 합리적으로 체계화하여 설명한다는 뜻이다. 이와 같은 설명은 논리적인 합리성과 질서를 가지고 있어야 한다. 즉 현실의 경험사회에서 충분히 검증할 수 있으면서 동시에 인간의 인식체계에서 수용될 수 있어야 한다는 의미이다.

국가중심주의의 사상체계는 이념적이고 철학적이다. 민주주의나 인간의 존엄성, 만인의 평등사상, 가치와 판단의 자율성, 선악과 시비의 판단, 선(善)과 정의의 판단과 구별 등을 결정하고 이해할 수 있는 것이 국가중심주의 사상이다. 이와 같은 사상이 정책이라는 정치적 책략으로 사회적이거나 개인적으로 정당화될 수 있도록 정리된 것이 정책학의 사상체계이다.

이러한 것을 기초로 해서 일단 정책학은 정책을 사상적이고 이론적으로 체계화시킨 지식체계라고 정리해 볼 수 있다. 따라서 정책의 주체인 국가와 국가주의를 설명할 수 있는 이론적이고 사상적인 체계가 정책학에 필수적이다. 그 다음으로, 정치적 책략인 정치의 이념과 목표인 정책철학을 결정하고 실천할 수 있는 전략적 방법과 이론도 체계화되어야 할 것이다. 따라서 좀 더 구체적으로, 정책학을 국가의 정책행위의 정당성을 이론적이고 사상적으로 체계화하여 정치적 책략을 수행할 방법과 실천적 전략에 관한 학문으로 정의해 볼 수 있다[6]. 학문이라는 의미는 정책의 다양한 이론과 논쟁과 방법 및 사상 등이 논리적으로 성립되면서 정책현실에서 이와 같은 이론구성과 방법이 타당하고 적절하다는 것이 증명되면서 과학화된 것이다.

그래서 정책학을 영어로 'Policy Science'라고 하기도 한다. 이때 'Science'는 과학이기 때문에 현실에서 검증되고 증명된 이론체계라는 뜻이다. 이것이 정책학이 과학인가 아니면, 단순히 정치적 책략을 결정하고 실천하는 통치기술인가(technology 또는 조금 더

---

6) 이와 같은 정의는 '정책이란 무엇인가'를 이해하는 수준에서 정책학을 정의한 공작적 수준에 불과한 것이다. 실제로 정책학의 교과서에서는 정책학자 자신이 이해하고 생각하는 정책학을 정리하기 위해서, 이와 같은 수준에서 정책학을 정의하고 있다. 따라서 앞으로 기회가 있을 때마다 정책학의 정의를 수정하거나 보완하는 등의 노력을 기울이겠다. 마찬가지로 정책학의 창시자인 Harold Lasswell도 그가 작고(1978년)하기 수 년 전인 1971년 출간한 『정책학서설』(A Preview of Policy Sciences)에서도 이와 같이 정책학을 정의했다. 그리고 책 제목도 '하나의 서설'이라고 해서, 조심스러우면서도 겸손하게 후학들에게 정책학의 발전을 부탁했다. 그래서 정책학을 정의한다는 것은 정책학을 공부하기 위한 기본패턴이나 방법 등을 전제로 하는 중요한 부분이지만 아직까지 통설적인 정의는 없다. 아마도 정책학이 발달한다고 해도 모든 학문과 마찬가지로 하나의 일반적인 용어나 개념으로 정책학을 정의하기는 어려울 것이다.

수준 높은 개념인 art) 하는 논쟁의 시초가 되고 있다. 또한 정책학이 아직 학문적 수준으로 발달하지 못했다는 묵시적 합의에 따라, 'Policy Studies' 또는 'Public Policy,' 'Policy Theory'[7] 등과 같은 다양한 명칭을 사용하기도 한다[8].

한국에서는 일반적으로 정책학을 'Policy Studies'란 명칭으로 많이 사용하고 있다. 이것은 정책학이 학문인가 하는 의미보다 배운다는 의미의 학(學)을 표기한 명칭이라고 할 수 있다. 그러나 정책학을 학문적으로 두 가지로 분류하기도 한다. 예를 들면, 한국도서관협회가 발행하는(2013년 제6판) 한국십진분류표에 의하면, 정책학은 행정학(350)의 한 분과(350·1)로 분류되어 있다. 그리고 한국연구재단(wwww.nrf.re.kr)의 학술연구분야 분류표에 의하면, 정책학은 사회과학의 한 학문분야로 분류되어 있기도 하다.

정책학이 정치적 책략의 이론체계이기 때문에 정치의 개념을 중심으로 하는 정책학과 다스림(政)의 개념을 가지고 있는 인근 학문인 정치학과 행정학, 법학 등과의 학문적인 연계성을 〈그림 1-1〉과 같이 정리해 볼 수 있다. 여기서 다스림이란 올바른 것이며 국민을 바르게 통치한다는 공자의 정치 개념을 따른 것이다.

---

7) 영어 단어에 복수를 쓴 이유는 정책학을 연구하고 설명하는 이론이나 방법 등이 다양하고 복잡하다는 것을 밝힌 것이다. 그 이유는 정책학의 범학제적 특성을 강조하기 위해서 단수가 아닌 복수를 사용한 것이다. 그러나 Lasswell정책학에의 과잉성이라는 비판이나, 한국정책학회에서 정책학을 'Policy Studies'로 표기하는 관례, 'Policy Sciences'를 정책과학으로 번역하여 사용하는 일본이나 중국 등의 한자문화권에서의 표기 등과 같은 점 등을 고려하면서, 정책학의 학문적 체계와 정체성 등을 고려해서 이 책에서는 'Policy Studies'로 표기하였다.

8) 현재 통칭되고 있는 정책학(Policy Sciences 또는 Policy Studies)은 1951년에 미국 정치학자인 Harold Lasswell이 "정책정향"(The Policy Orientation)이라는 논문을 발표하면서 시작된 것이다. 물론 그 이전에도 정책이라는 용어나, 정책을 연구하는 학문이라는 의미의 다양한 용어 등은 있었다. 그러나 학문적 체계를 형성할 수 있을 정도로 정책의 학술적인 의미와 방법론, 정책의 존재적 가치나 사상적 배경, 정책의 현실적 필요성 등을 Lasswell처럼 체계적으로 설명하고 이론화 한 것은 없었다. 그래서 정책학은 Lasswell정책학을 근간으로 하고 있다.

〈그림 1-1〉 다스림(정:政)을 중심으로 하는 정책학의 인근 학문과의 연계성

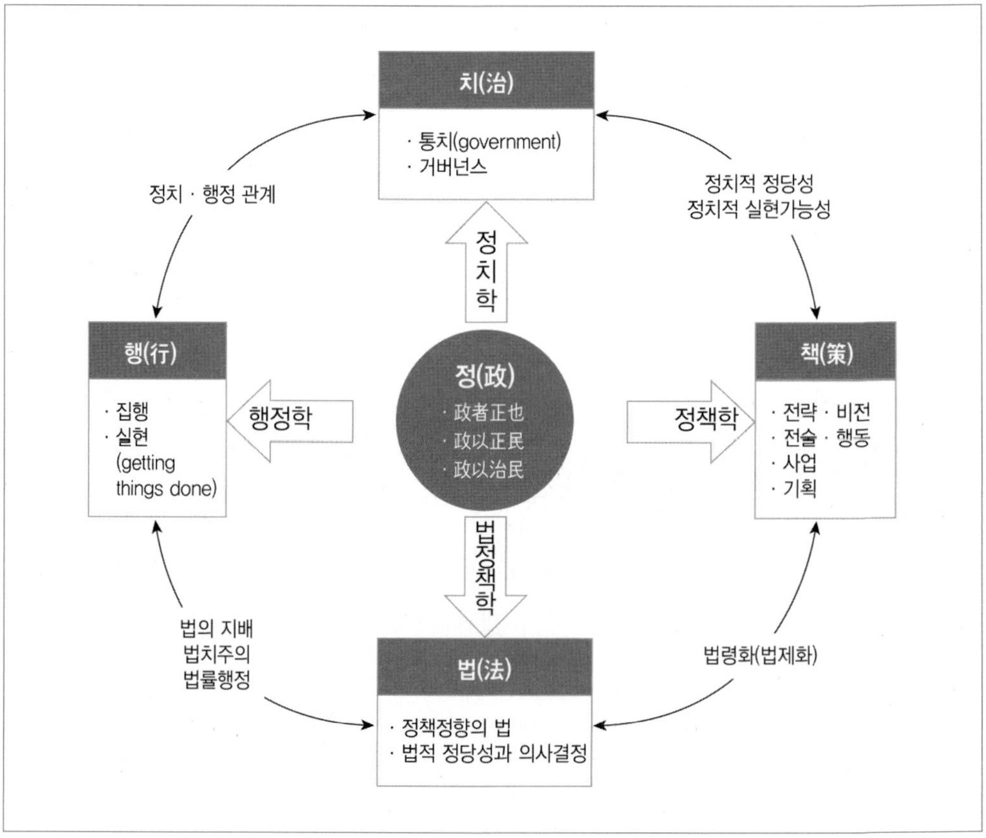

먼저 정치학은 다스리는 정치적 정당성이나 실현가능성에 초점을 두는 통치와 거버넌스의 학문이다. 행정학은 다스림을 실현하고 집행하는 실천(getting things done)의 학문이다. 그리고 법학은 다스리는 방책과 수단 등을 법령화하여 법적 권위와 공공성을 부여하는 법치주의와 법의 지배를 설명하는 학문이다. 물론 정책학은 다스리는 책략이나 전략과 사업계획 등에 초점을 두고 있다. 위의 네 가지 학문분야에서도 역시 다스림의 '정(政)'이 중심적이면서 핵심적인 개념임을 한눈에 알 수 있다.

정책학은 태생적으로 국가정책의 정당성을 서양 중심의 사상과 이론으로 체계화한 것이다. 때문에 서양정책학, 좀 더 정확하게 말하면 미국정책학, 좀 더 범위를 좁히면 미국정책학을 주조하고 탄생시킨 Harold Lasswell(1902~1978)을 중심으로 하는 Lasswell 정책학으로 널리 알려져 오고 있다. 따라서 Lasswell 교수가 정의한 정책학의 정의를

좀 더 자세히 이해할 필요가 있다.

Lasswell(1971)은 1950년대에 발달하던 과학적 지식과 기술 중심의 행태과학과 실천 지식의 실용주의를 신봉하면서, 정책은 본질적으로 인간의 존엄성과 민주주의를 실천할 수 있어야 한다는 정책사상에 기초하여, 정책학을 "공공의 의사결정의 지식과 의사결정에 있어서의 지식을 추구하는 학문"[9]이라고 정의하였다. 보다 구체적으로 의사결정(물론 정책을 결정한다는 의사결정이다. 개인적이고 사적인 이해관계의 결정을 의미하는 것은 아니다)의 지식은 정책을 결정할 방법이나 정책을 현실적으로 실천할 수 있는 체계적이고 경험적인 지식을 의미한다((knowledge of); 의사결정에 있어서의 지식은(knowledge in) 정책과 정책결정 그 자체의 지식인 정책과 공공성, 정책사상, 정책과정 등을 의미한다고 할 수 있다(deLeon and Weible, 2010).

정책학을 정의하거나 이해하면서 혹여라도 간과하지 말아야 할 것이 있다. 그것은 정책의 주체나 객체는 인간이라는 사실이다. 인간의 본질적 조건과 소명에 대한 이해와 인식이 전제되어야 정책학은 존재의 가치를 가질 수 있다. 즉 인간중심의 정책학이지 인간을 제외한 국가책략이나 이것을 이론적으로 체계화한 학문은 아니라는 것이다. 그래서 앞서 정책의 어의적 의미에서 설명했듯이 국가통치의 방책은 인간에 달려있고(其人存), 이웃사람을 즐겁게 하고 멀리서도 사람들이 모여들게 하는 것이라고 하는 의미의 핵심도 역시 인간중심의 국가주의 정책을 선언한 것이라고 할 수 있다.

인간중심의 정책학은 인간이 만물의 지배자이고 관리자로서, 인간의 이해관계를 위하여 인간뿐만 아니라 동식물을 포함하는 비인간을 착취하거나 이용한다는, 소위 환경철학이나 휴머니즘의 인간관이라고 할 수 있는 인간중심주의(anthropocentrism)가 아니다. 정책학에서의 인간중심은 인간의 본질적 가치인 인간의 존엄성과 이성적 존재로서 윤리적이고 도덕적인 판단자이면서 동시에 정책세계를 창조하고 실천하는 인간이라는 사실을 강조하기 위한 용어이다. 정책학에서 인간이란 무엇인가 하는 것은 매우 중요하면서도 정책학의 사상적 맥락을 지배하는 철학이다. 이에 관한 보다 자세한 내용은 제2편 제3장의 정책사상에서 설명할 것이다.

9) "As a working definition, we sat that the policy sciences are concerned with knowledge *of* and *in* the decision processes of the public and civic order. Knowledge *of* the decision process implies systematic, empirical studies of how policies are made and put into effect"(Lasswell, 1971: 1).

2) 정책학의 학문적 특성

(1) 정책학의 범학제성[10)]

앞서 정책학을 영어로 'Policy Sciences'와 때로는 'Policy Studies' 등과 같이 과학(sciences)과 배움의 학(studies) 등으로 다양하게 명칭하는 가장 큰 이유로 정책학의 학문적 정체성 때문이라고 하였다. 그리고 복수로 표기한 것은 다양하고 복잡한 정책학의 이론이나 방법론 등이 있다는 것을 의미한다. 즉 정책학의 여러 학문분야를 종합한 종합과학적 특성(범학제성)을 표기한 것이다.

정책학의 범학제성(interdisciplinarity 또는 multidisciplinarity)이란 정책현실이나 정책과제가 복잡하다는 사실에 기초를 두고 있다. 복잡하고 다차원적인 정책결정의 방법이나 내용, 정책결정의 과정과 방법 등을 설명할 수 있는 정책이론은 여타 학문의 이론적이고 기법적인 내용의 장단점을 이해하고 이것을 정책학에 응용하거나 적용한다는 의미이다.

정책학의 범학제성을 단순히 여러 학문분야의 이론이나 기법을 원용하는 것으로만 이해해서는 안 된다. 왜냐하면, 다양한 학문분야를 종합하거나 통합하여 이를 이용하기도 하지만, 다양하고 복잡한 정책현실을 정책학의 독자적이고 고유한 이론과 방법으로 설명하고, 나아가 이것을 정책학의 학문으로 체계화 할 수 있다는 의미의 범학제성이다. 따라서 정책학의 범학제성은 정책과제에 필요한 조건과 욕구 및 상황에 따라서 다양한 학문분야의 이론이나 방법을 정책학적으로 재창조하는 것이다. 이론적인 목표와 방향과 체계를 갖추지 아니하고 잡다한 이론과 기법이나 방법을 나열하는 것이 아니다. 즉 정책학의 고유영역과 이론으로 재창조하는 것이 정책학의 범학제성이다.

정책학의 범학제성 때문에 정책학의 학문적 독자성이나 정체성이 문제될 때도 많았다. 또는 정책학을 연구하면서 항상 엄마 없는 아이 같은 심정을 자주 느낀다고 했다(deLeon, 1988). 왜냐하면, 정책학은 구체적인 정책사례나 정책과학에 관심이 있는 누구에게든지 그 문호가 개방되어 있으면서 동시에 정책학의 학문적인 계보나 계통이 아직까지 확립되어 있지 않기 때문이다.

---

10) 정책학의 범학제성은 필자 등의 "범학제적 정책이론의 정향에 관한 시론"(2009). 『한국사회와 행정연구』. 20(3)을 요약해서 재구성한 것이다.

미국에서 Lasswell이 정책학을 창안하고 주창하던, 세계 1차 및 2차 전쟁의 시기에 발생된 빈곤과 질병, 인간성의 파괴 등과 같은 시대적 상황과 조건에 타당한 범학제적 정책이론을 어떻게 지금의 상황과 조건에도 타당한 정책이론으로 구성할 것인가 하는 것은 현재 정책학의 정체성 논쟁이면서 범학제성의 연구대상이다. Lasswell 정책학이 정책학의 중심이고 기본이다. 그러나 그의 범학제적 정책이론의 관점에 한정한다면, Lasswell 자신과 같이 한 사람이 만능선수처럼 정책과제의 해결에 필요한 모든 학문분야의 지식과 기술을 이해하고 적용한다는 것은 현실적으로 불가능하다. 따라서 다양한 분야의 학문들이 경계선 없이 참여하고 그의 이론들이 적용되면서 정책이론을 공부하는 정책학자들의 학문적인 정체성과 자긍심 등을 보존할 수 있는 정책학의 정체성에 관한 위기와 해결 등이 중요한 이슈가 되고 있는 것도 사실이다.

또한 현실적이고 실천적 필요성과 목적에 의해서 정책학의 범학제적 이론의 중요성과 타당성을 이해한다고 할지라도 정책학은 무엇을 공통적으로 연구하고 가르치는 학문인가 하는 학문적 정체성에 관한 의문은 계속 남게 된다. 그래서 미국의 정책학 관련 주요 학술지를 분석한 결과에 의하면(Adams 외 3인, 2014), 학문적 태동기부터 정책학의 주요한 특성인 범학제성을 탐색하고 연구하는 경향이 점점 더 감소하고 있다; 반면에 경제학 중심은 더욱더 경제학 중심으로 진행되고, 정치학 중심은 더욱더 정치학 중심으로 정책학이 발달되고 있다고 했다.

범학제적 정책이론의 실용성을 다양한 학문분야에서 찾는다고 한다면, 여러 학문분야(특히 기초학문분야)의 이론과 지식이 정책분야에 응용될 가능성을 설명할 수 있다. 그러나 이와 같은 범학제성을 구체적인 정책사례에 따라서 다양한 학문분야의 이론이나 지식 그 자체를 범학제성이라고 하는 것과 혼동할 수 있다. 더구나 각 정책사례에 따라서 천차만별의 다양한 이론이 소개되어야 한다면, 이것은 정책학의 이론이 아니라 각 학문의 이론과 지식이 정책사례를 설명하기 위한 것에 불과할 것이다.

정책학의 범학제성이란 정책학의 이름으로 체계화 할 수 있는 이론이라는 사실을 전제로 하고 있어야 한다. 이와 같은 전제에서 다양한 학문분야의 이론과 지식을 원용해야 한다면, 정책에의 적용 가능성과 설명능력 등을 정책학자가 판단할 수도 있어야 한다.

한 가지 예로서, 구체적 정책사례를 설명하면서 정책학의 범학제성을 찾아보는 경우가 많다. 환경문제 해결에 초점을 두면서 어떻게 효과적으로 이것을 해결할 것인가,

그리고 이와 같은 해결에 필요한 환경이론을 어떻게 보다 많이 활용할 것인가 하는 범학제성 연구를 들 수 있다. 이 연구는 전통적인 Lasswell 정책학의 패러다임인 관점의 명확화, 문제정향, 사회과정과 의사과정 등으로 구분하여 각각의 주제를 중심으로 개최한 워크숍에서 정책학의 범학제적 이론을 현실적으로 적용하였다. 각 워크숍의 참석자에게 회색 곰 보존에 필요한 범학제적 문제해결을 별도로 교육하지 아니하고, Q방법론[11])을 적용하여 다양한 분야의 참석자들에게 의견과 지식을 제시하게 하여, 각 분야별로 그들의 지식과 의견을 모형화하였다(Rutherford 외 3인, 2009).

특히 이 연구가 범학제적 정책이론 형성에 제시할 수 있는 시사점으로, 관점의 명확화와 문제정향 및 의사과정의 워크숍에 따라서 주제와 이슈, 목표, 성공의 측정, 구성(수단) 등을 제시하면서 문제와 해결책을 사회과정과 의사과정으로 등으로 구체화시킨 것 등을 들 수 있다. 특히 의사과정 워크숍에서는 Lasswell(1971)이 제시한 의사과정의 주요 단계에 따라서 목표와 정향, 조건, 대안 탐색, 지능, 촉진, 처방, 적용, 평가, 종결과, 사회과정으로 참여자, 관점, 상황, 기본가치, 전략, 산출, 효과 등의 내용을 종합적으로 정리하여 구체적 학문분야의 관련 지식의 필요성을 탐색하기도 했다.

그러나 이 연구가 위의 사례를 떠나서는 크게 유용하지 못했다. 예를 들면 환경문제를 연구하는 대학은 다양한 학과들이 독립적으로 구성되어 있다; 따라서 무엇이 범학제적인가 하는 정의와 정향도 불분명하다; 동시에 다양한 연구자로 구성된 대학들도 실질적으로 범학제적 연구를 진행할 체제가 되어 있지 못하다. 특히 범학제 간 연구의 대표적 형태인 네트워크나 태스크포스, 컨소시엄, 위원회 등과 같은 대학의 연구체제가 실질적으로 범학제 간 환경문제의 연구에 실패하고 있다. 왜냐하면, 학문 간 다양한 준거기준과 문화의 차이, 연구방법, 언어소통의 문제, 개인적인 학문의 명예에 관한 인식차이, 연구비나 연구 우선순위, 동기 등에 관한 제도적 장애물, 연구인력 관리의 전문가적 인식차이 등과 같은 요인 때문에 범학제 간 연구는 대단히 어려웠다.

정책학의 범학제성을 무조건 신봉해서는 다양한 이론이나 방법 등을 정책학의 이름

---

11) Q방법론은 심리학자이자 물리학자인 William Stephenson(1902~1989, 24세에 영국 Durham 대학에서 박사학위를 받았다)이 『Nature』에 1936년에 처음 발표한 방법론이다. 특히 연구대상자 개인의 태도와 신념, 가치 등을 객관적으로 측정하는 방법이다. 즉 개인의 느낌, 의견, 선호, 취향 등을 추출하여 이와 유사한 인식구조를 가지고 있는 사람들의 유형을 추출하는 방법이다(McKeown and Thomas, 2013).

으로 체계화하기 어렵다. 동시에 정책학을 중심으로 하는 공통의 학문집단을 형성하기도 어렵다. 그렇다면 정책학의 정체성을 확보하기도 어렵게 된다. 그래서 범학제성을 잘못 이해하고 이를 이용하다 보면 정책학의 중심적인 연구대상인 정치적 책략의 국가주의나 정책개입, 정책의 정당성, 정책사상, 민주주의와 정책학 등을 설명할 수 있는 보편적 정책이론을 발달시키기 어렵게 된다.

범학제성을 이제 두 가지로 정리할 수 있다. 첫 번째는, 전통적인 정책학의 범학제적 접근방법이 강조하는 것과 같이 과제해결에 필요한 수단과 방법을 찾기 위한 수단적 범학제성을 강조하는 것이다. 두 번째는 개념적 범학제성이다. 즉 다양한 분야의 지식과 이론을 단순히 원용하여 통합 또는 협력하는 차원이 아니라, 어느 학문분야의 학문적 일관성을 유지하면서 인식론적 관점에서 새로운 개념이나 방법론 등을 종합할 수 있는 지식체계를 강조하는 것이다. 따라서 개념적 범학제성에 의해서 발달될 정책학의 다양한 이론을 탐구하는 것이 정책학의 학문적 특성을 살릴 수 있다.

독자적인 사회과학으로서 정책학이 존재해야 한다는 사실은 정책학의 고유한 이론이 구성되면서 발달되어야 한다는 것을 의미한다. 이것이 정책학의 학문적 특성인 범학제성을 이해하는 것이다. 즉 하나의 독자적 사회과학으로서 정책학의 학문적 정체성 확립이라는 사실을 전제하면서 정책학의 범학제성의 특성에 의한 정책이론의 가능성과 방향을 탐색해야 한다는 뜻이다.

이와 같은 이론에는 다양한 것이 있다. 대표적으로 정책학의 역사적이고 제도적인 정책학의 발달사(학사)나 정책담론과 정책학의 방법론 등을 들 수 있다. 그리고 전통적인 정책과정론이나 정책학에서의 민주주의 이론과 실천방법, 정책학과 정치이론, 정책사상, 정책의 비용과 효과 등의 정책균형이론, 정책리더십 등이 정책학이 범학제성의 특성에 의한 주요 이론으로 발달하고 있다. 그리고 일본과 같이, 전문적으로 범학제적 학술단체를 중심으로 하는 학술지의 운영이나 정책학과의 명칭을 총합 또는 종합정책학과 등과 같이 발달시키는 것도 정책학의 범학제성을 반영한 것이다.

(2) 정책학의 과학성

정책학이 시대와 장소, 문화와 이념 등의 한계를 극복하여 정책현상에 보편타당하게 적용되고 설명될 수 있는 일반이론(general theory 또는 middle-range theory)을 구성할 수 있을 것인가 하는 것이 정책학의 과학성이다. 즉 정책학의 이론과 지식이 객관주의와 경험세계에서 증명된 보편타당한 과학적 이론이 될 수 있는가 하는 문제이다.

과학으로서의 정책학은 정책현실을 설명하고 예측할 수 있는 보편타당한 일반이론으로 정립시킬 수 있어야 한다. 그러나 실증주의와 행태주의에 의한 정책학의 과학성에 대한 과신으로 정책학을 과학이라고 하는 것은 하나의 신화(神話)를 창조하려는 것과 같다는 비판도 있다. 특히 대부분 미국에서 개발되면서 검증되고 적용된 정책이론과 방법이 문화와 제도, 가치와 관습의 한계를 넘어서 통용될 수 있는 정책이론이 되어야 한다고 기대하는 것은 과욕이다; 따라서 주관적이고 환경에 제약적이며 정치적인 제도나 가치판단에 의한 정책학의 인식론적 차이점을 인정하는 것도 필요하다(Clark, 2002).

이에 대항하여 정책학은 과학이라기보다 하나의 기술적 학문(art science)이라는 주장도 만만찮다. 정책학은 사회나 개인이 당면하는 정책과제를 해결하고 추구하는 목표를 달성할 다양한 방법을 제시하는 종합과학이다. 따라서 판단적이며 가치지향적인 기술에 관한 이론이다; 이것을 실천하는 정책과학자는 예술가나 행동가일 수 있다. 즉, 정책이 추구하는 최고가치인 인간존재의 실현과 국가중심의 정책의 정당성을 확인하고 설명할 수 있는 객관적이고 사실적인 이론일 뿐만 아니라 주관적이고 판단적인 지식도 정책학이다; 이것이 곧 정책이론을 예술 또는 기술에 관한 과학으로 이해해야 한다고 설명하기도 한다(Srinivasan, 2000; Gluckman, 2014).

나아가 정책학이 설명하고 예측하고자 하는 정책과제와 정책환경을 가정의 상황으로 이해하고 설명해야 할 것이지 과학적이고 객관적이며 명백하게 해결하고 이를 공리로 정립해야 되는 것은 아니라는 주장도 있다. 인간관계와 사회현상에서 발생하는 문제의 창조자이며 동시에 해결자의 역할을 할 수 있는 것이 정책학이다; 합리적이고 객관적으로 행동대안을 마련하고 시행해야 하지만, 창조와 상상력에 의하여 정책대안에 대한 책임성과 도덕성도 동시에 갖추어야 하기 때문에 정책학은 기술적 예술이다; 단순히 기계적인 분석이 아닌 상상력이 중심이라고 하는 주장이다(Wolf and Dooren, 2017).

그리고 정책학의 연구대상은 자연현상과 그에 나타나는 자연의 질서가 아닌, 인간이 만든 사회현상이고 사회질서이다. 인간이 연구대상을 창조하여 시대와 장소와 가치판단에 적합한 이론과 방법을 추구하는 것으로 정책학을 이해해야 한다; 정책결정자와 정책의 이해관계 대상자를 연결시키며, 현실적으로 기존의 정책과정이나 제도에 새로운 정책대안이나 체제를 융합시켜 광범위하게 정책사업과 활동의 결과를 평가할 수 있어야 한다는 주장도(Schneider and Sidney, 2009) 경청할 가치가 있다.

정책학의 현실성을 강조하는 정책역설(policy paradox)(Eggertsson and Garga, 2019)이나 정책탐구(policy inquiry)(Heidelberg and Desai, 2015) 등도 정책학의 과학성을 설명하고 있다. 정책학이 어떻게 대응해야 진실로 정책학 본연의 임무이고 자랑이며 긍지인 정책이론과 현실의 조화를 달성할 것인가 하는 점을 설명하고자 한 정책이론이다. 과학적이고 경험적이며 다양한 분석기법이나 통계장치를 이용하여 정책대안이나 정책정보를 정책학자들이 제시해 두었으나, 현실적으로 이것이 이용되어 보다 훌륭한 정책결정이나 문제해결에 사용되고 있지 못한 것이 현실이다. 그럼에도 불구하고 우리는 왜 계속해서 사용되지도 않는 정책이론을 형성하기 위해서 그렇게 노력해야 하는가 하는 의문이 정책학의 역설이다. 또한 더욱더 가슴 아픈 일은 고도의 기법과 경험적인 분석자료를 이용하여 처리한 정책의 이론들이 진작 정책문제의 해결이나 합리적인 정책과정에 사용되기보다 정치적이고 당파적인 이해관계를 정당화시키는 데 악용되는 일이라고 했다.

여기에 더하여 정책학자들이 정책현실에는 잘 맞지 않은 비현실적인 이론이나 정책모형을 생산해 내고 있다는 비판도 거세다. 특히 수많은 정책사례연구들이 모든 정책분야에 걸쳐서 홍수처럼 쏟아져 나오고 있지만 실제로 정책의 현실, 특히 정책이 구체적으로 실천되는 분야에 대한 현실적인 감각과 정치적인 이해관계 등을 다루지 못했기 때문에 그들의 연구는 정책현실에서 별 소용이 없었다. 그럼에도 불구하고 왜 정책학을 공부하는 사람들은 이와 같은 이론들을 힘들여 배우려고 값비싼 등록금을 내야 하는가 하는 역설을 주장하고 있기도 하다(Stone, 1997).

이와 같은 논쟁의 핵심은 정책학이 더 이상 실증주의적 과학성에 얽매여서는 안 된다는 것으로 정리할 수 있다. 정책학의 과학성을 체계적이고 경험적인 이론으로, 현실의 가치판단과 선악을 도외시하는 것으로 이해해서는 정책학 본래의 임무인 인간중심의 실천학문에 도움이 되지 못할 것이다. 뿐만 아니라 정책현실에 타당한 정책이론도 될 수 없다. 정책이론은 정책의 결정과 집행을 향상시킬 수 있어야 한다. 이와 같은 정책이론이 있어야만 정책학자들이 존재할 수 있는 근거, 즉 정체성을 확보할 수 있을 것이다(허만용 · 이해영, 2012).

3) 정책학의 학문적 정체성[12)]

정책학의 학문적 정체성이란 독립적이고 독자적인 이론체계와 방법 등을 구성하여, 정책학이 사회과학의 한 학문분과에서 자리매김 할 수 있을 것인가 하는 것이다. 이와 같은 정책학의 학문적 정체성을 세 가지로 구분하여 좀 더 자세히 설명할 수 있다.

① 과학적 정체성

정책학의 과학적 정체성(scientific identity)은 독립적이고 독자적인 정책학의 이론체계와 방법 등을 구성하여 학문의 한 분과가 될 수 있다는 뜻이다. 독립적이고 독자적 이론체계와 방법을 가진 학문은 따라서 독자적인 연구주제나 연구대상을 가지고 있다. 연구주제에 따라서 이론과 방법이 발달되고 있지만, 역으로 독립적인 이론과 방법이 독립적인 연구주제를 설명할 수 있을 것이다. 정책학의 과학적 정체성은 이와 같이 연구주제가 독자적으로 형성되고 설명될 수 있어야 한다.

연구주제와 이론 및 연구방법이 독자적이라는 것은 정체성을 주창하는 학문분야에서만 나타나는 독특한 특징, 즉 여타의 학문분야나 또는 지역적 경계를 달리하는 학문집단과 차이점이 있다는 것을 주장할 수 있다. 즉 학문적인 전문성이나 지식 등이 타 지역이나 타 학문, 일반적인 수준의 대중과 차이가 있다는 주장을 할 수 있어야 정책학의 과학적 정체성이 확립될 수 있다. 동시에 이와 같이 독자적이면서도 차이가 있는 과학적 지식과 이론을 가진 학문집단은 이것을 다양한 사례에 성공적으로 적용하고 설명할 수 있다는 것을 보여줄 수 있어야 학문집단으로서의 정체성이 확보될 수 있다.

다양한 학문 영역이나 세계를 교차연결하면서 학제 간 학문의 정체성을 발견하고자 하는 학제 간 정체성도 정책학의 과학적 정체성의 하나이다. 왜냐하면, 정책학의 학문적 특성이 범학제성이기 때문이다. 그리고 과학적 정체성은 동시에 학문영역의 전문성과 비전문성을 구별하고자 하기 때문에 전문성의 정체성 성격도 동시에 가지고 있다. 따라서 정책학의 과학적 정체성을 독립적이고 차이성이 있는 정책학의 이론체계와 방법론의 유

12) 정책학의 정체성은 필자 등의 "한국과 중국 및 일본의 정책학 정체성 비교연구"(2012). 『지방정부연구』. 15(4)를 요약하고 재구성한 것이다.

무, 정책학의 전문과 비전문집단과의 구별 유무 및 학문적 활동 등으로 파악할 수 있다.

② 경계 정체성

정책학의 경계 정체성(border identity)은 정책학이 독자적인 연구주제나 대상, 특히 경계대상을 가지고 있는가 하는 것이다. 정책학이 과학적 정체성을 가진 집단과 그렇지 아니한 집단을 구별하는 독자적인 학문영역과 방법에 따른 경계 작업을 가지고 있다는 의미의 정체성이다. 이와 같은 경계작업이 동시에 공통적이거나 표준화된 방법이나 이상적인 유형 등과 같은 경계대상을 공유하고 있어야 한다.

경계 정체성을 정책학의 연구주제나 연구대상이 정책학에만 고유한 것인가 하는 점과 표준화된 연구방법과 이상적인 정책이론 등을 유형화하면서 이와 같은 것이 정책이론으로 축적되고 있는가 하는 것이 경계 정체성의 주요 내용이다.

③ 집단 정체성

정책학의 과학적 정체성과 경계 정체성을 공유하고 있는 정책학자 집단을 지리적 단위로 구분할 수 있을 때, 타 지리적 단위의 정책학자군에 의하여 학문적으로 인정되고 있는가 하는 것을 설명하는 것이 정책학의 집단 정체성(collective identity)이다.

정책학의 이론과 사상체계 및 방법 등을 공유하는 학문집단이 일반적으로 국가 단위로 구성되어 활동하고 있다. 정책학에서 집단 정체성은 정책학자 집단의 국가정체성으로 확인될 수 있다. 즉 정책학에 각 국가의 명칭을 붙인 한국정책학이나 미국정책학 등과 같이 한국이나 미국 정책학자 집단의 정책학의 정체성이다.

정책학자 집단의 집단 정체성이 지리적 영역을 기본으로 하는 정체성인 동시에 또한 사회적 연결망에 기초한 개념으로 이해할 수도 있다. 정책학자 집단은 국가나 일정한 지역 등을 중심으로 하고 있다. 동시에 정책학이라는 연구대상과 주제를 자신들이 공유하고 인정하는 연구방법과 표준화 된 유형 등을 공유하면서 담론과 토론 및 논쟁 등으로 정책학자 집단의 정체성을 확보하고 있다. 이와 같은 정책학의 학문적 정체성을 〈표 1-1〉과 같이 요약해서 정리할 수 있다.

〈표 1-1〉 정책학의 학문적 정체성

	특 성
과학적 정체성	• 독립적인 정책학의 이론체계와 방법 등의 구성 • 정책과 정책학의 개념 정의 • 다양한 학문분야와의 교차연결에 의한 학제 간 정체성
경계 정체성	• 독자적인 연구주제나 대상 • 과학적 정체성 집단과의 비교구분
집단 정체성	• 과학적이고 경계 정체성을 가진 정책학자 집단의 지리적 구분 • 각국 학자집단의 정책학(예: 한국정책학 등) • 표준화 된 정책학의 연구대상과 방법 등의 공유

제 2 장

정책학의 방법론

정책학의 방법론은 정책의 이상과 가치를 실천할 과학적이고 체계적 이론과 방법을 갖춘, 보다 성숙된 학문적 위치를 달성하기 위한 패러다임이다. 물론 정책학의 방법론에는 정책현실에서도 타당하고 적실한 정책학의 이론이 될 수 있는 설명이나 체계화의 방법도 포함된다[1].

정책학의 방법론은 여러 가지가 있다. 그러나 정책학의 정의에서 그 중심적인 개념이 다스림(정: 政)이기 때문에 정치를 중심으로 하는 접근방법인 군자론과 체제접근방법, 제도접근방법, 엘리트이론과 집단이론 접근방법 등을 우선 설명하기로 한다. 동시에 정책학의 전통적이고 기초적인 접근방법인 정책과정과 정책분석 및 정책사례 접근방법 등도 설명하고자 한다[2].

다양한 방법들이 독자적으로 정책학을 설명하기도 하지만 동시에 여러 가지 방법들을 병행하여 사용되는 것이 현실이다. 그리고 여기서 설명한 방법론이 정책학의 모든 방법론을 망라한 것이 아니다. 정치적 책략인 정책을 설명할 정치중심의 방법론과 동시에 기본적인 방법론을 대표적으로 설명한 것이다. 또한 이와 같은 방법론이 정책학에만 고유한 것이 아니다. 여타의 다양한 학문분야인 정치학이나 행정학, 사회학, 경제학 등에서도 중요한 방법론으로 이용되고 있다.

---

1) 정책학 방법론뿐만 아니라 사회과학의 방법론에서 '방법론'과 '방법', '접근방법' 등의 용어가 혼합적으로 사용되고 있다. 결론적으로 세 가지 용어의 의미나 내용에는 큰 차이가 없다. 그러나 방법론(methodology)은 다양한 기법이나 방법 등의 체계를 세우면서 수집하고 분석한 자료를 해석하는 기준이나 이념, 가치판단 등을 하나의 이론적 체계로 정립한 것이다. 방법(method)은 방법론에서 제시된 기법이나 기술 등을 이용하여 자료나 정보를 수집하고 정리할 수 있는 지식이나 이론을 얻기 위한 기법이고 도구이다. 반면에 접근방법(approach)은 일반적인 용어이다. 방법론뿐만 아니라 방법의 의미를 동시에 가지고 있으면서 현실적으로 이것을 구분하기 어려울 때 접근방법이라고 하기도 한다. 또한 방법을 설명하고 이해하는 가치판단적 개념일 수도 있고, 현실의 경험사회에서 가설을 검증하고 이론을 구성하기 위한 일련의 과정이나 틀을 지칭하기도 한다. 그러나 연구의 기본철학이나 이념 등은 방법론과 다르다. 예를 들면, 실증주의, 인식론, 행태주의, Thomas Khun의 과학혁명론 등은 연구의 기본이념이고 패러다임이다. 따라서 패러다임(paradigm)은 연구분야나 학문체계 등에서 동질집단이 공통적으로 수용하면서 사용하고 있는 사고체계(thought pattern)나 준거의 틀(frame of reference)이다. 물론 다양한 방법론이나 접근방법 또는 연구철학 등이 하나의 패러다임이 되기도 한다.

2) 정책학의 방법론이라고 하면서도 때로는 접근방법이라고 하고 있다. 두 가지의 용어에 큰 차이가 있는 것이 아니다. 단지 설명이나 이해의 혼돈을 피하기 위한 것이다. 예를 들면, 정책분석 방법론이라고 하면 정책분석 그 자체가 아니라 정책분석의 구체적인 방법이나 내용 등으로 이해하기 위한 것이다. 때문에 정책분석 그 자체를 정책학의 방법론으로 어떻게 이해하고 설명할 것인가 하는 것에 설명의 초점을 두기 위해서 접근방법이라고 한 것이다.

1. 정치 중심 접근방법

정책의 어의적 의미를 정치적 책략이라고 설명했다. 이에 따라서 정책학은 정치책략을 사상적이며 이론적으로 체계화시키는 것이라고 했다. 따라서 사상적이고 이론적으로 체계화시키는 가장 중심적인 방법론으로 정치의 속성과 특성을 가진 정치를 중심으로 하는 정책학의 접근방법 또는 방법론이 필요하다.

정치를 중심으로 하는 정책학의 접근방법을 일반적으로 정치체제, 제도주의, 엘리트주의, 집단이론 등으로 대표해서 설명할 수 있다. 반면에 바르게 국민을 위하고 통치한다는 정치를 설명하는 방법으로도 여러 가지가 있지만, 기본적인 방법론으로 수기치인(修己治人)에 의한 통치자들의 의사결정과 방법에 초점을 둔 군자론을 들 수 있다.

1) 군자론 접근방법

군자론 접근방법은 시민을 편안하게 하고, 시민을 위한 정사(政事)인 정책을 결정하고 집행할 능력과 자질을 갖춘 수신한 군자의 정책결정을 설명하는 방법이다[3]. 따라서 군자들이 정책의 주체가 되어 정치적 책략인 국사를 결정하고 집행할 때 군자는 통치엘리트가 될 수 있다. 동시에 왕이나 통치자를 지칭하는 개인적 의미의 군자이기도 하지만 집단적 통치엘리트이기도 하다.

군자론 접근방법은 정책을 군자들의 인격적이고 도덕적인 책임과 사명감 및 소명의식의 결과산물로 설명할 수 있다. 이것을 자신의 이름과 가문의 명예, 심지어 생명을 걸고 국사를 담당한다는 정명론(正名論)으로 요약해서 설명할 수 있다. 즉 '임금은 임금답고 신하는 신하답다'에서 '답다'라고 하는 의미와 상통한다(『논어』, 안연).

동양에서의 군자나 군자엘리트는 카스트제도 등과 같이 신분계급에서 분리되어 존재

3) 군자(君子)를 영어로 번역한 것을 보면, "a man of honor, the gentleman, the superior man, a wise man" 등으로 다양하다(서지문, 2001: 164-165). 이와 같이 영어에서 군자는 도덕성과 인격을 구비한 신사로 요약될 수 있다. 그러나 국사의 담당자나 통치자로서 군자는 신사이고 정치인이지만, 당파적 이해관계의 대표자인 'politician'이라기보다 비전과 경륜을 갖춘 'statesman'이라고 하는 것이 보다 더 타당할 것 같다.

하는 계층이나 세력은 아니다. 선천적 신분이나 조건에 관계없이 누구든지 수신을 하고, 군자다운 인격과 자격을 가지고 국사를 처리하고 결정할 수 있으면 군자가 될 수 있다고 본다(이것을 내성외왕(內聖外王) 사상으로 정리하기도 한다(박병구, 2016)). 따라서 정사의 당당자로서 군자는 국가정책의 결정이나 집행에 필요한 자질과 지식, 기술을 연마하고 이것을 활용할 실천덕목을 소유하고 있어야 한다. 이와 같은 자질과 능력의 대표적인 것을 중도(中道)나 중용(中庸)의 실천이라고 할 수 있다. 즉 국가정책의 성공은 수신을 한 군자가 있어야 하고(其人存) 이들이 중용이나 중도를 실천할 때 가능하다고 본 것이다. 왜냐하면 "오직 군자만이 중용을 실천할 수 있지 소인은 그렇지 못하다"(『중용』)라고 했기 때문이다.

정책담당자로서 군자는 편벽되거나 치우치지 않는 일정한 마음의 균형상태인 항심(恒心)(『맹자』, 공손추 상)에 따라서 중용을 실천할 균형감각(balanced sense)을 유지하면서 국사를 결정하고 수행해야 한다. 이와 같은 상태에서 이들이 결정하고 집행하는 국사는 성공할 가능성이 크다. 따라서 정책의 효과나 목적을 달성할 수 있을 것이다. 이와 같은 군자를 하늘의 이치와 인간세상의 순리를 동시에 수행할 수 있는 동인(同人)이라고도 했다(『주역』, 뇌풍항). 따라서 군자론 접근방법은 군자엘리트들이 국가의 보편적이고 일반적인 목적이나 공공의 이해관계를 위하여 도덕적이고 윤리적인 감각과, 현실에 타당한 실천적인 감각을 가지고 있다는 것을 설명할 수 있는 정책학의 정치중심 접근방법의 하나이다. 이와 같은 군자론 접근방법을 〈그림 1-2〉와 같이 요약할 수 있다.

〈그림 1-2〉 정책학의 군자론 접근방법

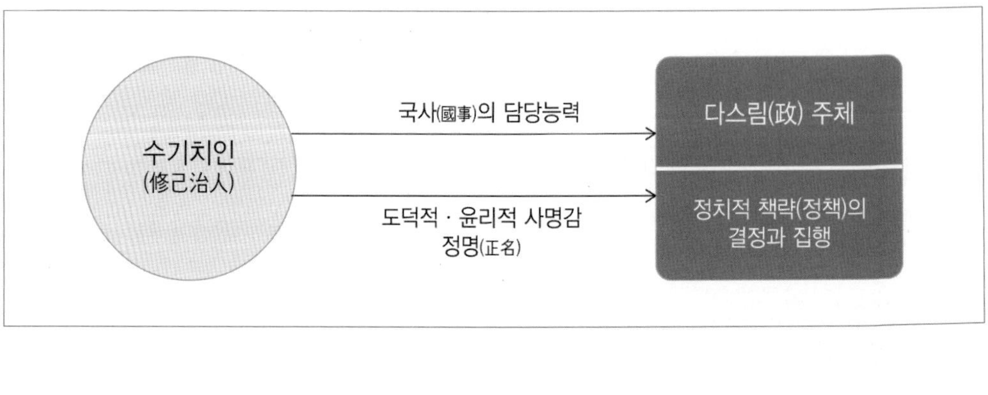

2) 엘리트와 집단이론 접근방법

엘리트이론(elite theory)이나 집단이론(group theory)은 정치학이나 사회학 등에서 전통적 패러다임으로 정치나 사회현상 등을 설명하는 접근방법이고 이론이다. 정책학에서 엘리트이론은 엘리트의 의사결정과 그들의 인식과 가치의 선택과 선호를 조직이나 계층 또는 기관 등에 하향적으로(top-down) 전달하여 집행하는 전통적 의미의 정책결정권이 소수에 집중되는 것을 설명하는 방법이다. 대표적으로 군자라는 소수의 통치자들이 국가정책을 독점적으로 지배하는 것을 설명하는 군자론 접근방법도 엘리트이론이다.

엘리트는 일정한 지배 계급이나 계층(ruling class)을 의미한다. 지배의 형식이나 유형에 따라서 정치엘리트, 경제엘리트, 사회엘리트, 군사엘리트, 지역엘리트 등으로 구분할 수 있다. 정책학에서 엘리트는 엘리트의 유형 중에서 정책의 결정권한을 어느 계층이나 계급이 독점하고 있는가 하는 것을 설명하는 데 초점을 두고 있다. 동시에 엘리트가 결정하는 정책의 내용이나 사상, 결정방법, 엘리트의 구성과 진입 등의 변화에 의한 정책변동 등을 중점적으로 설명할 수 있다.

정책은 엘리트의 인식과 선호 또는 선택의 산물이다. 때문에 정책은 일반시민들의 이해관계나 욕구 등을 반영하기 어려운 점이 있다. 동시에 대중은 합리적이고 타당한 정책결정에 필요한 정보나 지식을 가지기 어렵다. 또한 실질적으로도 그들은 정책 참여에 수동적이라고 본다. 그래서 엘리트이론은 엘리트 중심에서 정책의 가치와 이념 및 목표 등을 합의하여 결정하고, 이것을 생산적이고 능률적으로 시행하는 것을 설명할 수 있는 장점을 가지고 있다.

엘리트에 의한 하향적 정책결정의 접근방법을 하나의 기본모형으로 정립한 예를 들 수 있다. 즉 전통적인 정책결정의 단계적 활동인 정책의제의 선정에서부터 권력과 정보와 네트워크를 가진 엘리트가 두뇌집단(think-tank)의 역할뿐만 아니라, 하향적 리더십과 여론형성, 정책의 법령화 및 집행과 평가에 이르기까지 모든 정책과정을 선점하는 현상을 엘리트이론이 설명하고 있다.

반면에 집단이론은 소수 엘리트의 정책독점과 지배를 반대한다. 집단이론 접근방법에 의하면, 정책이란 다양한 이해관계를 대변하는 조직화된 이익집단이나 비정부조직(NGO: non-governmental organization)들이 집단의 이익과 권익 및 입장이나 철학을 최대한 정책에 반영하기 위하여(bottom-up approach) 상호 간에 대립하고 갈등하고 있지만, 결국에는 힘의 세력균형(power balance)에 의하여 협상된 결과라고 본다. 따라서 정책은 어떤 일정한 시기나 이슈 또는 문제에 관련된 이익집단이나 조직 간의 갈등과 투쟁에서 균형점을 찾아 낸 것이라고 할 수 있다.

집단이론에서는 정책을 결정할 정치제도나 기관은 집단 간의 갈등과 투쟁을 관리하고 조정하는 역할을 수행할 수 있어야 한다고 설명한다. 그 방법으로 집단 간의 갈등에서 게임규칙을 정하고 각 이해관계의 협상에 의한 균형을 유도하면서 유도된 균형을 공식적인 정책의 형태로 만들어서 각 집단 간의 타협안을 시행하는 것으로 설명하고 있다.

엘리트이론과는 반대로 집단이론은 정책결정의 힘과 권한은 정책결정 과정에 참여하고 접근하여 영향력을 행사하고 실질적 내용을 결정할 수 있는 이익집단 간에 공유되어 있다고 본다. 따라서 정책결정의 힘과 권한은 소수의 엘리트에 집중되지 않고 다원적으로 분산되어 있다고 본다. 그래서 이와 같은 이론적 배경은 다원주의(pluralism)[4]이다. 다원주의에 기초한 집단이론은 집단 간의 견제와 균형에 의한 정책의 이해관계가 설정되고 있다고 한다. 엘리트와 집단 이론의 정책학의 접근방법의 특징과 차이점을 〈그림 1-3〉과 같이 요약할 수 있다.

4) 다원주의(pluralism)는 정치학이나 사회학 등의 핵심적인 개념이다. 특히 다양한 영역이나 분야에서 사용되는 용어이기 때문에 그 의미도 다양하다. 여기서는 정책학의 선행개념으로 설명하면, 정책을 결정하고 선택하는 기준이나 철학, 가치나 신념체계 등이 다양하고 복잡하게 존재하고 있다고 본다. 특히 정책을 결정할 세력이나 권한(법률적 권한, 돈, 명성, 기술과 지식, 정보, 리더십, 경험 등) 등이 다양한 집단이나 조직 또는 개인에게 널리 분산되어 있는 것을 설명하는 개념이다(Inazu, 2016: 1-5). 신(新)다원주의(neo-pluralism)는 이와 같은 전통적 다원주의를 비판하고, 불평등하게 분산된 사회경제적 힘과 정체세력 등은 문화적이고 인종적 차이나 차별현상 등을 발생시킨다고 보았다. 따라서 정책을 결정할 세력이나 힘도 불균형적으로 작용하게 된다는 것을 강조하고 있다(McFarland, 2007).

〈그림 1-3〉 엘리트이론과 집단이론 접근방법의 차이점

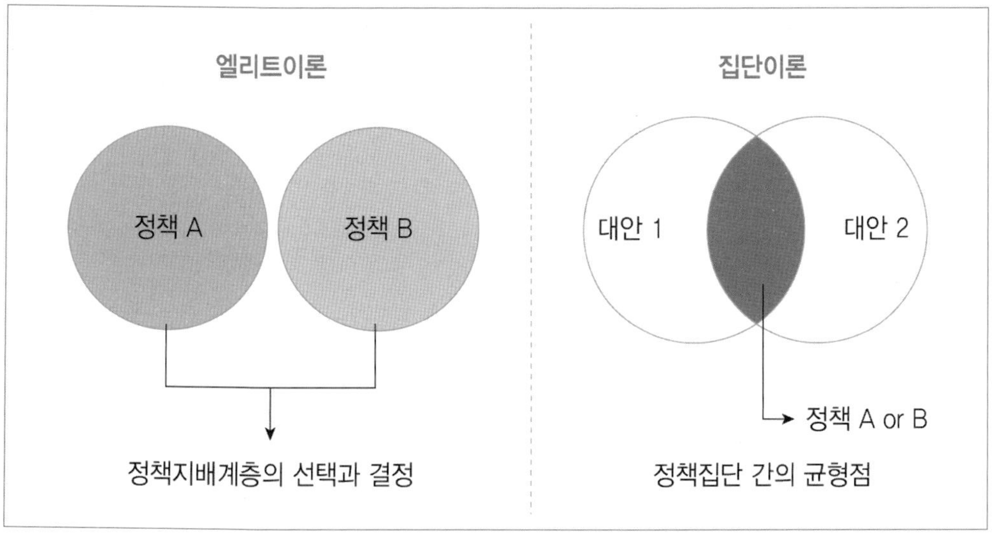

2. 체제접근방법

체제접근방법(system approach)은 David Easton(1917~2014)의 일반체제이론(general system theory)(물론 구체적으로는 정치체제이론지만)을 기초로 하고 있다. 다음에 설명하게 될 정책과정 접근방법도 이와 같은 일반체제이론을 기초로 하고 있지만 체제접근방법은 정책을 정책체제의 결과산물이나 대응으로 설명하는 것이 특징이다.

Easton은 정치가 실제로 어떻게 작동하여 최종의 결과산물을 생산해 내는가 하는 것을 설명하기 위해서 체제이론을 개발하였다. 즉 정치환경으로부터 투입된 요구와 지지를 받아서 일정한 권위와 자격과 조직과 예산을 갖춘 정치체제가 이것을 전환시키고 변경시켜서 그 결과산물을 생산한다는 것이다(Easton, 1957). 즉 정치체제가 정치환경으로부터 지지와 욕구를 받아들여 이것을 정치체제 내부의 독특한 기술과 작용, 노력과 형성 과정에서 변형작용(transformation)을 거쳐서 해결책을 제공한다는 체제이론이다. 따라서 정치체제는 정치환경과의 끊임없는 상호작용으로 생존을 유지해 가는 정태적인

균형(equilibrium)을 중시하고 있다. 때문에 역동적 변화나 변동보다는 일상적이고 관습적인 정책이나 정형화 된 정책을 설명하기에 적합한 접근방법이다.

체제접근방법은 정책을 관련된 이해관계의 협상이나 결과물로 간단하게 설명할 수 있는 장점이 있다. 또한 정책의 필요성과 목적 또는 정책욕구에 대응한 정치적 결과산물로 정책을 설명할 수 있다. 그래서 정책에서 정치의 중요성이나 변수의 작용 등도 쉽게 설명할 수 있다. 그러나 단순한 정치체제의 산물로 정책을 이해하면서 실질적인 정책내용이나 관련되는 이해관계의 상호작용이나 실질적인 정책결정의 진행과정 등을 설명하기 어려운 점도 있다.

체제접근방법에서 체제를 정책체제로 보면, 정책체제에서 정책이 결정되는 과정을 〈그림 1-4〉와 같이 요약할 수 있다. 즉 정책은 정책환경으로부터 끊임없는 투입과 지지를 받아들여서 정책체제(policy system)의 고유한 기능과 역할에 의한 변환작용인 정책을 결정하게 된다(policymaking); 결정된 정책은 정책패키지나 사업으로 정책환경의 산출물이 된다.

〈그림 1-4〉 정책체제 접근방법

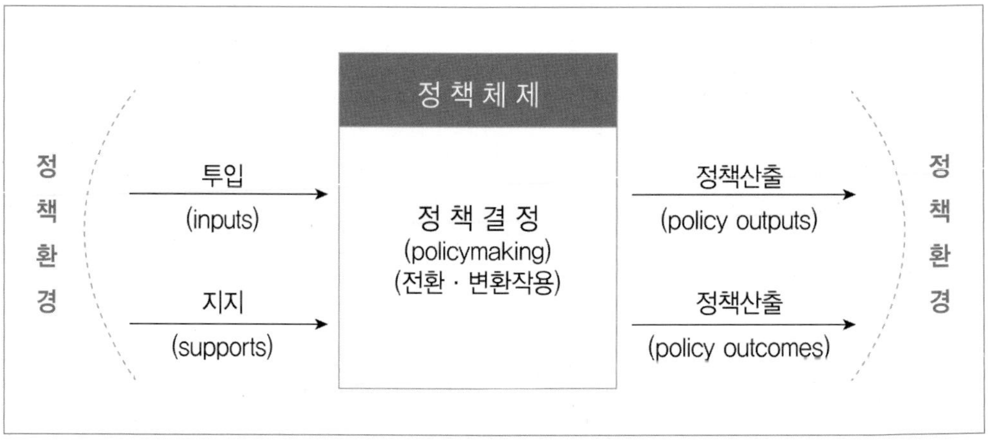

3. 제도접근방법

제도접근방법(institutional approach)은 정책의 결정과 집행 등을 일정한 법적이면서 제도적 권한을 가진 기관에 의한 조직의 계층제적 의사결정 과정과 진행으로 설명하는 방법이다. 제도란 조직의 구성권한과 기능을 가진 집단의 합법적이고 정당한 활동과 구성체(structure 또는 mechanism)를 의미한다. 따라서 정책에서 제도를 정책을 결정할 구성과 집단의 기능과 역할인 정부의 공식적이거나 비공식적인 관료제도(bureaucracy)를 의미한다. 특히 제도접근방법은 정책제도의 변천(제도사)이나 정책기능과 담당 등을 설명할 수 있는 방법이다.

예를 들면, 한국의 중앙정부의 정책은 각 담당부서에서 다양한 정책안을 개발하고 설명한 정책제안서나 기획안 또는 기타 의견서 등을 종합적으로 정리해서, 각 기관별 정책의견이나 정책입장을 밝히고 있다. 이와 같은 각 부처별 의견을 조정하고 통합하면서 국무총리실이나 국무회의 등에서 조정 · 결정되면, 최종의 정책결정권자인 대통령이 결정하는 정책의 진행과정이나 결과 등을 제도접근방법은 설명할 수 있다. 물론 입법부나 사법부 및 각 지방자치정부 등의 경우에도 각 기관별 정책결정의 특성과 내용이나 조직계층의 진행과정 등을 제도접근방법이 설명할 수 있다. 동시에 중앙정부와 지방정부 및 관련 기관과의 정책결정의 순서와 절차, 상호 간의 협조와 조정 등의 특성과 과정 등도 제도접근방법으로 설명할 수 있다.

정책의 담당기관이 정책안을 결정하고, 이것이 법령화에 따라서 법령으로 되든지 아니면 단순히 정책지침 등의 형식을 가지든지 일정한 유형의 정책으로 공식화되어야 정책은 집행될 수 있다. 따라서 제도권 내의 정책이란 이와 같은 공식적이고 법적 권위와 권한을 가진 기관이 처리하고 결정하는 정책이다. 제도권 외의 정책은 아직까지 정책이 아닌 이슈나 문제의 수준 정도에 있는 것이다. 제도권 내의 정책이 일반적인 국가정책이다.

제도접근방법은 정부조직의 기능과 활동 등을 설명하는 전통적인 정부론(government theory)[5)]이나, 각 기관별 담당업무나 기능 등을 헌법이나 기타 관련 법령인 행정법 등으

5) 정부론(government theory)은 정책학을 공부하기 위한 선행과제로 중요하다. 국가와 정부를 구별하는 것 등과 관계없이, 주권의 형성과 국가 형성의 차이에 따른 정부의 구성과 기능과 역할 또는 정부조직의

로 설명하는 법률학 또는 정부의 통치기능이나 정부의 구성방법 등을 중점적으로 설명하는 정치학의 전통적인 접근방법 등으로 발전되고 있다.

정책학에서 제도접근방법은 각 정부기관의 구체적 정책업무나 기능을 일목요연하게 이해하기 쉽게 정책업무의 전문성과 분업화 등을 설명할 수 있다. 동시에 권한과 권위에 의한 조직구성원의 관할업무 등을 관련 법령이나 지침 또는 업무분담 등으로 설명할 수 있다. 그러나 정책의 본질적 속성인 정치현상이나 통치이념 또는 정책학으로 체계화하여 정책학의 고유이론 등을 구성하기 어려운 점 등이 있다.

4. 정책과정 접근방법

정책과정 접근방법을 이해하기 위해서는 우선 과정이론(process theory)을 설명해야 한다. 과정이론은 사회과학뿐만 아니라 자연과학에서도 전통적이고 기본적으로 사용되어 온 접근방법이다. 예를 들면, 역사의 발달과정이나 사회의 진보과정, 인간이나 동물 또는 기타생명체의 성장과정, 경제나 제도의 발달과정, 실험실에서의 실험배양액이나 기타 실험대상의 진행과정 등을, 사건이 발생되는 시간적인 순서인 시차(時差)로 기술하고 그 내용을 설명하는 것이다. 물론 정책학에서의 과정이론은 어린이의 성장과정이나 경제의 발달과정 또는 역사의 진화과정과 같이 물리적이고 체제적으로 앞 단계의 과정이 완성되고, 그 결과가 축적되어서 다음 단계로 진행되는 정태적이고 폐쇄적인 과정이론과는 차이가 있다.

과정이론이 철학에서는 과정철학(process philosophy)으로 잘 알려져 있다. 특히 존재론에서 존재의 본질은 시간성을 초월한 영원한 실제(또는 실체)이지만 과정철학의 입장에서는 이것이 형이하학적이거나 형이상학적이던지 변화된다고 본다. 마치 사진필름이 음화에서 양화로 현상되듯이(developing) 사진의 형상인 대상은 변화되거나 변동된 것이

변천과 역사, 각 정부의 통치철학, 정부조직도에 의한 각 기관의 역할과 업무 등을 공부하는 것이 정책학의 선행학습인 정부론이다(송규범, 2007).

아니지만, 시간을 두고 변화되는 것으로 이해할 수 있다. 따라서 과정철학에서는 변화나 변동을 실체를 이해할 수 있는 핵심개념으로 취급하고 있다. 변화와 변동은 과정의 진행 상태를 설명하는 개념이기 때문에 역시 존재론의 실체는 과정이라고 할 수 있다(정연홍, 2010; Whitehead, 1929; 1978).

정책학의 과정이론도 역시 물리적이거나 역사적 진행과정과 같이 시간에 따른 변화와 변동을 설명하고자 한다. 즉 정책이 결정되는 일련의 순차적인 정책과정의 단계가 진행되는 것을 설명하고자 한다. 물론 다양한 정책과정 단계나 또는 관련내용이 개방적으로 상호 간에 연계되어 나타나는 것으로 이해하는 입장이다.

예를 들면, 정책과정의 대표적인 단계인, 정책의제 형성 ⇨ 정책대안의 형성과 결정 ⇨ 정책집행 ⇨ 정책평가 ⇨ 정책종결 단계가 하나의 사이클(주기)을 형성하고, 이것이 계속 진행되는 것으로 이해하고 있다. 그렇지만 정책사이클(policy cycle)이란 앞 단계가 완성되면서 정보와 이론이 축적되어야만 다음 단계로 진행될 수 있다는 일방통행의 설명은 아니다. 많은 경우에 각각의 단계의 정보와 내용이 정책체제에서 서로 복잡하게 혼재되어 나타날 수도 있다. 또한 어떤 경우에는 몇몇 단계가 실제 정책과정에서 발생되지 않을 수도 있다.

정책학의 모든 교과서들은 정책과정을 기본적인 설명이나 이해의 방법으로 하고 있다. 즉 정책의 진행과정을 시차에 의한 단계적 활동으로 설명하는 접근방법이고, 이것을 교과서적인 접근방법(textbook approach)으로 취급하고 있다. 정책과정이 설명의 편의상 이와 같이 다섯 단계로 구분되고 있는 이유도 있지만, 실제로 시대와 국가와 문화와 제도에 관계없이 정책과제를 해결하거나 설명하는 공통적인 방법에서 나타나고 있는 해결의 순서나 접근방식으로서 정책과정을 일반적인 이론으로 정형화된 것이라고 할 수 있다(Anderson, 2014; Birkland, 2011).

점증주의에 기초한 정책과정 접근방법은 정책이 현실적으로 진행되면서 결정되는 현실을 설명하는 데 초점을 두고 있다. 때문에 정책현실에서 정책의 진행과정이나 변동 또는 정책이 정책환경과의 상호작용 등을 설명하고 있다. 특히 현재의 정책은 기존의 정책을 기준으로 한 점진적 변화의 상태를 설명하고자 한다. 이와 같은 의미에서 정책과정 접근방법은 급진적 변화와 변동이 아닌, 정태적이면서 보수적 입장에서 기존의 이해관계나 입장을 기초로 하면서 정책을 정책환경과 정책의 결정자 및 참여자들의 협상과 타협의 결과산물이라고 설명하고 있다.

정책과정 접근방법의 장점으로 첫째, 복잡하게 진행되는 정책결정의 현실을 시간적인 순서에 따라서 진행되는 과정별 내용을 쉽게 논리적으로 설명할 수 있다. 물론 각각의 과정이나 단계가 항상 순차적으로 이루어지는 것은 아니지만, 정책의 초기단계에서부터 끝날 때까지의 진행 상태와 내용을 설명하기 쉽다는 것이다.

둘째, 정책이 결정되고 시행되는 일은 단순한 몇 가지의 단계로 진행되는 것은 아니다. 그러나 복잡하게 얽혀서 진행되는 정책결정과 내용을 중요한 항목과 단계로 단순화시켜서 정책결정을 전체적으로 이해할 수 있도록 하고, 나아가 체계적으로 정책학의 이론을 정립시킬 수 있다는 장점이 있다.

셋째, 정책담당자나 전문적인 정책결정 집단과 분석가의 정책역할이 결과산물과는 무관하게 과학적이고 객관적이었다는 점을 강조할 수 있다. 즉 정책과정에 참여하고 각종 정책안을 마련하고 결정하는 정책담당자의 입장에서 볼 때, 그들의 전문능력이 정책을 최종적으로 결정하는 정치나 협상에 관계없이 객관적이었다는 사실을 주장하기 쉽다는 것이다.

정책과정 접근방법에도 단점이 있다. 첫째, 정책이 일목요연하게 논리적이고 순차적으로 일정한 단계에 따라서 진행되거나 결정되지 않는다는 사실이다. 즉 장점의 내용을 뒤집어 보면, 실제로 복잡하게 진행되는 정책결정의 과정과 내용을 너무 단순화시켜서 이해하려고 하기 때문에 정책결정의 실상을 구체적으로 설명할 수 없다는 것이다.

둘째, 정책과정 접근방법은 일반적으로 수 개의 단계로 구성되는 과정으로 설명하기 때문에, 다양한 정책내용이나 사례와 과제의 특성을 구체적으로 고려하여 설명할 수 없는 단점이 있다.

셋째, 정책이 결정되는 과정은 물리적이거나 역사적인 진화과정과는 다르다. 정책과정은 시간이 지나면 자동적으로 발생되고 성장되는 것이 아니다. 정책은 정책담당자나 참여자의 노력과 의지에 의해서 정책안이 개발되고 시행되며 정책과제가 해결되는 것이다. 때문에 정책의 진행순서로만 설명하면 정책을 피상적으로 이해하게 될 우려가 있게 된다.

5. 정책분석 접근방법

정책분석 접근방법은 20세기에 영국이나 미국 등의 영어권 국가를 중심으로 크게 연구된 분석철학(analytic philosophy)에 기초하고 있다. 분석철학은 창시자로 알려진 Bertrand Russell(1872~1970; 웨일스 철학자, 수학자)에 의하여 크게 발달되었다. 논리분석이나 반증분석, 사실분석과 일상적 언어 분석 등과 같이 명확하고 정확한 논쟁과 자연과학이나 수학 등의 분석과 정리(theorem) 등의 방법과 이론 등을 강조한다. 즉 사고체계의 논리적 분류체계를 이해하기 위해서는 철학적 전제들을 논리적으로 분석할 수 있어야 한다고 보았다(강진호, 2007).

정책분석 접근방법이 이와 같이 분석철학의 기본적인 접근방법인 논리적 사고와 분석적 해석을 전제로 하고 있는 것은 틀림없다. 특히 정책학이 경제학이나 수학과 관리과학 등의 서구식 행태과학이나 논리실증주의 등과 같은 학문적 방법론을 고수하는 전통을 지켜오고 있다. 따라서 정책분석 접근방법은 해결해야 할 정책문제나 또는 달성해야 할 목표를 가장 합리적이고 계량적인 방법으로 수단을 찾고 이를 분석하고 검증하기 위한 세부적인 정보와 구체적인 자료를 제공하는 것을 중심적인 주제로 삼고 있다. 즉 정책대안의 장단점 등을 될 수 있으면 계량적이고 과학적으로 제시하려는 접근방법이다.

정책문제의 본질과 특성을 분석하고, 문제해결을 위한 수단과 방책을 탐색하며 정책대안을 개발할 기준과 절차를 설정하고, 여기에 따라서 제시된 대안을 각각 평가하면서 무엇이 최선의 행동방안이 될 것인가를 결정하는 이론과 기법에 관한 것이 정책분석 접근방법의 핵심이다. 따라서 정책분석 접근방법으로 정책학을 연구하는 대부분의 학자들은 주로 경제학이나 통계학 또는 수학 등의 이론과 기법을 이용하는 체제분석이나 관리과학, 운영연구 등의 지식과 이론을 이용하고 있다.

정책분석은 최선이나 최적의 정책대안을 찾고 선택하여 법령화하는 단계에서 어떻게 하면 최저의 비용으로(경제적 뿐만 아니라 비경제적인 사회비용까지도 포함하여) 최대의 효용을 가져올 수 있는 정책대안을 준비하고 결정할 것인가 하는 것을 중점적으로 설명하는 정책학의 또 하나의 교과서적인 접근방법이다.

정책분석을 광의로 취급하여, 정책의 결정과정에 필요하고 적절한 정책정보를 생산하고 평가하여 이를 정책과정에 상호 간에 연결시키고자 한다. 때문에 정책학의 중심이라고 하는 경우에는 정책분석 접근방법이 정책학의 교과서적인 전통적 접근방법으로 취급될 수 있다는 의미이다. 특히 정책분석을 정책학과 동의어로 취급하는 가장 큰 현실적인 이유는 미국의 경우에 정부부처나 기타 수많은 정책실무진의 직급이나 직제의 명칭에 정책분석가 또는 분석관(policy analyst) 등이 많았기 때문이다.

정책분석 접근방법은 객관적인 합의와 목표에 의해서 경험적으로 검증될 수 있고 일반화시킬 수 있는 이론으로서의 분석뿐만 아니라, 가치와 판단과 윤리도 동시에 고려할 수 있는 접근방법을 최근에 받아들이고 있다(Bardach and Patashnik, 2015). 최선의 정책결과를 약속할 수 있는 최적의 정책방안을 준비하고 선택하기 위해서 기술적이고 경제적이며 계량적인 방법만을 이용할 수는 없다. 정책분석은 보다 정의롭고 공정한 결과를 가져올 것인가 하는 가치판단적 변수도 동시에 고려하여 정책학을 설명하는 방법이다. 그래서 정책분석 접근방법은 현실적이고 가치판단적인 행동지침을 제공할 수 있는 통합적인 접근방법으로 발전되어야 한다고 하는 주장도(나태준, 2017) 이해할 수 있다.

한편에서는 정책분석 접근방법이 가치와 사실의 통합적인 방법이나 지식을 지나치게 강조하게 되면 정책분석 방법에 너무 많은 내용을 이해하고 이를 활용해서 정책을 분석하고 때로는 결정해야 한다는 부담을 주게 되는 역작용이 생길 수 있다는 비판이 있다(Heineman 외 3인, 2002). 그래서 정책분석이 가치판단과 정치적인 이해관계를 조정하고 평가 및 분석하는 경우에 잘못되면 정책분석은 이미 결정된 정책을 과학적인 명목으로 정당화시켜 주는 들러리 역할에 머물 수밖에 없기도 하다.

또한 정책분석 그 자체가 정치나 이해관계에 의하여 오염되고 왜곡되기도 한다. 나아가 정책분석 전문가도 그들의 전문적인 기준과 가치를 정책에 적용하여 사회의 정당한 가치와 이익을 위해서 일할 수 있는 전문적인 집단으로 성장하지 못할 가능성도 있다. 더구나 가치와 사실 등을 종합적으로 애매모호하게 분석하는 경우에는 현실적인 정책집행상의 구체적인 문제점과 어려움 등을 고려할 수 없게 될 가능성이 있을 수 있다.

6. 정책사례 접근방법

정책사례 접근방법은 실질적으로 정책학의 학문적 특성인 범학제성을 전제로 하는 접근방법이라고 할 수 있다. 그러나 제1장의 정책학의 범학제성에서 설명했듯이 다양한 학문분야의 이론이나 방법론 또는 패러다임 등을 정책학의 고유한 이론과 방법으로 재창조하거나 재구성하려는 노력 없이(환경과제인 회색 곰의 보존 사례) 백과사전식으로 각각의 전문분야나 개별적이고 구체적인 학문분야에서 다양한 내용을 적용하고 이용하는 수단적 접근방법에 의한 지식을 정책학이라고 통칭하면서 정책학의 학문적 본질이나 가치가 비판을 받으면서 발달하게 된 방법론이 정책사례 접근방법이다.

마찬가지로 정책학의 개별적인 전문성과 접근방법을 사례연구(case study)라는 이름으로 통합하는 것은 아니다. 사례연구는 사례의 심층적인 자료나 정보를 수집하여 분석하고 이것을 가치판단이나 사상, 이념보다는 사실에 충실한 기술에 초점을 두는 연구방법이다. 따라서 사례연구는 일반적으로 고전적인 조사연구의 한 방법이다(한국정책학회, 2014; Yin, 2014).

정책학에서도 정책사례를 대상으로 이와 같이 전통적인 사례연구방법이나 절차를 따르고 있기도 하다. 그러나 각 사례의 독자성과 전문성을 설명하면서, 구체적인 사건이나 과제를 정책학의 이론과 방법으로 설명할 수 있는 경우에 이것을 정책사례 접근방법이라고 하는 것이 보다 더 정확할 것이다. 이때 중요한 것으로 어떤 정책방향이나 대안을 제시할 것이며, 정책학으로 체계화할 수 있는 이론이나 방법론은 무엇이며, 다양한 정책사례에 공통적으로 설명될 수 있는 정책모형이나 패러다임 등을 찾아내고 설명하는 것이 정책사례연구의 전형이라고 해야 할 것이다.

최근에 정책사례 접근방법이 확대하고 있다. 특히 어느 한 지역이나 국가에 국한되는 것보다 세계적이며 초국가적인 영역에 걸치는 환경, 경제, 무역, 보건, 국제분쟁 등의 사건이나 문제 등이 정책사례연구로 등장하고 있다. 따라서 정책학의 연구경향에서도 공통적이고 기초적인 연구를 제외하면 정책사례연구가 주류를 형성하고 있다(목진휴 외 6인, 2005).

정책학이 항상 정책사례 연구방법만을 채택하고 있는 것은 아니다. 또한 그렇게 할 수도 없다. 일반적으로 정책학의 사례연구가 되기 위해서는 정책학이라는 특성과 이론적이고 지식적인 패러다임에 따라서 사례분석에 필요한 이론이나 기법을 적용하거나 또는 새로운 이론을 개발할 수 있어야 정책사례 접근방법이라고 할 수 있을 것이다 (강은숙 · 이달곤, 2005)[6].

6) 이종원(2011)은 이와 같이 이론화의 정도에 따라서 사례연구의 유형을 제시하기도 했다. 특히 정책사례 연구가 보편적 이론이나 연구의 인과관계를 검증하고 비판할 수 있는 장점을 살리는 것이 중요하다고 했다. 또한 2003~2008년 사이에 진행된 사례연구가 『한국정책학회보』에서는 12.6%를 차지하고 있고, 『한국행정학보』에서는 14.7%의 비중을 차지하고 있다고 했다.

제 2 편

정책학사와 정책사상

정책학의 학문적인 역사인 정책학사(the history of policy studies)는 정책학의 내용과 연구방법 또는 정책학자 등을 중심으로 정책학이 어떻게 변화되면서 발전하고 있는가 하는 것을 설명하는 정책학의 중심이론이다. 인근의 경제학이나 정치학, 행정학, 사회학 등에서는 경제학사, 정치학사, 행정학사, 사회학사 등과 같이 학사연구와 내용이 많다. 그러나 정책학은 비교적 짧은(60~70년 정도) 학문적 역사와 전통을 가진 신생학문이기 때문에 정책학사 역시 아직까지 초보적인 수준이다. 한국에서는 1970년대부터 주로 미국에서 발달된 정책학을 수입하고 소개한 것에서 출발하여 정책학을 발전시켰다. 때문에 아직까지 정책학의 학문적이고 학설적인 사상과 학맥이 약한 것이 사실이다. 그러나 최근에 정책학 연구와 교육이 활발하게 진행되면서 정책학사도 발달되고 있다.

정책학사는 정책학의 학문성을 이해하기 위한 필수적이다. 즉 정책학이 언제, 어떻게 시작되어서 지금과 같은 사회과학의 학문적 위상을 차지하고 있는가 하는 정책학의 학문적인 뿌리와 발달과정이 주된 내용이다. 특히 근대적인 학문으로 발달하고 있는 정책학이 학문적으로 탄생되고 발달된 미국의 정책학, 그것도 Harold D. Lasswell(1902~1978)을 중심으로 하고 있는 Lasswell 정책학의 역사를 먼저 이해할 필요가 있다.

정책학의 역사는 매우 짧다. 정확하게는 1951년 정책학의 시조(始祖)라고 할 수 있는 Lasswell이 『정책학』(Daniel Lerner와 공저)[1)]을 출판한 것에서부터 정책학이 탄생되었다고 본다면 지금까지 60~70년 정도의 역사를 가진 신생학문이다.

정책학의 역사와 기원을 미국의 Lasswell 정책학이 아닌 인류문명의 시작에서부터 설명하는 경우도 있다. 즉 인류의 사대(四大)문명 발상지에서는 일정 지역을 지배하는 경우에, 통치에 필요한 지식과 기술을 자문할 수 있는 자문단이 필요했다. 이들을 중심으로 정책자문의 관행이 진전되어 현재의 정책학의 기원이 될 수 있는 정책의 지식과

---

1) 보다 정확하게는 Lasswell의 1951년의 논문, "정책정향(The Policy Orientation)"을 기준으로 정책학의 효시(嚆示)를 주장하는 것이 통설이다. 그러나 Lasswell이 1943년에 Myres McDougal과 공동으로 발표한 논문("Legal Education and Public Policy: Professional Training in the Public Interest")이 정책학의 출발점이라고 하는 주장(Ronald Brunner 등)도 있다. 그러나 어느 것이 먼저인가 하는 것은 정책학의 역사적인 관점이나 또는 정책학의 이해에 큰 실익이 없다. 왜냐하면 Lasswell은 그가 작고하기 7~8년 전(前)인 1970년에 "정책학의 부상하는 개념(The Emerging Conception of the Policy Sciences)"이라는 논문을 발표했다. 뒤이어 1971년에 『정책학서설』(A Pre-View of Policy Sciences)을 출판하여 계속적으로 정책학의 등장을 알리는 연구문헌을 발표했기 때문이다.

이론이 발달했다고 할 수 있다(Dunn, 2018).

예를 들면, BC 18세기 Babylon의 통치자인 Hammurabi 왕에 의해서 국가정치의 기본 원칙을 정한 함무라비 법전에서 정책학의 기원을 찾을 수도 있다. 나아가 정책결정자에 필요한 지식과 기술을 자문한다는 의미에서 정책학의 기원과 역사는 더욱 오래되었다는 설명도 있다(Dunn, 2018: 31-34). 따라서 정책학은 1950년대에 나타난 새로운 학문이 아니라 서양전통에서는 오랜 뿌리를 가진 학문이라고 하는 주장(Kecskemeti, 1952)도 있다.

국가통치에 관한 법과 과학적인 통치술에 정책학의 기원을 둔다면, 서양의 정치사상가들에 의해서 저술된 서양고전이 정책학의 뿌리이고 출발점이라고 하는 주장도 고려할 수 있다. 그래서 정책학의 역사적 맥락이나 기원을 다룬 거의 대부분의 연구들은 Plato의 『국가론』에서부터 Machiavelli의 군주론, 공리주의 철학자인 Bentham이나 Hume, 그리고 Montesquieu의 『법의 정신』, Rousseau의 『민약론』, Marx의 공산주의 사상, 미국 헌법의 기초가 된 『The Federalist Paper』, Max Weber 등이 정책학의 기원이 될 수 있다고 소개하고 있다(deLeon, 1988). 이와 같은 관점에서 보면, 19세기나 20세기 초기의 정치사상이나 철학이 정책학의 시발점이 될 수 있다는 설명은 정책학의 뿌리와 역사를 풍부하게 할 수 있을 것이다.

정책학이 꼭 서양의 전통적인 사상과 뿌리를 가지고 있다고만 주장할 수는 없다. 왜냐하면 동양에는 서양 정치사상가들의 정치철학보다 훨씬 이전에 그리고 보다 구체적이고 자세하게, 국가통치에 관한 철학과 정책사상과 방법을 제시하고 있는 정치사상가나 그들의 저술(동양고전)이 너무나도 많기 때문이다.

예를 들면, 함무라비 법전의 경우라면 중국뿐만 아니라 한국에서도 많은 법전이 있다. 대표적으로 조선왕조의 중앙집권적인 관료통치체제를 구축한 『경국대전(經國大典)』(성종 15년, 1485년 성립)은 국가정책과 통치의 기본항목을 자세히 규정하고 있다. 때문에 명실상부한 국가정책의 기본 지침서라고 할 수 있다.

동양고전도 통치권자인 국가의 지도자나 행정관료들의 가치관과 수기치인 및 통치행위 등을 기술하고 있다. 때문에 국가정책을 결정하고 시행하는 기본적인 지침과 행동강령의 역할을 할 수 있다. 특히 동양고전의 경우에는 서양의 고전과 달리 인간의 존엄성과 인간존재의 실현 그 자체를 중시하고 있다. 또한 개인의 수양과 인격함양 등을 중심으로 하는 천인합일(天人合一)이나 물아일체(物我一體) 사상 등을 중심으로 하고 있다.

따라서 정책결정에의 단순한 자문역할 범위를 넘어서 현대 정책학의 지적인 기본이나 사상적이고 철학적인 근간이 될 수 있을 것이다. 이 점에서 본다면 동양고전에서 정책학의 역사와 기원을 더욱 다양하고 풍부하게 찾을 수도 있을 것이다.

『대학』이나 『논어』, 『맹자』 등은 국가지도자의 자질과 인격수양을 설명하면서, 그 자체로서 훌륭한 정책교과서가 될 수 있다. 보다 구체적으로 국가정책의 자문이나 지침에 관하여 『중용』에서는 국가를 통치하고 정책을 결정하기 위한 아홉 가지의 방법(길)을 제시하고 있다. 자신의 인격수양을 근본으로 해서 현자를 존경하고, 친인척을 관리하고, 대신을 공경하며, 신하를 보살피고, 백성을 자애로 대하며, 지방과 국가의 정부관계를 정성껏 유지하라는 것 등은 오늘날 정책지침서의 내용으로도 충분하다. 특히 『맹자』는 국가정치의 기본으로 왕도정치를 설명하여, 왕의 인사정책에서부터 국가의 외교정책에 이르기까지 구체적이고 본질적으로 국가정책의 교과서 역할을 할 수 있다. 때문에 정책결정자에 대한 정책조언이나 정책자문의 역할을 할 수 있다는 점에서만 본다면, 서양의 정치사상서나 고전 또는 동양고전을 정책학의 기원으로 제시할 수 있다. 그러나 근대적 의미의 정책학이라는 관점에서 보면, 고전이나 그의 정치사상을 정책학의 출발점으로 보기 어렵다. 이렇게 된다면 정치경제학의 원조인 Adam Smith (1723~ 1790)의 『국부론』(Wealth of Nations)이나 David Ricardo(1772~1823)의 경제사상도 정책학의 한 출발점이 될 수 있다.

동서양의 고전이나 정치사상은 학문이 세분화되기 이전의 국가의 경영과 관리에 관한 내용을 중심으로 하고 있다. 따라서 구체적이고 일상적인 국가정책의 결정과 집행에 필요한 현대적 의미의 과학적이고 기술적인 지식과 정보를 체계적으로 제시하거나 또는 국가정책에 응용된 경우는 없었다. 반면에 개인적이고 상황적이며 지역적인 이해관계에서 때로는 정치적인 아첨이나 아부에 악용되는 경향도 있었다. 따라서 이것들은 현대적 의미의 정책학의 이론과 방법론의 지적인 근간이 될 수 없다. 이것이 정책자문의 기원이 될 수는 있지만, 과학적인 지식과 방법을 체계화하고 있는 현대적 의미의 정책학의 출발점은 될 수 없을 것이다.

현대적 의미의 정책학의 기원은 분명하게도 서구, 특히 그 중에서도 미국에 있다. 보다 구체적으로는 1950년대의 Lasswell을 중심으로 하는 Lasswell 정책학이 현재 일반적으로 통칭되고 있는 정책학의 근간이 되고 있는 것은 사실이다. 따라서 이것을 우선 자세히 설명하는 것이 정책학사의 출발점이 될 것이다.

제 1 장

미국 중심의 정책학사

1. 초기(1950~1970년대)의 정책학[2)]

1) Harold D. Lasswell의 정책학

정책학의 초기 역사를 이해하기 위해서는 무엇보다도 Lasswell의 정책사상과 그의 정책이론의 전개를 이해하는 것이 우선이다. Lasswell (1902~1978)이 정책학을 주창하며 학문적으로 활발히 활동하던 시기는 1940년대에서부터 1970년대 초반까지이다. 그가 주창했던 정책학의 사상적인 배경에는 John Dewey를 중심으로 하는 미국 실용주의와 행태과학이 있었다. 여기에 더하여 2차 세계대전이라는 시대적인 배경과 사건이 Lasswell 정책학 탄생의 기초가 된 것이다. 그의 정책학의 사상을 크게 세 가지로 요약할 수 있다.

Harold D. Lasswell
(www.wikipedia.org)

첫째, 실용주의 사상이다.

미국의 실용주의는 지식이나 정보는 사회적으로 타당하고 적절해야 하며 궁극적으로 인간의 조건을 향상시킬 수 있어야 한다는 도구론적 합리성과 적합성을 중심으로 하고 있다. 이것이 Lasswell 정책학에서 정책이론과 현실은 조화되어야 하고, 정책학은 문제중심적이고 상황적이어야 한다는 주장에 기초가 된 것이다. 실제로 Lasswell 자신도 이것을 그의 『정책학서설』(1971)의 서문에서부터 분명히 밝히고 있다.

둘째, 행태과학 또는 행태론이다.

Lasswell은 2차 세계대전에서 그 당시의 과학기술의 덕택으로 미국이 전쟁에 승리하는 것을 보았을 것이고, 전쟁 중에 미국경제를 재건하는 원동력은 과학과 기술이라고 생각했

2) 미국 중심의 정책학의 역사는 필자의 "1950~70년대의 정책학의 역사" (2003). 『한국정책학회보』. 12(2)를 재구성한 것이다.

을 것이다. 그의 책 서문에서, 운영연구나 비교-효과분석, 체제분석 등과 같은 과학적이고 통계적인 분석기법 등을 종합적으로 사용하여 정책학을 연구할 수 있을 때 정책이론의 실용성이 확보된다고 했다. 따라서 행태과학에 의한 과학적이고 실증적인 지식과 기술을 구비한 정책이론은 보다 실용적이고 효과적이며 현실에 타당하고 적절한 정책을 결정하고 이를 시행할 수 있는 길을 제시할 수 있을 것이라는 낙관론을 가지고 있었다.

특히 Lasswell이 Chicago 대학교의 정치학과 교수로 재직하면서(1922~1938), 그 당시의 정치학이 정부정책의 결정과정과 결과를 비판적이고 과학적으로 평가할 수 있는 이론과 방법론을 경시하면서 여론이나 선거, 이익집단이나 정치제도의 정치 등에 집착하는 한계점과 문제점을 잘 인식하였다. 따라서 문제지향적이고 실천적인 지식과 기술을 중시했던 그는 행태과학이 복잡하면서도 고도의 기술적인 이론과 방법이 필요한 사회문제를 해결하면서, 이에 따라서 발생될 이익을 골고루 배분할 수 있을 것이라는 확신을 가지고 있었다. 그래서 당시에 그를 행태과학 혁명의 주동자(McDougal, 1979)라고 부르기도 했다.

그가 Chicago 대학시절의 스승인 Charles Merriam 교수(1874~1953)가 주장한 과학적 기술과 방법이 근본적으로 인간본질의 문제를 다루는 방법과 연계될 수 있으며, 나아가 심리학이나 경제학 등의 여러 학문분야를 종합적으로 응용하는 응용과학에 대한 낙관론이 과학적 기술과 지식을 적용하여 보다 나은 정책을 결정할 수 있다는 그의 정책사상에 영향을 미친 것은 사실이다.

셋째, 시대적이고 사회적인 사건과 관계된 Lasswell 정책학의 사상이다.

제2차 세계전쟁이라는 시대적인 사건 때문에 문제를 해결할 수 있는 범학제적인 방법과 기술을 중시하는 정책철학이 제시되었다고 할 수 있다. 특히 국가안보나 사회복지, 경제재건 및 기술정책 등에서 정치학이나 경제학, 법학, 행정학 등이 정책연구에 크게 공헌하고 깊이 관여할 수 있는 계기가 되었다.

Lasswell은 전쟁을 지켜보면서, 물론 과학기술과 응용이 인간의 존엄성과 가치를 향상시킬 수 있는 중요한 방법이라는 점을 깊이 인식했지만 전쟁이 가져온 인간생명의 무자비한 파괴에 대한 두려움과 공포를 제거할 수 있는, 즉 인간의 존엄성과 가치를 향상시킬 수 있는 정책학이 필요하다고 보았다. 2차 대전이 종결된 직후에 Yale대학교 법과대학(1946~1970)으로 자리를 옮기면서 그는 사회의 의사결정 과정에서 개인의 존엄성과 인간존재를 실현할 수 있는 방법, 그것도 구체적이고 개별적인 것이 아니라 종합적이고 인본주의적인 방법을 깊이 생각했을 것이다.

Lasswell이 처음으로 정책학이라는 용어를 제시할 때, 그의 정책학에 관한 사상을 가장 잘 알고 있는 그의 동료교수인 Myres McDougal(1906~1998)이 Lasswell의 정책사상을 기술한 것을 보면, 정책학을 탄생시킬 당시의 Lasswell의 개인적인 정책사상을 분명하게 알 수 있다. 즉 정책학은 단순히 여러 학문을 종합 또는 통합하는 것이 아니다. 복잡한 사회생활의 과정과 맥락에서 인간존재에 관한 질문에 종합적으로 대답할 수 있는 이론을 창조하는 것이라고 했다. 이것이 곧 정책학의 핵심이라고 보았다. 인간존재의 종합적인 이해에 필요한 개별적인 이론인 체제이론이나 관리과학과 행태과학 등은 하나의 보조적인 것에 불과하다. 전체의 인간사회를 설명할 수 있는 종합적인 지도를 만들 수 있는 정책학이 필요하다고 주장했다. 이것이 Lasswell 정책학의 기본사상이다.

Lasswell 정책학을 설명하면서 또한 지금까지 잘 알려지지 못한 것을 하나 더 지적할 필요가 있다. 즉 법은 인간존재의 가치를 실현할 수 있어야 하고 법을 곧 정책으로 이해해야 한다고 역설한 것이다. 실제로 1951년 그의 "정책정향"이라는 논문보다 앞서서 1943년에, McDougal과 공동으로 저술한 "법학교육과 정책"이라는 논문에서, 법의 목적과 방향에 대한 혼동을 종식하고 만인의 자유와 복지를 달성하기 위해서 법학교육은 능률적이고도 체계적이며 가치롭게 정책을 결정할 능력을 훈련시켜야 한다고 했다. 즉 법과대학의 기능은 민주주의 가치를 실현할 수 있는 정책결정자를 훈련하는 것이라고 보았다.

Lasswell은 법이란 명백하고도 분명하게 정책에 관한 권위적인 의사결정이라고 했다. 결정된 의사나 규칙의 인과관계를 법률판단의 관점에서 중립적으로 연구하는 전통적인 법의 연구가 아니라 지적인 노력을 집중하여, 종합적인 관점에서 정책결정과 집행을 향상 또는 개선시킬 수 있는 법의 연구를 주장했다. 따라서 권위적인 의사결정인 정책을 적용하는 것에 불과하다는 법의 논의는 하나의 파괴적인 신화에 불과하다; 법은 문제의 해결이며 시민들의 공통의 이해관계를 분석하고 향상시킬 임무를 전문적으로 수행할 수 있어야 한다; 이와 같은 전문적인 학술활동이 정책학의 핵심이라고 보았다.

그러나 아쉽게도 정책학에서 법학의 연구정향은 Lasswell 이후에 거의 자취를 감추고 말았다. Yale대학교 법과대학에서도 소수의 과목을 개설하거나 미국의 국내정책에 관한 범학제적 접근방법을 강조하는 학생들이 발행하는 학술지 정도의 수준에 머무르고 있다. 그리고 법학의 어디에서도 법을 정책학의 정향과 권위적인 의사결정의 과정으로 연구하는 곳은 없다.

Lasswell의 오랜 동료교수인 McDougal도 법을 정책학으로 연구하지 아니했다. 그러나 1992년에 McDougal이 1978년에 작고한 Lasswell의 이름을 넣어 『자유사회를 위한 법리학』이라는 책을 저술한 것을 법학과 관련한 정책학사에서 언급할 필요가 있다. McDougal(Lasswell and McDougal, 1992)이 밝힌 바에 의하면, Lasswell이 죽기 전까지 거의 출판할 수 있는 수준에 있었던 강의안이나 또는 초고 등으로 남겨진 정책학의 내용들이 이 책의 모든 부분을 차지하고 있다고 했다. 특히 McDougal이 제1편에서 정책정향으로서의 법학의 이론을 설명한 내용은 Lasswell 정책학의 사상과 이론을 잘 반영하고 있다.

경험적이고 합리적이며 실용주의적 행태과학의 낙관론에 기초하면서 동시에 2차 세계대전을 경험하면서, 인간의 존엄성과 인간존재의 가치를 중시하는 Lasswell 정책학이 널리 알려져 있는 것처럼, '정책학이란 공공의 의사결정의 지식과 의사결정에 있어서의 지식을 추구하는 학문'이라고 한 것은 유명하다.

Lasswell 정책학(1951; 2003)은 두 가지의 분명한 정향 또는 지향하는 목적을 가지고 있다. 첫째, 과학적 방법을 사용하여 정책을 결정하고 집행할 정책과학(policy sciences)의 지식을 개발하고 발전시키는 정책정향이다. 둘째, 최상의 정책을 결정할 수 있는 필요한 구체적인 지식과 정보를 개발하기 위해서, 여러 학문분야의 이론과 방법을 이용하거나 원용할 수 있다는 정향이다.

이에 따라서 Lasswell 정책학의 두 가지 큰 줄기가 분명히 제시된 것을 알 수 있다. 그 하나는 정책과정에 관한 이론이다. 두 번째는 최선의 정책대안을 결정하고 이를 시행하기 위해서 경제학이나 관리과학, 심리학, 체제분석, 수학 등의 범학제적 분석기법과 이론을 원용하고 적용하는 정책분석에 관한 이론이다.

이것이 오늘날의 정책학에서도 양대 산맥을 형성하고 있다. 따라서 정책학은 시초부터 정책과정과 정책분석의 이원론적인 성향을 가지고 있었다고 할 수 있다. Lasswell도 분명히 언급했듯이 정책학자는 정책과정이나 정책분석 중의 어느 하나를 중점적으로 연구하여 자신의 경력을 쌓아야 한다고 했다(Lasswell, 1971).

그러나 진정으로 정책학이 추구하는 이상과 정향을 달성하려면 구체적인 정책과제를 해결할 최적의 지식과 기술에 관한 정책분석의 다양한 이론과 방법이 필요하다. Lasswell(1971)의 말과 같이 정책학이 '앙시도의 수준에서 탈피하여 조감도의 역할'을 할 수 있으려면 정책분석도 규범적이고 정치적인 정책과정에 관한 전체의 지식과 연계되고 통합되어야 할 것이다.

Lasswell 정책학의 또 하나의 큰 특징으로 과학적이고 객관적이며 기술적인 지식과 방법뿐만 아니라 정책의 궁극적인 목적인 인간중심의 정책학을 주창했다는 사실이다. 그는(Lasswell and McDougal, 1992) 정책의 실체를 이해하고 정책학을 연구하기 위해서는 자유로운 사회에서, 인간이 우주의 중심이다; 우주의 중심으로써 인간의 존엄성에 관한 정책사상(복지, 사랑, 존경, 권력, 부, 기술, 청렴)을 공유할 수 있어야 한다고 했다. 또한 경험적이라는 의미는 규범적인 관점에서 공통의 가치유형을 뜻한다. 나아가 한 개인으로서 인간의 선택의 자유와 자율성을 형성하는 것을 존중하지 않으면 안 된다고 했다. 이것은 시민의 이해관계에 공통적인 가치기준을 형성하고 공유하되 인간개인의 존엄성과 선택의 자유를 확보할 수 있어야 가능하다고 했다. 그래서 민주주의를 지킬 수 있는 민주적인 가치와 정향에 의한 정책학을 강조했다.

Lasswell 정책학의 가치는 인간의 존엄성과 민주주의라고 요약할 수 있다. 과학적이고 경험적인 연구에 의한 사회의 지식망을 축적하는 일뿐만 아니라, 확실하게 인간존재에 관한 조건과 가치를 사회과학의 영역에 제시한 그의 정책사상은 정책학의 발전에 두 가지의 커다란 조건인 과학적 지식의 활용과 동시에 인간존재를 실현해야 하는 규범적이고 민주적인 정책이론이라는 쉽지 않은 과제를 부여했다고 할 수 있다.

이와 같은 Lasswell 정책학의 접근방법을 그가 명확하게 제시했듯이 크게 세 가지로 구분할 수 있다.

첫째는 전후관계의 맥락(contextuality) 또는 환경설정(configuration)이다.

전후관계의 맥락이란 정책결정자나 연구자는 이방인이나 제3자 또는 중립자가 아니다. 모든 환경과 조건과 인과관계에 총체적으로 몰입하여 종합적인 관점에서 공공의 의사결정에 필요한 지도나 모형 또는 이미지를 구축할 수 있어야 한다는 뜻이다(Lasswell, 1971).

이는 McDougal(1979)이 보다 분명하게 전후관계의 맥락을 설명했다. 비록 인간이 우주의 중심에 있지만 인간은 지역주민의 한 사람으로서 상호 관련되어 있다. 나아가 지역에서 국가로 또는 지구촌사회로 연계되어 있다. 따라서 정책의 가치와 목표를 상호 공유하여 형성할 때도 지역의 특수한 이해관계뿐만 아니라, 그 지역을 벗어난 타 지역의 관점도 동시에 고려해야 하는 상호 간의 의존성이 있다. 희소한 자원과 경쟁적인 이해관계의 맥락에서 권위적인 의사결정인 정책, 즉 법은 가치판단을 하지 아니할 수 없다. 이때에 관련된 개인과 지역의 공통적인 이해관계를 적절히 통합하고 조정할 기준이 필요하다고 보았다.

Lasswell은 광의의 사회과정의 한 부분에서, 구체적으로 권위적인 의사결정에 상호 관련되는 요소를 추출하고 나아가 의사결정 과정에 영향을 미치는 요소를 파악하며, 여러 대안들의 집합적인 결과를 결정할 때 사용될 종합지도의 역할을 할 수 있는 방법을 맥락성이라고 했다(Lasswell and McDougal, 1992).

두 번째 방법은 문제지향이다.

정책학자는 구체적인 정책문제의 추구하는 목표를 분명히 정립하면서 해결대안을 제시할 수 있는 지식과 기술을 소유하고 있어야 한다. 문제해결에 관련된 정책학자의 지적인 활동은 목표를 제시하고 경향과 조건을 분석하여 목표달성에서 파생될 장래의 문제점을 밝혀내며 목표를 달성할 대안을 찾아내고 이를 평가하고 선택하는 것이라고 했다(Lasswell, 1971).

세 번째 방법은 범학제적 방법이다.

정책문제를 종합적이고 상황적인 맥락에서 이해하고 해결하기 위해서는 어느 한 학문분야에만 한정될 수 없는 것은 당연하다. 정책학의 범학제성을 단순히 여러 학문분야의 이론이나 기법을 원용하는 것으로 이해할 것이 아니다. 여러 학문분야를 종합하거나 통합하여 정책학을 이용하기도 한다. 그러나 다양하고 복잡한 정책현실을 사회과정의 한 맥락으로 이해하고, 나아가 인간의 존재가치를 종합적으로 실현할 수 있는 지식을 찾기 위한 이론과 방법으로 정책학을 이해해야 한다고 했다(Lasswell, 1970). 즉 정책학은 기술적으로 필요한 정보와 지식을 여러 학문분야에서 원용하는 것이 아니라, 지혜와 통찰력을 기초로 해야 한다는 Lasswell의 주장은 타당하다[3].

3) Lasswell은 정책학이라는 용어를 사용할 때 복수형으로(policy sciences) 정의하여, 정책학의 성격이 범학제적이라는 점을 강조했다고 할 수 있다. 그러나 정책학을 단수로 표기하든지 또는 복수로 표기하든지 큰 문제는 없을 것이다. 실제적으로도 Lasswell은 Chicago대학교 정치학과 Merriam 교수 밑에서 그가 강조하던 범학제적 방법에 영향을 받았다. 또한 영국의 London School of Economics에서 공부한 영향도 있다. 그러나 여러 학문분야(심리학, 경제학, 법학, 사회학, 문화인류학, 철학 등)를 철저히 공부하고 섭렵하여 각 분야의 전문가가 될 만큼, 그 자신만으로도 대학을 운영할 수 있을 정도로(one-man university) 여러 분야에 정통하였다. 그래서 미국정치학회뿐만 아니라 미국국제법학회의 회장도 역임했을 정도였다(McDougal, 1979).

2) 정책학운동

정책학운동(policy sciences movement) 또는 정책운동은 제2차 세계대전 이후인 1950년대부터 정책학에 관한 관심과 연구가 미국뿐만 아니라 전 세계적으로도 급속히 확산된 것을 통칭하는 것이다. 정책학운동은 1950년대 Lasswell을 근대적인 정책학의 시작으로 하는 정책학이 형성되는 때부터 시작되었다고 할 수 있다. 특히 본격적으로 정책학운동이 성행한 것은 1960년대와 1970년대까지 정책학의 학문적인 다양성이 급격하게 발달된 시기를 지칭하고 있다. 즉 대학을 중심으로 정책학연구와 교육이 활발해지고, 정책실무와 현실에서도 정책이론과 지식을 급격히 요구하면서, 정책학의 학문적이고 실천적인 성장과 발달이 진행된 시기를 가리킨다고 할 수 있다(Brunner, 1991).

(1) 초기학자들의 정책학

초기학자들의 정책학이란 분명하게도 정책학이라는 용어를 사용한 정책학에 관한 이론들이다. 어떤 기준이나 방법을 가지고 이와 같이 구분하여 설명하는 것은 아니다. 그러나 정책학이라는 용어 그 자체부터 여러 가지 다양한 용어들이 사용되기 때문에 정책학이라는 학문적인 체계를 이해하기 위해서 우선 편의적으로 구분한 것뿐이다[4].

먼저 Paul Kecskemeti(1952)는 정책학이 1950년대에 나타난 새로운 것이 아니라, 서구사회에서는 오랜 전통을 가진 학문이라고 했다. 왜냐하면 정책결정자는 한편으로는 법을 다루고, 다른 한편으로는 과학적 통치술을 익히면서 합리적인 행정과 올바른 국가통치의 방법을 연구했기 때문이다. 그렇지만 유럽사회가 이와 같은 이론과 원칙을 잊은지 오래이다; 때문에 정책학이 지금 새롭게 여겨지면서 등장하는 것이다. Lasswell 정책학은 과학적 지식을 문제해결에 적용하는 방법론일 뿐이라고 했다.

1970년대에 오면서 본격적으로 정책학의 개념과 연구범위와 방법에 관심이 집중되

4) 초기학자들이 정책학이라는 제목으로 정책학사를 설명한 것은, Tadao Miyakawa가 1999년과 2000년에 걸쳐서 정책학의 내용을 Lasswell 정책학에서부터 시작해서, 현재의 정책학의 연구주제나 이슈, 정책분석과 과정 등에 관한 중요한 연구문헌을 편집한 책(1999; 2000, 『The Science of Public Policy: Essential Readings in Policy Science I, II』, London: Routledge), 제1권에 포함된 것 중에서 제목이 정책학이면서 또한 1970년대까지 발표된 정책학을 중심으로 한 것이다.

었다. 먼저 수학자인 Edward Quade(1970)는 1970년에 정책학 최초의 전문학술지인 『Policy Sciences』 창간호의 편집장을 맡으면서 정책학의 성격을 행태과학적 의사결정에 관한 종합과학이라고 정의하였다. 따라서 정책학은 분명하게 인간의 판단과 의사결정에 과학적 방법과 지식을 증대시키는 것이라고 주장했다.

Laurence Tribe(1972)는 1960년대 이데올로기의 종언이라고 하는 시대적인 가치판단에서 합리적이고 과학적인 이론과 기술에 따라서 최상의 문제해결 수단을 선택할 수 있는 이론과 방법이 정책학의 중심내용이라고 주장했다. 그렇지만 이와 같은 다양한 기술적 방법의 한계점과 문제점을 찾기 위해서는 정책결정의 현실에서 가치와 판단이라는 이데올로기의 정책학도 필요하다는 것을 지적하면서, 1980년대 이후 대두되는 후기실증주의 정책철학에의 길을 보이기도 했다.

정책학이 발달하면서 경제학이나 체제분석에서는 정책학이라는 용어 대신에 정책분석을 정책학과 동의어로 취급하기도 했다. 특히 정책학이란 도대체 무엇인가 하는 의구심과 허탈감이 돌기 시작할 때, James Reynolds(1975)는 정책학을 어떻게 이해할 것인가 하는 점에서 혼란과 혼동이 있다고 지적했다. 따라서 그는 분명히 정책학은 정책분석과 구별되어야 하며 정책학에서 공학의 개념이 아니라 가치판단의 방법론과 합리성을 도입해야 한다고 지적하였다.

(2) 정치학에서 정책학

정책학이 주창했던 범학제적 접근방법 때문에 필연적으로 인근 학문과의 관계나 접촉 또는 응원이 불가피했을 것이다. 그래서 정책학의 위상을 이해하기 위해서도 여타의 학문과의 관계에서 정책학의 입장을 설명할 필요가 있다.

정책학은 태동할 때부터 지금까지도 정치학의 한 학문분야로 취급되고 있을 정도이다. 특히 정책학을 발생시키고 발전시킨 미국에서는 정책학이 정치학의 한 분야로 발전되고 있다. 물론 대학원 수준에서 독자적인 정책학 학위프로그램을 운영하면서 석사나 박사 등의 학위를 수여하고 있는 곳이 많다. 그러나 아직까지 독자적인 사회과학의 위상과 조직을 갖춘 학문으로 발전되고 있지 못하고 있다.

정책학운동이 대두된 원인의 하나도 기존의 정치학이 제2차 세계대전을 전후하여 발생된 사회적인 문제해결에 필요한 이론과 방법을 제시하지 못했기 때문이다. 또한 그 당시의 사회적인 상황에서 지적인 패러다임의 역할을 정치학이 수행하지 못했기 때문에 정책학이 태동하고 발전된 것이다. 이것이 Lasswell의 "정책정향"(1951)이라는 논문에서, 정책학의 필요성과 지향하는 두 가지의 목적인 정책과정에 관한 지식과 정책내용과 분석에 필요한 다양한 분야의 지적 필요성을 제시한 계기가 되었다고 앞서 설명했다.

특히 미국에서 정치학은 전통적인 정치제도와 선거제도, 정당, 여론 등에 초점을 두면서 정부가 무엇을 어떻게 결정하고 시행하여 그의 성과를 제공하고 있는가 하는, 정부의 일의 과정이나 성과중심의 연구를 진행하지 못했기 때문에 이것을 강조하는 정책학이 발생하게 된 것이다(Mead, 1985). 따라서 정치학의 전통적인 방법론인 여론이나 선거행태의 분석에 치중하고 있는 행태주의나 엘리트 연구, 정치문화나 제도연구 등에 불만을 가진 정치학자들은 자연적으로, 실제로 정부가 무엇을 하고 있으며, 어떤 기준과 가치에 따라서 정부의 사업을 평가하고 관리할 것인가 하는 것을 정치학의 한 학문분야가 아니라 여러 학문의 지식과 기술을 원용할 수 있는 정책학을 Lasswell을 중심으로 주창하게 되었다고 할 수 있다.

정책결정은 근본적으로 정치과정이며, 정치적 분배에 관한 것이라는 정치학자들의 정향이 정책학에서는 정책과정이나 정책철학 등으로 정립되고 있다. 또한 최근에는 정치학에서도 전통적인 정치학의 이론과 접근방법을 정책학과 연계하거나 통합할 수 있는 방법 등을 설명하는 경향도 많아지고 있다(Haider-Markel, 2018).

(3) 경제학 등에서 정책학

행태주의의 발전에 따라 과학적 방법을 이용하는 경향이 정치학에서는 여론이나 선거행태 분석에 치중하고 있는 동안에 경제학이나 관리과학, 체제분석, 수학(운영연구) 등이 정책문제에 필요한 실천적 해결책을 제시하면서 정책학은 경제학 등에 의존하게 되었다.

경제학의 원전이라고 할 수 있는 Adam Smith의 『국부론』을 시작으로 하여 기타 고전경제학자들의 정치경제에 관한 연구는 정책학의 중요한 내용이 될 수 있다. 특히 정책분석론은 경제학 중에서도 계량경제학이나 후생경제학 등에 많은 영향을 받았다. 경제주체인 소비자나 기업가의 의사결정이 어떻게 공공의 목표달성과 효용을 극대화시킬 수 있을 것인가 하는 방법론적 개인주의와, 정치적 교환을 중심으로 하는 공공선택론은 대표적으로 경제학적 접근방법의 대명사가 되고 있다.

경제학이나 수학 등의 계량적이고 과학적인 이론과 기법을 응용하여 정책학의 발달에 기여한 초기의 대표적인 학자로 Quade와 Edith Stokey, Richard Zeckhauser 등을 들 수 있다. 실제로 이들에 의한 1970년대 중반의 정책분석론이 지금까지도 통용되고 있을 정도이다. 당시에는 정책분석과 체제분석이 같은 의미로 사용될 정도로(Miser and Quade, 1985) 경제학이나 관리과학의 기술이론이 정책학의 이론으로 부상했었다. 심지어 정책학은 정치학의 한 분야가 아니라, 경제학이나 운영연구의 한 분야라는 주장(Leontief, 1971)이 제기되기도 했다.

1980년대에 오면서 후기행태주의에 의한 과학적 방법이 비판받으면서 정책학에서 경제학이나 체제분석과의 차이점과 적용에서의 문제점 등이 제기되었다. 그래서 정치적 가치와 이상을 중시하는 정책학이 중심을 잡고 있다.

경제학과 정책학의 연계에서 한 가지 더 설명할 것으로, 1900년대 공학자인 Frederick Taylor(1856~1915)(1911)가 주창한 시간과 동작에 관한 연구로 유명한 과학적 관리론(scientific management)이 정책학의 지식에 크게 기여했다는 점이다[5]. 특히 주어진 환경에서 최선의 정책을 결정하기 위한, 자원을 극대화하는 정책분석론이나 정책평가론 또는 정책의 집행분야에 과학적 관리론이 크게 기여한 것은 사실이다.

(4) 행정학에서 정책학

정책학이 1950년대를 중심으로 미국에서 태동하고 발전하면서, Woodrow Wilson(1856~1924)[6]에서 시작하는 미국행정학이 정책학의 발전에 영향을 미쳤다는 것은 익히

---

5) Taylor의 과학적 관리론 또는 테일러리즘(Taylorism)이 미국 정치사상이나 행정관리의 철학과 실천적인 원칙에 미친 영향이나 문제점 등을 잘 설명한 것으로, 2000년에 타계한 Dwight Waldo(1913~2000)의 『행정국가론』(The Administrative State: Study of the Political Theory of American Public Administration, 1948의 초판(New York: The Ronald Press Co.), 1984년의 제2판(New York: Holmes and Meier)을 들 수 있다.

6) 미국행정학의 출발점을 Woodrow Wilson의 1887년의 "행정연구(The Study of Administration)"에서 찾고 있는 가장 중요한 이유는 행정의 과학적 연구라는 것을 강조한 사실 때문이다. Wilson은 미국의 진보주의 시대의 지적 지도자로서, 실질적으로 Princeton대학의 총장(1902~1910), New Jersey 州의 주지사(1911~1913), 28대 미합중국 대통령(1913~1921)(그의 어린 시절부터의 꿈) 등을 차례로 역임하면서, 관

알려진 사실이다. 왜냐하면 미국행정학이 지향하는 이념과 방법론도 정책학과 마찬가지로 문제중심적이며 다양한 학문분야에 걸친 과학적 지식과 기술을 행정문제에 적용하고 응용하는 범학제적 접근방법 등을 강조하고 있기 때문이다. 따라서 정책학이라고 주장하는 내용은 과거의 행정학을 새로 정비한 옷장에 넣어 둔 것과 같다는 비판이 제기될 정도였다.

동시에 Lasswell 정책학은 미래의 정책결정자들인 행정가를 훈련시키고 교육시키는 역할을 강조하면서 행정학에 기여하고 있다. 왜냐하면 행정학에서 행정학자들이 설명하기 적합한 정치현상을 정책학이 취급했다는 사실과, 행정학의 교과서들이 정책과정 접근방법을 사용했다는 사실, 그리고 행정과정의 의사결정에서 정치성을 강조한 경향 등이 있었기 때문이다(Graham, 1993).

미국행정학의 시작인 Wilson의 "행정연구"(1887)에서, 행정은 국가의사를 합리적이고 합법적으로 집행하는 것으로 이해되고 있다. 국가의 의사결정인 정책을 정치적인 협상과 제도적인 과정으로 설명하는, 소위 정치-행정 이원론(二元論)(politics-administration dichotomy)이 행정학에 뿌리깊은 사상이 되면서, 행정에서의 정책은 도외시되었다. 마찬가지로 Wilson 행정학의 학문적인 경향 때문에, 정치학자들도 행정학과의 관계를 크게 반가워하지 아니했다는 지적도 타당하다(Jones, 1984; Walker, 1989).

1950~60년대 이후에 행정학에 정치가 강조되면서 행정은 정치적인 의사결정에의 방관자가 아니다. 직접적이고 능동적으로 개입하고 참여하면서 전통적인 행정의 원리인 'POSDCORB' 등에만 머물지 않는다는, 소위 정치-행정 일원론(一元論)이 대두되었다. 따라서 행정학의 교과서에 자연적으로 정책결정이나 의사결정의 분야가 소개되었다. 또한 관리과학의 한 분야인 의사결정이론이 초기의 행정학에 미친 영향이 컸기 때문에,

---

리와 경영 중심의 미국행정 이론과 실천을 조직화시킨 것으로 평가받고 있다. 더구나 대통령 재직 때 14개 조항(Fourteen Points)에서 강조한 민족자결주의(한국의 3 · 1운동 및 독립에 국제적 영향을 미친 사상이다)와 국제주의 등을 주창하고, 국가연맹(The League of Nations)과 베르사이유 협약 등을 체결하면서, 국제평화에 기여한 공로로 제1차 세계대전이 끝난 1919년에 노벨평화상을 수상하기도 했다. 미국행정학뿐만 아니라 미국정책학의 역사를 이해하기 위해서는 Wilson의 행정사상을 자세히 이해할 필요가 크다(Jones, 1984; www.wikipedia.org, 검색일: 2019년 5월 16일).

Woodrow Wilson
(www.wikipedia.org)

행정학에서 의사결정이나 정책결정을 접목시키게 되었다. 따라서 행정학 교과서에서 적어도 한 절이나 분야로 정책학이나 정책연구를 설명하고 있는 것만 봐서도 행정학이 정책학의 연구에 하나의 배양기 역할을 한 것은 사실이다.

1970년대 말에서 1980년대에 미국에서 발생된 전통적인 행정학의 가치인 능률과 절약에 도전하고 새로운 신념인 가치와 규범을 중심으로 하는, 인간과 사회의 형평과 정의를 중시하는 신행정학이나 발전행정론 등도 사실 정책학의 가치이론과 규범적인 접근방법에 영향을 미쳤다고 할 수 있다.

1970년대 정책학에서 크게 유행한 정책집행론이나 정책결정자의 규범적이고 가치판단적인 역할을 강조하는 정책이론 등은 행정학의 관리이론과 1978년의 미국공무원 개혁법(Civil Service Reform Act) 등에 영향을 받았다고 할 수 있다. 특히 실적주의를 천명하고 연방인사관리국(OPM: Office of Personnel Management)을 설치하여, 미국공무원의 과학적 지식과 전문성을 중시한 미국공무원 개혁법은 다양한 정책분야에서 정책전문가의 역할을 강조하는, 정책분석연구에 크게 영향을 미쳤다고 할 수 있다.

3) 정책과정론의 정책학

Lasswell이 정책학을 정책과정에 관한 지식과 동시에 정책의 구체적인 내용분석과 결정에 필요한 지식으로 정의하면서, 정책학은 정책과정 그 자체에 관한 이론과 정책분석의 이론으로 발달되었다고 했다. 그 중에서도 사회과정의 한 형태로서 정책의 결정과 시행이 일련의 시차적이고 논리적 순서와 절차에 따라서 진행되는 것을 설명하는 정책과정론이 정치학을 중심으로 발달되었다.

현재까지도 정책학의 교과서나 교재들도 정책과정을 중심으로 정책이론을 전개하면서 각각의 정책단계나 과정에 타당한 정책사례를 부가하여 설명하는 방법을 중심으로 하고 있다. 때문에 정책과정론을 교과서적인 접근방법이라고 하고 있다. 또한 정책학을 처음 공부하는 사람들은 정책결정을 단계별로 설명하는 정책과정론을 정책학의 기본으로 알고 있기도 하다.

시대적인 기준이나 정책학자들의 이론에 따라서 정책학을 이해할 수 있지만, 1970년대부터 시작해서 지금까지도 주로 정책의제의 형성에 관한 정책의제론, 정책집행을 다룬 정책집행론, 정책평가의 방법과 절차 등을 다룬 정책평가론 등등에 관한 전문분야가 형성될 정도로 정책과정이론은 광범위하고, 그 내용도 복잡하다.

정책학사의 입장에서 보면 정책과정론의 근원은 David Easton(1957)이 1950년대에 발표하고 발전시킨 일반체제이론에 있다. 즉 정치체제는 정상적인 상태에서 생존하기 위해서 환경이나 외부로부터 끊임없이 자원과 정보를 유입받아 이를 자신만의 고유한 체제의 작용으로 전환 또는 변환시켜서 그 결과를 외부에 산출물로 발생시키는, 일련의 투입-변환-산출의 진행과정으로 설명한 체제이론이 정책과정론에 적용된 것이다.

또한 Robert Dahl과 Charles Lindblom 등을 중심으로 하는 다원주의에 의한 점증주의 이론이 정책과정론에 밑받침이 되었다. 과학적이고 계량적이며 기술적인 지식만이 아니라, 민주주의 사회에서 다양한 관점이나 권력과 이해관계의 역학에서 일상적으로 진행되는 정부사업을 기술하고 그것을 지배하고 있는 규범과 원칙을 설명할 수 있는 점증주의 이론이 타당하다고 본 것이다.

4) 정책분석론의 정책학

정책분석론은 경제학이나 관리과학, 수학, 체제분석, 운영연구 등의 이론과 지식을 정책문제의 해결에 응용하면서 발전된 분야이다. Lasswell이 정책학을 제창하면서 인간의 존엄성 가치를 현실적으로 실천하기 위해서 정책에 과학적인 지식을 적용하는 것이 정책학자의 임무라고 했듯이, 정책학이 발달하면서 구체적인 정책문제에 필요한 과학적이고 계량적인 정책지식이 정책분석론으로 발전된 것이다. 이것이 지금과 같이 정책과정론과 더불어 정책학의 양대 이론이 되고 있다.

정책학의 초기에 대표적인 미국의 학자로, Quade, Wildavsky, Stokey, Zeckhauser 등을 들 수 있다. 따라서 대부분 경제학자나 수학자, 체제분석가 등을 중심으로 정책분석론이 발전되었다. 그러나 정책학사의 관점에서 정책분석이라는 용어를 정책학과 동의어로 취급하여, 정책학의 체계적인 이해를 어렵게 하고 있다는 사실도 설명할 필요가 있다.

1970년대 초기에 Thomas Dye(2016)는 정치학에서 정책의 인과관계를 과학적이고 기술적으로 설명하는 것이 정책분석의 영역이고, 이것이 정책을 이해하는 중심이라고 보았다. 따라서 초기의 정책학은 정책분석을 그 영역으로 잡았다. 그러다가 1980년대 초에 대표적으로, Dunn이나 Brewer와 deLeon 등도 정책분석을 명확한 이유나 기준도 없이 정책학으로 설명하기도 했다. 따라서 정책분석론과 정책학의 명칭이 혼란스럽게 되었다. 이러한 경향은 지금까지도 계속되고 있다.

정책학의 일반적인 내용이나 구체적인 정책문제를 분석하는 경우에도 정책분석이라는 용어 그 자체에 큰 의미를 부여하지 않고 사용하는 경우도 많다. 때문에 정책학을 처음 공부하는 사람들에게는 상당히 혼란스러운 것이 사실이다. 이와 같은 다양한 분야의 학문적 배경을 가진 연구자들의 복잡한 연구를 정책학의 패러다임이나 접근방법 또는 학파 등으로 정리하기 위해서도 정책학사가 필요하다.

정책분석론의 대표자는 역시 Quade에서부터 시작된다. 그는 1970년에, 정책학은 기술적이고 계량적인 분석의 지식에만 얽매이는 학문이 아니라고 했지만, 그 이후 그의 연구는 수학자의 수준에서 체제분석의 기법과 방법을 정책분석의 주요 이론으로 정리하였다(Miser and Quade, 1985). 그리고 Stokey와 Zeckhauser의 『정책분석입문』(1978)도 정책분석론의 정석으로 여겨지고 있다.

Wildavsky는 이와 좀 다른 의미에서 정책분석론을 제시했다. 그의 주장에 의하면(2004), 정책분석은 예술이며 단순히 기계적인 작업이 아니라 상상력이다. 또한 정책문제는 인간과 관계된 인간이 만들어낸 것이다. 때문에 정책분석론은 인간과의 관계를 연구하는 것이다. 따라서 정책분석론은 인간이 만들어 낸 문제를 인간이 해결하는 활동이다; 때문에 기술적인 분석에 인간과 권력과 정치의 중요성을 지적하였다.

정책분석론이 정책학의 주요 이론으로 취급된 것은 미국의 경우, 현실적으로 정부부처나 기타 수많은 정책실무진의 직급이나 직제의 명칭에 정책분석관 또는 정책연구관 등과 같은 경향이 있었기 때문이었다. 따라서 대학 등의 정책학 학위프로그램(특히 석사과정의 경우에는)에서도 정책실무자의 욕구와 수요에 대응하여 정책분석가를 교육하고 훈련시키는 역할을 중시하면서 정책분석론이 발달되었다.

그러나 정책분석론을 정책과정론과 연계시키거나 통합하여 정책학의 학문을 성숙시키려는 노력이 1970년대에는 미약했다. 따라서 1970년대에는 정치학자 중심의 정책과정론과 경제학자나 실무의 정책분석가 중심의 정책분석론이 각자의 독자적인 영역과 방법을 확대하면서 정책학이 발달되었다.

5) 정책학의 독자성과 정책학 교육의 발전

1950년대부터 시작된 정책학은 1970년대에 이르러, 초기의 정책학자를 중심으로 정책학의 독자적인 학문분야를 형성하기 위한 노력이 전개되었다. 아직까지도 정책학은 정치학이나 행정학, 공공경제학, 의사결정론 등의 분과학문으로 발전하고 있지만(물론 대학원 수준에서 정책학의 독자적인 교육이나 연구는 상당히 진행되고 있다), 1970년대는 대학이나 연구소, 정책실무자 등이 정책학을 독자적으로 교육하고 연구할 수 있는 학문적인 성숙과 제도를 형성한 시기였다. 특히 제2차 세계대전 이후의 정치적이고 사회적인 여러 가지 사건이 발생하면서, 한편으로는 정책문제를 전문적으로 취급하고 그 해답을 제시할 수 있는 정책분석가가 정책실무 분야에 진출하게 되었다. 이에 따라서 정책학의 이론과 교육 등이 체계화되는 시기를 맞이했다고 할 수 있다.

정책학의 독자적 학문체계를 위한 다양한 노력이 진행되면서 정책과정론의 각 단계별로 구체적이고 사례 중심의 정책이론들이 발전되었다. 또한 정책분석론도 정책학의 학문적 입장에서 통합할 수 있는 계기가 형성된 시기였다. 구체적으로 먼저 정책학을 교육하고 연구할 수 있는 대학원 수준의 또는 전문학위 과정의 정책학 프로그램이 개설되었다. 대표적으로, Rand연구소의 정책연구대학원(www.prgs.edu, 1970년 설립), California 주립대학교(Berkeley)의 공공정책학과(Goldman School of Public Policy(gspp.berkeley.edu, 1969년 설립)), Duke대학교의 정책학과(학부)(www.sanford.duke.edu, 1972년 설립), Michigan 대학교의 공공정책학과(Gerald R. Ford School of Public Policy(www.fordschool.umich.edu, 1960년대 중반(1914년에 설립된 행정학연구소의 확대), Maryland대학교(Baltimore County)의 정책학대학원(www.umbc.edu/posi, 1974년 설립), Harvard대학교의 John F. Kennedy School of Government(www.hks.harvard.edu, 1966년(1936년에 설립된 행정대학원의 명칭 변경) 등이 초기에 정책학 교육의 선구자 역할을 담당했다.

미국의 주요 정책학회도 1970년대에 결성되었다. 먼저 1971년에 창립된 미국정책연구회(PSO: Policy Studies Organization)는 실제로 미국 정치학자들이 중심이 된 정책학회의 성격을 가진 단체이다. 'PSO'는 미국정치학회나 행정학회, 사회학회 등과 같은 학회의 조직규모에는 미치지 못하지만, 회원은 대부분 정책학을 연구하는 정치학자들을 중심으로 하고 있다. 잘 알려져 있는 초기의 정책학자 대부분은 'PSO'의 회장을 역임했다.

'PSO'는 1980년대에 좀 복잡한 갈등을 겪게 되었다. 그 하나는 미국정치학회(APSA: American Political Science Association)의 분과학회(www.ipsonet.org)와 Illinois대학교(Urbana-Champaign)의 Stuart Nagel(1934~2001) 교수가 주도했던 'PSO'로 활동이 중복되기도 했다. 그러나 Nagel 교수의 불행한 서거(2001)로 인하여 미국정치학회의 'PSO'로 정착되었다고 할 수 있다.

1979년에 15개의 정책학을 둔 대학 및 연구소의 학자들이 모여서 미국정책분석관리학회(APPAM: Association for Public Policy Analysis and Management)를 결성하였다(www.appam.org). 특히 이 학회는 Harvard와 Michigan 및 Berkeley(California) 대학교의 교수들이 중심이 되고 여기에 Rand연구소, Urban연구소, Mathematica 등의 학자들이 참여하여 학회를 결성한 것이다. 따라서 APPAM은 과학적 이론과 지식을 강조하면서, 동시에 현실 세계와의 조화나 관리, 정책과의 연계를 강조하는 학회활동을 하고 있다.

또한 정책학회의 활동으로 미국정치학회의 분과학회로 활동하는 정책분과(www.apsapolicysection.org)를 소개할 수 있다. 정책분과는 독자적인 학회의 조직(회장, 이사회, 뉴스레터, 『Policy Current』의 발행, 총무 등)을 갖추고 있다.

정책학의 전문학술지로, 1972년 창간된 'PSO'의 『Policy Studies Journal』(정치학 중심)과, 'PSO'가 1981년 창간한 『Policy Studies Review』가 있다. 현재 『Policy Studies Journal』은 'PSO'와 미국정치학회의 공공정책분과에서 공식적으로 계속 발행되고 있지만, 『Policy Studies Review』는 2002년까지(봄호) Tennessee대학교 에너지환경자원연구소가 발행한 이후, 2002년 여름부터는 미국정치학회의 정책분과가 아닌, 과학기술 및 환경분과와 공동으로 『Review of Policy Research』로 명칭을 변경하여 발간하고 있다.

1970년에 창간된 『Policy Sciences』는 정책학의 학문적인 독자성을 정립하는 데 크게 기여한 전문학술지이다. 초대 편집장인 Quade는 수학자이자 체제분석가임에도 불구하고 정책학의 이론형성과 학문적인 기초를 다지는 데 큰 역할을 담당하여 정책학의 초석을 준비한 것으로 평가받고 있다. 특히 미국학자 중심에서 벗어나 세계 여러 지역, 특히 유럽지역의 정책학자들이 활발하게 참여하면서 정책학의 범학제성을 주장한 Lasswell 정책학의 사상과 이념을 실천하는 가장 충실한 학술지 역할을 하고 있다.

2. 1980년대 이후의 다양한 정책이론

정책이론과 현실의 조화나 정책학의 학문적 정체성 등을 본격적으로 설명하는 정책학이 1980년대 이후부터 크게 주목받게 되었다. 그 이후부터 정책학은 하나의 사회과학으로서 체계적으로 발전할 수 있는 전기를 마련했다고 볼 수 있다.

특히 1970년대의 정책학운동이 주창했던 행태과학의 한계점과, 정책문제에 적용하면서 나타난 정책이론과 현실의 불협화음을 인식하고 정책학 본래의 모습을 찾기 위해서 정책학은 새로운 이론을 개척해야 한다는 주장이 후기실증주의(post-positivism)의 정책이론으로 집대성되었다고 할 수 있다(Fisher, 1998).

후기실증주의 정책학의 가장 큰 특징은 정책현실을 과학적으로 증명하는 것에서 탈피하여 정책현실을 해석할 수 있는 규범주의 입장을 받아들인 것이다. 이론적으로도 후기실증주의는 단순히 전통적인 가치와 사실의 이원론을 비판하는 수준을 넘어서고 있다. 후기실증주의자들에 의하면, 과학적 활동은 현실의 산물이다. 때문에 규범적인 전제와 사회적인 의미를 가지고 있는 정책세계에 의해서 정책활동을 형성하고 설명할 수 있어야 한다는 것이다. 즉 구체적이고 역사적인 배경과 조건하에서 정책문제를 취급하는 정책학자의 가치판단이 과학활동의 모체라는 사실을 인정하는 것이 정책이론에서 후기실증주의의 특징이라고 할 수 있다.

실증주의 원칙대로 객관적이고 과학적인 사실을 설명하고자 하지만, 현실사회에서 경험적으로 검증될 수 있는 정책이론이 정책의 현실세계에서는 한정적이고 때로는 적절하지 못하다. 따라서 정책이론과 현실이 점점 분리되는 것을 방지해야만 정책학 본래의 모습을 되찾을 수 있다고 보았다. 방법론적으로 논리적인 연역이나 경험주의의 좁은 입장에서 벗어나서 과학적 발견과 해석적 판단을 할 수 있는 논리를 강조하였다. 즉 복잡한 정책현실 그 자체를 회피하기보다 다양하고도 복합적인 인식개념과 방법론이 필요하다는 주장이 후기실증주의 정책이론의 핵심이다.

후기실증주의 정책학의 이론은 정책이론과 현실의 조화에 관한 정책이론들과 긴밀히 관련되면서 발전하고 있다. 즉 정책학의 고유 목적이면서 존재 이유는, 정책의 이론이 정책현실을 설명할 수 있고, 또한 정책현실에서 타당한 이론이 되어야 한다는 것이다. 따라서 정책학자들은 정책현실을 현실 그대로의 상태로 깊이 있고 다양하게 이해하고 난 후 이것을 설명하고, 이에 필요하다면 기존의 이론을 과감히 수정하고, 새로운 이론을 찾으려는 혁신적인 정책학의 사고 변화와 노력이 필요하다는 것을 강조한 이론들이 지금까지 후기실증주의 정책학의 주요 이론으로 전개되고 있다(Ryan, 2015).

수많은 정책이론이 정책실무에 적용되면서, 정책현실에서 마치 이와 같은 이론들이 대접전을 벌이는 것과 같이(policy theory shootout), 정책실무를 오히려 당황하고 혼란스럽게 하면서 정책이론의 가치를 스스로 낮추어 버리는 현상이 문제라는 지적도 있다(Eller and Krutz, 2009). 현실적으로 어느 한 분야나 프로그램에서 정책이 실패하는 것이 아니라 거의 모든 분야에서 연계하여 정책이 연속적으로 실패하는 경우, 전체적으로 볼 때 정책은 실패했다고 자책하면서 정책을 잘못 관리하고 분석(mismanagement and misanalysis)하는 경우, 여기에 불운마저 겹친다면(misfortune), 정책결정자들은 서로를 비난하면서 그 책임을 전가하거나 물으려고 하는, 비난의 정치가 난무하는 정책완패(policy fiasco)도 나타나고 있다(Massey, 2013).

미국의 경우 테러리즘이나 자연재해, super-virus 등의 출현, Wall 금융가의 도덕적 타락으로 촉발된 금융위기, 의료보험제도 개혁, 최초의 흑인대통령의 집권에 따른 새로운 인종갈등의 대두 등과 같은 사회문제들로 초기의 정책학이 탄생할 당시의 정책이론으로는 해결하고 설명할 수 없는 정책환경이 대두되었다. 이에 따라서 정책에의 불만, 정부불신 등과 같은 정책분열(policy disruption)(May 외 2인, 2009) 등을 설명하기 위한 정책환경론이나 정책변동론, 구술정책분석(narrative policy analysis)(Shanhan 외 3인, 2013) 등이 후기실증주의 정책학에서 발달하였다.

후기실증주의 정책이론과는 차이가 있지만, Lasswell 정책학에 대한 비판과 동시에 Lasswell 정책학이 정책학의 중심이론으로 그 실체를 분명히 정립해야 한다는 논쟁이 이 시기의 정책학사에서 주목할 과제이다. 물론 Lasswell 정책학이 탄생될 때부터 그의 정책학에 대한 비판은 계속되었지만, 최근에는 그의 민주주의와 정책학의 이론들이 현실의 민주적 의사결정과 시민의 민주주의 욕구에 만족스럽게 대응하지 못했다는 비판이 강하다. 동시에 Lasswell 정책학에 직접 영향을 받은 정책학자들이 퇴임한 뒤, 후속 학자들이 과연 정책학의 전통을 이어받아, 계속해서 발전시킬 수 있을 것인가 하는 우려와 비판이 끊임없이 제기되고 있다(Farr 외 2인, 2008; Torgerson, 2017).

1970년대까지의 정책학운동을 중심으로 하는 정책학사를 정책학자군이나 학문분과별 또는 정책과정론이나 정책분석론 등으로 정리할 수 있었다. 그러나 1980년대 이후부터 2000년대까지의 정책학사를 이와 같이 설명하기는 어렵다. 그래서 지난 20여 년 동안에 발전된 정책학의 다양한 내용을 전통적인 정책과정론이나 분석론의 보완이나 수정, 정책탐구론, 정책설계론, 정책네트워크이론, 기타 정책이론 등으로 구분하여 설명해 볼 필요가 있다.

첫째, 전통적인 정책과정론이 정책학의 중심이론이고 기초이론으로 발달하고 있지만, 몇 가지 비판을 중심으로 이것을 보완해야 한다는 논의가 초기부터 시작해서 계속되고 있었다. 즉 정책과정론은 일반체제의 균형이론에서 정책결정의 과정을 설명한다. 때문에 실제로 정책결정이 진행되는 동태적이고 역동적이며 개방적인 성격을 설명할 수 없다는 비판에서 보완이론이 발달하고 있다.

경제학이나 관리과학 등과 같은 계량적이고 분석적이며 가치를 배제하는 좁은 의미의 정책분석론도 정책의 현실에서 잘 활용되지 않는다는 비판이나, 정책과정이론과 조화되지 않고 별도의 정책학으로 발전된다는 정책학계의 자기성찰 등이 제기되었다. 그래서 정치나 가치판단, 윤리, 정책학의 학문적 체계에 필요한 정책이론으로서의 정책분석 등과 같은 이론이 발달하고 있다.

둘째, 정책담론 또는 정책논증(policy discourse 또는 argument) 이론이 발달하고 있다.

정책담론은 정책의 가치와 사상 및 현실적 실천 가능성 등의 정책인과에 관한 정책논쟁을 중심으로 하면서도 다양한 논쟁에서의 합의를 중시하는 정책이론이다. 즉 물리적 증거에 따른 논리적 논쟁을 기반으로 하면서도(EBP: Evidence-Based Policy)(Anjum and Mumford, 2017) 정책당사자들 간의 합의나 동의에 의하여 정책결론을 도출하는 것을 강조하는 접근방법이다. 따라서 과학적 분석과 검증방식의 정책분석을 기초로 하면서도 정책이념과 사상의 당위성과 중요성 등을 정책결정의 주요 변수로 활용하는, 감성과

담론에 의한 시민참여를 강조하는 정책탐구의 주요 이론으로 발달하고 있다(Heidelberg and Desai, 2015; Ellison 외 2인, 2019).

정책담론은 논쟁을 통한 사변적 결론을 도출하려고 노력하고 있으며, 논쟁의 과정과 방법에서 자신의 의견과 이해관계에 반대되는 입장을 설득하려는 기술을 정책분석의 주요 수단으로 활용하고자 한다. 정책담론은 공론과정에 의한 정책을 결정하는 공론이나 숙의를 강조하면서 숙의 또는 심의민주주의 이론과도 상통하고 있다. 현실적으로 정책담론은 이와 같은 심의민주주의 논쟁을 정책과정에 적용하면서 정책이슈나 문제중심의 정책이론으로 발달되고 있다(제3편 2장의 정책분석의 방법에서 정책담론을 자세히 설명하였다).

셋째, 정책설계론(policy design)은 설계학이나 사회공학이론의 지적 전통을 이어받아 정책분석이론을 보다 세련시킨 것이라고 할 수 있다. 정책설계론의 핵심은 의도적이고 목적론적으로 정책안을 창조하고 설계하는 것에 초점을 두고 있으며, Lasswell의 전후관계의 맥락성 원칙에 따라서 사회맥락과 이슈맥락에서 정책을 설계하는 것이다.

민주적 가치와 정의, 문제해결 등의 사회적인 맥락에서 다양한 조건들이 형성되면서, 이것이 이슈맥락으로 발전되어야 정치세력과 제도적인 구성 등에 따라서 정책을 설계할 수 있다고 보았다. 이것이 완성되면 문제와 목표, 정책담당자와 집행자, 대상집단과 규정 등을 설계하여 이를 다시 사회적인 맥락으로 전환시킬 때, 정책의 메시지와 정부사업의 역할과 시민의 참여 등을 고려할 수 있다는 이론이다(Capano and Woo, 2017).

넷째, 정책네트워크(policy network)는 정책결정 과정의 참여자들이 상호 간에 연계하여, 정책결정에 필요한 정보와 지식과 자문을 주고받는 비공식적이고 수평적인 조직관계를 설명하고 있다. 따라서 공식적인 직함이나 기능을 설명하기보다, 정책결정자나 참여자 상호 간에 자신들의 정보나 기술능력, 전문성 등에 따라서 형성되는 신뢰와 인정을 정책결정에서 집중적으로 설명하고자 하는 이론이다(Yi and Scholz, 2016). 또한 정책네트워크를 중심으로 하는 정책설계를 강조하면서(Taeihagh, 2017), 미국에서는 의회와 행정부, 정책전문가 등과의 정책네트워크로 발전하고 있다(Koliba 외 2인, 2010).

기타 정책학의 발달로 구체적인 정책사례를 중심으로 정책이론을 적용하거나 또는 이론을 탐색하는 정책사례연구가 광범위하게 진행되고 있다. 전통적인 정책분석 중심의 사례연구뿐만 아니라 정책사례의 심층분석이나, 특히 정책문제가 복잡하고 불확실하여 다양한 계층 간에 이견과 대립이 심할 경우에 정책에 관한 의견이나 진술을 확인하고, 그 실체를 파악하는 구술(口述) 정책분석(Lawlor and Crow, 2018) 등도 발달하고 있다. 또한 정책학의 본질이나 정책학의 방법론 등에 관한 기초이론이나 정책학의 학문적 정체성 및 새로운 정책환경에 대응할 정책학의 중심이론 등에 따라서 비교정책학(Spicker, 2018) 등도 발달되고 있다.

특히 정보통신기술이나 이론의 폭발적인 발전에 의한 정보정책으로 인공지능(AI: Artificial Intelligence)이나 사물인터넷(IoTs) 등의 국가관리 정책이나, 'SNS'로 대표되는 'social media'의 대응정책 등이 미국정책학에서 매우 중요하게 논의되고 있음도 발견할 수 있다(Agrawal 외 2인, 2016; Walster, 2017). 따라서 60~70여 년의 짧은 학문의 발달사에도 불구하고, 미국정책학은 21세기를 맞이하면서 지난 70년대의 정책학운동과 같이 다양하면서도 풍부하게 때로는 국제적인 학문네트워크를 형성할 수 있을 정도로 발달하고 있다.

3. 정책학 교육제도

1980년대에 대학원 중심의 정책학 교육이 급격히 확산되었다. 특히 21세기에 들어오면서 많은 학부에서도(미국 중심이지만) 전공과목으로 정책학을 채택하고 있다. 특히 미국의 거의 모든 대학원 교육에서 과거의 행정학이나 기타 정치경제, 관리과학, 사회사업 등이 정책 또는 공공정책대학원 등으로 명칭을 변경하여 정책학이 특수대학원의 중심적 교육과정이 되고 있다.

예를 들면, 미국정책분석관리학회(APPAM)에 등록한 기관 중에 2009년을 기준으로 정책학의 박사학위(Ph.D.)를 수여하는 대학은 47개였고, 정책학에 관련된 학사학위(bachelors)를 수여하는 대학도 35개나 되었다(www.appam.org/membership/, 검색일: 2009년 9월 20일). Lasswell 정책학이 탄생된 Yale대학교는 정치학과 학부 및 대학원에서 미국정책학이나 정치, 정책방법론 정도의 정책학 과목을 개설하고 있고 법과대학에서 정책학 관련 과목을 교육하고 있는 정도의 미미한 수준이다(www.yale.edu/polisci, 검색일: 2019년 5월 16일). 그러나 Lasswell의 정치학 본향(本鄕)인 Chicago대학교에서의 정책학 교육은 미국의 여타 대학보다 좀 늦게 출발했지만(1981년에 박사학위(Ph.D.) 과정이 개설되었다), 공공정책 Harris대학이 설치되어, 학부과정부터 정책학이 교육되고 있다(https://harris.uchicago.edu, 검색일: 2019년 5월 16일).

1990년대에는 정책학이 학부에도 상당한 수준으로 확산되었다. 물론 대학원 수준에서도 1980년대 후반에 정책학의 석사나 박사 학위를 수여하는 교육프로그램이 확대되었지만, 학부에서도 정책학의 기초이론이나 정치와 정책, 정책결정 방법론이나 정책분석, 구체적 사례와 정책 등을 교육하는 정책학프로그램이 행정학이나 정치학 또는 정치경제, 공공관리 등의 분야와 합동이나 연계하여 발달하고 있다(정광호, 2004).

제 2 장

한국의 정책학사[1)]

1) 한국의 정책학사는 필자의 "한국정책학의 정립에 관한 기초연구" (2007). 『한국정책학회보』. 16(2)를 수정한 것이다.

미국에서 탄생되고 발달된 정책학이 1960년대 후반에 한국에 도입된 이후에 한국의 정책학은 미국에 버금갈 정도로 이론적이고 실천적으로 발달하고 있다. 특히 미국과 달리 한국은 행정학이나 행정학자를 중심으로 정책학이 교육되고 연구되면서 한국적 특성의 정책학을 발달시키고 있다. 그러면서도 영국이나 기타 유럽국가 또는 인근의 일본 등과는 달리 행정학에서 미국정책학을 배척하거나 경원시하지도 아니했다.

한국에서 정책학이나 관련분야를 연구하는 전문집단은 대부분 행정학과를 중심으로 하고 있다. 또한 2000년대 이전에는 한국의 정책실무에서 정책분석관이나 정책연구관이라는 직책이 없었다. 때문에 미국식의 정책분석 이론이나 정책 관련 기법이 크게 요구되지도 아니했다. 그럼에도 불구하고 정책학은 학문적으로 크게 발달하였다.

1980년대에는 한국의 거의 모든 대학들이 정책학이나 정책분석 등의 기초과목과 정책과정론 등을 개설하였다. 행정고등고시 등의 국가시험과목에도 정책학이 포함되었다. 본격적으로 1992년에 한국정책학회(www.kaps.or.kr)가 결성되고, 정책학회보 등의 전문 학술지가 창간되면서 정책학 연구와 발달에 필요한 도약의 기틀과 발판을 마련하게 되었다. 2000년대 이후 정책실무분야, 특히 공공기관과 더불어 다양한 연구소 등에서 정책분석관이나 담당관 등과 같은 직책이 보편화되면서 정책학의 실천적 수요도 크게 증가되고 있다.

한국뿐만 아니라 미국에서도 정책학사 연구는 미진한 수준이다. 따라서 정확하게 학사적 입장이나 역사적 접근법에 의한 정책학사를 설명할 구체적 방법이나 체계 또는 일정한 패러다임을 찾기는 어렵다. 그럼에도 불구하고 정책학이 인근 학문분야와 비교해서 어떻게 발달하였는가 하는, 학문적 흐름을 설명하는 방법에 따라서 한국 정책학사를 설명해 볼 수 있다(〈그림 2-1〉의 한국정책학의 발달계통도 참조).

〈그림 2-1〉 한국정책학의 발달 계통도

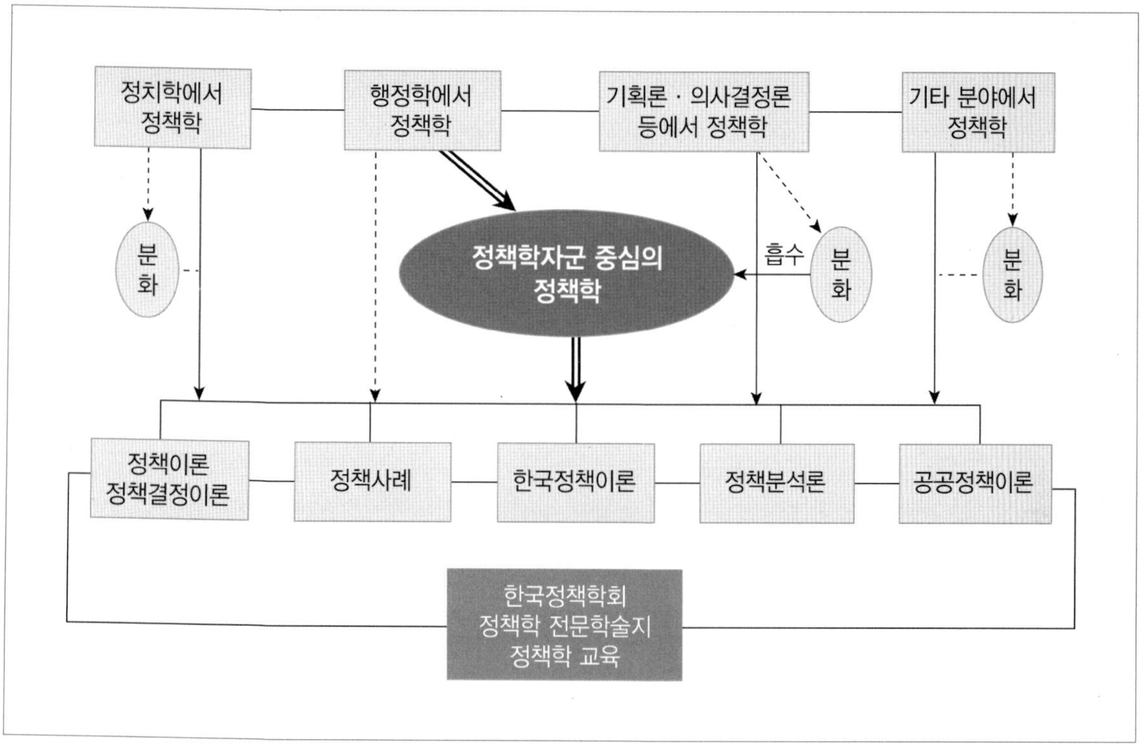

1. 정책학의 출발

한국정책학의 기원을 1967년 서울대학교 행정대학원의 교과과정에 정책형성 과목이 편성(1968년 1학기 개설)되는 것으로 본다면(노화준, 1996), 정책학 교육의 출발점을 1967년으로 잡는 것이 타당할 수 있다. 그러나 한국에서 미국정책학의 소개와 전파란 의미에서 본다면, 정책학의 기원은 그 이전일 것으로 보는 것이 타당하다.

교과서적 성격의 저서인 1963년에 이용필이 출간한 『정책결정원리』는 정책을 정의하고 특성을 설명하기 위해서 Lasswell 정책학이나 미국정책학의 초기 학자들의 정책학을 설명하거나 소개한 것은 아니다. 그러나 당시의 정치학이나 행정학, 특히 조직이론에서 설명하는 정책이론을 설명하면서 정책을 행동에의 지침으로 정의하기도 했다. 그리고 계획된 목표와 이를 실천할 계획으로서 정책의 가치판단 등을 정책의 특징이라고 설명하기도 했다. 이 책은 본질적으로 행정학이나 관리과학에서 발달된 의사결정의 이론과 기법을 중점적으로 소개했다. 그러나 이것을 정책결정의 접근법으로 시작하면서 정책의 본질과 방법을 설명한 연구문헌이라는 점에서 한국에서 정책학을 처음 소개하고 전파한 문헌이라고 판단할 수 있다(백완기, 2003).

1) 정치학에서 정책학

초기에 정치학에서 소수의 학자들이 정책학을 연구했었지만(대표적으로 강민, 1978) 1980년대를 지나면서 행정학 분야에서 정책학 연구가 주류를 점하면서 거의 소멸되었다고 할 수 있다. 특히 1980년대 이후부터 미국에서 교육받고 훈련받은 선진학자들이 대거 귀국하고, 그들이 대부분 정치학박사라는 호칭을 사용하면서도 행정학과나 행정학의 학문집단으로 흡수되면서 정치학 분야에서 정책연구는 행정학 분야로 이관되었다고 볼 수 있다.

미국을 중심으로 하는 근대적 의미의 정치학이 한국에 정착되었음에도 불구하고, 정책학이 정치학의 한 분야로 발전되지 않고 행정학의 한 분야로 소개되고 발전된 것은 특기할 일이다. 즉 전통적으로 정치학에서 정치제도와 선거, 정당, 여론, 정치사상, 비교 및 국제정치 등의 연구에 초점을 두면서 정부의 실질적 문제해결과 방법을 소홀히 하는 경향을 한국의 정치학이 인정하고 있다. 그러나 이와 같은 연구를 진행하고 담당하는 것을 거의 전적으로 행정학에 넘기고 말았다는 것이 한국 정책학사의 특징이라고 할 수 있다.

2) 행정학에서 정책학

한국에서는 행정학이 정책학의 모태(母胎)이다. 행정학의 전문적 학술지에서도 정책학 관련 연구가 10~20%를 차지하고 있다. 그리고 지난 20여 년 동안 한국에서 배출된 행정학박사 학위논문에서도 정책학 관련 내용이 1/3 정도로 가장 높은 연구영역을 점

출간된 Lasswell의 『정책학서설』은 1972년에 게이오대학(慶應義塾大学法学部)에서 간략한 논문으로 소개되었다.

둘째, 미국정책학의 구체적 이슈나 연구주제를 장기적이면서도 심층적으로 연구하는 경향을 찾을 수 있다. 예를 들면, 2년에 걸쳐서 정책과학의 방법론을 3회 연속으로 대학의 학술논문집에 발표하는 것과 같이, Lasswell 정책학 이후의 정책학의 과학적이고 분석적 방법론에서부터 민주주의 방법론(합리성, 다수결의 원리), 규범적 접근방법 등에 이르기까지 심층적이면서 체계적으로 연구하고 있다.

셋째, 각종 학술지나 연구총서, 각 대학의 정책 관련 논문집에서 미국정책학의 다양한 논문을 요약하여 소개하고 있다. 특히 인터넷을 활용한 사이버 공간에서 연구문헌을 검색하기 어려웠던 1970년대와 80년대에, 미국정책학의 논문을 소개하는 이와 같은 정향이 활발했다. 예를 들면, 경영학의 OR연구단에서 1970년대의 미국학술지, 『Policy Analysis』에 게재된 논문을 요약 게재하여 영어해독 뿐만 아니라 미국학술지에 접근하기 어려운 독자들에게 미국정책학의 주요 이론을 전수하였다.

또 하나의 특징으로, 대학을 중심으로 정책학과나 학부를 설치하면서 집중적으로 미국정책학을 전수하고 연구하는 정향을 들 수 있다. 예를 들면, 리치메이칸대학(立命館大學)이 일본에서 최초로 정책과학부를 설치하고, 정책과학회가 1993년에 『政策科學』 학술지를 창간하면서 미국정책학의 이론을 선도적으로 수용하고 있다.

넷째, 일본형 정책결정 및 공공정책에 초점을 둔 정책연구가 지배적이다. 예를 들면, 행정관료가 실질적인 정책권한과 정보와 자원을 지배하고 있는 일본형 정책결정의 특징을 연구한 것이다. 정치적 협상과 타협에 의한 이해관계를 해결하기보다 행정관료의 판단과 결정에 의존하는 관료 우위의 정책결정체제에 의한 일본의 정책이론을 행정중심의 정책결정으로 연구하는 것이다.

따라서 품의제를 중심으로 하면서 동시에 다양한 유형의 심의회 제도에 의한 실질적인 관료지배의 정책결정을 연구하는 경향을 예로 들 수 있다. 즉 행정조직계층에서 상관의 정책사상이나 정책목표 또는 정책욕구 등을 중심으로, 정책의 실질적 내용이나 프로그램 등이 결정되는 품의제 정책결정의 연구 경향이다.

다섯째, 일본의 정책학 연구경향의 또 하나의 특징은 종합정책학이다. 특히 1990년대 이후에 종합정책학이 일본의 정책학계에서 크게 발달하면서 일본정책학의 중심이 될 정도이다. 더구나 각 대학에서 종합정책학과가 설치되면서, 학부의 명칭도 'Faculty of Policy Studies' (中央大學, 南山大學), 'Department of Policy Studies'(愛知學院大學), 'School of Policy Studies'(關西學院大學, 日本學術協力財團) 등과 같이 다양하다. 종합정책학과나 학부를 설치하고 있는 거의 모든 대학에서, 종합정책학에 관한 연구논문을 중점적으로 발표할 수 있는 학술지를 1990년대부터 발간하고 있다.

종합정책학은 전통적인 개별 학문분야의 폐쇄적인 정책연구를 타파하여 각 분과학문을 초월하는 종합정책학으로 재구성할 목적에서 발달되고 있다. 따라서 일본사회의 공공문제를 발견하고 그 해결책을 종합적으로 제시할, 즉 도전의 기회를 제시해야 한다는 명제를 가지고 있다. 따라서 전통적인 정책학의 사상과 방법론을 반성하고 목적과 수단을 잘못 인식한 정책가치 체계를 반성하며 시민사회의 대두에 의한 공사(公私) 이원론의 접근방법의 한계를 인식하면서, 정책의 이념이나 철학 등의 중요성을 정책결정단계에서부터 이해해야 한다; 그래야만 정책을 '관리'라고 하는 좁은 의미에서 벗어나 설명할 수 있다고 보았다. 특히 정보화시대의 지식과 경제이론의 특수성에 따라서 공공성의 개념을 중시했다. 따라서 거시와 미시적 접근방법을 통합하며, 국민국가의 등장 및 국제화 시대의 지구촌사회의 문제를 총괄할 수 있는 정책학으로 종합정책학이 급격히 발달되고 있다고 할 것이다. 종합정책학에서 '종합'이란 다양한 학문영역의 종합, 문제의 발견과 해결과정의 종합, 정책행위자의 종합 등 세 가지로 요약할 수 있다.

여섯째, 일본정책학은 일찍부터 다양한 학문분야, 특히 인문학이나 자연과학 등에서도 정책을 연구해 왔다. 학제 간 연구의 단적인 예로서, 앞서 정책학에 관련된 수많은 학회를 지적하였듯이, 각 학문분야별로 관련되는 정책학회를 구성할 정도로 일본정책학의 학제 간 연구의 역사와 전통은 매우 강하다.

정책학의 학제 간 연구의 또 다른 경향으로, 거의 모든 학문분야에서 정책학이라는 명칭을 붙이고 있다는 사실이다. 예를 들면, 1920년대부터 경제정책학, 사회정책학, 법정책학, 임업정책학, 농업정책학, 문화정책학, 상업정책학, 선원(船員)정책학, 도시정책학, 언어(言語)정책학, 형사정책학, 인구정책학, 환경정책학, 교육정책학, 헌법정책학, 환경법정책학, 건강정책학, 최근의 생존(生存)정책학 등에 이르기까지 다종다양한 정책학의 명칭을 쉽게 발견할 수 있다.

그 하나의 대표적인 예로서, 법정책학이나 경제정책학을 들 수 있다. 일본에서 법정책학의 대계를 구성한 것은 역시 平井宜雄(1976)의 1970년대부터의 법정책학 연구이다. 그는 독자적인 학문영역을 구성하기 위한 법정책학을 주장했다. 즉 법적인 관점에서 의사결정의 이론을 재구성해서(법적 의사결정) 이것을 일본의 법체계와 연계하여 설계하는 것으로 법정책학을 설명했다.

경제정책학은 일본정책학의 핵심이다. 1940년 일본경제정책학회가 창립되었다. 경제정책학의 기본원리를 설명하는 연구들이 1920년대부터 이미 시작되었다. 따라서 일본에서의 경제정책학은 오랜 학문적 전통과 뿌리를 가지고 있음을 알 수 있다.

일본에서 경제정책학이 탄생하고 존재하게 된 이유나 목적은 2차 세계대전의 혼란 속에서 일본의 경제정책의 기준을 설정하고 다양한 정책을 종합화 할 수 있는 이론이 필요했기 때문이다. 특히 경제정책에서 정치적 이해관계나 가치판단 또는 선거나 인간의 행동양식 등을 설명할 수 있는 정치이론이 필요했고, 이것을 정책의 원리로 설명할 필요가 컸기 때문이다. 이와 같은 목적과 이념은 현재까지도 변함없이 일본 경제정책학의 존재론적 기초가 되고 있다. 즉 경제성장과 지속가능한 발전, 시장윤리문제, 환경과 경제의 균형성장, 분배 및 복지, 일본형 기업의 지배구조나 개혁, 금융이나 조세 등과 같은 경제문제에 초점을 둔 경제정책 중심의 학문정향을 유지하고 있다.

이에 따라서 1940년대의 일본사회정책학회가 설립된 이후부터 경제정책학이 대두되면서 일본경제정책학회가 결성되었다고 할 수 있다. 그 이유는 지역정책학이 대두되면서 일본지역정책학회, 지역공공정책학회, 경찰정책학의 연구에 의한 경찰정책학회, 문화정책학에 의한 일본문화정책학회, 의사전달정책학의 커뮤니케이션 정책학회, 법과 정책의 일본법정학회, 환경과 정책의 일본환경법정책학회, 국제화 정책의 이민정책학회 등과 같은 다양한 학회가 생겨났기 때문이다. 이와 같은 학회의 공통점은 관련된 분과의 정책연구가 진행되면서, 일정한 시기 이후에 관련학회가 결성되었다는 점이다. 물론 1950년에 설립된 일본행정학회도 일본의 정책학연구의 전문집단이지만, 일본정책학회의 중심이라고 할 수 있는 일본공공정책학회가 1996년 창립되면서 정책학의 학회활동을 주도하고 있다.

나아가 일본의 정책학은 정책학적 사고와 관련한 정책학사나 철학 등과 같은 연구경향을 강조하고 있음도 지적할 수 있다. 그리고 정책학의 역사도 일본정책학에서 각 학문분야별로 일찍이 연구되고 있었다. 특히 각 학문분야별 정책학 연구를 학설사로 정리하는 연구정향이 뚜렷해지고 있다.

2) 중국의 정책학사

1980년대 이후부터 미국정책학을 수입하고 전수하면서 신흥학문으로서 중국정책학은 발전하고 있다. 동시에 미국정책학을 수입하면서도 중국정책학의 정립에도 많은 관심을 기울이고 있다. 특히 동양사상의 진원지로서 고대국가로부터 국가정치의 책략 등을 연구하고 실천한 경험과 사상이 중국정책학 연구의 기초이자 철학적 기반이 되고 있다. 그러나 근대 이후의 사회주의 국가체제에 의한 중국공산당의 일당 정치에 따라서 사회주의 이념과 통치방법을 설명하고 이것을 체계화할 수 있는 중국정책학도 중요한 연구과제로 제기되고 있다. 또한 다양한 소수민족으로 구성된 다민족의 정체성을 유지하면서도 국가 전체의 응집력을 강조하는 다민족 정책학의 전통도 가지고 있다.

중국정책학 역시 정책학의 출발을 Harold Lasswell의 "정책정향"으로 잡고 있다(刘雪明 · 钟贞茂, 1999: 3). 물론 이것을 서방정책학의 시작이라고 하는 주장도 있다. 그러나 정책학의 학문적인 탄생을 Lasswell 정책학에 기초하고 있는 것은 사실이다. 따라서 1980년대 중반부터 시작하여 1990년대에 집중적으로, Lasswell을 중심으로 하는 미국정책학을 전수하고 수입하였다. 이와 같이 미국정책학을 수입하면서 발달하고 있는 중국정책학의 특징을 일곱 가지로 설명할 수 있다.

첫째, 미국정책학의 교과서나 또는 전문저서를 번역하는 경향이 1980년대 초기부터 시작해서 지금까지도 계속되고 있다. 초기에 미국정책학을 수입하기 시작한 1980~90년대보다 2000년대부터 이와 같은 번역활동이 집중되었다. 일반적으로 정책과정이론이나 정책분석 등에 관한 대표적인 교과서를 번역하여 미국정책학의 대계를 중국의 정책학계에 소개하고 있다. 그러나 동시에 정책학의 전문저서에 해당되는 정책대안의 형성, 정책과 민주주의, 정책패러독스, 정책수단과 평가, 두뇌집단과 공공정책 등과 같은 것도 중국정책학계에 번역 · 소개되고 있는 특징을 찾을 수 있다.

둘째, 미국정책학의 다양한 이론을 중국의 정책사례에 적용하는 정책사례 연구도 일반적인 연구경향이다. 그러나 미국정책학의 역사나 정책이론들을 심층적으로 중국 정책학계에 소개 및 전수하는 경향도 있다.

셋째, 정책학의 교과서를 통한 미국정책학의 자국 내 전수가 중국정책학의 일반적 경향이지만 몇 가지 다른 면을 지적해 볼 수 있다. 먼저 미국정책학의 다양성을 정책학의 일반이론으로 소개하면서도, 단순히 정책과정의 단계에 따른 이론이나 정책분석 등을 천편일률적으로 소개하지 않는다는 사실이다. 대신에 상당히 중국적인 정책학 전개의 패러다임이나 독창성을 가지면서, 미국정책학의 이론들을 선별하여 전수하고 있다. 하나의 특별한 경우로서, 정책학의 원론적인 교과서를 중국어와 영어를 한 문장씩 병기하여 기술하면서 미국정책학을 소개하고 있기도 하다(钱再见, 2007).

넷째, 초기인 1980년대나 1990년대에는 일반적인 정책이론을 소개하는 경향이 강했다. 그러나 2000년대에 오면서 구체적인 정책이론을 심층적으로 소개하는 경향으로 변화되고 있다. 동시에 중국의 정책학 연구는 미국이나 일본, 홍콩의 정책학 등과 공동으로 연구되는 경향도 보이기 시작했다.

다섯째, 중국식 특징이 강조되면서 동시에 강한 학문적 열망과 자존심 및 실천적 욕구가 동시에 진행되는 것이 중국정책학의 또 하나의 특징이다. 미국정책학을 정책학의 학문적 적자로 인정하고 그 기원과 체계를 수용하고 전수하고는 있지만, 중국정책학은 미국정책학을 수입하면서부터 중국의 정책현실에 타당하고 적실한 정책이론의 개발과 연구에 많은 관심과 노력을 기울이고 있다. 이것이 정책학의 토착화로 대칭되고 있다.

중국의 정책학 토착화 연구의 경향으로 먼저, 비록 현대적 의미의 정책학의 학문적 기원과 역사는 미국정책학에 있다고 할지라도 중국의 공공정책 연구의 역사적 기원을 논어, 맹자 등을 중심으로 하는 사상가들과 그들의 저서(고전)에서 찾고 있다는 사실이다. 또한 중국정책학의 사상적 맥락을 Marx를 기원으로 하는 중국공산당 지도자의 사상에서 찾기도 한다. 특히 사회주의의 중국현대화, 즉 개혁과 개방정책의 사회주의적 정당성의 근원을 찾아야 하는 중국정책학은 필연적으로 공산주의 사상가들의 정책이념이나 철학을 중요시하지 않을 수 없었다. 그래서 중국공산당에서 발표하는 정책지침이나 결정 등에 사상적 배경이나 기반을 제공할 수 있는 정책이론을 연구하기도 한다.

이는 미국정책학의 이론을 기초로 하면서도 중국의 정책현실과 환경에 적합한 중국정책학의 이론을 구축하고자 하는 토착화의 노력이다. 서구사회의 전형으로 발달되고 성숙된 정책이론이 중국정책학계의 이론적 욕구와 열망에 의해서 중국사회에 여과되지 않고 수용되면 중국사회의 전형과 특수성을 설명하기에 분명히 한계와 문제점이 있을 것이다. 중국정책학은 중국의 특성과 조건에 타당하고 적절한 이론체계와 연구방법론을 구성하는 것이 어려운 일이지만, 중국의 정책을 설명할 이론이 필요하다는 것을 강조하고 있다. 특히 중국정책학의 토착화는 사상이나 철학 중심의 정책연구와 다민족으로 구성된 중국사회의 조화를 강조하는 다민족 정책연구 등으로 대표되고 있다.

정책학을 영도(領導)과학 또는 리더십과 연계하는 연구가 중국정책학의 토착화의 또 하나의 특징이다. 그 원인은 다양하지만 가장 중요한 것으로 중국정부, 특히 공산당에서 일방적으로 결정하는 정책집행을 강조하면서, 정책현장에서 정책을 실현할 리더십을 강조하고 있다.

따라서 중국정책학은 자본주의와 자유민주주의를 사상적이고 환경적 맥락으로 하여 발달된 미국정책학을 공산당 일당 중심의 정당체제가 지배하는 사회에 수용하는 방법론에 초점을 두고 있다. 때문에 한국이나 일본 등과 같은 여타 아시아 국가의 정책학 수용과는 상당히 차이가 있다. 따라서 정당에서 결정되고 선택된 정책의 실현이나 집행이 자연적으로 정책학의 주요 이론으로 등장하게 되었다. 그래서 정책집행, 특히 법령의 집행과 실천 등에 연구가 집중되고 있는 현상을 볼 수 있다.

특히 사회주의 정책학은 소위 방침정책을 기본으로 하는 중국공산당의 정책결정과 지침에 관한 것을 우선적으로 설명하고, 이것을 실천하는 이론 등을 중심으로 하고 있다. 동시에 정책대국을 강조하면서 지구상에서 가장 많은 인구뿐만 아니라, 가장 다양한 소수민족으로 구성된 국가이면서 동시에 일당 중심의 정치제도에서 결정되고 실천되는 정책을 설명할 수 있는 정책학 연구가 사회주의 정책학으로 발전되고 있음을 알 수 있다.

특히 사회주의 정책학이기 때문에 중국공산당 지도자들의 이념과 철학 등이 중요한 정책이론으로 제시되고 있다. 즉 Marx에서부터 시작해서, 마오쩌둥(毛澤東), 덩샤오핑(燈小平) 등의 정책사상이 정책학의 중심이론으로 제시되고 있다. 그러나 개혁과 개방정책 이후로, 중국사회나 경제체제의 급격한 변화에 따른 혼란과 모순 등을 중국정책이 실패하는 원인으로 분석하기도 한다. 이에 따라서 정책집행자와 집행주체 간의 의사소통의 장애를 극복할 수 있는 정책집행모형에 관한 연구가 활발하다.

여섯째, 중국정책학 연구에서는 정책철학분야의 연구가 다양하고 풍부하다. 일반적 의미에서 중국정책학은 정책학의 세계관과 가치판단 및 방법론의 기초를 제공할 수 있는 것이 철학이라는 입장을 견지하고 있다. 동시에 유물론을 기초로 하는 사회주의 사상이나 공산당 정치인의 정치사상에 의하여 정책철학이 지배받고 있다. 그러나 동양사상의 진원지로서 역사적으로 다양한 사상체계를 구축하고 있는 정책철학 연구가 중국의 정책학 연구에서 상당히 큰 비중을 차지하고 있음은 당연한 것일 수 있다.

일곱째, 중국정책학은 각 대학이나 연구기관을 중심으로 정책학의 교과서나 기타 전문서적 등을 발간하고 있다. 그리고 논문의 경우에도 매우 다양한 분야에서 다양한 유형의 연구들이 발표되는 것을 볼 때, 전문적인 정책학자 집단을 확연하게 구별하기 어렵다. 다양한 분야의 학자군에서 여러 유형의 정책학 교재나 논문을 발표하는 중국의 정책학계의 현실을 볼 때, 한국과 같이 정책학자군이 형성된 정책학회나 기타 연구회 등의 활동은 제약적이다. 그러나 대표적인 중국정책학의 학문집단으로 중국행정관리학회와 수많은 지방학회, 중국사회과학원 정치학연구소 소속의 중국정책과학연구회, 제도분석과 공공정책, 대학의 경우 북경대학의 중국공공정책연구실 등을 들 수 있다.

제 3 장

정책사상[1)]

1) 정책사상은 필자의 『정책사상 대계』(2020년 근간)의 1~2장을 요약 · 재구성한 것이다.

1. 정책사상의 정의

1) 철학적 사고

정책사상(政策思想: policy thought)은 정책의 본질을 철학적으로 사고하고 설명하는 정책이론이다. 철학적 설명이란 지식이나 이론이 발생된 사상적인 근원을 밝히는 것이다. 즉 정책사상은 정책의 이론과 지식 및 정책에 관한 철학적 사고(philosophical thinking)이다.

제1편 1장에서 정책이란 무엇인가 하는 것을 정의하고 설명하면서 동시에 정책학을 정의하고 설명하였다. 이에 따라서 정책사상은 정책(학)이란 무엇인가에 관한 보다 근원적인 질문인 철학적 사고에 초점을 두고 있다. 따라서 일반적으로 정책(학)이란 무엇인가 하는 교과서적인 설명이나 정책학사적 설명보다는 철학적인 사고, 즉 정책이 정치적 책략이기 때문에 필연적으로 의문을 가지게 되는 정책의 주체는 누구이며, 정책은 과연 필요한가, 정책은 정당하고도 적절한가, 정책을 존중하고 준수해야 하는가, 정책의 인과관계는 무엇인가, 정책에서 인간이란 무엇인가 하는 등과 같은 본질적 질문을 철학적으로 사고하는 것이 정책사상이다.

정책의 정치적이고 법률적이며 정책적인 정당성의 주체는 국가(state)라고 할 수 있다. 여기서부터 정책에 관한 철학적 사고의 출발점인 국가주의 정책사상이 출현하게 된다. 즉 국가를 중심으로(국가중심주의), 국가가 독점적으로(국가독점주의), 국가가 개인의 판단과 결정보다 우수하거나 우월하다는 입장에서(국가우월주의) 개인의 의사결정과 판단에 개입하거나 간섭하는(국가개입주의) 국가주의가 정책사상의 출발점이고 초석이라고 할 수 있다.

정책의 주체가 국가라면 정책의 본질은 국가주의(statism)이다. 국가주의에서 국가는 통치작용인 국정과제를 결정하고 실천하는 현실적인 활동의 주체일 것이다. 따라서 국가의 정책활동의 과정이나 내용을 기술(記述)하고 설명하는 다양한 이론이나 방법 또는 지식 그리고 이를 학문적인 패러다임으로 체계화하고 정리한 것이 정책학이다.

2) 이론적 사고

정책사상은 정책과 정책학의 본질에 관한 이론적 사고(theoretical thinking)이다. 이론적 사고라는 의미는 철학적 사고에 의하여 제안되고 발견된 또는 창조된 정책사상을 정책이론으로 정립시킨다는 뜻이다. 정책이론으로 정립하고자 하는 사고이기 때문에 정책학의 본질에도 해당된다. 왜냐하면 정책이란 무엇이며, 정책학이란 무엇인가 하는 등에 관한 본질적 질문을 철학적으로 사고하고 설명하는 정책사상이, 정책의 이론으로 정립되고 체계화되어야 정책학의 고유이론이 될 수 있기 때문이다.

정책사상 그 자체가 이론이 될 수도 있다. 그러나 그렇지 않은 경우도 많다. 왜냐하면 철학적인 사고에 의하여 제안되거나 발견되고 창조되는 것은 정책학자나 또는 정책사상가의 개인적이고 사적인 인식이나, 가치판단이나 도덕적이고 윤리적인 정향, 세상살이의 경험과 인지능력, 지적 수준이나 정향, 이념(idea 또는 ideology를 통합하는 개념), 현실적인 조건과 상태 등에 관한 정신적인 작용의 산물이기 때문이다(Kroner, 1936: 208). 그렇다면 정책사상은 개인적인 것일 수도 있다.

개인적인 철학적 사고인 사상이 이론적이고 사변적이며 때로는 비판과정을 거치면서, 학문적인 지식체계를 갖출 수 있는 이론으로 구성되고 설계될 수도 있을 것이다. 그러나 개인적 수준의 정책사상이 정책학의 학문적 수준의 이론으로 정립될 수 있어야 정책사상이 될 수 있을 것이다. 즉 정책(학)의 본질에 관한 개인적이고 사적인 질문과 사고의 결정체가 보편적이고 일반적으로 인정되면서 이론의 적실성을 가질 수 있어야 정책사상이 될 수 있을 것이다. 따라서 우선적으로 개인적인 정신작용의 결과물인 정책사상을 공개적이고 공공적인 정책사상으로 구성하고 정립하는 것을 이론적 사고의 핵심이라고 할 수 있다. 왜냐하면 정책사상이 정책학의 이론이어야 하기 때문이다.

정책사상의 이론적 사고는 과학적이고 실증적인 좁은 의미의 이론적 사고에만 한정된 것은 아니다. 대신에 개인들의 정신적인 사고의 결과산물로서 과학주의의 이론구성에는 해당될 수 없지만, 논리적 추론이나 판단과 경험에 의하여 창조된 사상이 보편성 있는 타당한 것으로 정책학계에서 일반적으로 수용되고 인정되며 통용되는 연성이론(soft theory)에서 본다면, 정책사상은 정책이론이 될 수 있을 것이다.

3) 체계적 사고

정책사상은 정책(학)의 본질에 관한 철학적인 사고와 이론적인 사고를 체계적 사고(systematic thinking)에 의하여 정책학의 지적인 근간으로 형성될 수 있을 것이다. 즉 정책학의 지적 근간을 형성하기 위한 철학적이고 이론적인 사고를 체계화하는 것이다.

철학적이고 이론적 사고를 구체적인 정책사상으로 체계화하는 체계적 사고는 시스템 사고(system thinking) 등과 같은 이론적 맥락을 공유하고 있다. 보다 정확하게는 시스템 철학(system philosophy)의 맥락을 공유하고 있다. 시스템 사고나 시스템 철학을 동의어로도 사용할 수 있지만 시스템 사고라고 하는 용어가 일반적이기 때문에 이것을 간단히 소개하면서 정책사상을 정의하는 체계적 사고의 맥락을 이해해 볼 수 있다.

시스템 사고는 시스템을 구성하는 부분적인 요소를 시스템 전체와 연결시키는 네트워크 사고를 기본으로 하고 있다. 하위 체계들이 전체적으로 연계된 시스템은 각각의 부분적인 요소나 체제들이 각자의 기능과 역할을 인지하고 수행하면서도, 상호작용인 인과관계로 구성되어 있다; 이것을 시스템 사고에서는 인과지도(causal map)라고 한다. 그러나 인과관계가 정체되어 있기보다는 동태적으로 순환되면서, 즉 시스템 다이내믹스로서, 전체적인 수준에서 시스템의 통합적인 작용을 조정하고 통제하는 피드백 사고(feedback thinking)이다. 그렇다고 단순부분의 합이 아니라, 구성요소 간의 상호작용에 의한 종합적 기능이나 해결책을 보다 중요하게 설명하는 사고의 방법론이다(Stephens, 외 2인, 2019).

정책사상의 정의를 요약하면, 정책사상은 정책의 본질인 정책(학)이란 무엇인가 하는 것에 대한 철학적이며 이론적인 사고이다. 나아가 이와 같은 사상을 정책학의 지적인 근간으로 형성하기 위한 체계적 사고이다.

정책사상을 이와 같이 정의하면서 발생하게 되는 또 하나의 질문으로, 정책사상은 제2의 사상(second thought)인가 하는 문제이다. 즉 정책이 정치적 의사결정이고 책략이라는 본질에서 철학적이고 이론적인 사고를 체계화하는 것이 정책사상만의 고유하거나 독립적인 사상인가 하는 의문이 있을 수도 있다는 점이다. 그러나 정책사상은 정책(학)에서 제1의 사상이고 근본 사상이다(first or proto thought). 즉 정책사상은 정치사상이나 기타 사회(학)사상, 경제사상 등의 주변부 사상이나 제2중대 사상이 아니다. 왜냐하면 철학적이고 이론적인 사고체계를 타 학문분야의 사상이나 철학의 주제로 논의할 수 있겠지만, 정책사상에서는 이와 같은 사상들이 정책(학)이란 무엇인가 하는 본질적인 질문과 의문에 대답하고 설명할 수 있는 체계화된 이론이어야 하기 때문이다.

2. 정책사상사 및 정책철학과의 차이점

1) 정책사상사와의 차이점

정책사상(policy thought)과 정책사상사(history of policy thought)를 구별할 필요가 있다. 정책학의 인근 학문 분야인 정치학이나 경제학, 법학, 사회학 등의 사상연구를 보면 일반적으로 사상(思想)과 사상사(思想史)로 크게 구분되고 있음을 알 수 있다. 즉 정책이론의 발달과 성숙에 따른 학파들의 정책사상이나 이념 등을 설명하고 이론으로 체계화하는 것은 정책사상사이다. 그러나 정책의 본질에 관한 철학적이고 이론적인 사상을 체계화하는 것은 정책사상이다.

정책학의 학문적 역사가 오래되어 정책학의 사상에 관한 역사나 내용, 사상가 등이 풍부하고 다양하다면, 정책사상 연구도 정책학을 학설사적으로 정의하면서(정책학사) 정책사상사로 연구하고 설명할 수 있을 것이다. 정책학자 등의 사상이나 정책학파의 사상, 정책학의 학문적 발달시기나 지역별(국가) 정책학의 발달, 특히 21세기가 시작되면서 제4차 산업혁명을 경험하면서 주동하고 있는 융복합 학문세대의 정책사상 등으로 구분하면서 정책사상사를 정책사상으로 연구하고 설명할 수 있을 것이다.

정책사상사도 정책사상 연구의 중요한 주제이다. 그러나 아직까지는 정책사상사를 이론적으로 체계화 할 수 있을 정도로, 즉 정치사상사나 경제사상사, 사회학사상사 등과 같이 정책사상사를 설명할 수 있을 만큼 정책학의 학문적 역사가 발달한 것은 아니다.

정책사상사를 이해하기 위해서는 무엇보다도 먼저 정책학의 탄생과 발달에 관한 정책학의 역사 또는 정책학사(the history of policy studies)를 이해해야 한다(제1장, 2장 참조). 정책학사를 설명하기 위해서는 또한 정책학이란 무엇인가 하는, 정책학의 정의에 관한 것을 정책학의 학문적 정체성 등과 관련하여 이해하는 것이 선행적이다(제1편 참조). 학사를 설명하기 위해서는 당해 학문을 정의하는 것이 우선이라는 지적(Aron, 1965: 7)이 있듯이, 정책학의 정의는 정책학사이면서 동시에 정책사상사의 중요한 부분이다. 왜냐하면, 정책사상은 정책학의 학문적 근원에 관한 철학적 질문을 전제로 하고 있기 때문이다. 또한 정책사상은 정책학의 탄생이나 발전과정, 정책이론의 체계화, 정책학파나 정책학자들의 정책학 이론이나 학문적 정향, 이념 등을 주요 연구과제로 취급하고 있기 때문이다.

2) 정책철학과의 차이점

정책사상을 정책과 정책학에 관한 철학적 사고를 체계화하는 것으로 정의했다. 때문에 이것을 정책철학(policy philosophy)과 어떻게 구별할 것인가 하는 문제가 제기되는 것이 당연하다.

철학과 사상을 학술적으로나 어의적으로 또는 일상생활 등에서 분명하게 구별하기 어렵다. 먼저 철학(philosophy)을 일반적으로 지혜의 사랑(love of wisdom)으로 이해하고 있다. 그러나 이때의 지혜는 인간의 존재나 가치 및 인식에 관한 지식이나 이론의 통찰력을 의미한다. 때문에 단순히 지식과 이론을 좋아하고 사랑한다는 것은 아닐 것이다. 따라서 인간의 존재적 가치나 인식을 인간만이 아닌, 비인간 등을 포함하는, 존재하는 모든 사물과 환경 등에 관한 통찰력을 가진 지식, 즉 지혜도 포함된다고 할 수 있을 것이다. 그래서 철학은 어느 학문분야의 사상이 아니라 지혜를 추구하고 이것을 널리 알리고 숙성시키는 활동영역이라고 하는 것이 좀 더 본질적으로 철학을 이해하는 것이다.

정책사상은 일반적으로 정책과 정책학을 포함하는 광의의 개념으로 이해해 볼 수 있다. 그렇다고 해서 정책학이 정책사상보다 학문적으로 하위에 속한다는 것은 아니다. 정책사상은 정책학의 본질에 관한 질문을 제기하고 그것을 이론적으로 체계화하여 정리하는 것이다. 때문에 인식론적이거나 이론적으로 정책학을 포함한다는 의미이다. 당연히 학문적 체계나 분류로 보면, 정책사상은 정책학의 한 분과 이론이다.

정책철학은 정책이념(policy ideology)을 포함하는 개념으로 볼 수 있다. 즉 정책에 지배적인 믿음체계인 정책이념은 정책이나 정책학에 관한 지식과 이론을 통찰하는 정책철학의 한 내용이 될 수 있을 것이다. 즉 민주주의나 공산주의 등과 같은 정치이념이나 민주성이나 능률성 등과 같은 행정이념 등은 정치나 행정 분야에만 한정된 신념체계만이 아니다; 인간의 지혜를 사랑하고 널리 알리며(계몽), 숙성시키는 일반적인 철학의 한 신념이 될 수 있을 것이다. 그래서 정책철학은 정책이념을 포함하는 개념이라고 설명한 것이다.

또한 정책철학은 정책이념뿐만 아니라 정책의 가치판단과 윤리도 포함할 수 있다. 이와 같은 경우에 정책철학을 정책사상과 비교하여 그 차이점을 이해하기 위해서 정책철학을, 정책의 본질인 인간의 존엄성을 향상하고 실현할 수 있는 정책의 가치판단과 이념 및 윤리라고 정의해 볼 수 있다.

이와 같은 정의에 따른다면, 정책의 결정과 선택에서 무엇이 보다 바람직하고 좋은가 하는 것을 판단하는 정책가치(policy axiology)와, 정책결정자나 체제의 도덕적이고 윤리적인 행동강령이나 규범과 같은 정책윤리(policy ethics), 그리고 정책의 이상과 목표 등에 관한 사회적이고 개인적인 신념이 체계화된 정책이념(policy ideology) 등을 정책철학의 구체적인 내용이라고 할 수 있다.

정책철학을 이와 같이 이해한다면, 정책사상은 정책철학의 내용인 정책가치나 윤리 및 정책이념 등을 철학적으로 사고하고, 이것을 정책학의 이론으로 체계화할 수 있는 사고의 패러다임, 즉 틀을 설명하는 것이라고 할 수 있다.

3. 정책사상의 중요성

1) 정책학의 학문적 중요성

정책사상은 정책과 정책학에 관한 본질적 질문을 철학적으로 사고하고 이것을 이론적으로 고찰하여 정책학의 기초이론을 형성하는 것이다. 즉 정책학의 지적인 근간을 형성하기 위한 철학적 사고를 이론적으로 체계화 하는 것이다. 정책학의 지적인 근간을 이루고 있는 정책사상은 정책학의 중심이론에 해당된다. 이와 같은 중심적이고 핵심적인 정책이론은 당연히 정책학의 학문적 정체성(disciplinary identity)에 필수적이라고 할 것이다. 정책학의 다양한 이론이나 관련된 학설이나 주장 등이 정책사상으로 정리되고 총결되면서 정책학이라는 고유의 학문세계를 형성하는 중심축 이론을 정책사상이라고 할 수 있다.

그래서 초기부터 미국의 정책학을 창립하고 주조한 Harold Lasswell(1970)과 그의 학파들과 다양한 분야의 학문적 배경과 이론을 가진 학군(學群)들로 뭉쳐진 정책학의 독자적이고 고유한 학문적 영역을 가질 수 있는 이론을 정책사상이라고 이해할 수 있다. 물론 당시에는 정책사상을 지금과 같이 'policy thought'가 아닌, 정책이론의 사고체계 정도에 해당될 수 있는 'policy thinking'으로 표기했다. 이것이 Lasswell의 정책사상, 보다 정확하게는 정책사고로 널리 알려져 있다(Lasswell and McDougal, 1992: 727-732)[2].

Lasswell의 정책사상은 그가 분명히 정책사상이라는 표제에서 설명하고 논의한 바와 같이, 인간존엄성의 목표에 필요한 가치(values)의 내용과 그것이 실천되는 절차에 따라서 구분한 가치체계와 공유가치 등에서 찾아볼 수 있다. 즉 이와 같은 가치를 체계화하고 공유하는 것으로 인간의 존엄성을 정의하면서 가치체계를 여덟 가지로 구분한 것이다; 복리(well-being: 개인의 생명과 자유와 안전의 권리), 애정(affection: 가정과 따뜻한 동지를 구성할 권리), 존경(respect: 모든 인간에 대한 존경과 존중), 힘(power: 정부에 참여하고 법 앞에 평등할 권리), 부(wealth: 사유재산권과 행복추구권), 계몽(enlightenment: 표현과 생각의 자유를 추구할 권리), 기술(skill: 일할 권리, 직업을 가질 권리), 청렴(rectitude: 사상, 양심, 종교의 자유) 등이다.

2) 정책의 현실적 중요성

정책학은 숙명적이고 생태적으로 국가를 중심으로 하는 공공의 과제나 문제에 초점을 두고 있다. 항상 정책학이 사회의 공공문제에만 매달리는 것은 아니지만, 정책을 결정하고 실천할 수 있는 이론이나 방법론 또는 정책학의 역사나, 지역이나 국가의 비교정책, 정책의 이상과 가치와 이념 등에 관한 정책철학, 정책의 본성인 정치와의 관계, 정책리

2) Lasswell이 정책사상을 'policy thinking'으로 표기한 정확한 이유는 알 수 없다. 그러나 정책학의 초기 발아단계에서 사상을 사고하기(thinking) 정도로 겸손하게 표현한 것으로 보인다. 왜냐하면, 정책학을 처음 발표하는 그의 책 제목도 정책학의 '서설(a pre-view)'이라고 표기한 것에서 그의 학문적 겸손을 느낄 수 있기 때문이다.

더십 등은 기초이론이고 중심이론으로서, 정책학의 존재에의 방점(locus)이 되고 있다.

그럼에도 불구하고 정책학은 이와 같이 구성되고 생성된 정책이론이나 방법들이 정책의 현실을 외면해서는 또한 그 존재의 값을 다할 수 없다. 현실을 등진, 현실과 이론과의 괴리현상(theory-practice dichotomy)은 사회과학의 중요하면서도 영원히 해결되기 어려운 과제이지만 정책학의 존재를 무색하게 할 것이다. 따라서 정책현실을 외면하지 아니한 또한 해서는 안 되는 정책학의 학문적 정체성을 기초적이고 중심적으로 확보하는 정책사상은 본질적으로 정책의 현실에서도 그 중요성을 설명할 수 있어야 한다(제4편 5장에서 정책학의 현실적 과제를 정책과 실천성으로 보다 자세히 설명하였다).

3) 정책사상 연구경향에서 보는 중요성

정책사상 연구나 이해의 정도는 아직까지 초보적인 수준이다. 초보적이거나 또는 시작도 덜 된 상태라고 하는 것이 보다 더 타당한 표현일 것 같기도 하다. 그 이유는 간단하다. 정책학이 학문적인 체계를 갖춘 시기인 1970년대에, Lasswell이 정책학, 보다 정확하게는 정책과학(policy sciences)의 개념과 방법론, 연구내용과 정책지식을 발견하고 축적하는 정향 등을 체계적으로 제시하면서 근대적 의미의 정책학이 시작되었기 때문이다. 때문에 인근 학문인 정치학이나 경제학, 법학 등과 같은 비교적 오랜 학문적 역사를 가진 분야의 사상연구와 비교하기 어렵다.

더구나 정책학의 초기 발달에 해당되는 Lasswell이나 여타 학자들의 정책학 또는 그들의 정책의 사상이나 철학에 관한 연구도 대단히 희박하다. 예를 들면 일반적으로 정책학의 효시로 알려진 1951년의 Lasswell의 "정책정향"의 논문에서도 정책사상(policy thinking이나 thought 또는 philosophy)이라는 용어나 내용은 없다. 마찬가지로 1970년에 그의 정책학을 체계화 한 『정책과학서설』(A Pre-View of Policy Sciences)에서도 정책사상이나 철학에 관한 내용은 없다.

이와 동시에 1970년에 창간된 정책학 최초의 전문학술지인 『Policy Sciences』에서도 정책사상(policy thought나 thinking 또는 philosophy)에 관한 논문이나 글은 찾을 수 없다. 마찬가지로 한국의 정책학을 대표하는 한국정책학회가 발행하는 『한국정책학회보』를 포함한 정책학 관련 학술지에서도 정책사상에 관한 연구내용은 크게 발견되고 있지 않다.

정책사상에 관한 연구가 부족한 이유는 물론 정책학의 역사가 짧다는 것도 있지만 Lasswell을 중심으로 하는 그 당시의 행태과학에 의한 실증적 지식과 기술을 갖춘 정책학을 주장한 사실이나, 절약과 능률을 금과옥조로 하고 있는 행정학 등의 영향에 의하여 철학이나 사상을 중요하게 인식하지 못했다는 사실을 우선 들 수 있다. 동시에 물리주의의 과학가치론 때문에 규범적 입장에 치중하는 현실의 정책결정자를 하급으로 취급했다는 경향도 들 수 있다(Pielke, Jr., 2004: 212-213).

근대적 의미의 정책학이 탄생된 미국 중심에서, 정책결정자들의 철학이나 사상에 대한 무지와 두려움 때문에 정책사상을 등한시했으며 동시에 철학자도 정책을 크게 고려하지 아니했다는 지적(Kaplan, 1963: 91)도 매우 타당할 것 같다. 특히 제2차 세계대전 이후에 급속하게 발달한 미국정책학의 지적이고 학술사적인 원인에 의하여, 정책철학이나 정책사상 연구가 비교적 등한시되었다고 할 수 있다.

전후의 복잡한 사회문제를 해결하기 위해서 체제분석이나 운영연구, 응용경제학 등과 같은 기술적이고 계량적인 지식과 이론을 수용하면서 정책학은 윤리적이고 철학적이며 사변적 논쟁이나 논의를 소홀히 하게 되었을 것이다. 동시에 정책학을 연구하는 정치학이나 행정학 등의 주류 학파에서도 정책사상을 주요한 연구분야로 생각하지 아니했다. 정책사상이나 철학은 사회학자나 철학자 또는 사회심리학자 등을 중심으로 하는 비주류 분야에서 간간히 연구되었다고 할 수 있다.

미국의 경우로만 본다면, 미국정책학에서 정책철학이나 정책사상을 중요한 연구주제로 취급하지 아니한 원인을 미국정책학의 모태인 정치학이나 행정학의 입장에서 이해해 볼 수 있다. 즉 우선적으로 미국정책학의 근본가치는 물론 Lasswell 정책학에 초점을 둔다고 하지 아니하더라도 과학적 지식과 방법으로 정책을 연구하고 설명하고자 하는 것이다(Lasswell, 1951: 3). 이때 과학활동에서 가치나 사상을 어느 정도의 수준으로 취급할 것인가 하는 것은 정도의 차이가 있을 뿐, 본질적으로 객관성과 중립성을 근본으로 하는 경험적이고 실증적인 정책연구가 정책학의 중심이라는 사실은 예나 지금이나 크게 변함이 없다.

그렇다고 해서 미국에서 정책철학이나 사상 연구가 부진하거나 또는 이론과 지식이 없다는 의미는 아니다. 정책학에서 분석적이고 계량적이며, 가치배제적인 정책이론이나 정치이론 또는 정책담론 등은 활발하게 진행되고 있는 반면에 상대적으로 정책철학이나 정책사상은 소외되고 있다는 뜻이다(이해영, 2010).

Lasswell 이외에 지금까지 정책사고(policy thinking)라는 용어를 사용한 유일한 연구로, 1970년대 초에 발표된 Richard Merelman의 청소년들의 정치에 관한 사상(이것을 그는 정책사상이라고 했다)을 들 수 있다. 그에 의하면(1971; 1973), 정책사상은 정치학에서 찾아볼 수 없으며, 심지어 정치사상에서도 연구되지 못한 용어이다. 그래서 그는 청소년들이 정치문제에 관해서 그들이 생각하고 선호하는 것이 어떻게 형성되었고, 그것이 어떻게 평가되고 있는가 하는 것을 조사하기 위하여 정책사고, 즉 정책사상을 도덕적 사고, 인과관계 사고, 창조적 사고, 조직이나 기관의 소속과 관행에 따른 사회화 된 사고 등 네 가지로 구성하였다. 이에 따라서 이것을 현실적으로 측정할 수 있는 다양한 변수들을 조작하기도 했다.

그러나 그의 정책사상은 정치문제에 관한 청소년들의 사고유형을 측정하기 위한 정도의 수준이다. 따라서 이것을 정책학의 사상, 즉 철학적으로 사고하고 이론적으로 체계화된 정책사상이라고 하기에는 한계가 있다. 그럼에도 불구하고 그의 연구는 1970년대 초에 정책사상(policy thinking)이라는 용어를 사용하면서 정치사상이나 정치학에서 연구나 관심이 희박하다는 것을 지적한 선구적 연구임에 분명하다. 또한 명확하게 정책사상이라는 용어나 입장을 밝힌 것은 아니지만 사회정책에서 정책사상으로 자유주의, 수정자유주의, 사회민주주의, 마르크스주의 등으로 구분한 연구도 있다(안치민, 2003). 그러나 이것은 정책사상이라고 하기보다 사회정책의 재분배효과인 불평등을 감소시킬 수 있는 사회적 불평등 간의 관계를 분석한 것이다.

물론 분명하게 정책사상이나 철학 등의 용어를 사용하지는 아니했지만 정책사상의 학문적이거나 현실적인 중요성에 참고가 큰 것으로 Yehezkel Dror의 정책학에 관한 이념이나 사상 또는 철학 등을 정리해 볼 필요가 있다.

Dror는 Lasswell 정책학을 수용하고 존중하지만 행태과학의 과학주의를 너무 엄격히 해석해서 과학적 지식과 방법을 정책의 만병통치약으로 적용해서는 정책학의 이상이고 목적인 인간의 존엄성과 민주주의 등을 실현할 수 없다고 했다. 그래서 정책학도 하나의 학문적인 혁명이 필요하다고 주장하면서, 정책학의 존재가치를 바로잡고 정책이론과 현실에 필요한 철학적인 기초를 세우기 위한 기준과, 성숙되고 진보된 정책학이 되기 위한 원칙 등을 제시했다.

이와 같은 원칙과 기준에 따라서 Dror의 정책사상을 정책결정의 기본을 바로 세울 수 있는 판단철학, 세계화에 대비한 장기적이고 역동적인 상황판단능력, 국가흥망의 역사적 분석능력, 마음공부에 의한 정책이론의 개발, 위기관리와 사려 깊은 정책행동가의 모델 등으로 정리해 볼 수 있다. 그의 정책사상은 정책학의 이론과 지식을 하나의 생활의 임무로서 수행하고 실천하는 직업인으로서의 사상이라고 요약할 수 있다(Dror, 1994).

4. 정책사상의 유형

1) 국가주의

정책의 본질은 정치적 이해관계에 관한 의사결정이고 책략이라고 할 수 있다. 그리고 정책의 주체는 국가라고 했다. 그래서 국가를 중심으로 하는 국가주의(statism)를 이해하고 설명하는 정책사상이 국가주의다. 모든 경우에 국가가 중심적이라고 할 수는 없지만, 정책은 공공성을 담보로 하는 공식적인 권한과 법률적이고 정치적인 정당성을 가진 국가의 통치작용이라고 하는 것은 사실이다.

정책의 본질적 속성인 국가의 통치와 공권력 작용을 이해하고 설명하는 국가주의는, 왜 국가가 중심이 되어 독점적으로 정책을 결정하고 실현해야 하는가, 또는 국가만이 유일한 주체인가, 국가는 그러면 항상 현명하고 올바르게 그리고 선(善)하게 정책을 결정하고 실천할 수 있을 것인가 하는 등의 의문이 제기된다. 그래서 이것을 중심으로 철학적 사고체계를 구성하는 것이 국가주의 정책사상이다. 즉 여기에서부터 정책을 철학적이고 사변적으로 사고하는 출발점을 찾을 수 있다. 이것이 정책사상으로서의 국가이고 국가주의라고 할 수 있다(state and statism as policy thought).

물론 국가나 국가주의 등을 정치학이나 사회학, 헌법 등에서도 복잡하고도 다양하게 설명하고 이해하고 있다. 그러나 정책사상의 범위에서 본다면, 정책을 통한 개인이나 집단의 자유롭고도 자율적인 결정과 판단에 국가가 개입하거나 간섭하는 국가개입주의와 그의 정당성을 중심으로 하는 것이 국가주의 정책사상이다. 이와 같은 국가개입주의는 국가가 중심이 되는 국가중심주의와 국가독점주의, 그리고 항상 그렇지는 않지만, 국가는 개인보다 우수하고 합리적이며 선한 결정과 실천을 할 수 있다는 국가우월주의 등으로 설명되고 있다. 나아가 경제적 동물인 인간의 약점과 한계를 극복하기 위해서, 공통의 이익과 존재가치를 실현하기 위한 공동체를 결성하는 정치적 동물의 본성을 강조하는 공동체주의도 국가주의 정책사상이다.

2) 선도(善導)주의

국가주의에서 출발하는 정책사상은 선도(善導)주의(the principle of policy goodness)의 사상으로 연계되고 있다. 즉 국가주의에는 단순히 정책을 통한 통제나 복지의 제공이나 공공의 시설과 기능을 관리하는 소박한 경찰국가나, 또는 적극적인 복지국가와 등과 같은 국가주의에서 벗어나서, 국가는 무엇이 선하고 공정하며 합리적이고 바람직한 정책이고, 이것이 공동체 사회를 위한 최선의 것인가 하는 것을 철학적이면서 현실적으로 판단하고 결정하면서 정책을 선도(善導)할 수 있는 정책사상이 필요하다. 즉 국가가 중심이 되어 독점적이고 우월적으로 정책의 선을 극대화할 수 있는, 그리고 정책의 선의 결과를 골고루 나누면서 동시에 거두어 들일 수 있는 사상이 필요하다.

선도주의는 국가주의 정책사상에 의한 국가개입주의의 정당성을 정책의 선(policy goodness)의 구성과 실천으로 연결하는 정책사상이다. 즉 개인이나 집단 또는 조직의 자유롭고도 자율적인 결정과 판단에 국가가 개입하거나 간섭하는 정당성이 선도주의 정책사상으로 연계되어야 국가주의는 정책사상의 근원적 출발점일 뿐만 아니라 독점적이고 우월적인 국가중심주의의 정책사상이 체계적으로 연계될 수 있다.

개인적이거나 사회적이고 공공적인 정당성은 그 자체로서 충분히 국가개입주의를 설명하고 지지할 수 있다. 그러나 개인의 성숙이나 위해의 방지뿐만 아니라, 사회적 선이나 사회정의, 사회평화 및 사회건강과 행복, 국가의 보편적 이익 등과 같은 사회적 정당성을 판단하고 결정하는 기준이나 요소는 그 자체로서 고정불변한, 즉 사체화(死體化)된 것이 아니다. 때와 장소와 시기와 사례에 따라서 이와 같은 기준이나 구성요소는 가변적이고 다양하다.

그러므로 국가개입주의의 정당성은 선도주의에서 정책의 선의 근원들이 설명되어야 국가주의 정책사상이 선도주의 정책사상으로 계속해서 연결되는 정책사상을 구성할 수 있을 것이다. 마찬가지로 선도주의의 기초철학인 정책의 선은 절대적인 선에 의한 강제적이고 일방적인 것이 아니다. 시대와 조건과 시기와 장소와 구체적인 사례에 따라서 다양한 이해관계의 입장이 천칭(天秤)되고 조정되는 선(善)이다.

선도주의는 국가개입주의를 정당화 하는 정당성을 정책의 선으로 보다 구체적으로 설명하면서 이에 따라서 국가주의를 선도(善導)하는 사상이다. 따라서 선도주의에서는 무엇보다도 정책의 선을 개념적으로나 실천적으로 이해할 필요가 있다. 이에 따라서 정책의 선을 실천하고 실행하는 선도의 실천적인 개념도 찾아 볼 수 있을 것이다. 동시에 정책사상으로서 선도주의를 전통적인 리더십이나 엘리트이론, 계몽주의, 선발자우위론, 정치신학 등의 선도(leading) 사상과 비교하여 설명하면서, 정책사상의 특징을 철학적으로 사고해 볼 수 있을 것이다. 나아가 선도주의 정책사상을 정책현장에서 실천할 수 있는 실천론으로, 좋은 국가(good state)에 의한 좋은 정책(good policy)과, 정책을 창안하고 주창하면서 동시에 정책리더의 수신(修身)과 정책결단력 등을 설명하는 정책리더십 등을 찾아 볼 수 있을 것이다.

선도주의 정책사상은 그러나 상대적인 개념의 선이나 선도를 전제로 하지 아니한다. 예로부터 널리 알려져 오고 있는, 자신을 가르치기보다 남을 가르치기 쉽다거나 좋아한다는 것과 같이 선도주의 정책사상이라고 해서 남을 가르치거나 인도하고자 하는 것만은 아니다. 왜냐하면 동서와 고금을 막론하고, 뭇 성현들은 군자다운 품성과 전문적인 분야의 능력과 자질을 함양한 이후에 세상에 나설 것을 말하고 있다. 굳이 자신을 수양하고 집안을 다스린 이후에, 나라를 통치하거나 온 세상을 평화롭게 한다는 수신론을 간직하지 아니한다고 하더라도 주체가 국가이거나 개인 또는 집단이나 조직이라고 할지라도, 선도(善導)하고자 한다면, 적어도 정책사상에서는 정책의 선과 선도의 이론적인 개념이나 선도의 실천적인 방법 등이 국가를 중심으로 하는 정책개입의 주체와 객체와의 상호 간에 수용되어야 하기 때문이다.

선도주의는 국가주의 정책사상에서 연계되는 정책사상이다. 따라서 선도주의 정책사상은 국가의 정책개입이나 간섭이 절대적이거나 영원불변한 것이 아니라고 설명한다. 정책의 선을 상대적이고 조건적인 것으로 이해하면서 철학적으로 체계화하고자 한다.

이것을 실천하는 선도주의의 실천론도 고정된 것이 아니다. 정책의 욕구와 환경에 따라서 다양한 양태의 선도의 유형이 있다고 본다. 즉 선도의 객체와 주체는 필요와 조건에 따라서 그 위치와 역할을 변화시킬 수 있을 것이다.

3) 균형주의

정책의 선은 정책의 결정과 실현에 의한 물리적일 뿐만 아니라 정신적이고 심리적인 정책인과(policy causations)를 분배할 수 있는 균형주의 사상으로 보다 실천적인 수순의 정책사상으로 발전할 수 있을 것이다. 즉 균형주의(the principle of policy balance)는 정책을 통한 국가개입주의가 착하고 선한 것은 물론이지만, 현실적으로 정책의 수혜와 비용의 부담이라는 측면에서 정책의 선을 공정하고도 정의롭게 균형할 수 있는 정책사상이라고 할 수 있다.

균형주의 정책사상에서 균형 개념은 정적인 상태의 일시적이고 단일적 균형이 아니라, 복합적이고 동태적으로 진행되는 균형이다. 이때 진행되는 균형은 자연적으로 얻어지는 것이 아니다. 대신에 정책을 통한 개입에 의하여 균형을 계속 유지하거나 수정하는 균형이다. 따라서 균형주의 정책사상은 이와 같은 균형을 달성하고 유지하기 위한 정책개입에서 발생되는 정책인과의 불균형을 교정하거나 수정하며 보정(補整)하는 정책사상이라고 할 수 있다.

첫째, 균형주의 정책사상은 정책균형을 동태적(動態的) 개념으로 설명한다. 즉 항상 움직이면서 변화되고 있는 목표를 실현하는 동태적 개념으로 정책을 이해하고 있다. 왜냐하면 정치적 이해관계의 속성에서 정책은 유동적이기 때문이다. 따라서 움직이는 정책에서 정책균형도 유동적이다. 특히 정책개입에 의한 정책의 이해관계의 인과관계는 지역 간이나 이념 간, 사회계층 간에 불균형적으로 분포(分布)되거나 배분될 수 있다. 따라서 이것을 수정하고 교정할 수 있는 적극적이고 능동적인 정책개입에 의한 정책균형을 유지할 필요성이 크다.

둘째, 균형주의 정책사상은 복합적인 균형이 집합하는 균형개념을 전제로 하고 있다. 때문에 연속적이고 다차원적인 정책개입에 의한 균형을 강조하는 정책사상이다. 즉 균형주의 정책사상의 균형은 이와 같은 균형들이 연속적이고 복합적으로 진행되어 균형조건과 내용이 일상적으로 조화된 균형을 설명하고자 한다. 예를 들면 시장의 수요와 공급이 연속적이고 복합적으로 진행되면서 균형성장곡선 위에서 형성되는 수많은 균형점이 합쳐진 집합개념의 균형과 같다. 그리고 정상분포곡선이 양 극단에 따라서 연속하여 진행되면서 다양한 조건과 시기에 조화되는 정상의 상태에서의 균형과도 같다고 할 수 있다. 왜냐하면 정책의 인과관계에 의한 정책현실은 정책수요와 공급, 수혜와 비용, 정책결정자와 대상자, 정책과정과 공간 등과 같은 다양한 차원들이 복합적으로 작용하고 있기 때문이다. 따라서 정책균형에서는 소수의 균형이 아니다. 수많은 균형이 연속하여 진행되는 상태의 균형이다. 때문에 정책은 이와 같은 균형을 유지할 수 있는(on balance), 균형화의 작용을 철학적 사고로 체계화 하는 하나의 정책사상이 균형주의이다.

셋째, 정책사상으로서 균형주의는 균형감각(sense of balance)에 의한 정책균형을 실천할 수 있다는 사실을 전제로 하고 있다. 균형감각은 연속적이고 복합적으로 진행되는 정책개입 과정에서 물리적이고 사상적인 균형을 계속적으로 유지할 수 있는 힘이다.

균형주의 정책사상은 균형감각을 이론적 해석보다 실천적이고 실용적 관점에서 이해한 것이다. 즉 보편적으로 타당하고 합리적인 수준에서 국시를 결정하면서, 문제와 잘못 등과 같은 불균형이 발생되지 아니하도록 사전에 균형점을 찾고자 한다. 동시에 사후적으로도 정책에 의한 불균형이 발생된다면, 이것을 수정하고 교정하면서 새로운 균형점을 계속적으로 유지하고 달성하고자 하는 실천사상이 균형주의라고 할 수 있다.

4) 현실주의

정책을 통한 실천적 지혜를 발견하고 창소하며 축적하는 정책사상으로 정책의 본질적 특성을 현실적으로 실천할 수 있는 정책사상이 현실주의이다(the principle of policy practicality). 그러나 현실주의 정책사상은 실용적 사고나 방법을 강조하는 실용주의나, 때로는 꿈과 희망을 포함하는 이상이나 그의 현실적 한계나 조화 등을 사변적으로 숙고하는 현실주의(realism) 등과는 다르다. 현실주의 정책사상은 정책의 실천적 지식에 기초하면서 정책의 실천지혜와 실천판단 및 실천책무 등과 같은 정책의 실천성을 철학적으로 체계화하는 사상이라고 할 수 있다.

현실주의 정책사상은 정책을 통한 국가개입주의의 정당성이나 정책인과의 균형주의에 기초하여 정책의 실천적인 지식과 지혜에 의한 정책의 실천성을 철학적으로 사고하고 그의 체계를 정책이론으로 체계화 하고자 하는 정책사상이다.

특히 현실주의 정책사상은 정책사상의 실천적 사고(practical thinking)를 설명하는 사상이다. 즉 정책사상은 이론적 유희나 해석학적 논쟁의 산물이 아니라는 것을 현실주의 정책사상이 보다 분명히 설명하고 체계화 할 수 있어야 한다는 사실을 강조하는 정책사상이다. 정책사상은 철학적인 사고체계이다. 그러나 이와 같은 정책사상이 정책현실에서 어떻게 실행될 수 있을 것인가 하는 과제에 초점을 두는 것을 실천적 사고라고 할 수 있다.

정책이론과 현실(실제)의 괴리현상은 사회과학의 영원한 과제이다. 동시에 해결의 방법론이 다양하고도 복잡하다. 그렇지만 현실주의 정책사상은 정책이론-실제의 이원론을 전면적으로 교정할 수 없지만, 철학적으로 체계화된 이론적 탐구의 영역인 정책사상을 실천적 관점에서 정책학의 중심이론으로서의 타당성과 적실성을, 실천성이라는 키워드로 체계화시켜야 할 필요성이 크다는 것을 설명하는 정책사상이다.

정책의 지식체계로서의 정책사상에는 구체적인 실천요소가 필요하다. 이것을 설명할 수 있는 하나의 사상으로 현실주의 정책사상이 필요하다. 결론적으로, 현실주의는 정책사상의 이론과 현실의 조화로운 관계, 즉 관련성을 설명하는 사상이다. 즉 정책사상의 이론과 현실이 각각 독립적으로 분리되어 있기보다 상호 간에 인과적이고 체계적이며 사상적으로 연계되어 있다는 사실을 설명하는 정책사상이다.

5) 물아(物我)주의

물아주의(the principle of mutual interpenetration between policy human and nonhuman)는 정책을 결정하고 창조하면서, 동시에 정책을 실현하는 실현자이고 판단자인 인간을 중심적으로 설명하는 인간중심주의(human-centeredness) 정책사상이다. 왜냐하면 인간은 정책세계에서 우월적이고 독점적으로, 인간뿐만 아니라 비인간의 판단과 결정에 개입하고 있기 때문이다. 그러나 인간은 인간만의 이기적 목적이나 존재가치를 위하여 인간

이외의 존재자를 이용하거나 지배하는 것이 아니다. 천지만물의 조화로운 상호교섭의 원칙에 따라서 인간과 비인간을 동등하게 이해하는 인간이다. 따라서 물아주의는 정책사상으로서 새로운 이념과 패러다임을 정책학에 제공한다고 할 수 있다.

물아주의 징책사상은 우주의 중심인 인간의 존엄성과 가치를 절대적 이념으로 하는 전통적인 정책학이나 인간과 인간 이외의 비인간(非人間)을 구별하지 아니하는 일원론적 동물주의(animalism)가 아니다. 또한 생태사상 등에서 논의하는 인간과 비인간은 동형(同形)이면서 동성(同性)이라고 설명하는 것도 아니다. 대신에 아(我)인 인간과, 물(物)인 인간 이외의 사물이나 대상인 비인간 등은 본질적 가치나 수단적이거나 외연적 가치 등에서 각각의 속성과 특성을 가진 독립적인 존재자라는 사실에서 출발하고 있다. 이에 따라서 각각은 각각의 존재가치에 충실하지만 타의 존재를 무시하거나 방해하지 아니한다. 동시에 물아주의는 상호 간에 원만한 교섭의 관계를 형성하여 우주만물에서 공동체를 구성하고 있다고 본다. 그래서 물아(物我)는 각자의 충실한 존재자이면서 공동체의 구성자로서 필요와 조건에 따라서 원만히 상호 간에 포용하고 화합하면서, 각자의 역할과 기능을 수행하는 교섭자라는 사실을 전제로 하는 정책사상이다.

정책세계에서는 정책을 결정하고 창조하면서 동시에 정책을 실현하고 판단하는 인간이 중심이다. 때문에 인간은 우월적이고 독점적으로, 인간뿐만 아니라 비인간의 판단과 결정에 개입하고 있다. 그러나 인간은 인간만의 이기적 목적이나 존재가치를 위하여 인간 이외의 존재자를 이용하거나 지배하는 것은 아니다. 천지만물의 조화로운 상호교섭의 원칙에 따라서 정책의 창조자이고 실천자이며 판단자라는 철학적 사고를 체계화하는 인간과 비인간과의 상호교섭을 설명하는 정책사상이다.

물아주의 정책사상은 국가주의를 중심으로 하는 정책사상이 인간이나 비인간 등과 같은 이분법적 사고나 비판에 고착된 사상이 아니라는 것을 총결적으로 설명하는 정책사상이나. 즉 보는 사물(이것을 물(物)의 개념으로 설정한다면)과 인간(이것을 아(我)의 개념으로 본다면)을 하나의 범주인 총체성(totality)이나 전체성 또는 전일성(全一性: oneness 또는 sameness)(Wiggins, 2001; 2005) 등과 같은 개념으로 설명하는 정책사상이라고 할 수 있다.

동시에 물아주의 정책사상은 인간중심의 인간존엄성이나 국가중심의 국가주의에만 고착되거나 한정된 사상이 아니다. 물아주의는 인간을 중심으로 하는 정책의 본질적 작용이 국가의 공권력에 의한 통치작용이나 행위라는 국가 중심의 정책사상을 설명한다. 그러나 인간이나 국가의 이해관계나 상호작용에만 한정된 것이 아니라는 것을 설명하는 정책사상이다. 따라서 전통적인 인간 중심의 또는 국가 중심의 이분법적 사상에서 탈피하면서 정책의 본질에 관한 철학적 사고를 확대하고 확장하는 정책사상이다.

정책사상의 다섯 가지 유형을 〈표 2-1〉과 같이 요약해서 정리해 볼 수 있다.

〈표 2-1〉 정책사상의 유형

	내 용	기 초 철 학
국가주의 (state-centered policy interventionism)	• 국가주의 – 국가중심주의 – 국가독점주의 – 국가우월주의 • 국가개입주의의 정당성	• 국가의 개념 • 국가주의 • 개입주의 • 정당성
선도(善導)주의 (principle of policy goodness)	• 정책의 선(善) – 좋음 – 옳음 – 정의 – 인정과 배려 – 전통가치	• 선(善)의 개념적 이해 • 선도주의 사상 비교 – 리더십 – 엘리트 이론 – 계몽주의 – 선발자우위론 – 정치신학
균형주의 (principle of policy balance)	• 균형주의에서의 균형 개념 • 정책인과의 균형주의 – 정책의 물리적 인과 – 정책의 정신적 인과	• 균형(balance) 개념의 철학적 이해 • 정책인과론의 철학적 개념
현실주의 (principle of policy practicality)	• 정책의 실천성 – 실천지식 – 실천지혜 – 실천판단 – 실천책무	• 실천성(practicality) – 실천지식, 지혜, 판단, 책무 등의 철학적 이해 • 실천철학, 철학하기, 실용주의 등의 비교적 이해
물아(物我)주의 (principle of mutual interpenetration between human and nonhuman)	• 인간중심적 정책인(정책주제자) – 인간중심주의 – 인간독점주의 – 인간우월주의 – 인간개입주의 • 물아(物我)주의: 상호교섭론	• 인간이란 무엇인가의 철학적 이해 • 물(物), 아(我), 물아(物我)의 유교, 유기체 철학, 포스트 휴머니즘, 종교사상 등에서의 철학적 이해

제 3 편

정책학의 기초이론

제 1 장

정책과정론

1. 정책과정 단계

정책과정(policy process)의 단계를 다양하게 분류하거나 구분할 수 있다. 그러나 정책학을 원론적 수준에서 이해하기 쉬우면서 통설적인 다섯 단계(정책의제 형성⇒정책형성⇒정책집행⇒정책평가⇒정책종결)로 정리할 수 있다. 참고로 정책학의 근대적 창시자인 Harold Lasswell(1971)은 정책의 진행과정을 지식이나 정보형성의 단계에서부터 정책의 평가단계 등으로 구분하여, 지식 ⇒ 제안 ⇒ 대안처방 ⇒ 혁신 ⇒ 적용 ⇒ 종결 ⇒ 평가의 단계로 구분하기도 했다. 그러나 전통적인 정책과정론을 〈그림 3-1〉과 같이 요약할 수 있다.

〈그림 3-1〉 정책과정의 단계

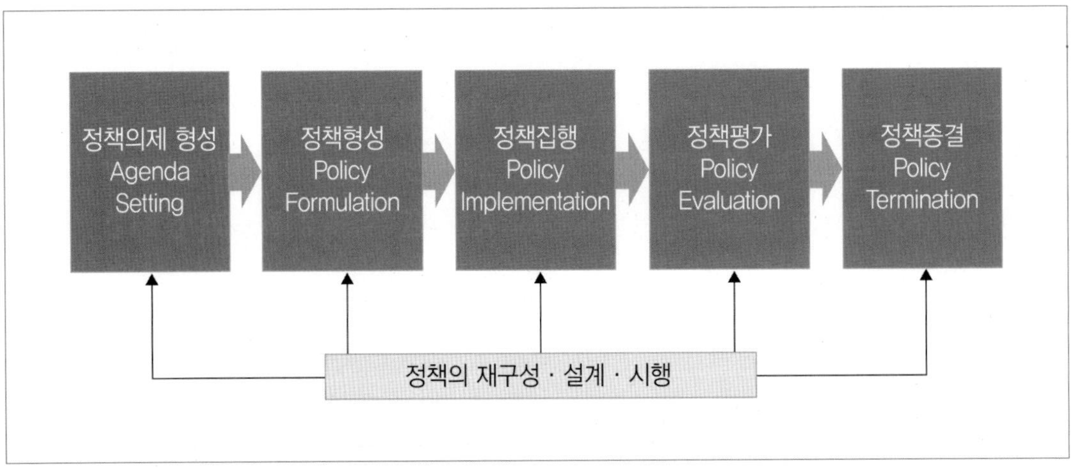

전통적인 정책과정론의 특징을 네 가지로 정리할 수 있다.

첫째, 정책과정 접근방법에서 설명했듯이 과정이론은 존재이 실체는 과정이고, 과정은 변화와 변동을 기본개념으로 하고 있다는 과정철학에 기초하고 있다고 설명했다. 마찬가지로 정책과정론도 이와 같이 시간의 변화인 시차에 의해서 진행되는(이때 의미는 변화(change)보다 진행의 변화(developing)가 보다 정확한 개념이다) 일련의 다양한 정책활동을 수 개의 단계적인 활동으로 설명하는 것이다.

둘째, 정책과정론은 정책이라는 체제가 시간의 변동과 변화에 의하여 정책결정의 흐름인 투입과 결정 및 산출이라는 체제의 접근방법도 활용하고 있다. 예를 들면, 정책학의 발달 초기인 1970년대의 정책학개론서에서(대표적으로 Jones, 1970; 1984; Frohock, 1979), 정책은 정책투입으로 지지와 성원, 요구, 인지나 확인 등의 투입과정을 거치면서 규제활동, 배분 및 재분배활동, 자원의 동원과 윤리적 기준을 마련하는 변환작용을 거친다고 설명하고 있다. 그리고 산출물인 정책을 적용하고 강제하며, 해석, 평가, 법제화, 수정적용, 기각 등으로 진행되는 정책과정을 하나의 체제이론으로 설명하기도 했다.

셋째, 정책과정론은 정책현실에서 정책의 진행과정이나 변동 또는 정책환경과의 상호작용 등을 설명하는 정책학의 기본이론이다. 따라서 정책과정론은 정책환경과 정책의 결정자 및 참여자들이 상호 간에 협상과 타협의 결과산물임을 설명하는 점증주의를 기초로 하고 있다.

한국과 같이 정책과정 참여자들의 사회적 동질성(social identity)에 따라서 정책과정은 정치적 성격의 다원주의적 경향이 강해질 수 있다. 예를 들면 어느 조직이나 부처 또는 소속에 의한 조직의 동질성이나 출신이나 거주 지역의 동질성, 현재의 활동영역과 구분에 의한 활동의 동질성, 인구학적인 동질성 등과 같은 다원주의 요소가 정책과정에서 정책환경으로 작용하게 된다(Hornung 외 2인, 2019).

넷째, 정책과정론은 정책이 진행되는 일련의 보편적인 단계나 순서를 기술하고 설명하는 방법이다. 이와 같은 일련의 순서적인 단계가 항상 일목요연하게 시간적 순서와 논리적 절차에 따라서 발생되는 것은 아니지만 일반적으로 다섯 가지 단계로 구분할 수 있다.

국가의 공식적인 정책과제로 채택되는 정책의제의 형성단계(agenda-setting)를 시작으로 해서, 정책의제를 해결하기 위한 구체적인 정책방안이나 대안을 탐색하고 결정하는 정책형성(policy formulation), 최종적으로 선택되고 결정된 정책을 실제의 정책상황에 적용하고 시행하는 정책집행(policy implementation), 정책의 결과와 영향을 정책의 비용과 편익 및 효용의 기준에서 평가하는 정책평가(policy evaluation), 그리고 정책평가의 결과에 의해서 정책을 종료하거나 아니면 수정 · 보완 또는 필요한 구체적인 정책을 재개발하는 정책종결(policy termination) 등의 다섯 단계로 설명할 수 있다.

2. 정책의제의 형성

1) 정책의제란 무엇인가?

정책과정론의 첫 번째의 단계적 활동은 정부의 공식적인 정책과제를 채택하는 정책의제의 형성이다. 정책의제(policy agenda)란 정부나 기타 합법적인 권한과 자격이 있는 기관이 국가가 개입하고 간섭해야 하는 정책개입의 정당성을 갖춘 공공(公共)의 과제로 수용하고 인정하는 정책과제이다.

정책의제는 국가가 개입하는 공식적인 활동이다. 때문에 이제부터 공식적으로 정책의 대상으로 부상한 것이다. 그래서 정책의제의 형성은 정책과정에서 중요한 활동이다. 즉 정당성을 가진 공공 과제나 이슈를 정부가 나서서 개입할 것인가, 아니면 비록 정당성이 있다고 하지만 국가가 공식적으로 관여하거나 개입하지 아니 할 것인가 하는 것 등이 정책의제 형성이고 정책과정의 출발점이다. 정책의제로 공식적으로 채택되지 않으면 정책 또는 공공정책이라는 공식적인 기구와 절차 및 권한과 자격으로 등장하는 정책과제가 원천적으로 봉쇄될 것이다.

2) 정책의제 형성전략

정책문제나 과제는 자동적으로 정책의제가 되지 않는다. 의제로 형성되기 이전에 국정과제에 관한 이해관계는 이슈화 되어야 한다. 이슈를 제기하고 이것을 여론화 또는 문제화시킬 수 있는 방법이나 전략 또는 계기에 관한 정책의제 형성의 전략은 다양하다. 먼저 Roger Cobb과 Charles Elder(1982) 등은 네 가지 전략을 제안했다.

첫째, 자신이나 집단 등의 개인적인 이해관계를 달성하기 위해서 이슈를 제기하는 이기적인 착취자(exploiter) 전략이다. 즉 개인적인 이해관계를 전면에 앞세우지는 않지만, 국가의 정책개입을 강력히 주장하는 근본적인 동기나 발단은 개인의 입장이나 손익 등의 계산이라는 것을 이용하는 전략이다.

둘째, 예상하지 못한 사건이나 사고에 의해서 발생되는 이슈(circumstantial reactions) 전략이다. 많은 경우에 천재지변이나 불가항력적인 사건(예: 전쟁이나 가뭄, 홍수, 자연재해나 재난 등)이나 사고는 정책의제의 형성을 쉽게 할 수 있는 이슈를 만들게 된다.

셋째, 기존의 체제나 가치 및 제도 등에 도전적인 입장이다; 자신에게 돌아 올 불이익이나 손해 혹은 편견 등을 없애기 위해서 서로 간의 이해관계자의 경쟁에서 발생되는 재조정자(readjuster) 전략이 있다.

예를 들면, 2015년 6월 22일에 개정된 공무원연금법(법률 제13387호)에 의한 공무원연금을 개혁해야 한다는 정당성이나 당위성을 기타 연금제도(국민연금, 군인연금, 사립학교 교직원연금)와 비교하면서, 공무원 단체는 공무원들의 손익관계를 부각시키는 전략을 사용한 것을 들 수 있다.

넷째, 정책전문가나 기타 공공의 이익을 추구하는 단체 또는 개인 등이 사회의 정의와 선과 평화와 행복을 달성하기 위해서 제기하는 선행주의자(do-gooders) 전략이다.

국가정책에 관련되는 이해관계자나 집단 등은 많다. 특히 정책 서비스의 제공이나 수혜를 중심으로 하는 분배정책이나 재분배정책 또는 행동이나 판단을 적극적으로 규제하거나 간섭하는 규제정책 등의 경우에 이해관계자들의 이슈화 또는 이슈 잠재우기 등을 위한 다양한 전략과 전술이 등장한다.

선행주의자의 전략이 정책의 이슈화에 중요한 전략이 되고 있다. 국가기간산업이나 교육, 국방이나 외교정책, 자원개발, 연구개발(R&D) 사업, 경제성장과 분배 등의 국가정책과제는 사회적 목적과 비전을 실천하고자 하는 전문가나 일반 시민들의 여론 형성, 언론이나 기타 사회단체나 시민단체 등의 문제 제기와 대안 제시, 정책담당자의 국정노력 등과 같은 선행 중심의 전략 때문에 쉽게 정책의제로 형성될 수 있다.

그 이외에도 기폭장치나 발단수단(triggering mechanism 또는 device)에 의해서 이슈제기가 쉬워지거나 촉진될 경우가 많다. 일상적이거나 지지부진한 일들이었지만 중요한 사건이나 사고 등에 의하여 신속하게 대응하거나 해결할 수단 등을 마련해야 한다는 광범위한 여론이나 공감을 불러오는 경우에 정책의제로 쉽게 채택될 수 있다(Gerston, 1983).

① 내부적인 기폭장치

자연재해나 경제적인 재난(economic calamities)(1997~1998년의 한국의 금융위기, 유가의 급락, 주식시장 파동 등), 기술과 과학의 혁신적인 발달(컴퓨터와 관련 기술의 진보), 스마트폰 중심의 통신정보기술(ICT), 무인자동차의 상용화, 인체생명공학기술(인간복제 등), 생태변동(환경변화나 지구온난화 등 생태계 변동, 감염질병 등의 세계적 확산 등), 사회진화(동성결혼의 합법화, 양성평등사회, 한국의 경우 출산율의 급격한 하락과 노인인구의 급격한 증가 등) 등을 들 수 있다.

② 외부적인 기폭장치

전쟁 등의 군사분쟁, 국제적이거나 국지적인 분쟁(ISIS 또는 ISIL(Islamic State of Iraq and the Levant)의 어린이나 여성의 납치사건, 북한의 핵개발 등), 국제사회의 경제나 무역분쟁(미 · 중 무역분쟁), 새로운 무기체제의 개발 및 힘의 균형의 변화(중국의 경제와 군사 대국으로 등장, 한반도의 통일이나 구소련 연방의 재결성(가정)) 등을 들 수 있다.

3) 정책의제 형성과정

이슈화와 기폭장치에 의해서 정책은 공식적인 정책의제로 채택되고 결정되기 위한 치열한 경쟁과정을 통과해야 한다. 왜냐하면, 현실적으로 정책의제로 채택되려면 때로는 정책관계자들의 무관심과 이해관계자들의 이슈 제기에 대한 봉쇄 등과 같은 장애요인에 의해서 정책의제로 받아들이지 않으려는 문지기(gate-keepers)들이 버티고 있기 때문이다. 이와 같은 어려운 과정을 통과한 이슈는 이제 공식적인 정책의제의 자격을 획득한 상태가 된다. 그러나 일단 정책의제로 채택된 것이지만 아직까지 공식적으로 정부의 정책해결 과제로 선언된 상태는 아니다. 공식적인 정부의 정책의제가 되기까지에는 두 단계를 더 거쳐야 한다.

① 토론의제(discussion agenda), 정치의제(political agenda), 체제의제(systemic agenda)의 단계

이 단계를 거쳐야 합법적으로 관련 기관이나 조직이 공공과제로 정책의제의 필요성을 인식한 이슈가 될 수 있다. 그러나 아직까지 여기서는 이슈 해결에 필요한 수단이 구체적으로 가시화되지 못한 상태로서 더 많은 토론과 정치적인 타협과 협상이 필요하다. 여기서 이슈가 더욱 발달되어 현실적으로 필요한 해결수단이 어느 정도로 제시될 수 있고, 또한 심각한 정책과제로서 적극적으로 정책당국인 국가가 개입하고 나서야 한다고 판단되어야 공식의제가 될 수 있다.

인터넷 네트워크를 중심으로 하는 사이버 공동체가 정치의제나 토론의제를 형성하면서 정책의제를 구성할 가능성이나 방법 등이 현실적으로 다양해지고 있다. 특히 사이버 공간에서 형성되는 정책의제는 정책담당 기관의 공식적인 웹사이트를 통하거나 또는 개인이나 전문가 등의 홈페이지, 포털사이트의 카페, 블로그 등과 같은 SNS를 통하여, 정치적이거나 토론적 성격의 의제가 시간적이고 공간적으로 매우 활발하다.

사이버 공론장에서의 정치나 토론의제는 공론화나 문제해결 등과 같은 정책대안 등이 동시에 창안되고 주창되기도 한다. 또한 온라인에서의 집단행동이나 네트워크 공유 등을 통하여 정보의 공유와 의사소통이 활발해지면서 전통적인 오프라인의 의제 형성과는 차이가 있다(조화순 · 송경재, 2004).

그럼에도 불구하고 이슈는 전 지구적으로 확산될 수 있지만, 실질적으로 지역공동체적 성격의 경우에 사이버공간에의 참여는 매우 한정적이라고 할 수 있다. 동시에 사이버공간에서의 이슈 참여와 정치적 토론의 장이 장기적으로 존재하면서 문제해결을 위한 정책대안의 탐색과 결정에까지 영향을 미치게 되는 특성을 보이고 있기도 하다(홍성운, 2009).

② 공식의제나 정부의제(governmental agenda), 제도권내 의제(institutional agenda)의 단계

이 단계에 도달해야만 진정한 의미의 정책의제로서 이슈가 공식적으로 제기되었다고 할 수 있다. 이슈가 정부의 공식의제로 채택되기까지에는 상당한 기간에 걸친 이해관계의 협상과 줄다리기가 있었을 것이다. 이와 같은 공식의제에도 제도적으로 채택되기 쉬운 의제와 어려운 의제 두 가지가 있다.

첫째, 구(舊) 의제로서 예산이나 인사, 정부기구의 조직 등과 같이 규칙적으로 정부의 정책의제가 되는 관습적인 의제(habitual items)와 정부개혁, 조세개혁, 교육개혁, 통상정책, 경제정책 등과 같이 주기적으로 발생되는 것은 아니지만 상당히 빈번하게 발생되는 의제(recurrent items) 등은 정부의 공식적인 정책으로 채택되기 쉽다.

둘째, 신규의제인 경우에는 한 번 더 어렵고 복잡한 과정과 절차를 통과해야 한다. 이와 같은 과정과 절차를 설명하는 것이 정책의제 형성의 주요 내용에 해당된다. 즉 공식적인 정부의 의제가 되기 위해서 수많은 이해관계자나 전문가, 기타 정책관련자들이 수없이 자기들의 주장과 여론을 투입한다. 대중동원이나 여론조작, 언론이나 전문가 동원, 직접적인 방문이나 시위, 시민홍보 등의 전략과 채널을 이용하기도 한다. 이때의 경우를 채널의제(channeled items)라고 한다. 또한 북한의 핵개발에 따른 외교적이고 군사적인 분쟁, 일본의 대한수출규제, 국제 간의 무역이나 환경협약, 질병이나 노동쟁의 등과 같이 사건이나 문제가 중대하고 영향이 광범위하여 자동적으로 의제(spontaneous agenda)가 되는 것도 있다.

모든 토론(정치나 체제)의제들이 정부의 공식의제가 되는 것은 아니다. 왜냐하면, 의제 채택을 취사선택하는 문지기들이 정책결정체제나 결정자에게 문제나 부담이 제기되지 못하도록 사전에 필요한 간단하고 편리한 조치를 취해서 이슈를 잠재워 버리기 때문이다. 또는 의식적이거나 무의식적으로 정부의 정책안으로 취급할 필요성이 없다고 스스로 판단해서 이를 폐기해 버리는 경우도 많기 때문이다. 물론 정책결정권자에 대한 과잉충성 때문에 비판적이고 성가신 이슈는 간단히 자기 수준에서 묵살해 버리는 경우도 많다.

어떠한 기준과 절차에 의해서 문지기들이 정치(토론이나 체제)의제를 폐기하거나, 아니면 정부의 공식적인 의제로 수용하는가 하는 것도 중요하다. 이것을 정책과정론에서는 정치과정으로 설명하고 있다. 즉 구체적인 이슈나 문제가 정책의제로 채택되거나 결정되는 것을 정치과정으로 설명한다는 뜻이다.

정책은 정치적 책략이기 때문에, 정책의제를 제안하고 결정하는 것은 이와 같은 정치적 책략의 첫 출발점이다. 의제로 채택되기 위한 다양한 전략이나 방법 등은 정치적 이해관계에 의한 힘의 작용이다. 따라서 정책의제는 정치이면서도 동시에 정책의 시작이기도 하다. 이와 같은 정책의제의 형성과정을 〈그림 3-2〉와 같이 요약할 수 있다.

〈그림 3-2〉 정책의제 형성과정

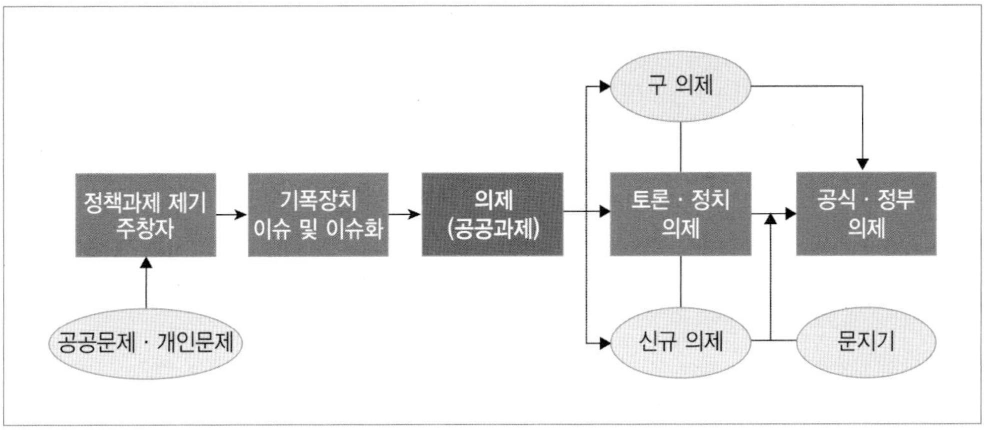

3. 정책대안의 형성과 결정

국정과제나 공공문제가 공식적인 정책의제로 채택되었다고 하더라도 자동적으로 정책과제를 해결할 방법이 생겨나는 것은 아니다. 어떤 정책의제는 영구히 사장될 수 있다. 의제형성의 중간에 의제로서의 성격과 지위가 소멸되어 버릴 수도 있다. 또한 즉시 필요한 해결책이 마련되고 채택되어 시행될 의제도 있을 것이다. 그러나 정책의제로 일단 정부의 공식적인 정책과제가 되면, 필요한 일련의 조치인 정책수단이나 대책(이것을 일반적으로 정책대안(policy alternative)이라고 통칭한다) 등을 찾게 된다. 여러 가지의 정책대안 중에서 어떤 것이 가장 효과적이고 우수한 것인가를 결정하고 선택하게 된다. 이것이 구체적인 정책대안을 형성하고 결정하는 정책과정의 두 번째 활동이다.

정책형성은 정책과정에서 핵심을 차지하고 있다. 왜냐하면, 정책의 대안(代案)을 개발하고 선택하기 위해서는 많은 비용과 시간과 노력이 필요하다. 뿐만 아니라 정책대안을 마련하고 결정한다는 것은 정책의제에 필요한 수단이나 방법을 준비하는 것이기 때문이다. 그래서 정책형성 단계에서는 정책에 관련된 이해관계가 현저하게 표출되고 있다.

정책형성 단계에서는 구체적으로 다음과 같은 과업들이 중심을 이루고 있다. 정책의 실무자나 학자들이 정책문제의 해결수단을 어떻게 탐색할 것인가, 어떻게 하면 이해관계자나 일반시민 또는 국가나 사회에 최소의 비용으로 정책혜택을 극대화할 것인가, 어떻게 하면 갈등적인 이해관계를 보다 원만하고 조화롭게 해결하여 행복하고 평화로운 사회를 만들 것인가, 어떻게 하면 주어진 제약요건(예산, 제도, 시간, 사람, 기술, 정보 등)을 최대한 활용하여 또 다른 문제를 발생시키지 않고서도 훌륭히 정책과제를 해결할 것인가, 그리고 어떻게 하면 많은 사람과 조직으로부터 지지와 신뢰를 받을 수 있는 정책을 만들 것인가 하는 등등을 정책형성 단계에서 설명할 수 있어야 한다(실질적으로 이것이 정치이다. 그래서 정책을 정치적 책략이라고 하는 이유를 여기서 다시 이해할 수 있다).

정치적 책략을 선택하고 결정하는 것이 정책형성의 핵심이다. 때문에 정책대안의 탐색과 선택은 정책과정론의 내용이기보다 정책학의 핵심분야로서 독자적인 정책분석론으로도 발달되고 있다. 그러나 정책분석론과 과정론이 정책학의 양대 이론을 형성하고 있지만 정책학의 학문적인 체계를 형성하기 위한 패러다임으로 정책대안의 탐색과 결정을 정책과정의 두 번째 단계인 정책형성의 내용으로 정리할 필요성은 더욱 크다.

현실적이고 이론적으로도 정책을 결정하고 집행하여 정책결과를 현실화시키는 정책과정론에서는 정책대안의 형성을 깊이 있게 설명할 수 있어야 한다. 동시에 정책과정의 이론과 지식을 정책학이라는 학문의 이름으로 체계화할 수도 있어야 한다. 이와 같은 체계화의 한 패러다임으로 정책분석의 세부적이고 기법적인 내용을 여기서 다 설명할 수 없지만 정책대안의 준비과정과 최종적인 정책안을 결정하는 방법 등을 설명하는 정책분석의 이론을 정책형성으로 통합하여 설명할 수 있을 것이다.

전통적으로 정책대안을 준비하고 마련하면서 최적의 대안을 선택하는 이론이나 방법 등은 정책분석 이론에서 설명하고 있다. 제2장의 정책분석론에서 정책대안 형성의 전략이나 방법 등을 자세히 설명하고자 한다.

정책형성의 과정과 방법 등을 정책분석론에서 자세히 설명하기 이전에 먼저 정책형성의 일반적인 유형 세 가지를 소개할 수 있다(Jones, 1984).

첫째, 일상적인 형성방법(routine formation): 일상적인 의제나 구 의제 또는 반복적으로 발생되는 정책과제를 기존의 정책과 별 차이 없이 반복해서 시행할 수 있는 정책안을 형성하는 방법이다.

둘째, 유사한 형성방법(analogous formation): 새로운 정책의제에 필요한 방법을 개발하지만, 의제가 기존의 정책이나 또는 시행되거나 결정된 것과 유사하기 때문에 기존의 것을 참조하여 유사한 정책안을 개발하는 방법이다.

셋째, 창조적인 형성방법(creative formation): 과거의 정책 경험이 없는 또는 참조할 유사한 정책과제가 없는 경우 정책대안을 준비하는 방법이다.

현실적으로는 첫번째와 두번째 방법이 가장 많이 활용되고 있다. 그러나 정책형성에 관한 이론적인 관심은 창조적인 형성방법이다. 따라서 정책형성에 가장 많은 설명과 이론이 필요하다. 때문에 창조적인 형성방법에 의해서 정책안을 준비하고 형성하는 것이 정책형성 이론의 중심이다. 정책대안을 구체적이고 실질적으로 탐색하고 준비하는 정책대안의 다섯 단계의 과정이론과, 이때에 필요한 대안탐색과 결정의 방법이나 모형에 관한 이론 등으로 두 가지로 나누어서 창조적 형성방법을 보다 자세히 설명할 수 있다.

4. 정책집행

정책사례 **아프리카에 모기장을 보냅시다!**

아프리카에 모기장 보내기 운동은 아프리카 지역에서 가장 많은 영아사망자를 발생시키는 말라리아를 예방하기 위하여 1990년대 후반부터 시작되었다. 특히 세계보건기구(WHO: World Health Organization)가 중심이 되어, 모기장 한 장에 5달러에서 10달러 정도의 비교적 적은 비용으로 연간 영아사망을 25~30%까지 줄일 수 있다는, 저비용으로 큰 효과를 낼 수 있는 방법이라고 강조하면서(New York Times, 1996년 4월 4일), WHO를 비롯한 UNICEF(the United Nations Children's Fund)와 NGO 단체인 AFM(Africa Fighting Malaria)을 비롯한 수많은 단체들이 '아프리카에 모기장을 보냅시다' 운동에 나서고 있다.

미국의 경우에는 어린이를 중심으로 하는 기부활동에 미국의 종교단체(예: Methodist and Lutheran Churches)와 NBA(National Basketball Association), 유엔기금(United Nations Foundation) 등도 동참하고 있다(New York Times, 2008년 6월 2일).

마찬가지로 한국도 필자의 경험을 포함해서, 각 대학을 중심으로 아프리카에 모기장 보내기 기금을 모금했다. 특히 한국 UNICEF는 "아프리카 수단의 오지 마을 다르푸르에 모기장 3,000개를 보내주세요: 말라리아 사망자의 80%가 사하라 사막 아프리카지역에서 발생합니다"라는 모기장 보내기 캠페인을 벌리고 있다(www.unicef.or.kr, 검색일: 2015년 8월 19일). 광주광역시는 유엔기금단체와 사랑의 열매 등과 함께하는 아프리카에 모기장 보내기 모금액 전달식을 하기도 했다(www.gwangju. go.kr....검색일: 2015년 8월 19일). 또한 2010년에 민간단체인 네이버 해피빈에서는 삼성전자와 함께 '모기장 들고 아프리카로: Nets Go?' 모금 캠페인을 벌이기도 했다(http://cafe.nacer.com/... 검색일: 2015년 8월 19일).

아프리카에 모기장을 보내기보다는 아프리카 현지에서 직접 모기장을 생산하는 전략도 있다. 예를 들면, 일본의 수미모토 화학회사는 탄자니아 'A to Z Textile' 방직회사에 살충처리한 모기장을 생산할 수 있는 허가를 주어, 'Oyster Net'라는 상품명으로 2003년부터 아프리카에서 모기장을 현지생산하고 있다(http://cafe.naver.com/devifa, 검색일: 2015년 8월 19일).

아프리카에 보내지거나 현지에서 생산된 모기장이 과연 말라리아를 예방하거나 퇴치할 수 있는 가장 효과적인(최소의 비용으로) 방법으로 활용되고 있는가 하는 것은 작은 돈으로 기부한 대부분의 기부자 입장에서는 큰 이슈가 되지 못했다. 그러나 아프리카 현지에서 모기장의 용도와 사용 등은 상당히 혼란스럽다는 이야기들이 언론에 보도되기 시작했다.

대표적으로, Jeffrey Gettleman는 New York Times, 2015년 1월 24일자 기고문에서(www.nytimes.com, 검색일: 2015년 1월 26일), 아프리카의 모기장이 모기장 용도보다는 강이나 호수 등에서 물고기를 잡는 그물로 사용된다는 현지보도를 시작했다. 그에 의하면, 아프리카에서는 말라리아 질병보다 더욱더 시급한 과제가 빈곤과 기아로부터의 탈출이다. 그래서 정부에서 배급되는 모기장을 사용하지 않고, 몇 개씩 묶어서 근처의 강이나 호수, 늪 등에서 물고기를 잡는 그물로 사용한다는 것이다(물론 정확한 통계는 알 수 없지만 많은 경우에 이와 같이 사용된다는 것은 확실하다). 물론 모기장을 물고기 잡는 그물로 사용해서는 안 된다는 것을 현지 주민들이 알고 있다. 또한 모기장으로만 사용한다고 약속했다. 그러나 당장은 목구멍이 포도청이라고, 먹고 사는 문제가 더 급하다는 것이다.

모기장을 그물로 사용하는 이유는 간단하다. 모기장은 일반 물고기 잡는 그물보다 촘촘하다. 그렇기 때문에 어린 물고기부터 온갖 종류의 물고기를 싹쓸이 하듯이 잡을 수 있고, 잡은 물고기 양(생산량)도 내단히 많나. 낭연히 먹고 남은 물고기를 인근시장에서 팔아 집안 살림살이에 보탤 수도 있다.

그러나 그 이면에는 환경이나 생태계 문제가 발생한다는 사실이다. 그물코가 촘촘한 모기장으로 물고기 씨를 말리듯이 잡아버리니 강이나 호수 등의 생태계가 파괴된다는 점이다. 먼저 물고기의 먹이사슬이 파괴되어 물고기 생태계가 엉망이 되고 있다는 것이다. 더구나 물고기가 남획되면서, 강이나 호수 또는 늪 인근지역의 어부들과 심각한 갈등현상이(심지어 싸움이나 전쟁까지도) 생겨나게 되었다. 어부들은 물고기를 잡아서 생계를 유지하는데, 모기장 때문에 생계가 위협받는다고 야단들이라는 것이다.

> 그 다음은 환경오염 문제이다. 모기가 접근하지 못하도록 모기장 표면에 처리한 살충제는 환경부(한국)가 지정한 환경호르몬의 하나로, 내분비계통의 발암물질인 페머트린(permethrin)을 사용한 것으로, 물고기에 치명적이라는 것이다. 인체에 미치는 영향력이 미약하다고 하지만, 페머트린을 함유한 살충제가 강물에 희석되면서, 강물이나 호수의 물을 식수로 사용하고 있는 지역주민에게는 심각한 수질오염이 되고 있다는 사실이다.

아프리카에 보내지거나 생산되는 모기장은 질병으로부터 자유로운, 인간의 보편적인 생명존중과 인간존엄성을 실천할 수 있는 작은 수단으로 활용되고 있다. 특히 어린생명을 말라리아의 질병에서 예방하고 보호하여, 건강한 생활을 해야 한다는 지구촌 어린이들의 소망을 담은 국제적 자선활동의 하나이다.

그러면 모기장을 아프리카 지역주민에게 골고루 분배하고, 이것을 밤이나 낮이나 잘 드리워서 모기에 물리지 말라고 하는 것이 정책집행인가? 아니면 나눠준 모기장을 치고 생활하고 있는가 하는 것을 집집마다 방문해서 확인까지 해야 하는가? 모기장 덕분에 말라리아 발생환자, 특히 어린이 환자가 얼마만큼 감소했는가? 모기장이 물고기 잡는 그물로 사용될 것을 미리 예측할 수 있었는가? 말라리아 퇴치용 모기장이 강이나 호수 등의 환경문제를 일으키면서 동시에 물고기 남획 등의 수단으로 사용되는 현실에서, 이웃 주민과의 환경분쟁이나 어업갈등으로 확대되는 현실을 어떻게 설명하고 해결할 것인가? 하는 등등의 의문을 가지면서 정책의 집행과 평가 및 종결 등을 이해해 볼 수 있다.

1) 정책집행의 특징

정책형성의 단계에서 결정된 정책이 최종적으로 선택되었다고 해서 자동적으로 또는 당연히 정책과제에 적용되어 실천되는 것은 아니다. 대부분의 경우에는 정책대안이 법으로 정립되는 단계를 거쳐야 한다. 이것은 법령의 제정에 관한 분야이다. 따라서 정책이 법령화(legislation)되는 과정이나 내용 등은 국회나 지방의회의 입법과정을 설명하는 정치과정의 핵심 분야이다.

법령으로 제정되어 법적인 권위와 집행능력을 부여받은 정책대안이나 기타 세부적인 사업들이 현실적으로 정책과제를 해결하는 대안으로서 얼마나 잘 실천될 수 있는가 하는 것을 설명하는 것이 정책의 집행 또는 실행이다. 정책집행은 정책서비스를 제공하는 것이며 실현하는 정책활동이다. 즉 정책의 구체적인 사항들을 현실적으로 구체화시키는 것이다(getting things done).

정책집행을 담당하는 정책집행자는 최종적인 정책서비스를 제공할 책임있는 기관의 행정관료들이다. 따라서 정책집행 담당자들이 정책의 목표나 정책가치 또는 정책과제를 얼마나 잘 실현시킬 수 있을 것인가 하는 것이 정책집행의 핵심과제이다. 이것을 전통적으로 공공분야에서는 행정학, 사적 영역에서는 경영학이나 의사결정론 등에서 조직과 사람을 구성하고 필요한 자원(예산)을 확보하여 능률적으로 목표를 달성하는 과업중심으로 설명하고 있다.

정책집행의 핵심과제는 어떻게 하면 현실적으로 정책가치와 목표를 실현할 것인가 하는 점이다. 이것이 제대로 실현되면 정책은 성공할 수 있다. 그래서 정책집행이 불완전하고 목적하고 예정된 집행계획과 같이 진행되지 못한 것을 정책집행의 실패(implementation failure)라고 하기보다 정책실패(policy failure)로 설명하기도 한다. 특히 정책현장에서는 더욱더 그러하다[1].

따라서 성공적인 정책의 조건으로 정책집행의 제약요인이나 저항의 변수 등을 찾아보고 이를 극복하는 것이 중요하다. 정책집행은 정책의 가치와 목적을 현실화시키기 때문에 집행의 성공 여부에 정책과정의 성공 여부가 달려 있다고 해도 과언이 아니다. 물론 정책의 집행 도중에 정책내용이나 환경 또는 구체적인 수단과 방법들이 변화되기도 하고, 필요한 경우에는 변화되어야 한다. 즉 정책은 새로운 정책환경에 적응할 수 있어야 한다는 의미이다(정책변동에서 자세히 설명하기로 한다). 그러나 정책과정에서부터 확인되고 결정된 정책목표와 가치가 적절히 구현될 수 있어야 정책이 충분히 실현될 수 있을 것이다.

그래서 구체적인 정책사례에서 정책의 집행을 성공적인 정책의 조건으로 제시하고

1) 행정학계에서 정책실패 연구를 분석한 결과에 의하면, 정책집행의 실패를 정책실패로 정의한 연구가 30.3%를 차지하고 있다. 실패요인 분석에서도, 47.8%가 정책실패로 정책집행의 실패를 지적하고 있다(안병철 · 이계만, 2009).

있기도 하다. 그러나 대부분의 정책집행이 불행하게도 정책가치나 목표를 충분히 실현시키지 못했다는 것이다. 따라서 정책의 목표와 집행이 일치되지 못하고, 정책과정에서 정책집행이 마치 실종된 것과 같이(missing link)(Robichau and Lynn Jr., 2009), 정책의 의도된 목표나 정책문제가 해결되지 못한다는 것이다. 따라서 아무리 정교하게 또는 힘들게 과학적인 기준과 민주적인 절차와 과정으로 훌륭한 분석기법을 동원하여 정책대안을 탐색하고 선택했어도 실행단계에서 정책의 가치와 목표가 실종된다면 정책결정 그 자체는 하나의 공염불(空念佛)에 불과하다는 것이다.

2) 정책집행의 기초이론

전통적으로도 정책집행의 여러 가지 이론들이 소개되고 있다. 특히 1970년대 미국정책학이 크게 발달하던 정책학운동(policy sciences movement)의 시기에 나타난 정책집행의 이론들이 아직까지도 대표적인 집행이론이다. 현재의 정책집행 연구도 이와 같은 이론들을 적용하는 사례연구가 대부분이다. 몇 가지 대표적인 이론들을 소개하면 다음과 같다.

① 미시 및 거시 집행이론(Berman, 1978)

거시집행(macro-implementation)은 중앙정부 중심의 정책결정 과정이나 제도에서 결정되고 채택된 정책대안이나 목표는 정책을 실천하고 전달하는 지역정부나 지방정부에게 영향을 미치게 된다는 것이다. 즉 하향적 접근방법이다.

그러나 이와 같은 거시적 집행계획이나 실천지침은 미시집행(micro implementation)에서 실천되어야 한다는 것이다. 정책을 집행하고 사업을 실천하기 위한 지방정부나 지역정부가 집행조직이나 절차 등을 수정하고 변경하는 표준운영절차나 내부정책 등을 변화시켜서, 적극적으로 지역사업으로 실천해야 가능하다는 것이다. 왜냐하면, 미시집행은 서비스나 정부사업의 혜택을 제공하는 집행으로서 집행전문가와 정책수혜자 간의 상호작용에 의하여 정부정책이 전달된다. 때문에 기존의 집행관행이나 체제를 그대로 유지하고자 하는 경향이 강하기 때문이다. 미시 및 거시 집행이론은 복지나 교육사업 및 사회사업 등과 같이, 서비스 전달체계가 중심이 되는 정책집행을 설명할 수 있다.

② 정책집행을 정치게임으로 설명하는 이론(Bardach, 1977)

정책이 정치적 책략이고 의사결정의 결과산물이듯이 정책을 실현시키는 것도 당연히 정치적 이해관계를 실천하는 정치게임이라는 설명이다. 정치적인 이해관계의 배분이나 재형성 등에 관한 집행이기 때문에 정책결정자 뿐만 아니라 정책수혜자나 대상자들도 당연히 자신들의 몫에 민감하게 반응하게 될 것이다. 법령으로 정책내용이 결정되는 법령화 과정에서 뿐만 아니라, 정책의제를 만들고 이것을 실천할 대안을 탐색하고 결정하는 일에서부터 정책의 실질적인 이해관계가 실천될 정책집행의 게임을 항상 염두에 두게 된다. 대표적으로 실질적 집행자의 권력이나, 집행전략, 정치게임의 기본원칙인 협상과 설득 등의 정치게임 방법을 들 수 있다.

③ 일선관료의 조직과 행태에 초점을 둔 이론(Lipsky, 2010)

관료제는 본질적으로 현장중심의 실천조직이다. 그 중에서도 일선관료(street-level bureaucracy)는 정책을 실현하고 성과를 측정하여 실질적으로 정책의 성패를 좌우할 현장중심의 권한과, 필요한 자원의 동원과 행정재량권(administrative discretion) 등을 가지고 있다. 특히 합법적인 권한범위에서 행사하는 재량권뿐만 아니라 정책현장에서 구체적 일이나 상황의 판단에 따른 결정이나 선택을 할 수 있는 자유로운 재량행위를 행사하는 일선관료의 역할은 정책성패에 중요한 변수가 되고 있다.

따라서 정책집행을 책임지는 관료제의 조직특성이나 구성도 중요하지만, 실질적으로 집행담당 관료들의 집행의지와 실천노력, 정책의 목적과 철학을 이해하고 순응하는 정도, 정책현장의 현장감각과 자기결정력, 국가정책으로 개인의 이해관계에 개입하고 간섭하는 태도나 인성 등과 같은 요인들이 정책성패의 변수가 되고 있다.

④ 관리 중심의 정책집행이론(Parsons, 1995)

정책집행을 전통적인 행정과정으로 이해하고 설명하고자 하는 이론이다. 즉 집행의 방법과 운영에 관한 운영지침으로 만들고, 이것을 실천하기 위한 조직 및 자원과 인사

관리에 초점을 설명하는 이론이다. 그래서 경영학이나 관리과학 등의 관리이론이나 인적자원관리(HRM: Human Resources Management)와 조직관리 등을 활용하고 있다.

관리 중심의 집행이론은 행정학의 고전이론인 행정과정론에서도 설명되고 있다. 즉 정책집행의 구성인력과 자원동원 계획을 마련하고, 계획된 지침에 따라서 필요한 구체적인 사업이나 프로그램을 준비하여 이것을 현장에 실천하고 그 내용을 점검하여 필요한 경우에 집행수단이나 내용을 수정 · 보완하면서, 사업이행 실적이나 진행상태 등을 기록하고 통제하여 정책담당자나 결정자에게 보고하는 등과 같은 일련의 과정이 정책집행의 핵심적인 활동이다.

이와 같은 집행과정은 다음과 같이 요약 · 정리할 수 있다. 운영지침 마련 ⇒ 사업 · 프로그램 등의 준비 ⇒ 현장에서 실천 및 집행 ⇒ 점검 및 통제 ⇒ 수정과 보완 ⇒ 실적과 진행상태의 기록 및 보고 등이다. 이러한 집행과정에 영향을 미치는 변수로는 조직이나 상황변수, 정치변수, 기타 통제 불가능한 천재지변이나 재난 등과 같은 외부변수, 정책대상자나 수혜자, 시민단체 또는 이익집단 등의 참여나 저항 등을 지적할 수 있다.

⑤ 조직 중심의 정책집행이론(Elmore, 1978)

조직이론을 중심으로 하는 정책집행 이론은 앞에서 설명한 관료조직 이론과는 다르다. 조직이론은 정책집행을 네 가지로 설명하고 있다. 첫째, 조직관리 집행이다. 정책집행은 계층제의 원리에 따라서 조직목표의 달성과 성과를 극대화하기 위해서 자원과 책임을 최적상태로 분배하고 이에 따라서 주어진 과업을 수행한다는 것이다.

둘째, 관료과정 집행이다. 재량행위와 일상적인 과업 중심의 관료조직은 집행권한을 소유하고 있고, 이와 같은 권한을 확인하고 통제하는 것이 정책집행의 중심적 활동이다.

셋째, 조직발전 집행이다. 조직구성원의 심리와 사회적 욕구충족 기능을 수행하는 조직은 개인의 참여와 통제 및 공헌 등을 극대화 해야 한다. 따라서 정책의 결정자와 집행자 간의 합의의 형성과 수용으로 정책집행의 과정을 설명한다.

넷째, 조직갈등과 협상의 집행이다. 희소한 자원과 기회나 권한 등에서 발생되는 개인이나 집단 간의 갈등의 현장에서 권력은 변동되게 마련이다. 이때 집행은 갈등하는 조직단위나 집단에서 참여자의 기회와 선호를 반영하기 위한 일련의 협상이라고 설명한다.

⑥ 정책순응과 불응(不應)이론

정책을 성공적으로 집행하기 위한 집행전략이나 성공적인 집행요인 등을 정책순응과 불응(policy compliance or non-compliance)으로 설명할 수 있다. 즉 정책집행의 문제가 되는 원인을 찾고, 이를 극복할 수 있는 전략으로, 설득과 선전, 동의나 지지의 획득, 정책내용의 변경이나 수정 등을 통해서 정책순응을 확보해야 정책집행이 성공하고 나아가 정책이 성공할 수 있다(이혁우, 2017; Anderson, 2014).

정책순응을 뒤집어 보면 정책의 불응이다. 즉 정책집행이 순조롭게 진행되지 못하는 원인이 있다. 이것을 정책불응이라고도 한다. 그러나 정책불응과 정책저항은 차이가 있다. 정책저항(policy resistance)은 기존의 정책이 변화되거나 변동될 경우에 정책대상자나 결정자 또는 기타 집단이나 조직(특히 시민단체나 직접적인 이해관계를 가진 정부기관이나 조직 등) 등이 적극적으로 기존의 정책을 고수하려는 것이다(Edwards and Kleinschmit, 2015). 반면에 정책불응은 정책집행 그 자체에 저항하거나 또는 수용하지 않거나 반대하는 경우이다(황해동, 2011).

정책불응의 요인이나 원인을 이해하게 되면, 이것을 극복하고 해결할 수 있는 전략과 방법인 정책순응을 알 수 있다. 일반적으로 제시되고 있는 정책집행의 불응 요인을 다음과 같이 정리할 수 있다.

① 정책결정권자의 정책의도나 목표가 불분명한 경우, ② 정책수단의 미비, ③ 정책집행자의 저항이 있는 경우, ④ 정책환경이나 조건이 집행에 불리하게 변화된 경우, ⑤ 지방자치정부나 기타 정부와의 정치적이고 재정적·법적 권한에 갈등이 있는 경우, ⑥ 정책의 지원체제(재정, 조직, 인사 등)가 불비(不備)한 경우, ⑦ 정책가치의 편중에 의한 정책수혜자의 저항이 심한 경우, ⑧ 정책집행자가 개인적으로 집행수단을 독점하거나 부정과 부조리가 있는 경우, ⑨ 정책집행에 필요한 정보나 지식, 기술 수준이 부족한 경우, ⑩ 정치지도자나 정책결정자의 리더십에 문제가 있는 경우, ⑪ 집행자의 열의나 노력이 부족하고 태만하거나 기술적인 능력 등이 부족한 경우, ⑫ 자연적인 재해나 사건, 사고, 기타 위험요소가 발생한 경우, ⑬ 고의적인 집행자의 반발과 저항 등을 들 수 있다.

정책을 성공적으로 실행하기 위해서는 위에서 열거된 정책불응의 요인들을 극복할 수 있는 수단과 방법을 갖추는 것이 정책순응이다.

3) 정책집행자의 유형

정책집행을 일선관료의 조직과 행태로 설명하면서, 구체적인 정책집행에서 발생되는 집행자의 행정재량권을 설명하면서 제시된 정책집행자의 유형이다. 정책집행에서의 재량행위는 보다 세부적이고 구체적이며 현장판단적인 것이 대부분이다. 정책의 이해관계에 따른 정책결과나, 정책편익을 분배하거나 규제하는 등과 같은 정책가치와 효용의 결정과 선택에 따라서 정책집행자의 재량행위가 영향을 받게 된다.

Robert Nakamura와 Frank Smallwood (1980)는 정책집행자의 재량권의 형태와 강도에 따라서 정책집행자의 유형을 다섯 가지로 분류하였다[2].

① 주어진 정책내용과 규정을 기술적으로 조직계층의 명령에 따라서 집행하는 전통적인 기술관료형이다(classical technocrats).

② 정책결정자와 법령에 의해서 집행이 광범위하게 집행자에게 위임되어 있다; 때문에 정책집행 수단을 선택하거나 집행의 범위를 결정할 때 상당한 재량권을 행사할 수 있는 제도적 위임형이다(instituted delegates).

③ 결정자와 집행자 간에 정책목표나 가치를 합의할 수 없는 경우에 정책가치 뿐만 아니라 정책수단에 관해서 서로 간에 협상하는 협상자형이다(bargainers).

④ 정책결정권자가 구체적인 사항을 분석하고 통제할 수 없을 때 집행자에게 광범위한 사항을 위임하는 경우이다. 따라서 집행자가 이를 받아들여 실질적으로 세부적인 사항을 임의로 결정하는 재량적 실험자형이다(discretionary experimenters).

⑤ 집행관료들이 정책의 결정권과 집행권을 전적으로 통제하고 그들의 권한사항으로 처리해 버리는 관료적 기업가형이다(bureaucratic entrepreneurs).

이와 같은 정책집행자의 유형별 특징을 〈표 3-1〉과 같이 정리할 수 있다.

---

2) Nakamura와 Smallwood는 정책집행자의 유형을 정책결정자와 정책집행자와의 관계에 따라서 정책결정자의 리더십으로도 설명했다.

〈표 3-1〉 정책집행자의 유형별 특징

	정책결정자	정책집행자	정책집행 체제의 실패요인
기술관료형	• 구체적 정책목표 설정 • 목표달성에 필요한 기술적 권한만 위임	• 정책목표의 지지 및 목표달성 기술수단 준비	• 수단의 기술적 실패
제도적 위임형	• 구체적 정책목표 설정 • 목표달성에 필요한 행정권한의 위임	• 정책목표의 지지 및 목표달성을 위한 행정수단을 협상	• 수단의 기술적 실패 • 협상의 실패
협상자형	• 구체적 정책목표 설정 • 목표와 수단에 대한 집행자와의 협상	• 목표와 수단에 대한 결정자와의 협상	• 수단의 기술적 실패 • 협상의 실패 • 타 협상자의 포섭 또는 속임수
재량적 실험자형	• 추상적 목표의 지지 • 목표와 수단을 정할 수 있는 광범위한 재량권 위임	• 정책결정자를 위해서 목표와 수단을 결정	• 수단의 기술적 실패 • 애매모호함 • 타 협상자의 포섭 • 무책임
관료적 기업가형	• 집행자들이 결정한 목표와 수단을 지지	• 목표결정과 달성에 필요한 수단을 선택 • 정책결정자에게 목표를 설득함	• 수단의 기술적 실패 • 타 협상자의 포섭 • 무책임 • 정책 선점

출처: Nakamura and Smallwood, (1980). *The Politics of Policy Implementation*: Table 7-1 (pp.114-115).

5. 정책평가

1) 정책평가의 특징

정책과정에서 정책평가는 정책이 집행된 후의 정책의 결과를 판단하는 사후(ex post facto) 평가가 일반적이다. 정책에서 결정된 구체적인 사업이나 사건을 집행한 이후에 과연 정책이 원래의 정책가치와 목표를 어느 정도로 실현시켰는가 하는 정책과제의 실현 정도나 목표달성도 등을 평가하는 정책결과나 영향을 점검하고 판단하는 것이다.

특히 정책평가는 정책집행의 결과나 내용 중심인 성과를 진단하고 측정하여(program performance evaluation), 각 사업의 목표달성도나 또는 생산성이나 행정관리역량 등에 초점을 두기도 한다(이광희, 2014). 그리고 정책가치에의 기여도나 정책수행능력, 일반적인 정책집행 자원의 동원과 전략 및 전술의 활용능력(리더십), 국가주의의 정책개입 정당성을 판단하고 진단하는 총괄평가나 정치적 의사결정에 따라서 정치적 우선순위나 정치철학의 실천정도 등을 평가하는 국정평가 등과 같은 정책의 근본이념과 목표의 진단과 측정 등도 정책평가의 주요 대상이다. 이와 같은 정책평가의 특징은 세 가지로 정리할 수 있다.

① 정책과정 전체를 점검(monitoring)하고 조정(steering)하는 역할

정책과정에서 정책평가는 이론적이고도 실천적으로, 정책의 결과뿐만 아니라 정책의 진행과정이나 상태를 평가하는 형성평가도 중요한 평가활동이다. 따라서 정책평가는 평가의 다양한 이론이나 방법과 절차 등을 사전에 탐색하고 결정하여, 이것을 정책과정의 활동에 적용하거나 조정하는 것이 정석이다(이것을 TBE(Theory-Based Evaluation) 또는 TDE(Theory-Driven Evaluation)라고 한다(Vitalis, 2014).

특히 정책과정에서 정책평가는 정책의 전 과정의 진행상태를 진단하고 점검하는 활동이다; 때문에 정책의 목표와 이념이나 정책환경 등을 고려하면서 정책과정이 기본계획과 가치판단에 따라서 진행되도록 하는 것이다. 예를 들면, 정책의제에서 책정되고 결정된 정책가치가 정책수단을 선택하는 정책대안의 형성과정에서도 적절하고 타당했는가 하는 것을 평가하는 것 등이다.

② 과학적 활동

앞서 정책평가의 정석을 'TBE'라고 했듯이 일정한 평가기준과 지표를 설정하고, 정책활동과 그 성과를 측정할 수 있는 계량적이고 정성적인 측정단위를 구성하고, 이에 근거해서 자료를 수집하고 해석하여 정책활동의 성과나 목표달성도나 국정과제의 수행능력 등을 평가하는 것이다. 이것은 과학이고 과학적 평가이다. 그래서 이와 같은 평가결과나 내용 및 평가과정은 객관적이고 공정하며 보편적이라고 할 수 있다.

예를 들면, 정책평가는 정책내용이나 정책의 진행과정을 객관적이고 사실적으로 진단하고 측정할 수 있는 평가지표나 기준을 마련해야 한다. 일반적으로 평가지표는 계량적인 것이 많다. 그렇다고 비계량적인 평가항목을 무시하거나 축소하는 것은 아니다. 비계량 과제를 평가할 지표도 최대한 계량화 지표로 전환하지만, 가치판단이나 정책이념에의 충실성과 충성도 등을 평가하기 위한 정성지표도 만들고 있다. 그래서 이와 같은 지표 중심으로 평가의 자료를 수집하고 이것을 측정하기 위한 측정수단 등을 결정해서(마치 가설을 설정하고 이에 필요한 자료를 수집 및 해석하여 가설을 증명하듯이) 정책평가를 진행하는 것이다. 따라서 그 결과는 과학적 산물이며, 객관적이고 사실적이며 반복적으로 검증할 수 있다. 그래서 정책평가의 방법론이나 기법 등을 보면, 통계분석이나 체제분석 등과 같은 수량적인 것이 많다(물론 가치나 윤리 등을 평가하는 방법도 있다).

③ 정치적 활동

정책평가가 과학에 한정된다면 아마도 쉽고 편안한 정책활동이 될 것이다. 그러나 정책평가는 과학적 과정과 방법에 의한 검증된 결과를 기초로 하거나 이를 등에 업고 정치적 의사결정과 내용을 평가하는 정치이기도 하다(science-backed political evaluation). 즉 과학으로 포장하고 그 대항요건을 갖춘 정치적 활동이다(House, 2015).

정책평가는 단순히 객관적인 자료수집과 검증의 활동만은 아니다. 특히 국정과제나 정치적 의사결정의 활동이나 내용을 평가한다는 것은 과학만으로 불가능하다. 평가란 본질적으로 잘잘못을 가리고 우열의 순위를 매기며(ranking), 장단점을 밝혀내는 속성을 가지고 있다. 동시에 최소의 비용으로 최대의 효과를 누가 가장 잘 도출했는가 하는 줄 세우기 작업이다.

정책평가의 속성은 정치이다. 정책사업은 정치적 판단의 결과산물이다. 특히 당파간의 이해관계가 내립하는 현실정치에서 정권을 가진 집단이나 정책결정권자는 자신들의 통치이념과 철학에 기초하여 결정한 다양한 정책의 진행상태나 그 결과물에 관심을 가질 수밖에 없다. 왜냐하면, 각종 정책의 성공이나 사업의 결실은 곧바로 시민들의 정권에의 지지와 인기에 직결되어 있기 때문이다. 특히 정권을 재창출하거나 다음 선거 등에서 승리해야 하는 입장에서 정책의 성공적인 평가는 곧바로 정권의 정당성과 연계되기 때문이다(Jordan and Huitema, 2014; Rugg, 2016).

정책의 최고결정권자를 중심으로 하는 정치적 의사결정집단은 정책이념과 통치철학을 제시하고, 정치적 정당성을 인정받을 수 있는 정책비전이나 사상을 제시하게 된다. 이에 따라서 정치적으로 결정되고 채택된 정책비전과 정향을 구체적으로 실천할 다양한 사업이나 프로그램 등을 개발하고(정책대안의 개발) 정리한다. 나아가 정치적 책략의 정당성(정책개입의 정당성)을 선전하거나(정책홍보), 실행할 수 있는 방법 등을 마련하고 준비하는 정책개발과 조언자(policy developer and advisor) 집단이 있다. 그러면 이와 같은 정책사업은 법령화되기도 하지만 많은 경우에, 국정과제나 정책과제로서 행정부를 중심으로 정책을 실현하거나 집행하게 된다. 이것은 전형적으로 행정부의 활동이고 역할이다.

이와 같이 결정되고 집행된 정책의 전체 과정뿐만 아니라, 정책의 결과를 과학적 방법과 기술을 사용하여 평가하고 그 결과를 제공하면서 동시에 정치적 책략의 비전과 사상에 타당하고 적절한 정책이라는 것을 과학화 하고 객관화 하고자 한다. 이것이 정책평가에서 정치이다.

어떤 면에서 정책평가는 설거지 작업이라고 할 수 있다. 다양한 정책의 정치적 결과를 판단하고 해석하여 정책의 정당성을 정치권력이 확인할 수 있도록 한다. 이에 따라서 계속해서 정치적 과제나 국정문제를 해결하고 판단하기 위한 정책을 결정하고 또 집행할 수 있는 정책시간과 공간을 만들 수 있게 한다. 이는 마치 식사 이후에 식탁이나 필요한 주방기구나 조리도구 및 접시 등을 적재적소에 활용 수 있도록 설거지하여 재배치하듯이 정책평가는 정치적 의사결정인 만찬 이후의 설거지 활동과 같다고 설명할 수 있다.

2) 정책평가의 유형

정책평가는 과학적 활동이면서 정치이다. 때문에 어려우면서도 동시에 말썽의 불씨를 가지고 있다. 즉 평가결과나 과정을 얼마만큼 신뢰하고 수용하는가 하는 문제이다. 그래서 정책평가는 개인적인 선호와 판단에 의한 주관적이고 편협된 평가를 피하기 위해서 이론에 근거한 평가(TBE)가 또한 주요한 특성이라고 했다. 여기서는 공정하고도 객관적인 평가(과학적인 평가)와 동시에 정치적으로 신뢰할 수 있고 수용될 수 있는 평가의 방법에 초점을 둔 몇 가지 유형을 설명하고자 한다.

① 총괄평가

정책결과와 성과에 의한 정책의 영향과 효용을 총괄적으로 평가하는 방법이다(summative evaluation). 즉 정책의 시행 이전과 이후의 정책결과와 성과를 비교하는 것이다. 정책이 실행되기 이전의 상태와 실천되고 집행된 이후의 정책효과와 성과를 객관적이고 수량적으로 측정하는 실험방법을 많이 이용한다. 정책의 인과관계를 밝혀서 정책의 효과나 효용을 판단하는 것이다. 물론 계량적인 정책인과뿐만 아니라 가치판단의 정성적인 정책의 인과관계도 밝힌다. 총괄평가는 이와 같이 실험방법으로 정책인과를 설명한다고 해서 이것을 일명 실험적 평가방법이라고 한다.

② 형성평가

총괄평가에만 의존하면 정책의 전반적인 과정에서 발생되는 정책환경의 변화에 의한 정책가치나 목표의 변동, 정책과정의 변화, 평가기준이나 지표의 변동 등을 고려할 수 없다. 때문에 정책목표의 달성이나 문제해결에 필요한 정책의 전(全) 과정을 계속적으로 감시하고 감독하는, 정책의 집행과 과정 전체를 평가하는 형성평가(formative evaluation)도 필요하다. 정책이 대상집단을 중심으로 적절하게 작용하였는가, 원래 정책에 명시되고 구체화 된 것과 같이 정책서비스나 결과가 일치하고 있는가, 사업을 완수하기 위해서 추가적인 자원이나 지원이 필요한가 하는 것 등을 구체적으로 지적하는 평가활동이다.

③ Goal-free 평가(Youker 외 2인, 2017)

일반적으로 평가는 목표 지향적이다(goal-oriented). 그러나 목표달성과 그 정도를 평가하지만 goal-free 평가는 정책목표에 구애되거나 집착하지 않고, 실질적으로 정책결과가 어떻게 나타났는가, 무엇이 실현되었는가 하는 것 등의 사실적인 평가방법(de facto evaluation)이다.

'Goal free' 평가를 이용하는 목적은 다음과 같다. 평가항목과 평가기준이 목표와 가치의 변화에 따라서 변동되기 쉽다. 그러면 평가주체에 따라서 주관적이고 편의적인 평가가 될 수 있다. 또한 정책대상자의 여론이나 그들의 욕구와 지지에 함몰되어 정책결과를 평가하게 될 가능성 등이 있기 때문이다.

④ 효용평가

정책가치나 목표는 주관적인 판단에 따라서 변화될 수 있다. 그래서 정책이 어떻게 실현되고 있는가 하는 점증적인 입장에서 정책체제의 이용 정도와 그의 효용 등을 평가하는 방법이다. 사회복지정책이나 전달체계를 중시하는 사회사업 및 정책수혜자의 만족도 평가(satisfaction evaluation) 등도 효용평가의 한 유형이다.

그러나 만족도 평가와 정책평가는 다르다. 만족도 평가는 사용자 중심의 평가(user-oriented evaluation)이다. 정책사업의 최종적 수혜자나 이해관계자들이 정책의 실행과 집행에서 발생된 영향이나 변화에 대한 구체적인 만족감이나, 또는 체화하거나 물리적으로 감지할 수 없지만 감성적으로 느끼는 정책의 영향이나 효용에 대한 주관적 인식 정도를 평가하는 것이 만족도 평가이다. 따라서 만족도는 개인의 감성과 판단에 의한 주관적 특성을 가지고 있다. 그래서 만족도 측정이라고 하는 것이 더 타당하다(Christie, 2014).

정책의 효용평가는 객관성을 전제로 한다. 물론 개인의 효용이라는 심리적이고 주관적인 상태를 인식하지만, 이것이 과학적 근거와 이성적 판단에 적합하도록 한다. 즉 정책의 이해관계에서 개인주의적 판단과 감성이 사회적이고 공공적으로 인정되고 공개되며 공감을 공유할 수 있을 때 정책효용이 될 수 있고, 이것을 평가할 수 있다는 것이다. 물론 효용평가는 평가이론이나 방법에 근거하고 있지만, 만족도 측정은 이와 같은 이론적 근거가 필요없다(Christie, 2003).

⑤ 가(假)평가

정책의 결과가 정책대상 집단이나 개인 또는 전체 사회에 어떤 영향을 가져올 것인가 하는 정책가치나 효용 또는 정책변화 등에 대한 판단을 유보한 채, 우선 정책결과에 대한 정보를 과학적으로 탐색하고 분석하는 방법이 가평가(pseudo evaluation)이다. 따라서 가치판단이나 정책의 정당성 등을 평가하지 않는다. 단지 정책과정의 변화 상태를 기술할 뿐이다. 따라서 정치적 논쟁이나 가치판단 등과 같은 압력이나 정보에서 자유로운 평가라서, 정물화를 그리듯이 정책을 평가하는 방법이다(Dunn, 2018).

⑥ 성과평가

성과평가(performance evaluation)를 사업평가 또는 프로그램 평가라고도 한다. 프로그램이나 사업의 집행 결과를 경제적인 기준인 능률성이나 목표달성도인 효과성 등에 따라서 평가하는 것이다. 따라서 결과 중심의 효율성을 강조하는 평가방법으로, 한국의 평가제도는 성과중심의 평가에 초점을 두고 있다. 성과평가는 조직의 목표달성 기여도나, 업무수행을 통해 달성된 결과에 따라서 조직 구성원이나 조직 전체의 경쟁력을 유발하기 위한 보상(성과급) 등의 성격도 가지고 있다.

특히 성과평가는 성과주의 예산제도(PB: Performance Budgeting)의 도입으로 크게 활용된 방법이다. 일의 단위에 따른 결과중심의 성과에 따라서 예산을 배정하고 배정된 예산을 능률적이고 효율적으로 집행하여 주어진 정책과업을 달성하고자 하는 예산편성의 지침으로 활용되는 평가방법이다. 특히 1993년 미국에서 정부성과결과법(GPRA: Government Performance and Results Act)[3)]을 제정하였다. 이 법은, 성과는 곧 결과와 연계되어야 하는 것을 강조하면서 성과평가는 정책평가의 대명사처럼 취급되어 왔다.

한국정부의 업무평가도 마찬가지로 성과평가를 기본으로 하고 있다(조희진 · 장용석, 2014). 한국정부의 정책평가는 성과중심주의이지만, 각 정부기관이나 법인 또는 단체 등 공공기관 전체의 사업이나 목표달성 등을 종합적으로 평가하는 방법을 이용하고 있다. 특히 1998년에 '정부업무 등의 평가에 관한 기본법'을 제정하여 각 기관의 성과를 총괄적으로 평가하는 기관평가제도를 도입하였다. 그리고 2006년에 '정부업무평가 기본법'(법률 제7928호, 약칭 평가기본법)으로 명칭을 개정하고, 다양한 법령으로 개별적이고 중복적으로 시행되고 있는 정부업무나 정책과제 등의 평가를 통합적으로 체계화하는 통합평가인 통합적인 성과평가와 관리방법을 채택하고 있다[4)].

평가기본법에서 정한 방법은 통합 국정평가 제도이다. 각 정부부처(장 · 차관급)의 사

---

3) 미국정부의 성과중심의 평가제도나 정책이 다양하게 변화되기도 했지만, 핵심 주제어는 '성과(performance)'이다. Obama 행정부에서 '정부성과결과 현대화 법'(GPRA Modernization Act, 2010)으로 수정해서 시행했지만, 성과평가 제도에는 변함이 없다. 성과평가의 해외사례 등은 황혜신 교수의 보고서(2013) 『해외사례 비교분석을 통한 한국 정부업무평가제도의 개선방안 연구』. 한국행정연구원)를 참고할 수 있다.

4) 2006년 평가기본법의 시행으로, 정책실패나 부실정책 등을 방지하기 위하여, 정책과정을 사전 평가하고 관리하여 사후적 정부업무평가를 보완하고자 한 정책품질관리규정에 의한 정책품질관리(policy quality management) 제도는 폐지되었다.

체평가를 기초로 해서 각 부처의 국정과제 수행능력이나 조직관리 및 리더십 등을 국무총리 소속의 정부업무평가실과 정부업무평가위원회를 중심으로 통합하고 조정하는 평가방법을 시행하고 있다. 동시에 평가결과를 정책개선이나 예산과 조직 및 인사관리 등에 반영할 수 있도록 해서 국가정책의 책임성과 효과성, 정책의 정치성 등을 향상시키기 위한 제도로 활용하고 있다(차의환, 2007).

⑦ 메타평가(윤수재, 2012)

메타평가(meta evaluation)나 메타분석 등의 방법은 정책평가뿐만 아니라 일반적인 방법론으로도 잘 알려져 있다. 정책평가의 한 방법으로 메타평가는 평가의 평가이다. 다양한 평가방법을 활용하여 진행된 평가 또는 평가결과에 대한 신뢰성과 타당성, 이용가능성 등을 진단하고 평가방법의 문제점이나 장단점을 확인하며, 평가내용이나 결과의 객관적인 수용이나 결과에의 저항이나 무시 등의 가능성 등을 평가하고 제시하는 방법이다. 따라서 메타평가는 정책평가제도나 방법 등을 심층적으로 재평가하여 평가의 신뢰성과 평가역량을 향상시키고자 하는 목적을 가지고 있다.

특히 성과평가의 경우에 평가지표의 타당성이나 현실적인 가능성, 평가자의 전문적이고 객관적인 평가능력, 평가결과가 실질적인 정책의 개선방향이나 지침을 제공할 수 있는가 하는 등의 문제점을 진단하고 그 처방책을 제시하는 메타평가가 정책평가에서 크게 중요시되고 있다.

⑧ 동료평가(Vedung, 2009)

동료평가(peer review)는 동료들이 전문가인 경우에, 상호 간에 전문가적 판단과 정보를 교환하면서 정책과제의 채택에서부터 정책의 전 과정이나 영향 등을 비판적 입장에서 평가하는 방법이다. 예를 들면, 변호사가 타 변호사의 업무능력이나 사건분석능력, 수임사건의 성공가능성 등을 평가하거나, 의사가 동료의사의 수술능력이나 환자진료의 정확도 등을 평가하는 것, 또는 교수가 동료교수의 논문이나 글을 전문가적 판단에서 평가하여 전문학술지나 저서로서 타당한가 하는 것 등을 평가하는 경우이다. 이처럼 전문가 집단에서의 평가이기 때문에 신뢰성은 있지만 보편적인 타당성이나 수용성 등은 낮은 편이다.

3) 정책평가의 기준

정책평가는 과학적 활동이면서 동시에 정치이다. 따라서 과학을 기반으로 하면서 정책의 정치적 평가를 할 평가의 기준과 지표가 있어야 한다. 즉 과학적 방법의 기준에 기초하여 정치적 판단과 결정을 하는 정책개입을 통한 정책의 성과나 영향 등을 정치적으로 평가할 수 있는 기준과 평가절차 등을 갖추는 것이 중요하다.

① 평가절차

일반적으로 평가절차는 가설을 검증하여 이론을 형성하는 연구방법이나 조사방법의 절차와 유사하다. 예를 들면, 평가대상의 선정과 확인 ⇒ 평가방법의 개발 ⇒ 평가에 필요한 구체적인 자료의 수집 ⇒ 수집된 자료의 분석 ⇒ 평가결과의 해석과 판단 등과 같다.

② 정책평가의 기준

정책평가의 기준은 평가활동의 정당성을 판단하는 잣대이다. 또한 평가활동의 정당성은 국가의 정책개입이 정당하고 타당하다는 것을 과학적이고 정치적으로 검증할 수 있는 잣대이다. 정책평가는 과학이면서(과학성) 정치라고(정치성) 한 속성에 따라서 평가기준을 이에 따라서 구분하여 볼 수 있다(〈표 3-2〉).

여기서 한 가지 더 설명할 것으로, 평가지표는 평가기준과 다르다는 점이다. 평가항목을 구체적으로 조작해서 정책사업이나 구체적 프로그램의 성과나 진행과정 등을 수량적이고 가시적으로 측정하는 측정단위(measurement unit)이다. 물론 수량화하기 어려운 정성적인 내용이나 성과 등도 측정하기 위한 단위가 있어야 한다. 이것을 평가할 방법 중 대표적으로 정책구술(policy narrative)이나 판단평가, 정책델파이 등이 있다.

첫째, 정책평가의 과학성의 특성에 따른 평가기준으로 객관성과 신뢰성(reliability), 타당성(validity), 효과성, 능률성 등을 들 수 있다. 각각의 평가기준의 자세한 내용은 〈표 3-2〉를 참조하겠지만, 여기서 조금 더 설명이 필요한 것이 먼저 객관성이다. 객관성은 정책평가자의 전문가적 판단과 편견이 개입하지 아니하고 평가방법과 지표 등을 반복해서 사용해도 동일한 결과를 도출할 수 있는 과학적 객관성(scientific objectivity)이다.

동시에 정책에 의한 다양한 이해관계나 조직성향이나 학연, 지연 등의 정실주의나 또는 정치적 영향 등으로부터 정책평가가 중립적이라는 중립성(neutrality)을 의미한다.

타당성은 정책목표나 과제를 얼마나 잘 측정하였는가 하는 정확성(accuracy)을 의미한다.

〈표 3-2〉 정책평가의 기준

		내 용
과학성	객관성 (objectivity)	• 정책평가자의 전문가적 판단과 편견이 아닌 반복가능해서 동일한 결과를 도출할 수 있는 과학적 객관성 • 정책에 의한 다양한 이해관계나 조직성향, 학연, 지연 등의 정실주의, 정치적 영향 등으로부터의 중립성
	신뢰성 (reliability)	• 정책평가의 방법과 평가지표 등을 반복 사용하여 동일한 결과를 도출할 수 있는 일관성 또는 반복가능성
	타당성 (validity)	• 정책목표나 과제를 얼마나 잘 측정하였는가 하는 정확성 • 정책목표나 성과 등을 측정하기 위한 평가지표 구성과 선택의 정확성 • 평가자의 평가방법, 지표설정, 자료수집 등의 정확성(내적 타당성) • 다양한 정책에 적용하여도 동일한 평가결과를 발생할 정확성(외적 타당성)
	효과성 (effectiveness)	• 목표나 과제해결의 정도나 목표달성도, 능률적이고도 생산적인 정책과정의 실천에 의한 문제해결 능력과 실천노력
	능률성 (efficiency)	• 경제적 투입과 산출의 최적 비율이나 비용–편익의 최적 비율
정치성	정치적 가능성 (political feasibility)	• 정책의 정치적 정당성, 정치적 갈등과 권력의 조화로운 분배 • 정책결정자의 행태, 일반시민의 여론 등의 평가기준
	정치적 충성도 (political royalty)	• 통치집단이나 통치자의 정치이념과 철학의 지지와 실천 • 정책을 통한 정치철학 실천의 리더십 • 정치적 의사결정의 정당성 홍보
	대응성 (responsiveness)	• 정책과제의 현실적 필요성이나 긴급성, 문제나 과제의 해결에 의한 정치적 손익관계 • 현안과제의 해결능력
	책임성 (responsibility)	• 정책평가의 과학적 활동과 정치성에 대한 책임성 • 정책평가에 대한 법률적, 도덕적 책임성, 정책담당 조직과 인사 등의 행정책임성
	형평성(정의) (equity(justice))	• 정책을 통한 이해관계의 공정하고도 정의로운 분배 • 소통과 배려를 통한 정책이념의 확산과 목표달성 • 정책을 통한 꿈과 희망의 실현 정도
	만족도 (satisfaction)	• 정책에 의한 정책수혜자의 심리적 만족감 • 감성적이고 주관적인 만족도

정책목표나 성과 등을 측정하기 위한 평가지표의 구성이나 선택의 정확성, 평가자가 평가방법이나 평가지표를 설정하고 정책사업의 자료를 수집한 것의 정확성(이것을 내적 타당성이라고 한다), 그리고 평가지표와 방법 등을 다양한 정책에도 적용하여 동일한 평가결과를 도출할 수 있을 정확성(이것을 외적 타당성이라고 한다) 등과 같은 정확성이 있어야 한다.

둘째, 정책평가의 정치성에 따른 평가기준으로 정치적 가능성(political feasibility)과 정치적 충성도(political royalty), 정책의 대응성, 정책평가에 대한 과학적 책임(행정 및 법률적 책임) 뿐만 아니라 정치적 책임도 포함하는 책임성, 형평성(물론 사회적 정의를 포함), 만족도 등을 들 수 있다.

조금 더 설명이 필요한 기준으로 정치적 가능성과 충성도이다. 정치적 가능성은 정책의 정치적 정당성을 확보할 수 있는 기준으로 정치적 갈등에서 발생될 권력게임을 조정하고 조화시킬 수 있는 권력분배와 정책결정자의 행태나 일반시민의 정책에의 여론이나 지지도 등을 평가할 수 있는 기준이다. 정치적 충성도는 통치집단이나 통치자(일반적으로 'top policymaker' 또는 'policy stakeholder'라고 할 수 있다)의 정치이념과 철학에 대한 지지와 실천 정도나 정책을 통한 정치철학의 실천리더십과 정치적 의사결정의 정당성 등을 홍보하는 정책홍보의 노력과 성과를 측정하는 기준이다.

4) 정책평가에서 발생하는 현실적 문제점

정책평가에서 발생될 현실적인 문제점으로, 평가자뿐만 아니라 평가를 받는 피평가자나 대상집단이 여러 가지 방법이나 수단으로 평가를 회피하거나 왜곡시키는 것 등을 들 수 있다. 정책평가를 정확하고 객관적이며 공정하게 과학적 활동으로 진행한다고 하더라도, 내부적으로 이와 같은 평가의 과학성과 정치성을 손상시키거나 왜곡시킬 수 있다.

① 과장평가: 내부전문가나 구체적으로 관련된 정책담당자들이 정책사업을 평가할 때, 잠정적으로 기대 이상의 정책성공을 바라거나 또는 과잉욕망이나 열의 때문에 실제보다 정책결과를 과장해서 평가하게 될(slam-bang effect) 문제점이다.

② 터널효과(tunnel vision effect): 정책평가의 신뢰성 기준에 과잉집착하거나 또는 기존의 정책이념이나 목표 등에 집착하여, 미래의 정책평가나 영향을 항상 동일할 것

으로 생각하고 평가결과를 제시하려는 문제점이다.

③ 문턱효과(threshold effect): 정책자원이나 정치적 지지가 감소하면서 정책사업에 위기의식을 느끼게 되면 갑작스럽고 급격하게 정책의 변화를 시도하여 정책평가에서 유리한 위치를 차지하려는 경향이나 또는 달성하기 쉬운 업무에 집중하거나, 아니면 어려운 과업을 회피하려는 문제점이다.

④ 톱니효과(ratchet effect): 평가에서 높은 점수를 얻기 위해서 사전에 달성하기 쉬운 목표를 설정하거나 또는 목표달성도를 낮게 설정하는 문제점이다.

⑤ 결과조작(output distortion): 평가에 불리한 자료를 고의적으로 평가자료 목록에서 누락시키거나 또는 평가에 유리하도록 자료나 정보를 의도적으로 변경하거나 마사지하는 문제점이다.

〈표 3-3〉 정책평가의 문제점

	내 용
과장평가	• 잠정적으로 기대 이상의 정책성공을 바라거나 과잉욕망이나 열의 등으로 실제보다 정책결과를 과장해서 평가하는 것
터널효과	• 기존의 정책이념과 목표 등에 집착하여 미래의 정책평가도 동일한 평가결과를 제시하려는 것 • 평가의 신뢰성에 대한 과잉 집착
문턱효과	• 정책자원이나 정치적 지지의 감소에 의하여 갑작스럽고 급격한 정책 변화를 시도하여 정책평가에서 유리한 위치를 점하려는 것 • 달성하기 쉬운 업무에 집중하거나 어려운 과업의 회피
톱니효과	• 평가에서 높은 점수를 얻기 위해서 사전에 달성하기 쉬운 목표나 또는 목표달성도를 낮게 설정하는 것
결과조작	• 평가에 불리한 자료나 정보의 고의적 누락 • 평가에 유리하도록 자료나 정보를 의도적으로 변경하거나 마사지하는 것
유리한 해석	• 평가결과를 자신의 과업이나 조직에 유리하게 해석하는 것
노력대체	• 평가항목에만 한정해서 정책사업을 집행하는 것 • 정책의 주요 사업이지만 평가대상이 아니라고 소홀히 하는 것

출처: 공동성 외 2인, "개인성과 측정에 있어서 측정/평가방식 및 행태상의 문제점과 대응방안에 관한 연구" (2009). 『한국행정연구』. 18(2)의 〈표1〉(p.64); 신민철, "성과측정 왜곡에 대한 인식 정향성 분석" (2010). 『한국행정연구』. 19(4)의 〈표 3-2〉 (p.144) 등을 참조하여 보완한 것임.

⑥ **유리한 해석**(misinterpretation): 정책평가의 결과나 내용을 자신의 사업이나 조직에 유리하게 해석해 버리는 문제점이다.

⑦ **노력대체**(effort substitution): 평가항목에만 따라서 정책사업을 집행하거나 또는 정책에서 중요한 사업이고 내용이지만 평가대상이 아니라고 해서 무시해 버리는 문제점이다.

6. 정책종결

1) 정책종결의 특징

(1) 정책종결의 의미

일반적으로 정책의 종결은 정책 그 자체를 소멸시키거나 폐지하는 것을 의미하지만, 현실적으로 정책의 종결은 정책의 환승(termination)이라는 사실을 이해할 필요가 있다. 'Policy Termination'을 종결(終結)로 번역한 용어에 익숙해져 있지만, 새로운 정책사업으로의 승계나 변경 또는 정책을 융복합하면서 변화된 정책환경이나 목적 및 철학 등에 대응할 새로운 정책의 개발이나 창안, 현재의 정책을 유지하면서 사업의 당위성이나 정당성 등을 추구하는 계속적이지만 변화된 환경이나 목적에 의한 환승(換乘)의 의미로 'Policy Termination'을 이해할 필요가 있다(Bauer, 2006; de Souza and Secchi, 2015). 따라서 정책종결은 구체적으로 다음 네 가지 의미를 가지고 있다.

① **정책기능과 내용의 종결**: 정책의 내용과 기능을 종결하고 사업이 정치적이고 행정적 책임성의 마침을 의미한다.

② **정책조직의 종결**: 정책담당 조직을 해체하거나 타 기관과 통합하여 정책의 담당조직을 소멸시키는 것이다.

③ **정책의 종결**: 정책의제를 새롭게 정의하거나 정책이념이나 철학의 변화에 따라서 정책전략이나 접근방법을 변경하는 경우이다.

④ 사업의 종결: 정책을 실현시킬 구체적 수단이나 세부적인 사업이나 프로그램 등을 종결하는 것이다. 정책 그 자체를 변화시키거나 종결시키는 선행작업이다.

(2) 정책종결의 당위성

구체적으로 정책을 실현하는 정책집행의 단계에서 뿐만 아니라, 정책의 성과나 전체 과정을 평가하는 정책평가 등에서 정책종결을 설명할 수도 있다. 그리고 현실적으로 정책현장에서 집행이 불가능하거나 불필요한 경우, 또는 정책의제를 설정하고 대안을 수립할 때와 그 이후 정책환경이 변화된 경우에 정책을 수정하거나 보완하든지 아니면 폐기, 즉 종결할 수도 있다.

마찬가지로 정책평가의 결과에 의하여 정책이 성공적으로 시행되고 정책목표가 달성되었다면 정책은 완결되면서 동시에 종결될 수 있다. 동시에 정권의 변화에 의한 정치이념이나 철학이 변동되어 더 이상 정책을 지속하기 어려울 때도 기존의 정책에 적어도 정치적으로 미련둘 필요없이 종결할 수 있다.

적절하고도 성공적이라는 정책평가가 없다면 그 원인을 찾아서 정책과제를 다시 확인한다거나(정책과제나 문제의 재구성), 정책환경의 변화에 적응하지 못한 문제점을 발견한다든지(적용기능), 또는 구체적인 분야에는 어느 정도 만족할 만한 결과가 나왔지만 전반적으로 보면 정책시행이 미흡하여 계속적으로 정책을 추진할 것인가 하는(계속기능) 것 등을 이론적으로 설명하고 현실적으로도 실천할 수 있어야 한다. 이것이 정책종결의 역할이고 당위성이다.

정책평가의 정보에 의해서 정책이 성공적으로 시행되었다거나, 정책목표와 가치가 달성되고 정책과제가 해결되었다면, 정책은 이제 생명을 다했기 때문에 종결되어야 된다. 비록 정책성공을 확신할 수 있는 객관적인 정보가 없는 경우에도 정책을 계속적으로 시행할 것인지, 아니면 종결시키고 다른 정책을 모색해야 할 것인지 또는 다른 정책대안을 찾는다면 언제, 어떻게, 어떤 대안을 마련할 것인가 하는 것 등을 결정하는 것이 정책종결의 내용이고 당위성이다(Ferry and Bachtler, 2013).

(3) 정책종결의 어려움

정책종결을 단순히 정책사업의 계속 여부를 결정하는 것에만 한정한다면 정책종결은 어렵다. 왜냐하면, 정책대안의 개발과 선택 그리고 집행에 참여한 정책체제나 주체는 쉽게 자기들의 정책을 끝내려고 하지 않기 때문이다. 또한 이미 제도화되어 있는 조직이나 직제, 법령 등을 종결한다는 것은 조직과 제도 그 자체뿐만 아니라, 여기에 속한 사람들이 연합을 형성해서 종결에 반대하거나 저항하기 때문이다.

일단 정책이 법령으로 제정되면 그 이후에 이를 폐기하거나 대체한다는 것이 정책의 입법과정에서 쉽지 않다. 모든 조직이나 제도는 일단 구성되면 하나의 생명체처럼 현실에서 생존하려는 욕구가 강하다. 때문에 쉽사리 폐지하거나 종결하기 어렵다. 이것을 다섯 가지로 정리할 수 있다(Bardach, 1976).

① 정치적 측면에서 보더라도, 일단 정책을 형성하고 집행하는 과정에서 다양한 이해관계가 구축되면 이것을 타 목적이나 새로운 체제로 변환 또는 전환시키기는 쉬워도 종결시키기는 쉬운 일이 아니다. 왜냐하면, 정책이 정치적 의사결정이고 책략이다. 마찬가지로 정책종결도 정치적 결정이기 때문이다.

② 정책은 일반적으로 장기적인 결정패턴과 목적을 가지고 있다. 동시에 여기에 많은 비용을 투자해 둔 매몰비용이 크다. 이것을 쉽게 정리하고 포기하기가 어렵다.

③ 정책종결에 대항하는 반대연합 세력이나 작전이 만만치 않다. 정책결정자나 당파적인 이해관계자들이 이것을 극복하기 위한 정치적 비용을 크게 치르면서까지, 즉 피의 혈전을 각오하고서라도 정책을 종결할 것인가? 그렇지 않다는 사실이다.

④ 정책종결은 일반적으로 정책의 부정적 의미지가 강하거나 정책평가에서 하위등급을 받은 경우이다. 종결한다는 것은 이처럼 성공한 정책보다 실패한 정책을 정리하는 것이다. 이것을 공식적이거나 정치적으로 정리하기란 매우 어렵다.

2) 정책종결의 전략과 방법

정책종결이 쉬운 일이 아니다. 때문에 정책종결의 전략이나 방법으로 어떤 기준을 정해서 어떤 전략으로 정책을 종결시킬 것인가 아니면, 정책을 계속할 것인가, 또는 새로운 정책대안을 찾을 것인가 하는 것 등을 결정하는 이론이 중요하다. 어떤 전략과 방법을 이용해야 적은 비용(경제적이고 행정적이며 정치적 비용)으로 종결에의 저항을 최소화하면서 불필요하거나 불완전한 또는 성공이 불가능하거나 이미 끝난 정책을 정리할 수 있는가 하는 것이다(Behn, 1982).

① 정책종결의 목적이 무엇이고, 누가 종결사업을 담당할 것이며, 어떤 기준과 절차를 이용해서 얼마나 분명한 종결의지를 가지고 있는가 하는 등의 정책종결에 따른 비용과 효과에 대한 정보가 있어야 한다.

② 종결의 대상집단이나 제도에 대한 특성과 저항요인 등의 연구가 선행되어야 하며 종결의 범위인 부분적인 종결 또는 전면적인 종결 등을 결정해야 한다.

③ 법령화 된 정책종결에 따른 도덕적이고 윤리적이며 정치적인 종결의 가치를 분명히 정리해서 종결에 대한 부정적인 영향을 최소화하거나 이해관계에 대한 중립성을 정립할 수 있어야 한다.

④ 정책종결의 힘든 과제의 하나인, 정책종결에 따른 인적자원의 정리문제인 인사문제에 관한 명백한 기준과 처리방안 및 후속조치가 있어야 한다.

⑤ 정책 A를 종결시키기 위해서 정책 B를 결정하고 시행해서 자연적으로 정책을 흡수시키는 합병 · 인수(M&A: mergers and acquisitions) 전략을 사용할 수 있다.

⑥ 정책종결에 따른 종결대상자나 이해관계자의 법적 대응이나 헌법적인 소원 가능성을 되도록 피하고, 구체적이거나 내용적인 문제를 종결하는 것이 보다 더 타당하다. 왜냐하면, 법적인 문제가 제기되면 장기간에 걸친 대응전략이 필요한 법률분쟁에 가담하게 되어서 원래의 정책종결 목표를 실현시킬 가능성이 적어지기 때문이다.

정책과정의 현실에서는 정책의 시작과 끝이 물리적인 단계의 사슬처럼 분명하게 구분되거나 정리될 수 없다. 일단 구성되고 시작된 정책은 체제적으로 살아있는 정책이다. 즉 정책은 움직이는 생명체와 같은 유기체이다. 여기에 인간의 욕망과 가치라는 요인이 포함되어 있다. 때문에 정책을 소멸시킨다는 것이 쉽지 않다. 특히 정책 그 자체는 생존전략으로 목표를 다른 것으로 변환시킨다든지, 수단과 목표를 대체하거나 또는 단순히 저항하는 경우가 많다. 더욱이 사람의 경우에는 자기의 일자리와 생계문제가 관련되어 있다. 때문에 정책의 성공 여부에 관계없이 그것을 폐지하려고 하면 저항할 것이다. '오뉴월에 쬐던 불도 그만두면 서운하다'는 말이 이를 잘 설명해주고 있다.

그러나 이미 끝난 사업이나 또는 더 이상 필요없는 경우, 잘못 결정되고 시행된 사업, 시행상의 문제가 큰 사업, 도저히 불가능한 정책 등을 계속시킨다는 것은 큰 낭비임에 틀림없다. 이와 같은 것을 정책종결에서 이론적으로 설명할 수 있어야 하고, 이와 같은 종결이론이 정책현실에도 적용되고 실천될 수 있어야 할 것이다.

7. 정책변동이론

1) 정책변동의 특징

정책변동을 때때로 정책종결의 이론이나 전략으로 설명하기도 한다. 그 이유는 정책의 변동이나 변화를 통하여 실질적으로 정책을 종결시킬 수 있기 때문이다. 그래서 때로는 정책종결이라는 부정적인 이미지를 가질 수 있는 용어를 사용하기보다 정책의 본질인 정치적 이해관계의 질서를 흔들지 아니하려는 의도나, 또는 실질적으로 정책의 부분이나 구체적인 사업의 변경, 또는 정책의 명칭 등을 변경하는 정책변동이라는 긍정적인 용어를 사용하기를 좋아한다. 그래서 정책을 폐지한다는 의미의 종결보다 정치적인 수사(political metaphor)의 부드러운 어의적 의미를 띄는 정책변동은 정책과정론에서 이론적일 뿐만 아니라 현실적으로도 중요하다(Noda, 2018).

① 이론적 중요성

정책과정론은 정책결정행위의 일련의 진행상태를 시차에 따라서 설명하는 이론이라고 했다. 그래서 이것을 과정이론이라고 하면서 동시에 주기(cycle)이론, 즉 정책사이클(policy cycle)이라고 한 것을 기억할 것이다. 이와 같은 정책의 진행상태에서 정책의 내용뿐만 아니라 정책환경은 끊임없이 변화한다. 특히 정책은 살아있는 생명체와 같다고 했다. 그렇기 때문에 환경과의 끊임없는 상호작용 속에서 생존하기 위해서 명칭을 변경하는 일뿐만 아니라, 정책의제의 본질적 속성인 정책내용을 변화시키기도 한다. 정책의 내용이 변화되기 때문에 정책대안이 변화되기도 한다. 그러면 집행하고 실현할 전략이나 방법도 달라져야 한다. 이에 맞추어 정책의 성공과 잘잘못과 개선점 등을 평가하는 기준이나 방법도 달라진다. 그러면 '세월 따라, 인연 따라' 하듯이, 정책은 제목이나 명칭도 변경된다. 그리고 추구하는 이념이나 목적도 어느 사이에 바뀌게 된다. 이것이 과정이론의 필연적 속성이다.

그래서 경제학에서는 'business cycle' 또는 'economic cycle'을 경기변동으로 번역하여 이해하고 있다. 정책학에서도 정책과정이나 정책사이클을 정책과정으로 번역하였지만, 이론적으로는 정책의 주기가 변동되는 정책변동으로 이해하고 있다. 그래서 과정이론을 패러다임으로 하는 이론은 변동이나 변화를 전제로 하고 있다.

정책변동을 이론적으로 보다 정확하게 이해하기 위해서는 변동 또는 변화이론(theory of change)(Prinsen and Nijhof, 2015)을 먼저 이해해야 한다. 'Change'를 변화라고 해도 되지만 학문적으로 번역할 때는 변동이라고 하는 경우가 많다. 관습적인 측면도 있지만 변화가 진화(evolution)와 발전(development)을 동시에 설명할 수 있는 개념이라고 한다면, 변동은 변화의 진행상태에 초점을 둔다고 볼 수 있다.

변동이론에서 가장 많이 알려져 있는 것이 사회변동이나 사회발전 또는 행태변동이다. 변동이나 변화를 이해하기 위한 기본 단위가 진화와 발전의 개념이라고 했듯이, 진화는 생물학적 개념으로 생물이나 집단이 수세대를 지나면서 변화를 축적해서 과거의 특성이 변화되어 새로운 형태의 종이나 유형의 특성이 발생되는 것을 의미한다. 이것이 『종의 기원』(On the Origin of Species, 1859)으로 잘 알려진 Charles Darwin (1809~1882)의 진화론이다. 그러나 사회적 진화론(social evolution) 또는 다윈주의(social Darwinism)는 적자생존의 자연선택과 경쟁의 원칙 등을 경제나 정치의 힘의 원리에 적용하여 설명한 것이다(Lewis, 2016). 예를 들면, 자본주의 경제질서에서 시장의 가격원칙이 작용하는 시장질서를 가장 잘 존중하고 지키는 자만이 살아남듯이 정치적 힘의 균형원리보다 정치적 우월주의 생존법칙을 지키는 자가 살아남을 수 있다는 논리이다.

반면에 발전은 현상이나 사물의 변화상태를 기술하는 이론이다. 즉 사진현상과 같이 음화에서 양화로 변화되는 것을 발전한다(developing)라고 표기하듯이(현상(형상을 나타내는 것)이 보다 정확하다), 발전은 가치판단이나 선악을 전제로 하지 않는 변화를 설명하는 개념이다. 그러나 이와 같은 개념이 사회발전이나 개발 등으로 도입되면서, 발전은 바람직한 상태로의 변화를 의미하는 개념으로 이해되기도 했다(Marshak and Bushe, 2018).

변동이론은 진화와 발전 등의 개념을 전제로 하고 있다. 때문에 사회현상을 설명하는 사회변동(social change)이나 사회발전, 행태변화 등도 진화와 발전 등의 개념이 조금씩 전이되면서 활용되었다. 사회변동은 사회진보나 사회문화적 진화 등을 진화론이나 변증법으로 설명하는 이론이다. 즉 사회경제적으로 중상주의에서 자본주의 및 온라인 시장 등으로의 변동을 설명하는 이론이다. 동시에 새마을운동이나 마르크스 공산주의운동, 미국의 진보운동(progressive movement), 정책학운동(policy sciences movement) 등과 같이, 사회변동은 문화와 종교, 경제, 과학기술, 이념이나 사상 등에 의한 사회의 지배적인 가치판단이나 패러다임의 변화를 집중적으로 설명하는 이론이다.

마찬가지로 행태변화는 개인의 행동변화의 원인으로, 환경변화와 개인적 특성의 변화 등을 설명하고자 한다. 구체적으로 학습이론, 사회학습과 인지이론, 이성적 행동론, 계획행동론, 행동변화모형론 등과 같은 다양한 이론들로 발전하고 있다[5].

② 현실적 중요성

정책변동은 과정이론의 주기적 변화뿐만 아니라 정책의 실질적 내용이나 추구하는 방법 또는 정책의 이념이나 목적까지도 변화되는 것을 설명하고자 한다. 그래서 경기변동의 범위나 내용보다 광범위하다. 왜냐하면 정책현실에서 정책은 적자생존의 원칙과 같이 끊임없이 정책환경과의 상호작용에 의하여 생존하고자 한다. 특히 정책은 정치적 산물이기 때문에 정치적인 이해관계에 따라서 변화와 변동으로 대응하고 있다.

또한 정책조직이나 인적 구성원들도 정책을 폐지하거나 종료시키기보다 정책을 변화시켜서 자신들의 영역을 계속 유지하고자 한다. 그래서 정책은 변동이라는 현실적응의 기능

5) 변화와 진화, 발전 등을 기본개념으로 하는 사회진화, 사회변동, 사회발전, 행태변화 등은 정책변동의 선행이론으로 중요하다. 여기서 설명한 내용은 상식적 수준에 불과하다. 따라서 각 내용의 구체적 참고문헌을 명기할 정도의 전문적인 내용은 아니다. 정책변동을 설명하면서 기초이론으로, 사회과학에서 변동이론을 사회학의 변동, 정치학의 정치변동, 경제학의 경기변동과 경제발전, 행정학의 행정변동 등으로 자세히 설명한 유훈 교수의 『정책변동론』(2009). 서울: 대영문화사)의 제6편을 참고할 수 있다.

을 살리지 아니할 수 없다. 따라서 정책을 변화시키고 변동시키는 원인이나 요인을 설명하여 왜 변화가 필요한가 하는 필요성이나 필연성 등을 강조하는 것이 정책 자체를 폐기하기보다 현실적으로 쉽다. 그래서 정책과정론에서 정책의 단계가 변동하는 주기적 변화를 설명해야 하지만, 정책의 내용이나 명칭 등도 변화되는 것을 설명하는 정책변동의 이론과 전략을 구체적으로 설명할 수 있는 정책변동 이론이 현실적으로 필요해지고 있다.

③ 정책변동에의 저항

모든 변동에는 저항이나 대항이 있게 마련이다. 물리학의 관성의 법칙과 마찬가지로 정책도 관성의 법칙을 따르고 있다. 정치적 환경이나 물리적 상태의 변화에 의하여 변동되거나 수정되든지 또는 폐지되어야 하는 정책이지만, 정책은 그 자체로서 하나의 생명체와 같이 그대로 지속하고자 하는 본성을 가지고 있다.

특히 정책저항(policy resistance)은 정책 그 자체가 변경되거나 종료되는 경우에, 정책수혜자를 중심으로 대항하거나 반발하는 것이다. 예를 들면 정책집행을 담당하는 행정관료는 여러 가지 정책대안을 비교검토하거나 실행해 보면서 만족스럽지 못한 경우에 다른 대안으로 변경하고자 하는 강한 욕구나 속성을 가지고 있다. 이와 같은 경우에도 정책대상자나 수혜자의 선택 범위나 기득권 등을 바꾸고자 하면 저항은 심해지게 된다. 그러면 정책은 비록 종결된다 하더라도 정치적인 계산 등으로 쉽게 부활되거나, 아니면 유사한 성격이나 내용을 가진 정책으로 존속되기 쉽다(강영철 · 이철주, 2012).

특히 각종 개혁정책이나 경제위기나 재난 등과 같이, 시민의 건강과 행복 등에 직접 관련되는 일이 발생하는 경우에 정책수혜의 폭이나 내용보다 정책제도나 조직을 중심으로 하는 정책변동이 쉽게 발생하게 된다. 이와 같이 제도적이고 조직적으로 정책이 집행되는 연속선상에서 이탈하거나 변화될 경우에 정책은 더욱더 많은 저항을 받게 된다(Edwards and Kleinschmit, 2015).

따라서 정책변동 이론에서 정책저항을 해결할 다양한 전략이나 방법이 필요하다. 구체적으로 정책홍보기능을 강화하여 정책내용은 동일하다고 강조하거나, 정책수혜의 폭이나 방법이 동일하다고 하거나, 조세정책이나 각종 공과금 등과 같이 정책부담이 현실적으로 줄어든다고 홍보하거나, 아니면 경제적이거나 법률적인 불이익을 당하게 된다는 등과 같은 방법을 활용할 수 있다.

④ 정책의 일관성과 연계

정책변동의 또 하나의 속성은 정책은 일관성을 유지하면서 그 신뢰성을 확보해야 한다는 전제에 정책변동이 도전하게 된다는 점이다. 환경과 조건이 바뀌면 정책도 따라서 바뀌어야 한다. 이것이 합리적 정책결정이고 또한 정책의 정당성이다.

그러나 정책일관성(policy consistency)은 정책의 변동이나 변화를 원치 않는다. 비록 붙박이장이나 바위처럼 정책이 계속되어야 한다는 것은 아니지만, 정치적인 속성에 의한 이해관계의 변경이나 정책결정자의 개인적 선호나 판단의 변화, 특히 정책집행자의 재량권이 시시때때로 바뀌는 현상 등으로 정책이 변동되게 된다. 이것을 정책일관성에서 보면, 정책의 정치적 신뢰성이나 정당성 또는 정책집행의 순응 등이 훼손되는 것으로 나타난다(Crossler 외 3인, 2017).

예를 들면, 한국의 출산정책은 분명히 일관성을 유지하고 있었다. 즉 저(低)출산정책으로 국가의 사회적 비용부담이 경감되면서 인구과밀에 의한 사회적 갈등과 사회문제 및 국가교육 등과 같은 국정과제를 잘 관리해 왔다. 그러나 경제활동인구의 변동과 교육 및 고용시장의 불안 등과 같은 정책환경의 변화에 의하여 더 이상 저출산정책이 필요없을 정도로 1980년대 후반부터 저출산이 지속적으로 진행되고 있다[6].

그럼에도 불구하고 '한 가구 한 자녀 낳기 운동' 등과 같은 저출산정책을 정책의 일관성으로 계속 집행할 것인가, 아니면 정책의 신뢰성을 무시하고 '많이 낳아 잘 기르자'는 출산장려나 지원정책으로 변동할 것인가 하는 정책변동을 쉽게 생각할 수 있다. 그러나 현실적으로 정치적 이해관계를 계산하고 반영하는 정책의 속성에서 볼 때 그렇지 않을 수도 있다. 왜냐하면 출산율이 높이지면 발생하게 될 사회적 비용증가 등에 대한 책임을 정치적으로 쉽게 계산할 수 없기 때문이다. 그래서 출산을 장려하고 독려하는 정책을 저출산에의 대응정책(response to low fertility)이라고 부르는 것을 이해할 수 있다(박정한, 2018).

---

6) 한국의 출산율: 1985년, 2.23; 1990년, 1.60; 2015년, 1.32; 2017년, 1.052. 가장 낮은 지역으로, 서울시의 0.836이고, 가장 높은 지역은 세종시의 1.668이다(http://kosis.kr, 검색일: 2019년 5월 20일).

⑤ 정책학습(policy learning)이 선행된 정책변동

정책학습은 정책집행이나 결정에 관련된 이해관계가 갈등하면 할수록 정책변동이 자주 그리고 대규모적으로 발생한다는 전통적인 이론을 비판하는 입장이다. 그래서 정책과정에서 진행된 정책활동에서 무엇이 문제이며 잘못되었는가, 상황이나 조건의 변동에 의하여 정책은 어느 정도로 신축적인가, 일관된 정책이 바뀌어야 한다면 정책개입에 의한 개인적이고 사회적인 정당성도 수정되어 수용될 수 있을 것인가, 정책목표를 달성하거나 정책과제를 해결할 수 있는 보다 새로운 기술이나 접근방법 또는 자원을 절감할 방법 등을 사용할 수 있는가, 새로운 정책대안을 탐색할 기술적이고 정치적인 가능성을 학습하였는가, 정책현장의 집행에서 겪은 시행착오에서 무엇이 보다 합리적이고 바람직한가, 행정적으로나 조직적으로 더욱 효과적인 정책인가 하는 등의 학습모형에 따라서 정책변동을 설명하는 것이 중요하다는 이론이다. 이와 같이 학습된 정책변동은 현실적으로 보다 성공할 가능성이 높다(Dunlop and Radaelli, 2018).

2) 정책변동의 원인

정책변동의 원인이나 요인은 다양하다. 그러나 정책과정론에 초점을 둔 정책변동은 주기이론이나 변동이론에서 설명하는 진화나 진보, 발전 등과 같이, 보다 적극적이고 긍정적인 변동의 원인을 주로 설명하고 있다(정용남, 2013; Corduneanu-Huci 외 2인, 2012).

① 정권의 변동

정책이 정치적 술책이기 때문에 정치권력의 변화, 정부의 변화, 국회에서의 정당정치의 변화 등과 같은 정치적인 변화에 의하여 정책은 변동되기 쉽다. 특히 한국의 경우에 정권의 교체에 의하여 정부의 주요 정책은 국정과제나 의제 등으로 변화하고 있다. 예를 들면 노무현 정부의 지방분권운동과 국가경쟁력, 이명박 정부의 4대강사업 등의 녹색성장정책, 박근혜 정부의 창조경제의 국정철학, 문재인 정부의 국민의 나라 정의로운 대한민국 등과 같은 국정철학에 의한 정권변동은 다양한 정책의 창안과 변동 등의 원인이 되었다.

② 정책환경이나 조건의 변화

정치권력의 변화가 아닌 정책환경인 기술발전이나 혁신, 경제적 환경, 재난이나 테러, 자연재해 등과 같은 예상할 수 없는 사건이나 사태의 발생, 인구 구성비의 변화, 기후변화 등과 같은 원인에 의하여 정책은 경험의 축적에 의한 학습뿐만 아니라 현실적인 과제에 대응하고 해결하기 위한 해결중심으로 변동되거나 적응하지 아니할 수 없는 경우이다. 물론 정책학습에 의한 정책변동도 이와 같은 정책환경의 변화에 대응하는 것으로 이해할 수 있다.

③ 사회변동이나 사회진화

앞서 사회변동은 자연재해나 전쟁, 정치적 사건 또는 예상할 수 없는 질병이나 인구변동 등과 같은 급격한 경우보다, 일반적으로 점진적 변화의 내용이나 과정이 축적된 현상이라고 했다. 마찬가지로 정책변동도 정책환경의 변화에 의하여 대규모적이고 급격하게 진행되는 경우도 많다. 그러나 일반적으로 사회적 변화와 진화에 의한 경험과 기술, 지식이 축적되고 세대 간이나 공간적으로 전달되면서 정책변동이 진행되는 경우가 더 많다.

물론 구체적이고 세부적으로 변동된 정책을 발췌하거나 조합하기 어렵다. 그러나 취미나 성향이 습관이 되고, 습관이 사회적 관습이 되면서 일반적인 인식체계나 수준이 되듯이 정책의 변동은 점진적이지만 광범위하게 전 사회적으로 영향을 미칠 수 있는 수준으로 진행되는 경우가 많다.

하나의 예로서, 배우자 있는 자의 간통행위 및 그와의 상간행위(간통죄)를 처벌하는 형사정책이 폐지된 경우이다. 국가는 개인의 자유로운 선택과 결정에 개입하거나 간섭할 수 없다(형법 제214조 위헌소헌 등의 헌법재판소 위헌판례(2015년 2월 26일))는 것이 가장 주요한 법의 논리였다. 또한 2019년 4월에, 낙태죄를 일괄해서 처벌하고 있는 한국의 형법(제269조 제1항)이 헌법에 불일치한다는 원칙적인 판결을 한 경우이다(http://ccourt. go.kr, 검색일: 2019년 5월 20일). 이것은 사랑이나 인권 등에 대한 한국인의 인식과 가치체계의 변화와 이것을 촉진한 개방사회와 개인중심주의 사회, 경제적 풍요와 다양한 문화접촉과 기회의 확대 등과 같은 요인에 따른 사회변동에 의한 정책의 변동이라고 할 수 있다.

④ 정책리더십의 변화

'난세에 영웅난다'고 하는 것과 같이, 정책을 주창하고 선도하며 창도하는 정책리더십이나 도덕적이고 종교적인 탁월한 능력과 비전을 제시하면서 사회의 기본적인 이념과 철학을 변화시키는 리더십 또는 정치적 변화와 변동을 선도하여 국가사회의 기본질서를 변동시키는 리더십, 전쟁이나 사회적 위기를 극복하고 해결하면서 국정의 영웅으로 부상하는 리더십 등과 같이 정책을 선도하고 주창하며 앞장서는 정책리더나 정책기업가(policy entrepreneur) 등의 리더십은 정책을 변동시키는 주요 원인으로 작용하기 쉽다.

⑤ 국제적인 규범이나 조약 등의 변화

국제적인 조약이나 협약 등으로 변화되는 국제질서의 변동이나, 국가 간의 이해관계의 변화에 의한 국제관계의 변동(한국과 일본 및 중국 등 아시아 국가의 섬(도서) 주변지역에 대한 국경분쟁), 지역이나 대륙을 중심으로 하는 국제 간의 세력균형과 재편성(유럽연합의 탄생에 의한 국가외교나 경제정책의 변동), 이슬람과 기독교 문화와의 충돌현상에 의한 국제규범의 변동, 핵무기의 개발과 억제에 의한 국제정치 질서의 변화, 원자력에너지의 위기발생에 의한 국제규범의 변화(2011년 일본의 동북관동대지진에 의한 원자력발전소의 파괴), 국제사회의 다양한 인종 간의 갈등, 우주개발활동 등등과 같이 세계적인 파급효과나 영향을 미치게 될 국제적인 가치나 규범의 변화는 수많은 정책의 변동을 유발하게 된다. 특히 기후나 환경협약, 자유무역협정(FTA: Free Trade Agreement), 해양을 포함한 영토협약 등은 정책변동의 큰 원인이 되고 있다.

지금까지 설명한 정책변동의 원인을 〈표 3-4〉와 같이 정리할 수 있다.

〈표 3-4〉 정책변동의 원인

	구체적인 내용
정권(정부) 변화	• 정권교체에 의한 정부변동, 정당정치의 변화
정책환경(조건) 변화	• 기술발전과 혁신, 경제적 환경변화, 각종 재난과 위기 • 인구구성비의 변화, • 기후나 환경변화
사회변동과 진화	• 사회변동이나 진화, 사회관습, 가치의 변화
정책리더십 변화	• 창도적이고 선도적인 정책리더십 변화 • 정책기업가의 등의 리더십 변화
국제규범(가치) 변화	• 국제규범이나 가치변화 • 국제적인 다양한 사건이나 사고의 발생 • 국제조약이나 협약의 체결 및 해약

3) 정책변동의 유형

정책변동은 정책의 혁신이나 개혁과정을 거치면서 새로운 정책문제나 과제 등을 개발하거나 새로운 정책대안을 마련해서 기존의 정책을 승계하고자 한다. 그러면서 정책을 수정하거나 개정하여 변화시키면서 계속적으로 유지시키고자 한다. 그러나 최후의 경우와 같이 혁신하고 개혁을 하다가 더 이상 존속할 수 없는 어려운 정책은 종결할 수밖에 없다. 이것을 다음 네 가지 종결유형으로 설명할 수 있다(양승일, 2014).

① 정책승계

기존의 정책을 종결시키기 위해서 새로운 정책으로 내체하지만 정책의 기본적인 성격이나 내용은 그대로 유지한다. 기존의 정책을 수정하거나 조직이나 법령, 예산 등을 개정하고 조정하여 정책의 기본골격을 유지하는 것이다.

목표는 동일하지만 다른 정책을 만드는 선형형과 다른 목표에 의한 다른 정책을 만드는 비선형형 등이 있다. 그리고 두 개 이상의 정책을 하나의 정책으로 통합하는 정책통합형, 이와 반대로 몇 개의 정책이나 사업으로 분할하는 정책분할형, 일부의 정책만 유지하고 나머지는 폐지하는 부분종결형 등이 있다. 그러나 정책승계는 새로운 정책을 결정할 가능성을 가지고 있다.

② 정책혁신

정책혁신은 새로운 정책환경에 대응할 정책대안을 정치적으로 신속하게 개발하고 변경시키는 정책변동이다. 구체적인 유형으로, 창조적인 정책혁신은 새로운 분야에서 새로운 정책을 만드는 것이다. 그리고 반복형은 정책집행이 지연된 정책을 재차 시도하여 혁신으로 정책의지를 강조하는 경우이다.

③ 정책유지

기존의 정책을 계속적으로 유지(on-track)하기 위해서 정책 자체를 적응시키거나 구체적인 프로그램을 채택하는 정책변동을 정책유지라고 할 수 있다. 새로운 정책으로 대체하는 것이 아니라 원래의 정책목표를 달성하기 위하여 기존의 정책사업을 조정하는 변동이다. 따라서 정책혁신이나 정책유지는 사업을 연장하거나 확대하면서 정책대상자를 확대하여 정책을 정책변동의 원인과 연동시키는 정책성장(policy growth)의 유형이다.

④ 정책종결(폐지)

정책을 더 이상 존속시키지 아니하고 과거의 정책(ex-policy)으로 결정하는 정책변동의 유형으로, 진정한 의미의 정책을 폐지하는 것이다. 물론 정책의 저항이나 갈등도 가장 많이 발생할 수 있다. 정책이 일시에 폐지되는 것을 폭발형이라고 하고, 반대로 장기적으로 정책에 필요한 투입과 지지를 감소시켜가는 점감형, 비교적 단기간에 걸쳐서 정책을 폐지하는 혼합형 등이 있다. 정책유지의 축소유형과 마찬가지로, 정책종결은 정책프로그램이나 내용 등을 삭제하거나 정책품질의 저하에 의한 정책의 폐지이다. 때문에 정책축소(policy reduction)의 유형이라고 할 수 있다.

이와 같은 정책변동의 유형을 〈그림 3-3〉과 같이 요약할 수 있다.

〈그림 3-3〉 정책변동의 유형

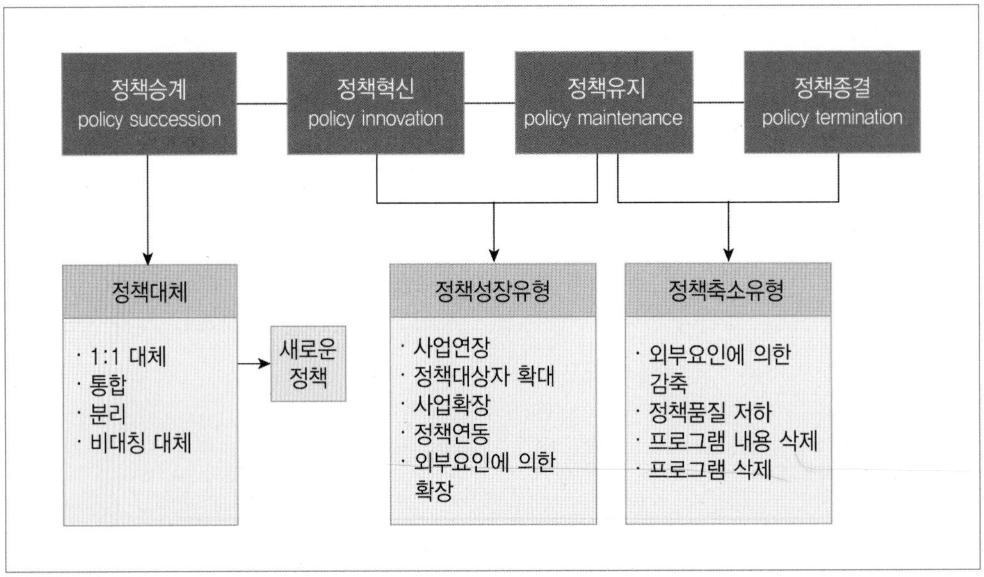

출처: Wayne Parsons의 『Public Policy: An Introduction to the Theory and Practice of Policy Analysis』(1995). 의 〈그림 4-20〉 (p.572)을 수정한 것임.

제 2 장

정책분석론

1. 정책분석이란 무엇인가?

정책분석(policy analysis)을 다양하게 정의할 수 있다. 그러나 정책학의 학문적 체계를 정책과정론과 정책분석론으로 정립하는 관점에서 보면, 정책분석은 일반적으로 경제학이나 의사결정론, 관리과학, 수학 등을 중심으로, 합리적이고 가치중립적 입장에서, 정책대안을 개발하고 이에 필요한 이론과 지식을 설명하는 정책학의 주요 분야이다.

객관적이고 중립적이며 과학적인 방법으로 정책대안을 개발하고, 이에 필요한 정보를 분석하고 제공하고자 하는 목적을 지닌 정책분석론은 가치와 사실을 구별하는 입장이다. 따라서 정책목표나 국정의 정치적이고 이념적인 가치판단보다는, 정책대안의 개발에 필요한 기술적이고 객관적인 방법이나 지식에 초점을 두고 있다. 그래서 방법론적으로 개인주의에 기초를 둔 계량적인 방법이나 행태주의를 취하고 있다.

정책분석의 이론이나 방법 등을 설명하기 이전에, 일반적으로 정책보고서(policy report) 또는 정책분석 보고서(policy analysis report) 등으로 널리 알려진 정책분석에 기초한 보고서 작성의 하나의 경우를 예시하고자 한다.

예시 정책(분석) 보고서

- 제목: 정책(분석) 보고서
- 작성자:
- 작성일:
  - 일반적으로 정책분석보고서를 현안과제보고서, 과제분석보고서 등으로 다양하게 명칭하기도 한다. 보편적으로는 정책보고서(policy report 또는 policy paper)로 널리 알려져 있다. 제목에는 현안과제나 문제 등을 명기한, 『OOOOO 보고서』가 될 것이다.
- 목차의 예

Executive summary

- 결론적 성격의 내용이 아니라, 과제보고서의 전체적인 내용을 요점적으로 정리하는 것이다.

I. 과제(문제)의 성격

1. 과제의 특징과 등장 배경
2. 과제의 역사적, 문화적 배경과 특성

3. 과제의 사회적, 공공적, 정치적 특성
4. 현안 또는 당면과제로서의 중요성

• 현안과제의 역사적이고 문화적인 특성을 자세히 기술하고 논의하면서, '현안' 또는 '당면' 과제라는 것을 분명히 제시하는 것이다.

II. 과제(문제)의 해결과 목표달성

1. 과제해결의 필요성
2. 과제에 의한 목표달성 분석
3. 과제의 목표–수단과의 연계성 분석

• 과제(문제)의 목표와 수단과의 연계를 인과지도(causal map) 등으로 분명히 제시하여 목표달성 또는 문제해결의 당위성과 정당성 등을 제시하는 것이다.

III. 과제해결의 방법론

1. 대안의 개발과 탐색
2. 각 대안의 장단점 분석
3. 각 대안의 문제해결 가능성과 목표달성도 분석

• 일반적으로 정책분석 보고서는 과학적인 객관성을 중점적으로 기술하고 설명하는 것이다. 그러나 분석은 본질적으로 가치판단적 성격을 가지고 있기도 하다. 따라서 각 대안의 분석은 ① 증거에 기반(evidence–based), ② 지식에 기반(knowledge–based), ③ 사상에 기반(thought–based) 하는 것을 동시에 설명하고 논증할 수 있어야 한다. 특히 사상에 기반을 둔 대안의 분석은 현안과제의 해결책이나 목표달성의 최적안으로 채택될 가능성이 크다. 사상에 기반을 둔 분석에 관한 것은 제2편 3장의 정책사상을 참조할 수 있다.

IV. 결론

1. 보고서 내용의 요약정리
2. 보고서의 한계와 제약점
3. 과제의 미래의 진행(발전) 방향

■ 참고문헌

• 과제보고서에 활용된 참고문헌만 제시하면서 기타(통계자료, 언론보도 내용)의 참고문헌은 관련내용에서 출처를 명기하여 표기할 수 있다.

■ 부록

• 과제보고서에 사용된 구체적인 내용이나 통계처리의 내용, 설문지(인터뷰 포함) 등을 제시하여 과제보고서의 과학적인 성격을 강화할 수 있다.

정책분석론을 설명하기 이전에 정책학에서 정책과정론과 정책분석론의 이론적 위상을 통합구도로 설명해서 정책학의 체계적인 이해에 도움이 되고자 한다. 정책학의 학문적 정체성에서 보면, 정책분석은 정책과정(policy process)(앞의 〈그림 3-1〉 정책과정 참조)에서 정책대안을 개발하고 창안 · 주창하며 제안하는 정책형성(policy formulation)의 구체적 내용을 설명하는 것으로 정의할 수 있다. 따라서 정책과정에서 정책분석론을 통합하는 정책학의 기본적인 구도를 〈그림 3-4〉와 같이 정리할 수 있다. 정책과정의 두 번째, 정책형성이 정책분석론의 일반적인 내용에 해당된다.

〈그림 3-4〉 정책학의 통합구도

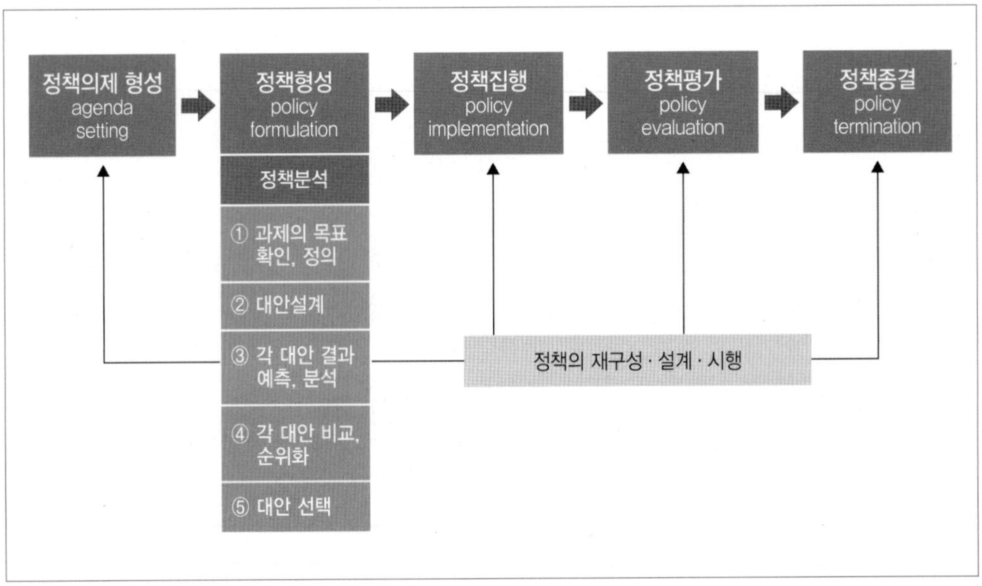

2. 정책분석 과정

① 정책과제의 확인과 정의

정부의 정책의제로 공식적으로 채택되었다 할지라도, 정책사항으로서 해결해야 할 국정과제를 명확하게 확인하고 정의할 수 있어야 한다. 이것이 정책대안을 마련하기 위해서 가장 먼저 요구되는 사항이다. 올바르고 정확하게 국정과제를 파악하고 그것이 추구하는 목표를 확인할 수 있다면 정책의 절반 이상은 성공적이라고 해도 과언이 아닐 것이다.

정책의 과제나 문제를 잘못 정의하고 목표를 파악하면, 그 이후로 훌륭한 수단을 마련하고 이를 성실하게 집행한다고 해도 처음부터 길을 잘못 들어선 채 열심히 노력하는 것과 같다. 그래서 무엇보다도 정책문제를 정확하게 확인하고 정의하는 것이 가장 중요하다. 이것을 그르친 것을 제3종 실수라고 지적하기도 한다(Dunn, 2018).

정책과제나 목표는 유동적이다. 또한 시대적인 맥락과 환경적인 가치와 철학 및 우선순위 등에 따라서 정책과제는 다양하고 복잡하게 정의되고 인식될 수 있다. 때문에 정책과제가 발생하게 된 역사적이고 사회적인 배경을 사전에 파악하고 이에 기초해서 정책과제를 정의할 수 있어야 한다. 특히 문화적이고 사회적이며 역사적인 전통이나 지배적인 패러다임 등에 관한 충분한 정보와 연구가 없으면 문자 그대로 탁상공론적인 현실성이나 실현가능성이 없는 정책안을 구성하게 된다.

정책과제의 정의와 목표확인도 정부 수준에 따라서 달라질 수 있다. 지방자치정부가 독립된 정책결정 주체로서 정책을 수행하는 지방정책의 경우에 정부 수준에 따라서 국정이나 정책과제의 인식 정도와 발달배경, 중요성의 정도, 대응방법이나 민감도 등이 달라진다. 예를 들면, 대도시지역을 중심으로 하는 지역정부에는 교통이나 주택 등의 국정문제가 심각한 정책과제이지만, 농어촌이나 기타 인구밀집지역이 아닌 곳을 중심으로 하는 지방정부에서는 근본적으로 도시과제에 대한 인식과 접근방법이 다르다.

정부 수준의 차이에 따른 문제정의 뿐만 아니라, 과제나 목표에 대한 집단적이고 지역적인 이해관계(이것을 지역이기주의나 집단이기주의 등으로 표현하지만)에 따라서도 정책문제의 양상이 달라질 것이다. 또한 특정지역이나 계층, 집단, 직업 등의 이해관계와 공공의 이익과 정의, 사회질서와 안녕, 행복, 삶의 질 등과 같은 가치를 정확하게 분석하고 정책문제를 정의하고 확인할 수 있어야 정책은 성공적으로 시행될 수 있을 것이다.

② 정책대안의 설계

정책과제나 목표가 정확하고 분명하게 정의되면 필요한 행동방안을 마련하는 작업은 대체적으로 쉽다. 또한 타당하고 적절한 대책이 될 가능성도 보다 커질 것이다. 그러나 국정의 목적이나 성격 또는 해결하거나 확인해야 할 내용 등을 정확하게 파악한다고 해도 필요한 여러 가지 대책이나 대안을 찾는 일이 그리 간단하지는 않다.

정책대안을 과거의 전통과 방법을 고수하여 이와 유사한 또는 동일한 방법으로 찾아낼 수 있다. 또한 아무 일도 하지 않는(do-nothing)[1] 정책을 채택할 수도 있다. 그러나 대부분의 경우 정책대안을 설계하는 일은 창조적인 활동이다. 따라서 진취적이고 미래지향적으로 정보와 데이터를 기술적으로 분석할 수 있는 능력과 판단이 요구된다. 그렇기 때문에 전문적인 정책분석의 기법과 지식이 많이 이용된다.

상식적으로 일이나 과제의 성격과 특성을 모르고서 그 일에 대한 대책을 찾을 수 없듯이, 적절한 지식과 정보, 다양한 경험과 미래상황에 대한 비전과 예측능력, 그리고 여론 분석능력 등이 있어야 정책대안을 고안하고 설계할 수 있다. 이에 따라서 정책대안을 세 개 또는 다섯 개 정도로 모색하고 설계하는 것이 일반적이지만 정책과제의 성격과 종류에 따라서 한두 개 정도만 탐색하는 경우도 많다.

창조적이면서도 실용적이고 효용이 큰 정책대안을 설계한다는 것이 현실적으로 간단한 일은 아니다. 그러나 정책학의 이론과 지식이 가장 많이 활용될 수 있는 분야이다. 그래서 정책결정이나 분석 등의 내용은 정책대안을 창조하기 위한 이론과 지식이나 기법 또는 분석틀 등에 관한 것이다. 다양한 정책이론의 핵심은 어떻게 하면 보다 능률적이고 효과적이며 생산적인 정책대안을 찾아낼 것인가 하는 것을 설명한 것이다.

---

1) 'Do-nothing'은 많이 활용되는 대안이다. 예를 들면, 속담에 '타고 있는 장작불을 건드리지 마라,' '개도 밥 먹을 때는 찝쩍대지 않는다' 등과 같이, 굳이 무엇을 하는 것이 하지 않는 것만 못할 때, 'do-nothing' 대안이 최선이 될 수 있다. 곪아야 터질 수 있는 상처나 문제를 일부러 일찍 수술하거나 손볼 필요가 없는 것이다. 국가의 정책은 시민의 이해관계에 항상 민감하게 영향을 미친다. 정책이 사회적으로나 개인주의적으로 정당할 때까지 기다려서 적기와 적소에 실천하고 집행하는 것이 중요하다. 인사정책이나 조직개편 또는 각종 개혁정책 등에는 'do-nothing' 대안이 많이 활용되고 있다. 이것은 정책을 연기하거나(postponing) 아니면 회피하거나(escaping), 또는 무조건 기다리는 것(waiting)과 다르다. 또한 무의사결정(non-decsionmaking)과도 다르다. 정책비용이나 혜택의 수혜자 관계가 아니라, 정책결정자나 체제의 이해관계나 가치에 도전적이거나 침해할 가능성이 있다고 판단되는 경우에, 'do-nothing' 대안은 정책대상이나 수혜자 관계에서 제외시키는 방법으로, 정책의제의 대상이 될 수 없도록 통제하고 관리하는 적극적이고 능동적인 정책결정의 한 방법이다(Parsons, 1995: 135-136).

③ 정책대안의 결과예측 및 분석

이 단계에서는 개발된 몇 개의 정책대안이 과연 실제로 실행되었을 때, 어느 정도로 정책과제를 해결하고 대책이 될 수 있을 것인가 하는 점을, 사전(ex ante)에 각 대안의 실행결과(물론 바람직한 결과뿐만 아니라 부작용이나 외부효과(side-effects), 시간적인 차원에서의 장단기적인 효과 등도 포함)를 예측하여 각 대안의 결과를 예측하고 분석하는 것이다.

이때에 필요한 결과예측이나 분석방법은 계량적이며 기법적인 것이 많다. 대표적인 것으로 시뮬레이션, 비용-효과분석, 민감도분석, 위험분석 등을 들 수 있다. 또한 단순한 양적인 분석뿐만 아니라 상황적인 가치판단과 윤리기준에 의한 이해관계의 판단과 역사적이고 사회적인 맥락을 분석하기 위한 정성적인 분석방법도 필요할 것이다.

정책대안을 정책상황에 적용하고 집행하기 이전에 각 대안을 가상적으로 집행시켜서 발생될 결과를 예측하는 것이 꼭 필요하다. 아무리 우수한 기법과 방법을 이용하여 정확하게 분석한다고 해도 어느 정도의 한계와 오차가 있다. 그리고 정책상황은 유동적이다. 시차에 의한 조건의 변화와 불확실성 등의 요인이 있다. 때문에 예측결과와 실제결과에 어느 정도 차이가 있을 수 있다. 그렇다고 정책대안의 결과예측에 항상 문제가 있다는 것이 아니다. 역설적으로 정책결과에 대한 불확실성과 유동성이 크고 위험부담이 크면 클수록 보다 정확하고 적절한 예측기법과 이론이 더욱 필요하다는 의미이다.

④ 정책대안의 비교 및 순서화

정책대안의 결과예측에 의해서 제안된 여러 가지의 정책대안을, 일정한 기준에 따라서 비교하여 우선순위(priority)를 만드는 작업이 필요하다. 이때 중요한 활동으로 일정한 기준에 따라서 각 대안의 가치(정책대안의 결과를 예측한 가치)를 비교하고 순서화(ranking)하는 일이다. 실제로 정책대안의 결과를 예측할 때도 일정한 기준이 필요하다. 마찬가지로 정책대안의 순서를 만들 때도 그때 사용한 기준을 사용하여 비교하고 순서화 해야 할 것이다. 일반적으로 가장 많이 사용되는 기준으로 능률성, 효과성, 형평성, 적절성, 대응성, 집행가능성(feasibility), 사회적 가치와 윤리 등이 있다. 그러나 구체적인 정책문제의 성격이나 정책의 맥락에 따라서 여러 가지 기준이 사용될 수도 있다.

아무리 완벽한 분석과 다양한 기준에 맞추어 정책의 가치와 비용 등을 계량적으로 가시화 한다고 해도 최종적으로 정책안을 선택하는 것은 단순히 계량화된 가치에만 의존하는 것은 아닐 것이다. 때문에 정책대안을 선택하는 문제에는 여러 가지의 변수가 작용하게 된다.

⑤ 정책대안의 선택

최종적으로 정책대안의 선택은 정책을 결정할 수 있는 일정한 권한과 자격을 가진 정책결정자나 책임자에 속해 있다. 일반적으로 이와 같은 정책결정권자는 정치적 의사결정을 할 수 있는 정치 수장이나 국회이다. 그리고 법원의 경우에도 법률적 사례나 분쟁의 판단을 통해서 국가정책의 결정권한을 가질 수 있다.

여기에서 한 가지 어려운 문제가 발생하게 된다. 즉 다름 아닌 정책전문가나 분석가의 역할이다. 그들의 주요 임무는 중립적이고 기술적인 입장에서 정책안을 개발하고, 성공적인 정책에 필요한 정보와 자료를 과학적이고 객관적으로 제시하는 것이다. 그러나 최종적인 정책결정자뿐만 아니라 정책분석가나 전문가도 그들 자신의 정책가치나 정치적 맥락을 판단하고 있다. 때문에 정책결정자와 전문가 사이에 의견의 불일치나 갈등관계를 극복하는 것이 최종 정책대안을 결정하고 선택하는 단계에서 해결하야 할 과제 중의 하나이다.

정책대안을 선택한다는 것은 곧 정책을 확정해서 이를 실행하겠다는 것이다. 따라서 일반적으로는 정책의 선택이나 결정이 법령으로 제정(legislation)되는 경우가 많다. 법령으로 명문화 되고 성문화 된 정책은 원래의 정책목표와 수단을 충실히 구현할 수 있어야 한다[2].

2) 정책의 법령화(legislation)는 정책학의 기초 영역이다. 정책은 입법과정에서 정책의제의 성격이 변화되는 경우가 많다. 또한 정책대안을 과학적이고 논리적으로 분석하여 제시된 다양한 대안들이 입법과정에서 정치적 이해관계나 정당 간의 당파적 갈등이나 조정 등에 따라서 수정되거나 삭제 또는 첨가되는 경우가 많다. 그래서 정책은 입법과정에서부터 정치적 책략의 본성을 잘 보여준다. 이와 같은 입법과정이나 제도 등은 국회나 지방의회의 주요활동이다. 때문에 정치학에서 설명하는 경우가 많다. 전통적으로 행정학이나 정책학 또는 법학 등에서 정책의 법령화를 설명하지 아니한 경우가 많았다. 몇 가지 입법과정의 참고문헌(정책과정의 단계적 절차에 의한 설명은 아니지만)을 소개할 수 있다(국회 법제실 · 한국공법학회. (2005). 『입법과정의 현황과 개선방안』. 서울: 국회법제실; 박윤희. (2015). 『입법디자인: 국회상임위원회 법안 가결의 이해』. 서울: 책구름; Cornelius Kerwin and Scott Furlong. (2019). 『Rulemaking: How Government Agencies Write Law and Make Policy』. fifth edition, London: SAGE Publications, Ltd.).

정책이 법령화 되어야 법적 권위와 강제적이고 행정적인 집행능력이 발생할 수 있다. 정책과 법(policy and law) 또는 법정책학이 중요한 주제로 법령화를 설명하고 있다. 특히 정책학의 창시자인 Lasswell이 주장한, 정책학을 연구하고 이해하기 위해서는 법학을 단지 해석학이나 사실주의로만 이해할 것이 아니다; 법이란 문제의 해결수단이다; 시민들의 공통적인 이해관계를 달성하고 향상시킬 수 있는 국가의 기본적인 정책에 관한 공식적이고 권위적인 결정이다; 때문에 정책으로 이해해야 한다고 강조한 근본 취지를 알 수 있다. 그러나 모든 정책대안이 법령화되는 것은 아니다. 정책과제나 정책상황에 대한 구체적인 행동지침과 강령으로 규정되어 정책이 되기도 한다. 이것에 관한 세부적인 결정도 정책수단의 선택임에 틀림없다.

3. 정책대안의 탐색과 결정이론

1) 합리모형

의사결정이나 정책결정에서의 합리모형(rational model)은 완벽주의(perfectionism)와 합리성(nationality)을 전제로 하고 있다. 즉 정책과제와 목표를 정확히 정의하고, 그에 관련된 모든 정보와 자료를 수집하고 분석하여 사회적이고 정치적이며 경제적으로 분석 가능한 모든 비용과 효과를 구체적이고 계량적이며 화폐적으로 제시하여 최고 또는 최적의 정책을 선택해야 한다는 논리이다. 앞에서 설명한 정책대안의 형성과정도 합리모형을 전제로 한 것이다. 즉 일정한 순서와 기준에 따라서 단계적으로 모든 사회비용과 가치를 분석하고 이를 비교해서 최선의 행동방안을 선택한다는 의미로 합리모형을 이해할 수 있다.

합리성(rationality)은 가치판단적이고 상황적이며 유동적이다. 시대적인 상황이나 사회적인 조건과 조직적인 문화와 가치 등에 따라서, 합리성을 구성하고 판단하는 개념이나 기준은 다양하다. 따라서 이것을 초월할 수 있는 공통적이고 무차별적으로 적용되는 합리성이란 존재하기 어렵다. 또 어떤 면에서는 불필요 할지도 모른다. 왜냐하면, 상황적이고 구체적인 욕구와 변화를 수용하지 못하는 합리성은 비합리적이기 때문이다.

그럼에도 불구하고 사회과학에서 합리성 개념은 아마도 자유와 진리, 정의, 효용 등과 같이 오랫동안 설명해 왔지만, 아직까지도 누구든지 동의할 수 있는 합리성을 정의하거나 설명하지 못하고 있다. 왜냐하면, 합리성은 가치에 관한 판단의 개념이다. 동시에 개인주의적 감성과 이성이 혼합된 개념이기 때문이다.

합리성을 가장 일반적으로 경제적인 이해관계에서 개인이 선택하고 판단하는 경제적 합리성(economic rationality)으로 이해하고 있다. 즉 개인은 각자의 판단과 선호와 경험과 상황에 따라서 자신에게 가장 이익이 되는(물론 한계효용 균등의 법칙이거나 체감의 법칙이든지) 효용극대화(utility maximization)의 원칙을 준수한다는 것이다. 효용의 극대화를 어떻게 측정하며 누구든지 동의할 수 있는 수준으로 보여줄 수는 없지만, 모든 인간은(심지어 짐승들까지도) 이와 같은 경제적 원칙에 따라서 판단하고 행동하는 것을 부정할 수 없다.

그리고 철학적이고 규범적 개념의 합리성이다. 이것은 인간의 행동이나 가치판단이 도덕적이고 윤리적으로 타당한가 하는 행위의 정당성이다. 동시에 얼마나 바람직하고 일관성이 있으며 목표달성을 위한 최선의 것인가 하는 수단적이거나 과정의 합리성이라고 할 수 있다. 또는 감정이나 상황보다는 이성적으로 사고하고 판단하며 행동하는 실천윤리를 설명하는 개념이다. 특히 합리적 선택이론에서 합리성을 행위자로서 정보와 신념 및 개인의 선호를 기초로 하면서, 선택에서 발생될 기회비용을 계산해 보고, 동시에 제도적인 제약이나 게임의(사회적 규약이나 신의 등) 규칙을 고려해서 대안을 선택하고 행동하는 것으로 설명할 수 있다(정준표, 2003).

다양한 의미로 해석되는 합리성을, 설명하는 전제에 따라서 합리성을 구분하고 있다. 예를 들면, Max Weber(1864~1920)는 합리성을 가치합리성(가치정향을 판단하는), 목적합리성(목적달성에 초점을 둔), 주관적 합리성(개인의 판단), 객관적 합리성(보편적이고 객관적인), 그리고 이성을 중심으로 하는 것은 합리적이고 그렇지 못한 것은 비합리적이라고 다양하게 분류하였다(임의영, 2006). 이와 같은 Weber의 합리성 개념과 유형은 합리성을 설명하는 이상형(ideal type)으로 알려져 있다.

정책형성의 이론으로서 합리성을, 정책대안의 결정모형으로 응용하기 위한 하나의 조작적인 수준에서 다음과 같이 이해하고자 한다. 즉 어떻게 하면 최대 다수 구성원의 원만한 합의에 의해서 갈등과 편견과 무지를 최소화하면서 일반적으로 인식하고 또 추구하고 있는 것을 달성할 것인가 하는 강도나 정도에 따라서 강하고 일관적인 것을 합리성이라고 하고, 그렇지 못한 것을 비(非) 또는 불(不)합리성 정도로 구별할 수 있는 개념으로 이해하고자 한다. 이와 같은 합리성을 이해하는 것은 실천적 합리성(practical rationality)으로서 인간의 선호에 의한 목표의 달성과 행복 추구의 극대화를 강조하는 개념이다.

합리성의 다양한 개념이나 이해를 정책대안의 탐색이나 결정에 적용하고 응용하기에 한계가 있다는 지적도 있다. 예를 들면, 실질적이고 객관적인 합리성을 추구하면 가치와 목적 등의 합리성을 적용하기 어렵다. 그렇다고 목적 합리성을 적용하면 객관적 합리성을 수용하지 못하고, 수단의 선택에서만 합리성을 좇아가게 된다(이가종, 1988). 또한 개인과 집단 및 조직 수순에서의 합리성을 어떻게 조화롭게 정책결정에 적용할 것인가, 절차적이고 목적적인 합리성을 규범적 차원의 합리성과 어떻게 양립시킬 것인가, 개인이나 집단의 우연적 행동이나 판단이 정책의 합리성을 달성하는 경우가 있는가(최종원, 1995), 현실적으로 모든 정보와 자료를 분석한다는 것이 가능한가, 계량화 할 수 없는 가치나 선악과 윤리 및 정의 등에 관한 변수를 어떻게 조작할 것인가 하는 등과 같은 실천적인 한계가 많다.

합리모형은 정책대안의 탐색과 결정에 필요한 하나의 기준이나 원형(原型)의 역할을 할 수 있다. 일반적으로 합리성은 합리모형의 대전제가 되는 것은 확실하다. 이성을 기준으로 합리성과 비합리성을 구별할 수 있는 방법 또는 목적과 수단과의 관계, 가치판단의 합리성, 경제적인 손익관계의 효용극대화에 의한 행동원칙의 합리성 등은 정책결정의 합리모형이 전제로 하는 중요한 기준이 될 수 있다.

2) 점증모형

점증모형(incremental model, incrementalism)은 문자 그대로 점진적인 변화나 변동을 추구하는 선에서 기존의 정책을 모체로 해서, 새로운 것을 결정하는 것을 설명하고 있다. 특히 다양한 이해관계가 격돌하는 정치의 소용돌이 속에서 과거의 유산이나 전통, 관습, 제도, 기존의 정책 등을 기초로 해서, 한계적인 변화나 변동(marginal change)을 유발할 수 있는 정책대안을 탐색하고 결정하는 것이 현실적으로 타당하고 실현 가능성이 크다는 설명이다(Lindblom, 1959).

정책이 결정되는 과정이나 정책결과의 산물이 발생되는 현상을 보면, 개혁조치나 위기상황, 비상관리 등의 대응전략이나 전례(前例)가 없는 경우의 정책 등을 제외하면, 과거의 정책 또는 이미 시행하고 있는 정책과 비슷한 수준에서 어느 정도의 변화를 가져올 수 있는 정책을 선택하게 되는 것이 현실이다. 그래서 기존의 정책과의 변화가 때로는 점증적(incremental)이 될 수도 있다. 때로는 점감적(decremented)이 될 수도 있다[3].

합리모형을 뿌리 접근방법(root approach)이라고 한다면 점증모형은 제한적이고 가시적이며, 손쉬운 것부터, 필요한 것부터, 지엽적인 것부터 먼저 고려하기 때문에 이를 가지 접근방법(branch approach)이라고 하기도 한다(Lindblom, 1959).

점증주의가 생성될 수 있었던 사회적 환경은 다원주의(pluralism)이다. 이것은 점증주의의 기본 철학이기도 하다. 다양한 이해관계와 여론과 가치가 서로 갈등적인 사회에서는, 서로가 양보하고 협력결탁하면서 조금씩 변화하고 전진할 수 있는 행동이나 방안을 채택하는 것이 일반적이다(Lindblom and Woodhouse, 1993). 또한 현실적으로도 정책결정권자의 입장에서는 합리적인 방법에 따라서 모든 정보와 자원과 대안을 고려하기에 너무 많은 비용과 시간이 부담되거나, 능력이나 불확실성 또는 정치적인 부담 때문에 불가능하다. 또한 기존의 정책이나 체제에 이미 많은 비용이 투자되어 있는 매몰비용(sunk cost)이 과다한 경우에는 점증주의 결정방법이 현실적으로 더욱 타당하다.

그러나 점증모형은 기존의 정책을 준거 틀로 삼을 수 없는 경우나, 정책환경이나 목표, 가치, 문제의 성격 등이 급격히 변화된 경우, 위기나 천재지변의 재난, 또는 과거에 없었던 새로운 사업을 시행해야 하는 경우 등에 필요한 정책대안의 탐색과 결정을 설명할 수 없는 약점을 가지고 있다. 또한 기술적으로도 어느 정도의 변동이나 변화를 점증이나 점감이라고 할 것인가 하는, 측정상의 문제가 있기도 하다.

그럼에도 불구하고 현실적으로 점증모형은 많은 정책사례를 설명할 수 있을 것이다. 또한 점증모형은 기존의 정책결정자나 다원주의 사회에서 기득권의 입장을 강조하는 정태적이면서도 안정적인 사회의 정책결정에 타당한 모형으로 적용될 수 있을 것이다.

---

3) 기존의 상태에서 변화되는 방향이 점감이나 점증되기도 하지만, 이것을 점증주의(incrementalism)라고 이름을 붙인 이유는 별다른 의미가 있어서가 아니다. 어의적으로 점감주의보다 점증주의가 더 편리하고 현실적이다. 예를 들면 예산이나 인사, 조직 등과 같이 점증주의적 변화가 보편적이기 때문에 이것을 점증주의로 명칭한 것이다.

3) 혼합-스캔모형

Amitai Etzioni(1929~1967)가 중심이 되어 합리모형과 점증모형을 다 같이 비판하면서 동시에 각 이론의 장점을 취할 수 있는 접근방법을 제시한 것이 혼합-스캔 모형(mixed-scanning model)이다. 특히 이것을 제3의 접근방법이라고 했으며, 이것을 좀 더 발전시켜서 능동적인 접근방법(active approach)이라고 하기도 했다(Etzioni, 1968).

Etzioni는 합리모형은 비현실적이라고 보았다. 왜냐하면, 합리모형에 따라서 정책을 결정할 만큼 인간의 능력이 발달되어 있지 못하기 때문이다. 물론 과학이나 기술의 발달과 인간의 지적능력과 인지의 성숙으로 말미암아 합리모형에 의해서 정책문제를 해결할 수 있다. 그러나 아직까지 현실 그 자체로서 합리모형을 준수할 수 없다는 것이다. 또한 점증이론도 창조적이고 변동적인 정책결정을 설명할 수 없다; 보수적인 관점에서 지배계층이나 기득권의 이해관계를 중시하기 때문에, 이와 같은 정치과정에 참여하지 못한 계층을 무시하게 되고, 나아가 이것을 정당화시키는 이론이라고 했다. 따라서 합리적이고 점증적인 접근방법의 단점을 보완할 수 있는 능동적이고 적극적인 제3의 접근방법(the third approach)이 필요하다고 해서 이것을 혼합-스캔모형이라고 불렀다.

혼합-스캔모형은 점증모형보다는 창조적이고 세밀하게 또 변화에 대응할 수 있는 정책대안을 마련할 수 있다. 그러나 혼합-스캔모형을 적용할 때 어디에서 합리적인 접근방법을 취할 것이며, 어디에서는 점증이론을 따를 것인가 하는 것을 결정하기 어려운 애매모호한 입장이 될 가능성이 있다. 이것은 정책결정의 새로운 접근방법이라기보다 기존의 합리모형과 점증모형을 절충한 것이라고 할 수 있다.

4) 만족모형

만족모형(satisficing 또는 satisfying model)을 제시한 James March(1928~)와 Herbert Simon(1916~2001) 등은 정책결정을 단순하게 설명할 수 있는 하나의 모형이 필요하다고 했다. 즉 정책대안을 개발하고 탐색하는 비용을 최소화하면서, 정책결과를 최대화할 수 있는 정책결정의 이론이 필요하다; 이때의 하나의 기준은 정책결정자나 결정체제의 만족 수준이라고 보았다. 그래서 이것을 만족모형이라고 불렀다(March and Simon, 1958; Simon, 1997).

Simon과 March는 짚더미에서 바늘을 찾는 것에 비유하여 정책대안을 형성하는 만족모형을 설명했다. 많은 노력과 시간과 비용을 들여서 최적이라고 할 수 있는 날이 곧고 뾰족한 것만을 찾을 것이 아니다. 사용할 천과 시간과 노력을 고려해서 적당하다고 생각되는 바늘을 골라서 사용하면 된다는 것이다. 이것은 바느질하는 사람들이 만족한 수준에서 일을 결정하는 것과 같은 이치이다. 이처럼 만족한 수준에서 정책을 결정하는 것이 다반사라고 했다.

누구도 지쳐 쓰러져 죽을 때까지 문제의 해결책을 찾으려고 하는 것은 아니다. 인간적으로 겪어야 할 여러 가지의 갈등과 한계적인 상황에서, 이것이면 어느 정도 만족할 만하다고 생각되는 수준에서 결정하게 된다는 것이다. 단지 적절하게 변화를 유도할 수 있는(only mildly innovative) 정책방안을 탐색하고 결정하면, 이것이 곧 합리적이고 능률적이라고 했다. 그래서 Simon은 이것을 최고의 유일한 의사결정이라고 불렀다.

Simon은 인간의 의사결정 행태를 제한된 합리성(bounded rationality)의 논리로 설명하면서 합리성의 개념을 인간이 사유해서 만들어 낸 것이라고 하는 이론을 발표해서 1978년에 노벨경제학상을 수상했다. 제한된 합리성에 의하면(1978), 인간은 개인적으로 보면 합리적이지만 조직이나 단체 등의 의사결정에 참여할 때는 합리적이고 고결한 인간으로 행동하지 않는다는 것이다. 즉 합리주의자로 노력할 뿐이다; 단지 현실적인 환경과 조직분위기, 관습과 권위, 일의 분업과 의사전달, 교육과 세뇌 등에 의해서 인간은 자기가 합리적이라고 생각하는 것과 조직의 합리적인 것과의 갈등을 가장 적게 느끼는 수준에서 의사결정을 하게 되고, 여기에서 만족한다는 것이다[4].

---

4) Herbert Simon 교수(1916~2001)의 학문적인 업적이나 이론 등은 방대하다. 조직과 개인, 의사결정, 합리성, 행정학의 행정원리에의 반론 등에 이르기까지 그의 학문세계는 광범위하다. 특히 애석한 것으로 Simon 교수의 학문이 경제학, 심리학, 의사결정과 관리과학, 정보학 등에 광범위하게 연계되어 있어서, 정치학이나 행정학 또는 정책학 등에서는 깊이있게 그의 학문세계를 연구하거나 정리한 것이 적다는 점이다. 그러나 그가 서거한 지 1년 후인 2002년에, *Policy Sciences*(35권 3호)에서 특집으로(Symposium on Herbert Simon), 인간의 의사결정과 문제해결에 미친 영향력을 세 명의 학자들이 자세히 논의하면서, 그의 학문적인 세계가 재조명되고 있다. 그 이전에도 그의 제자인 Mie Augier와 James March가 그의 유적을 기리는 논문에서(2001) "Remembering Herbert A. Simon," *Public Administration Review.* 61(4): 396-402), Simon 교수는 학문초기부터 행정학에서 출발했고, 행정학의 지적 발전을 자극했으며, 마지막까지 행정학을 버리지 않았다는 점을 강조했다. 그리고 행정학에서의 범학제적인 지적 영역을 확대시켰으며, 현실적인 행정학의 지식과 합리적인 행정행위의 난제에 따른 제한된 합리성의 개념을 정립하여 정책결정의 기본이론으로 자리잡게 했다는 점 등을 지적하기도 했다.

여기에도 그러나 문제는 많다. 개인적인 의사결정과 조직 수준에서의 결정을 어떻게 항상 구별할 수 있을 것인가, 또는 만족한다는 것이 어느 정도의 수준에서 만족한다는 것인가 하는 것 등을 분명하게 구별할 수 없다는 약점이다. 또한 그의 이론은 너무 현실적이고 보수적인 입장이다. 때문에 변화와 혁신을 설명할 수 없다는 단점도 있다.

5) 다차원 정책결정모형

다차원모형(multi-dimensional policymaking model)은 정책의 다차원성이 상호 간에 조화되는 균형의 상태에서 정책은 결정된다고 설명한다. 따라서 이 모형은 복잡하고도 다차원적인 정책현실에서 정책대안을 발견하고 결정하기 위한 모형이다(이해영, 2001).

정책대안을 현실적으로 결정하고 선택하기 위해서는 정책의 다차원성(multi-dimensionality)을 우선 이해해야 한다. 정책의 현실에서 정책의 결정자만 있는 것이 아니다. 대상자와 수혜자 및 수요자 등도 있다. 동시에 모든 정책에는 비용이 필수적이다. 국가예산이든지 시간과 투자에 대한 기회의 비용이든지 아니면 기다리는 성숙의 비용과 같은 비용이 투자되어야 정책은 완성되고 실천될 수 있다. 정책비용이 있다면 또한 정책은 물리적이고 가시적이며 계량적일 뿐만 아니라 정신적이고 심리적인 정책인과에 의한 혜택이 있게 마련이다. 그 혜택이 경제적이거나 심리적으로 좋은 혜택도 있겠지만 때나 장소에서 부정적일 수도 있다.

정책을 결정하고 실천하는 시간을 중심으로 하는 시차적 활동인 정책과정도 있다. 시간을 투자하고 기다려야 정책이 생산되고 산출될 수 있다. 시간이 있다면 정책은 공간도 있다. 정책공간(policy space)은 정책이 결정되고 실현되는 장소이지만 지리적으로 한정된 공간의 'place'가 아니라, 구체적인 장소에서 정책활동이 전개되는 물리적 개념의 공간이다. 물론 정책은 추구하는 목적이나 이상을 가지고 있고, 또한 동시에 이것을 실천하기 위한 수단이나 사업도 있다. 이와 같은 다양한 개념이나 방법들이 동시에 존재하는 현실을 정책의 다차원성으로 설명한 것이다. 이와 같은 다차원성이 정책과정에서 현실적으로 조화되는 균형점에서 정책은 결정될 수 있다는 것이 다차원모형의 핵심이다. 이것을 〈그림 3-5〉와 같이 요약할 수 있다.

〈그림 3-5〉 다차원 정책결정모형

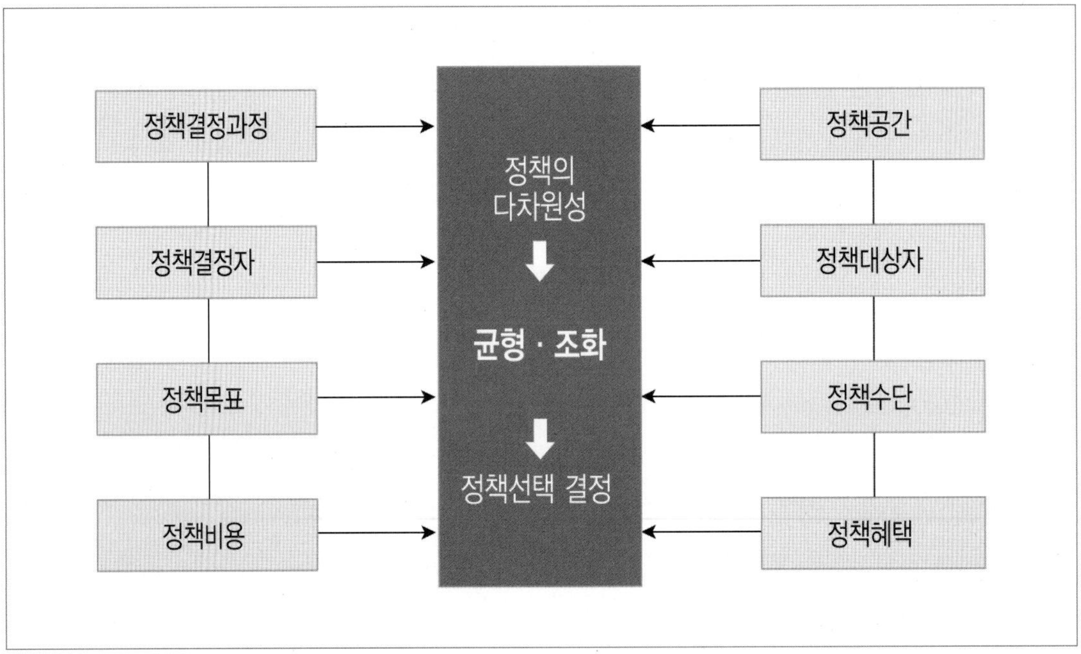

6) 쓰레기통 모형

쓰레기통 모형(garbage-can model)(Cohen, March, and Olsen, 1972)은 정책결정이 진행되는 과정에서 개인적인 수준에서의 의사결정이 아닌 조직의 역할인 조직이론과 제도적 접근방법의 의사결정을 설명한 것이 특징이다. 또한 쓰레기통 모형이 제시된 1970년대 초반에 탁월한 분석기법인 FORTRAN 등을 이용해서 데이터를 분석한 경험적 검증을 거친 과학적인 이론이라고 하는 특징도 있었다.

쓰레기통 모형은 기본적으로 문제, 해결책, 참여자, 선택의 기회라고 하는 네 가지의 흐름(streams)이 지배하는 조직에서 각각의 흐름이 일상적인 경우에는 규칙과 가치와 질서에 의해서 작용하고 있다. 그러나 선택인 정책을 결정해야 할 시기와 기회가 오면 네 가지 흐름들의 주류가 얽히고설켜서 최종적인 의사결정이 이루어진다고 설명했다. 그래서 얽히고설키는 것과 같이 마치 쓰레기통 속에서 정책이나 의사가 결정되는 것과 같다고 해서 이것을 쓰레기통 모형이라고 명칭을 붙인 것이다.

현실적으로 의사결정이 이루어지는 것은 쓰레기통 속에서처럼 상당히 무작위하게 이루어지는 것은 아니다. 의사결정 그 자체의 기회와, 의사결정에 필요한 자원에 접근할 수 있는 기회에 따라서 각각의 흐름이 정형화 되어 있다. 또한 모든 의사결정자가 모든 문제에 항상 참여하는 것이 아니다. 구체적인 상황과 가치판단과 시간요소에 따라서 의사결정에 참여하기도 하지만, 하지 않을 수도 있다.

여기서 발생되는 것이 연계(coupling) 개념이다. 어느 한 문제에 대한 정책대안이 항상 해결책으로서 작용하는 것은 아니다; 때때로 정책결정 흐름의 소용돌이에 따라서 해결책이 또 다른 정책문제를 연계시킬 수 있다는 것이다. 따라서 정책결정자는 먼저 해결책을 찾기보다는 기존의 정책이나 이해관계, 가치와 시간에서 무엇이 보다 유리할 것인가 하는 것과 같은 문제의 소재와 성격 등에 우선적으로 관심을 둔다는 것이다.

쓰레기통 모형은 조직집단에서 역동적으로 움직이는 조직의 의사결정을 미시적으로 설명한 장점이 있다. 또한 정책은 정책결정 과정에서 나타나는 조직단위의 의사결정 형태와 문제에 따른 해결책을 제시하기보다는 그 해결책에 따른 문제가 더 많이 발생될 수 있다고 설명한 장점이 있다. 그러나 현실적으로 무엇이 쓰레기통이며, 쓰레기통 속에서와 같이 의사결정에 관련된 각각의 흐름이 혼합하여 존재하고 있는 실태를 정확하게 설명하지 못한 단점도 있다.

쓰레기통 모형은 합리모형에서 보면 가장 대립적인 입장에서 정책결정을 설명한 이론이다. 왜냐하면, 일정한 의사결정의 기회와 자원 등이 상호 간에 연계하여 움직이는 조직의 의사결정 과정을 설명했기 때문이다. 나아가 다양한 정책사례를 조직이론의 관점에서 의사결정의 진행과정을 설명한 이론이기도 하다[5].

5) 쓰레기통 모형이 조직의 의사결정이론을 발달시키기는 했지만, Cohen과 March, Olson 등이 1970년 초에 제시한 데이터와 모형을 다시 검증해 본 후, 아직까지도 과학적인 이론으로 정립되기 어렵다는 비판도 있다(Bendor, Moe, and Shotts, 2001). 그러나 쓰레기통 모형을 발표한 Johan Olson 교수(2001)는 즉시 반박하여, 신제도주의에 의한 쓰레기통 모형을 잘못 이해하고 있기 때문이라고 했다. 나아가 유럽연합(EU: European Union))의 결성을 예로 제시하면서, 쓰레기통 모형이 신제도주의에 타당함을 설명하기도 했다.

7) 기타의 정책결정모형

① 최적모형

Yehezkel Dror(1968)는 합리모형을 순수한 경제적인 의사결정모형이라고 보았다. 그래서 그는 합리모형의 경제적 합리성뿐만 아니라, 직감이나 영감, 판단, 육감 등과 같은 초합리성(extra nationality)을 정책결정에 고려할 수 있는 규범적이고 가치판단적인 정책결정모형을 제시하였다. 이것을 최적모형(optimal model)이라고 했다.

정책과제의 확인과 정책대안의 형성, 결정된 정책을 집행하고 평가하는 정책과정 전반에 관한 정책결정을 설계하고 그에 필요한 전략을 구상하며 정책결정체제의 특성이나 정책결정자의 자질과 정책결정의 상황적인 특성 등을 설명할 수 있는 메타정책결정(meta policymaking) 단계도 필요하다고 주장했다[6].

최적모형은 실제로 정책의 최종적인 결정단계에서는 초합리성이 크게 작용할 수 있다는 점을 지적하고, 정책결정의 전체적인 관점에서 정책결정 자체의 체제적인 작용과 그에 필요한 전략 등을 단계적으로 설명한 것으로 정책현실에 타당한 이론으로 평가받을 수 있다.

② Allison 모형

Graham Allison(1969)은 1962년 10월 16일부터 28일 사이에, 미국의 John F. Kennedy 35대 대통령(1961~1963)과 그의 정책보좌관들이 결정한 일련의 위기관리 정책결정을 분석한 후 합리성과 조직과정, 관료정치의 세 가지 모형을 제시했다.

그는 구소련이 Cuba에 미사일 기지 설치를 결정하고 이를 시행하려고 하자, 미국의 국가안보의 위기대응 전략을 단기간에 결정하여, 결국에는 Kennedy 행정부의 승리로 끝난 사건을 분석한 의사결정모형을 제시했다. 즉 Nikitas Khrushchev(1894~1971) 구소련 공산당 서기장이 Cuba에 미사일 기지를 설치하겠다는 계획과 실행을 중단하고 철수하면서 위기가 종료된, 소위 Cuba 미사일 위기라고 하는 정책사례를 설명한 것이

---

6) Yehezkel Dror(1968)는 메타(meta) 정책결정의 세부적인 단계(phase)로서, ① processing values ② processing reality ③ processing problems ④ surveying, processing and developing resources ⑤ designing, evaluating, and redesigning the policymaking systems ⑥ allocating problems, values, and resources ⑦ determining policymaking strategy 등을 제시했다.

Allison 모형이다. Allison 모형의 구체적인 세 가지는 다음과 같다.

첫째, 합리적 행위자 모형(rational actor model) Ⅰ)이다. 정책결정은 합리적인 선택이다.

둘째, 조직과정 모형(organizational process model, Ⅱ)이다. 정책결정은 다양한 이해관계와 목표의 인식과 문제의 분석단위와 재량권의 역할과 집행과 표준운영규칙(SOPs: Standard Operating Procedures), 조직목표 등의 변수에 의해서 결정되는 것이다. 즉, 정책은 조직활동의 결과물이라는 설명이다.

셋째, 정부(관료)정치 모형(governmental(bureaucratic) politics model, Ⅲ)이다. 정책결정은 정치적 협상과 타협이나 권력게임에 의한 이해관계의 조정과 투쟁 등에 의한 정치의 결과산물이라는 것이다. 이때 중요한 역할을 하는 것은 정책결정자의 능력이다. 이와 같은 능력은 그들의 개인적이고 조직적인 명성과 직위에서 발생되는 권력이나 조직에서의 직위나 위치 등에 따라서 결정된다는 설명이다.

Allison 모형은 외교정책이나 위기관리 정책에서 정책결정관료들의 정책역할을 분석한 것이다. 또한 정책사례를 이론적으로 연구하고 설명할 수 있는 패러다임을 제공할 수 있다는 장점도 있다. 그러나 외교정책이나 위기정책 이외의 타 정책영역이나 분야에 적용하기 어렵다는 단점도 있다.

③ Paige의 한국전 참전결정 모형

미군의 한국전쟁 참전을 결정한 외교 및 군사정책의 사례를 분석한 Glenn Paige (1929~2017)(1968)의 정책결정모형을 Paige 모형 또는 'Korean Decision'이라고 한다. 그는 1950년 6월 25일(미국은 6월 24일)에 구소련군의 지원을 받은 북한 공산군의 남침에 의한 한국전쟁이 발발하였을 때, Harry Truman(1884~1972) 33대 미국대통령과 그의 정책담당자들이 6월 25일부터 6월 30일까지의 짧은 기간 동안에 한국전에 미군의 참전을 결정한 사례를 분석하였다.

그는 한국전 참전결정(Korean decision)의 단계를 각 날짜별(6월 24일의 토요일부터 다음 주 금요일(30일)까지)로 나누고, 각 단계의 구체적인 정책활동을 의사결정의 참여자, 정보, 가치, 정책대안, 결정, 외부지지와 강화(reinforcement) 등과 같은 여섯 가지 변수로 설명하였다. 이에 따라서 이것을 정책결정의 네 가지 단계로 다시 구체화하여 정리하였다.

1단계: 일반적인 대응전략의 정립단계이다. 결정해야 할 사안이 시급하고 구체적이며, 규모나 범위가 작을수록, 또는 기본적인 가치나 신념을 자극하는 정도가 클수록, 일반적인 대응전략과 이것을 자극할 범위를 쉽게 결정하게 된다.

2단계: 적극적 대응과 능력 등을 법령화 할 수 있는 공감대 결단단계이다. 대응해야 할 가치와 그것을 공유할 리더십의 확신 등으로 구체적인 정책사항이 법령화 될 수 있고 일할 수 있는 능력을 모으는 단계이다.

3단계: 정책집행과 실현에 필요한 구체적인 정책자원의 확인단계이다. 공유된 가치를 바탕으로 법령화된 정책을 집행하고 실천할 자원과 비용을 확인하는 단계이다.

4단계: 정책자원의 점진적 확대단계이다. 대내외적으로 정책지지와 리더십 및 자원동원과 정보능력 등이 확대되는 단계로서 정책과제의 범위와 해야 할 일들이 더욱 확산되는 단계이다.

Paige 모형은 Allison 모형과 같이 정형화된 의사결정을 제시하지 못한 단점이 있다. 한국전쟁에 미군이 참전한 사례연구는 실제로 한국뿐만 아니라 미국에서도 잘 알려져 있지 않다. 그 이유는 여러 가지가 있겠지만, 그의 연구가 의사결정의 정형화된 모형을 제시하지 못한 점도 있었다. 또한 한국전쟁이라는 변방의 작은 국가의 위기를 설명한 사례였기 때문이라고 할 수 있다. 그래서 미국학자들의 관심을 끌지 못했다고 할 수 있다[7].

④ 정책단절모형

정책단절(policy punctuation) 모형은 Frank Baumgartner와 Bryan Jones(1993) 등이 1990년대 이후, 미국의 정책사례인 원자력발전이나 도시문제, 흡연, 미국연방정부의 예

---

7) Glenn Paige와 Graham Allison 등이 거의 동시에 위기의 정책결정사례를 연구했기 때문에 상호 간에 영향을 미쳤는가 하는 것을 확인할 수 없지만, Allison 교수의 연구 때문에 아마도 Paige 교수의 연구는 빛이 바랬다고 할 수 있다. 그러나 그의 한국전쟁의 결정모형은 의사결정이론의 하나의 이정표 역할을 했다. 그래서 Lasswell 정책학의 발달에 크게 기여했다고 평가받고 있다(Robinson, 1999). 동시에 Paige 교수는 한국전쟁에서 숨진 모든 사람에게 그의 책, 『The Korean Decision』(1968)을 바친다고 하는 인간적인 면모를 보이기도 했다. 그는 한국전쟁에도 중위와 대위로 참전하였으며, 1957년 Harvard 대학교에서 한국학을 전공하기도 했고, 1959~61년에 서울대학교 행정대학원의 객원연구원으로도 근무했다. Hawaii 대학교(Manoa)에서 은퇴하여 Center for Global Nonkilling 재단(www.nonkilling.org)을 운영하면서 세계평화운동에 앞장서기도 했다(https://en.wikipedia.org, 검색일: 2019년 5월 20일).

산 등에 적용하여 설명한 것이다.

정책단절모형에 의하면 정책을 결정할 정치제도는 투입과 산출 모형을 따르고 있다. 이때 정책을 형성하는 변환비용(이해관계의 갈등과 마찰에 의한 제도적인 비용과 실질적인 화폐비용 등)이 많이 들면 들수록 정책은 제도적 마찰을 겪게 된다. 이와 같은 마찰이 장기간에 축적되면 정책은 급변하게(dramatic policy punctuation) 된다고 설명했다.

비교적 소규모의 정책단절은 정책주체들이 자신의 정책영역을 독점하고 있거나, 혹은 정책의 하위체제들이 서로 간에 정책을 독점하기 위해서 경쟁하는 경우이다. 이것을 정책의 연속성으로 설명할 수 있다. 특히 정책주체들은 자신들의 정책전문성과 자율성을 지속시키면서 발달된 기술이나 정보통제력 덕분에 점점 더 자신들의 이슈영역을 독점하게 된다. 그러면 정책독점을 지속할 하위체제를 구성하고 외부의 지지와 영향을 계속적으로 유지하기 위해서 시민을 참여시키는 전략을 취하게 된다. 이와 같은 정치제도 구조에 의해서 단절적이지만 일시적 균형(punctuated equilibrium)을 유지할 수 있다고 본다.

이와 같은 균형과 안정의 시기에는 정책경쟁자 간에 정책의제와 해결할 문제에 대하여 합의하면서, 새로이 형성된 정치제도에서 새로운 안정시기를 유지해 갈 수 있다. 그러나 이와 같은 안정화 시기가 장기간 계속되면 정책 간의 독점적 경쟁이 심화되거나 외부요인(이것을 정책지진(policy earthquake)이라고 했다)이 발생한다. 그러면 정책은 변화를 경험하지 않을 수 없다. 이때의 변화는 급진적이고 대규모적이다. 때문에 정책이 국가적 수준에서 정책은 재조정하지 아니할 수 없게 된다. 따라서 정책단절 모형은 정치적 압력이나 급격한 외부환경의 변화에 의한 대규모 정책변동을 설명한 것이다.

4. 정책분석의 방법

1) 정책논증

정책논증(policy discourse) 또는 정책논변(policy argument)은 엄격한 과학적 분석을 바탕으로 하는 정책분석론의 타당성을 비판하고 있다. 따라서 정책의 본질적 속성이나 인간을 중심으로 하는 가치나 판단, 행복이나 만족의 조건, 정책의 목표 등에 의한 정치적 이해관계나 공공성 등을 전통적인 분석에 통합하고자 하는 Jurgen Habermas의 담론 개념을 기초로 하고 있다[8].

정책문제나 과제에 적절한 정보가 정책논변의 시작이다. 이와 같은 정책정보에 기초해서 정책대안이나 정책결과를 주장할 수 있다. 이를 위해서는 어떠한 조건과 상황 및 가정이 전제되거나 한정되었는가를 설명하는 한정된 접속사(qualifier)를 사용하여야 한다. 그러면 이와 같은 정책주장이 다음에 계속될 정책논증의 정보가 된다.

정책정보를 정책주장으로 이동시키고자 하는 논거(warrant)가 정책주장을 정당화하게 되면 그 다음으로 반증(rebuttal)이 발생된다. 반증에 의하여 정책의 한정된 조건이나 상황이 변화되거나 수용될 수 있다. 즉, 제2의 정책 조건이나 상황이 한정어로 등장할 수 있다. 동시에 반증에 의해서 논거가 다시 시작되기도 한다. 즉, 논거나 정책정보 또는 이것을 지지하거나 정당화시킬 수 있는 정책보강인, 지지나 후원(backing) 등에 관련된 조건이나 예외조항, 자격조건 등에 따라서 정책주장의 가능성이나 현실성 등을 제한하거나 감소시킬 수 있다. 이때 정책논변에의 참여기회가 제한되거나 참여하지만 전문성이나 정보의 차이 때문에 발생될 왜곡현상을 주의해야 한다(유민봉, 1992; 오영석 · 고창택, 2008).

정책논변의 진행과정에 따라서 정책결정자와 정책분석가 및 정책당사자들이 상호 간에 의견을 교환하면서, 최종적으로 정치적 담합이나 교환, 협상 등에 따라서 정책을 결정할 수 있다고 본다. 정책논변의 구조와 과정을 〈그림 3-6〉과 같이 정리할 수 있다.

---

8) Jurgen Habermas(독일의 사회학자이자 철학자이다)의 담론이론(discourse theory)은 담론 참여의 당사자들이 동의할 수 있고, 모든 사람들의 이해관계를 고려할 수 있는 보편화의 원칙에 따라야 한다는 것을 강조하고 있다. 따라서 담화의 진출입이 공개적이고, 평등하게 참여할 수 있으며, 진실을 말할 수 있고, 자신의 입장을 강요당하지 아니할 수 있는 이상적인 담화상황에서 합리적 논증을 구성할 수 있다는 주장이다(최은광, 2016).

〈그림 3-6〉 정책논증의 구조와 과정

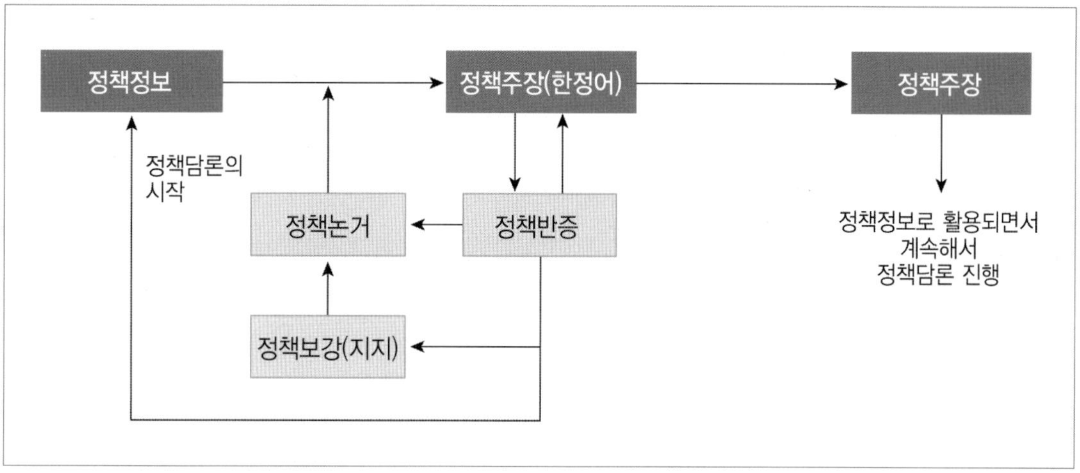

2) 미래예측

미래를 정확하고 분명하게 예측한다는 것은 신의 경지에서나 가능하다. 그럼에도 인간의 인식능력과 판단작용에 의한 미래의 진행상태를 현재의 수준에서 설명하고자 하는 것은 미래의 불확실성에 대한 확실성을 높이고자 하는 욕구에서 출발한다. 특히 정책은 미래의 행동노선(future-oriented actions)이다. 때문에 미래를 예측하는 방법(policy forecasting)은 정책분석의 기초에 해당된다(Hyndman and Athanasopoulos, 2018).

미래는 본질적으로 불확실하다. 따라서 지금까지 축적된 지식과 자료와 경험에 의해서 미래의 상태를 현재에서 추측(conjecture)하거나 예측(forecasting), 예언(prophesy), 예보(prediction), 진단(diagnosis) 할 뿐이다. 특히 미래에 발생될 일이나 사건은 확률적으로 진행된다. 자연의 현상과 같은 미래는 어느 일정한 시기에는 확정적이지만 사회현상에서 미래는 단지 지금까지의 확률에 의한 활동의 설명일 뿐이다.

미래예측은 현재의 지식과 경험, 직관과 정보에 따라서 불확실하면서도 끊임없이 변화하는 미래의 진행방향을 확률적 의미에서 사전에(ex ante) 제시하는 것이다. 정책대안을 개발하고 구성하기 위한 미래예측은 과학적이고 객관적이며 합리적 지식과 정보에 의하여 미래의 진행상태를 현재에 진단하고 분석하는 것이다.

미래를 예측한다는 것은 정보에 의한 판단과 결정(informed judgment and decision)을 할 수 있다는 의미이다. 따라서 정책의 성공은 정확한 미래예측에 달려 있다. 물론 미래를 정확하게 예측하려면 현재와 과거를 정확하게 진단한 지식과 정보가 축적되어야 한다. 성공하는 정책이란 이와 같은 과거의 지식과 축적된 정보에 따라서 정책을 결정할 수 있을 때 가능하다. 그러나 미래예측에도 한계가 있다는 사실을 알아야 한다. 인간의 인지능력의 한계와 현재까지 축적된 지식과 정보의 한계, 정책에 관련된 변수의 측정오차(measurement error)에 의한 한계, 상황에 따라서 변동되는 현실을 정확하게 측정하기 어려운 한계, 제도적이고 일시적이며 역사적(문화적이고 관습적인)인 상황, 급격한 천재지변이나 전쟁 등과 같은 변수에 의하여 미래를 과학적으로 예측하기 어렵다.

미래예측의 방법으로 판단적 예측방법(judgmental forecasting)이 있다. 미래를 예측하는 사람의 기존 지식과 정보에 의한 전문적 능력이나, 오랜 세월 동안에 훈련된 직관이나 육감, 혜안 등에 의한 방법이다. 따라서 이것은 개인적이고 비논리적 방법으로 자신의 심리적이고 육체적인 감성과 느낌에 따라서 미래의 경향과 사건의 진행 등을 예언하는 방법이다.

그러나 과학적 예측방법(scientific forecasting)은 일반적으로 과학적 방법인 기존의 자료와 정보를 기초로 하여, 현실적으로 반복하여 검증할 수 있는 실증적 방법을 활용하여 미래의 경향과 결과를 예측(forecasting, prediction, projection, extrapolation 등등의 다양한 용어가 있다)하는 방법이다. 그 대표적인 방법으로, 역사적 경향과 방향의 예측방법인 시계열 분석과, 기존의 이론에 의한 미래의 결과와 진행과정을 예측하는 이론형성에 의한 상관관계나 가설의 검증방법, 지식과 정보에 따라서 합리적 판단을 할 수 있는 델파이 방법 등이 있다(Dunn, 2018).

일반적으로 많이 이용되는 것으로 정책델파이 방법(policy Delphi method)이 있다. 이것은 다양한 영역의 정책전문가나 관련된 직종에 정통한 전문인의 판단과 여론을 수집하고 교환하면서 기존의 문제점을 개선하거나 미래의 방향을 진단하는 방법이다. 따라서 기본적으로 물리적인 철저한 익명성이 보장될 수 있도록 설계하여야 한다. 그리고 전문가의 판단과 결정을 순환할 수 있는 환류 라운드를 실시한 후(보통 1-3라운드), 전문가의 판단을 통계값으로 분석하여, 최종적으로 전문가의 합의에 따라서 정책이슈나 문제를 정의하고 결정하는 방법이다.

정책델파이의 기본적인 절차로, 이슈나 문제의 구체적 확인과 정의 ⇒ 전문가의 선발

(비밀 · 익명성) ⇒ 델파이용 설문지 개발과 작성 ⇒ 제1라운드의 결과 분석과 환류 ⇒ 2차(3차 등) 라운드의 설문지 개발 ⇒ 전문가 집단 회의 구성과 합의 도출 ⇒ 최종보고서 작성 순서 등이다.

3) 비용–편익 분석

비용–편익분석(B/C분석: benefit-cost analysis), 이하에서는 B/C 분석이라고 한다)은 후생경제학의 응용이론으로 발달되면서, 공공분야에서 의사결정의 한 기법으로 이용되고 있다. 후생경제는 개인의 문제가 아닌 사회적인 공공의 문제이다. 때문에 각 개인의 선호나 효용을 사회의 선호나 우선순위로 전환시키는 것이 중요하다.

대표적 이론이 파레토 최적이론(Pareto Optimality)이다. 그러나 개인의 최적 상태에서 사회적 파레토 최적상태를 구성할 수 있어야 한다. 즉 어느 한 부분의 효용이나 가치를 손상시키지 아니하면 타 부분의 효용을 증대시킬 수 없는 최적의 선택상황을 만들 수 있어야 한다는 뜻이다(김성준 · 오정일, 2012).

B/C 분석은 사회적 최적상태를 달성하기 위한 편익과 비용을 개인 수준이 아닌, 공공의 수준에서 평가하는 대표적 방법이다. B/C 분석의 일반적 절차와 원칙으로 정책사업의 총비용에 대한 총편익을 비교해서, 어느 정책대안이 가장 많은 순편익을 제공할 수 있을 것인가를 결정하는 것이다. 구체적으로 정책대안의 여러 가지 사항 중에서 그 사업을 시행할 초기의 비용이나 기타 관련 비용과 유지비용 등을 총비용으로 계산(물론 사회적 비용과 비화폐적 비용도 최대한의 합리적인 방법으로 화폐적 비용으로 계산하려고 노력한다)해서 먼저 그 사업에 필요한 총비용을 계정한다.

이와 반대로 정책사업에 의해서 발생될 효과(비화폐적이고 사회적인 것을 포함)를 화폐편익으로 계산해서 총비용과 총효과의 차이가 가장 크게 발생되는, 즉 한계편익을 극대화할 수 있는 정책을 선택하는 것이다. 물론 사업규모가 크고 장기적이라면 비용과 편익을 현재의 가치로 환산하는 할인방법이 동원되기도 한다. 또한 일정한 비용의 제약이 있다면, 즉 사용해야 할 정책비용이 제한된 예산액으로 결정되어 있다면, 이 범위 내에서 한계비용과 한계편익이 동등해지는 사업규모를 결정할 수 있다(Stokey and Zeckhauser, 1978).

하지만 정책에서 B/C 분석을 이용할 때는 위에서 설명한 바와 같이 간단하지 않다. 정책의 영향은 국가나 인류사회의 전 범위에 해당되기도 하고, 정책효용이 발생될 시간적 범위가 복잡하다. 그리고 대부분의 정책비용은 정책을 집행하면 그 비용을 복구할 수 없는 매몰비용이다. 더구나 국가정책의 비용과 편익(효과)을 정확히 계산한다는 것 그 자체가 신화일 수 있다. 왜냐하면 경제현상에서 보이지 않는 손이 존재하여 시장가격과 공급을 결정하듯이, 정책에서도 보이지 않는 정치현상과 가치판단이 존재하여 정책의 비용과 편익을 결정하기 때문이다. 대표적으로 정책담당자나 분석가의 문화적이고 인지적이며 윤리적 가치판단과 성향을 과학적이고 객관적으로 분석할 수 없는 것과 같다.

B/C 분석은 정책의 비용과 편익의 화폐적 인과관계의 정보를 제공할 수 있을 뿐, 정책결정 그 자체에 관한 정보를 제공할 수는 없다. 그리고 현재에서 정책의 값을 분석하는 것이다. 과거나 미래(물론 이것을 다룰 수 있는 방법으로 할인율이나 가중치의 부여 등과 같은 기법이 있지만)의 값을 개발하거나 창조하는 수준의 정보는 제공할 수 없다. 때문에 B/C 분석은 정책규정에 따라서 발생될 가치와 사회 전체적 입장에서의 선호에 관한 정보를 제공하기 어렵다.

그러나 B/C 분석은 어떤 정책이 가장 효율적이고 효과적일 것인가 하는 것을 판단하는 계량적인 한계분석(한계비용과 한계편익의 개념) 개념을 중심으로 하고 있다. 지금까지 다양한 분야에서 정부사업이나 프로그램에 광범위하게 활용되고 있기도 하다.

4) 의사결정나무

의사결정 나무분석(decision three analysis)은 일반적으로 위기상황이나 또는 급한 의사결정을 해야 할 경우에 사용되는 방법으로 퀵 분석(quick analysis)이라고 하기도 한다. 의사결정 나무분석의 일반적인 절차를 네 가지로 구분할 수 있다(Behn and Vaupel, 1982).

첫째, 의사결정을 해야 할 과제나 문제를 우선 단순명료하게 정리하면서 의사결정의 나뭇가지(tree branch)에 해당될 요소를 찾아낸다.

둘째, 각각의 구체적인 사건이나 일에서 의사결정자가 판단하고 결정할 수 있는 판단적 확률을 결정한다.

셋째, 의사결정자의 주관적 판단과 평가의 결과를 의사결정자의 선호도와 확률에 따라서 0과 1 사이의 값으로 정한다.

넷째, 각각의 정책대안의 선호도와 확률을 계산하여 가장 확률적 선호도가 높은 대안을 선택한다.

이와 같은 절차에 따라서 다음과 같은 의사결정의 네 가지 논리적 구조가 있다(Stock and Zeckhauser, 1978).

첫째, 의사결정 노드(decision node): 의사결정자가 선택할 수 있는 모든 가능한 방안을 의미한다.

둘째, 기회 노드(chance node): 의사결정자가 불확실한 일이나 결과에 개입할 기회의 순간이다.

셋째, 기회에 따라서 발생될 각각의 확률을 정하는 것이다.

넷째, 기회 노드에 따라서 선택하게 될 의사결정의 결과를 요약하는 결과보기(payoffs)이다.

의사결정나무의 분석방법을 〈그림 3-7〉과 같이 다이어그램으로 간단히 도식화해서 이해할 수 있다.

〈그림 3-7〉 의사결정나무 모형

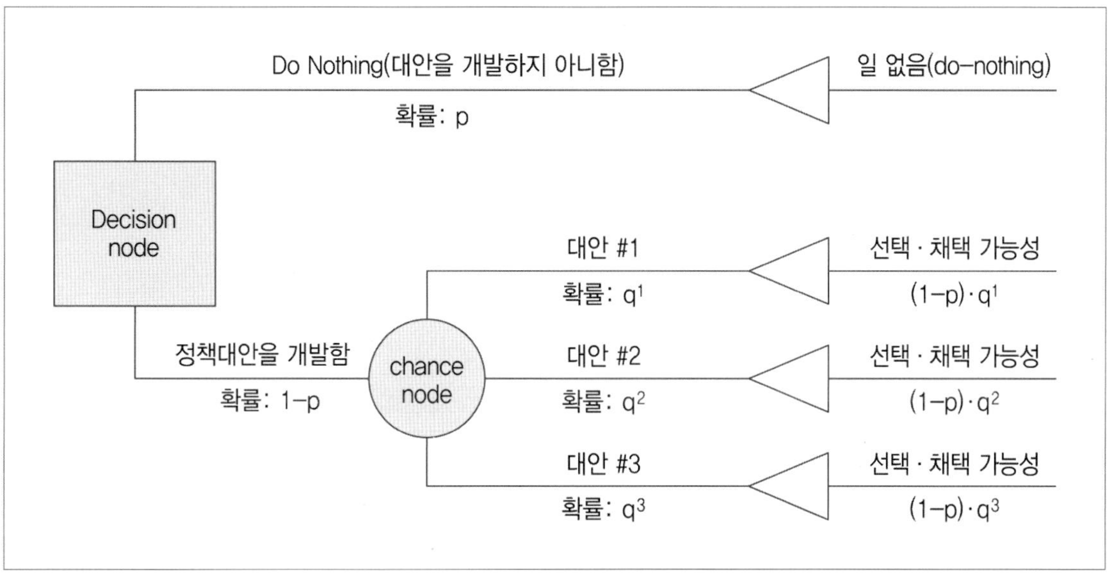

5) 공공선택론

공공선택론(public choice theory)은 합리적 경제인으로 판단하고 선택하는 경제이론을 공공분야의 공공재의 선택에 도입하여 공공기관, 특히 관료의 행위와 의사결정을 설명하고자 하는 경제이론의 한 분야이다. 그렇다고 순수 경제이론이라기보다 시장실패에 의한 정부의 역할을 어떻게 규정하고 설명할 것인가 하는 국가재정학에 뿌리를 둔 이론이다. 그렇기 때문에 정치와 경제의 상호연관성을 미시적으로 설명하기 위한 정치경제학의 한 분야로 발달하고 있다(김성준, 2012).

공공선택론은 1960년대부터 미국에서 발달되었다고 할 수 있다. 1950년대 이후의 미국경제가 세계경제로 성장하면서 경제성장과 발전의 이론과 실천전략을 미국의 공공분야에 적용하면 공공정부도 시장의 경제분야와 같은 성과를 이룩할 수 있다는 실천철학이 있었다. 특히 미국의 연방정부나 주 정부의 공공관료제는 서구유럽이나 중국을 중심으로 하는 직업 관료제와 같은 역사와 경험이 없었다. 때문에 경제학의 중심이론인 합리적 소비자 선택이론과 의사결정을 공공분야에 적용하여 설명하면 공공관료의 합리적 결정과 성과를 고전적인 관료제 이론과는 달리 미국식의 독자적 방법으로 설명할 수 있다고 믿었다.

1986년에 노벨 경제학상을 수상한 James Buchanan과 Gordon Tullock(1962) 등이 공공선택론을 집중적으로 발달시켰다. 또한 게임이론과 사회적 최적이론 및 투표이론 등의 수리모형과, 정치선택을 설명하는 공공선택론의 다양한 이론도 발달되었다. 그리고 공공분야에서 공공선택론의 철학적 기초를 연구하면서 헌법적 질서를 강조하는 이론도 있다. 그러나 공공선택론의 공통적인 기본전제는 방법론적 개인주의와 경제인 그리고 교환으로서의 정치 등이다.

공공선택론의 방법론적 개인주의가 강조하는 것은 합리적으로 자신의 이익을 극대화할 수 있는 의사를 결정하는 개인을 중심으로 하고 있다. 이들의 선호와 선택을 존중하는 것이 공공선택론의 기본 입장이다. 개인은 자신의 이익을 중심으로 합리적 결정과 판단을 하면서 이와 같은 결정에서 발생될 효용과 이윤을 극대화 하려는 전략을 취한다. 자신이 소유한 정보의 수준에 따라서 다양한 대안을 선택하지만 기존의 법과 질서의 범위 내에서 합리성을 추구하는 특성을 가지고 있다.

즉 경제인으로서 사익을 추구하는 개인주의의 인간이 자신의 이익을 극대화 할 수 있는 최적의 행동을 한다는 전제이다. 그렇지만 사회적 행위에서 자신의 효용가치를 화폐가치로 환산할 수 있는 경제인이 공공선택론의 중심이다. 따라서 개인의 사익을 추구하는 경제인으로 분류할 수 없는 공공관료의 경우에도, 공공선택론은 공익을 추구하는 것이 아니라 자신의 이해관계를 극대화 하는 경제적 인간의 맥락에서 의사결정을 설명하고 있다.

때문에 공공선택론에서는 공익과 사익의 관계를 설명하지 아니할 수 없다. 그래서 방법론적 개인주의와 경제인의 내용을 공공선택론에서는 사익 접근방법이라고 한다. 그리고 공통의 선이라고 하는 공익을 정치교환의 논리로 설명하는 것을 공익적 접근방법이라고 해서 구별하기도 한다.

공공선택론에서 교환으로서의 정치를 조금 더 이해할 필요가 있다. 경제인의 선택행위를 정치에서는 투표의 선택행위로 설명하는 것이다. 따라서 정치행위의 대표격인 투표에서도 거래행위를 하는 당사자들의 이익이 증가될 수 있기 때문에 정치교환이 가능하다고 본다. 그렇지만 정치교환에서 발생되는 효과는 공동체에 속하는 모든 사람에게 비용과 효과(외부효과나 무임승차자(free-rider) 문제)를 발생시키기 때문에, 공익추구라고 하는 사실을 전제로 하고 있다.

6) 정책실험

정책실험(policy experimentation)은 실험방법을 기초로 해서 정책프로그램을 직접 실험집단에 실시한 이후의 결과를 평가하여 정책의 가능성이나 영향력 등의 성공요인을 분석하는 방법이다. 특히 정책실험은 자연과학의 실험방법과 같이 실험집단과 비실험집단인 통제집단 등을 완벽하게 구성할 수 없다. 때문에 소위, 준실험(quasi-experimentation) 또는 사회실험(social experimentation) 방법으로 알려진, 자연과학적 실험방법의 생략형을 이용한다. 그렇지만 일반적인 실험방법을 정책분석의 원론적인 방법으로 이해할 필요가 크다. 그래서 일반적인 실험방법의 원칙이나 기법 등을 우선 설명하고자 한다[9].

9) 실험방법에 관한 내용은 필자의 『조사방법의 이해』(2005). 서울: 대영문화사)의 제13장을 요약해서 재구성한 것이다.

실험방법의 기본원칙과 용어는 다음과 같다. 실험집단과 통제집단 대상자를 원칙적으로 무작위로 선정하여야 한다. 실험내용 또는 실험조건의 실시란 실험집단에게 독립변수인 일정한 실험내용을 실시하는 것을 말한다. 그리고 실험집단(experimental group)은 실험조건을 실시하는 대상 집단이다. 실험 조건을 실시하지 않는 집단을 통제집단(control group)이라고 한다. 실험조건을 실시하기 이전의 실험집단이나 통제집단의 상태를 검사하는 것을 사전검사(pre-test)라고 한다. 일정한 실험조건을 실험집단에게 실시한 이후에 실험 또는 통제집단을 검사하는 것을 사후검사(post-test)라고 한다.

실험집단과 통제집단에 소속될 표본을 구성하는 일이 실험방법에서는 대단히 중요하다. 모집단 전체를 대상으로 자료를 수집할 수 없기 때문에 먼저 표본을 구성하여야 한다. 나아가 실험집단과 통제집단의 크기를 결정하여 표본을 구성하고자 한다면 어떤 기준으로 표본 대상자를 실험집단과 통제집단에 배치 또는 배속시킬 것인가 하는 문제를 연구자가 결정하여야 한다. 이때 중요한 결정 기준으로 1차적으로 선택된 표본을 무작위로 실험집단과 통제집단에 배속시키는 방법이다. 때로는 단순무작위 방법보다는 층화군집 무작위 방법 등을 사용하여 표본의 특성에 따라서 실험집단과 통제집단을 구성하는 것이 현실적이다.

실험조건을 통제된 실험환경에서 실시하기 때문에 인위적 실험환경과 자연적 환경과의 차이점을 찾기 위해서 통제집단을 여러 개로 이용하는 원리가 작용한다. 특히, 사회과학에서 실험환경을 연구조건과 내용에 맞도록 통제하기가 사실상 불가능한 경우가 많다. 이와 같이 통제할 수 없는 환경변수가 연구결과에 어느 정도로 영향을 미쳤는가를 발견할 수 없다면, 실험에 의해서 수집된 데이터만으로 가설을 검증하기 어렵다. 그래서 실험조건 이외의 환경변수가 종속변수에 미친 영향을 분석하기 위해서 실험조건을 실시하지 않는 통제집단을 다양하게 구성하는 실험방법이 발달하고 있다. 이와 같은 대표적인 방법으로 솔로몬 통제집단(미국의 심리학자 Richard Solomon(1918~1995)이 1949년에 개발해서 그 명칭을 붙인 것)의 다양한 구성방법을 들 수 있다.

그 다음으로, 실험방법의 기본 원리에 따라서 실제로 실험을 어떻게 구성할 것인가를 결정하여야 한다. 특히 정책분석의 방법으로 많이 이용되는 준 또는 사회실험방법으로, 통제집단을 구성하지 않고 하나의 실험집단과 통제집단을 구성하여 실험조건의 실시 이전과 실시 이후의 상태 변화를 조사하는 실험방법이 많이 이용된다. 예를 들면, 실험의 실시에 따른 종속변수 값의 변화, 즉 실험효과(experimental effect)는 실험 조건을 실시하기 이전에 실험집단을 대상으로 실시한 사전검사 값과, 실험조건을 실험집단에 실시한 이후에 실험집단을 대상으로 실시한 사후검사 값과의 차이점으로 해석된다. 그러나 일반적으로 하나의 실험집단과 통제집단을 구성하는 방법이 가장 많이 활용된다.

〈표 3-5〉 단일 실험 및 통제 집단의 구성

실험집단 I	통제집단 I
1. 실험 대상자 선정 2. 사전검사 실시 3. 실험조건 실시 4. 사후검사 실시 5. 사전검사와 사후검사의 비교	1. 실험 대상자 선정 2. 사전검사 실시 3. 실험조건 실시하지 않음 4. 사후검사 실시 5. 사전검사와 사후검사의 비교
실험효과 = (사전 · 사후검사(실험집단)의 차이) ~ (사전 · 사후검사(통제집단)의 차이)	

제 4 편

정책학의 중심이론

제 1 장

정책과 국가[1)]

1) 정책과 국가의 내용은 필자의 『정책사상 대계』(2020, 근간)의 제3장(국가주의)을 재구성한 것이다.

1. 국가란 무엇인가?

정책과 국가는 정책학의 중심이론이다. 왜냐하면 정책은 국가의 정치적 책략이기 때문이다. 따라서 정책을 이해하기 위해서는 먼저 국가를 이해해야 한다. 국가의 개념적 이해나 정의는 각자의 학문적 영역과 관심이나, 연구하는 주제나 분야에 따라서 복잡하고도 다양하다. 정책과 국가에서는 정책학에 한정하여 국가의 개념부터 간단히 설명하고자 한다.

1) 한자문화권에서 국가의 이해

한자를 사용하는 문화권, 특히 유교적 전통과 가치가 지배적인 사회에서의 국가(國家)의 개념을 우선 어의적으로 찾아 볼 수 있다. 한자의 국가(國家)는 國(나라)과 家(집)의 합성어라고 할 수 있다. 이것의 근원을 맹자가, "일반적으로 천하국가라고 하지만 실제로 천하의 기본은 나라에 있고, 나라의 기본은 가(家)에 있으며, 가(家)의 기본은 개인, 즉 주민에 있다"는 지적에서, 국가를 국(國)과 가(家)가 합성된 용어라고 할 수 있다.

『주역』의 "천지 이후에 만물에 발생하였고, 만물 이후에 남녀라는 인간이 발생하였으며, 인간 이후에 인간의 결합에 의한 가정인 부부, 부부 이후에 아버지와 자식, 부자 이후에 임금과 신하, 군신 이후에 상하, 상하 이후에 법과 예절이 갖추어졌다"라고 하는 설명에서도 국가의 개념을 찾아 볼 수 있다. 이것은 가정과 개인을 기초로 해서 국가가 형성되는 것을 설명하는 가족주의 국가관이라고 할 수 있다. 즉 국가는 가족이 외연적으로 확대된 조직이며, 가족과 국가는 하나의 결합원리인 천인(天人)합일 사상에 의한 가족주의 또는 가족국가를 설명하는 개념이라고 할 수 있다.

중국 근대 사상가이고 사학자인 량치차오(梁啓超: 1873~1929)는 국가(國家)라는 한자를 다음과 같이 파자해서 설명하였다. 즉 중국에서는 국(國)을 옛말로 혹(或)이라고 했다. 혹(或)을 파자해 보면, 통치권을 의미하는 과(戈)(창, 무기)와, 국민을 뜻하는 구(口)와, 영토를 의미하는 일(一)로 구성되어 있다; 그러나 이 세 가지만으로 그 뜻이 분명하지 못해서 혹(或)을 큰 입구(口)로 윤곽을 만들어서 위의 세 가지를 일체화시킨 것이 현재의 국(國)자라고 설명하였다(김춘남, 1987).

이와 같은 의미를 가진 국(國)자가 한자문화권에서 등장하는 시기는 춘추시대 말기나 전국(戰國)시대라고 할 수 있다. 즉 하(夏), 상(商), 주(周) 시대에 천자의 나라인 천하(天下)와 제후의 나라인 국(國), 그리고 경대부들의 나라인 가(家)가 있었다. 특히 천하나 국(國)들이 통치제제를 갖추기 시작할 때, 그들의 영향력을 받고 있던 여러 방(邦)도 각기 읍(邑)을 신설하고 통치조직을 갖추기 시작하였다. 특히 서주(西周) 시대에 국으로 개칭된 읍을 왕실에서 파견된 제후들이 통치하기 시작했다. 즉 제후들의 국(國)시대가 전개되면서, 수많은 국(國)이 형성되는 춘추시대부터 국(國)이 널리 등장하기 시작했다고 할 수 있다. 그러나 춘추시대 말기에 오면서 제후와 경, 대부들이 각축하는 국(國)과 가(家)의 시대가 되면서 국(國)과 가(家)의 경계나 구분이 어려워졌다. 이때부터 국(國)과 가(家)의 합성어인 현재의 국가(國家)라는 용어가 사용되기 시작했다고 볼 수 있다.

2) 서양 영어권에서 국가의 이해

동양사회에서는 국가를 국(國)과 가(家)의 합성어, 또는 '나라' 라는 순수 우리말, 부족이나 씨족국가 등과 구분되는 정도로 사용하고 있다. 반면에 서양 영어권에서는 국가를 의미하거나 이와 관련하여, 구분해서 이해하고 설명해야 하는 용어가 매우 다양하다. 예를 들면 보편적 의미의 국가를 뜻하는 'state'를 민족 중심의 국가를 의미하는 'nation', 공동체 사회라는 의미가 강한 'community', 지정학적인 민족성을 강조하는 'country', 통치집단을 뜻하는 'government', 조직이나 집단을 의미하는 'group'이나 'institution' 등과 개념적으로나 현실적으로 명확하게 구분하기 어려운 경우가 많다.

특히 서양 영어권에서는 이와 같이 사회와 국가의 힘의 우월에서 대립이나 갈등과 같은, 국가와 사회의 관계(state-society relation)가 현실적이거나 학문적으로 큰 과제이고 논쟁거리로 등장하면서 국가 개념이 복잡하다는 사실을 알 수 있다. 국가-사회관계를 사회중심적 국가론과 국가중심적 국가론의 논쟁이라고 할 수 있지만, 국가와 사회의 관계를 분명히 이해할 수 있을 정도로 구분하기 어려운 현실뿐만 아니라 이론적인 논란이 국가의 정의를 어렵게 하는 원인이다. 따라서 국가의 정의에 관한 문제는 사회와 국가를 어떻게 구별할 것인가 하는 것에 귀결되고 있다.

국가(state)는 폐쇄적인 지리적 통치영역에서 국적을 가진 주민에 대한 지배권과 통치력인 주권을 행사하는 집단이라고 할 수 있다. 이와 같은 개념은 'nation, country, nation-country' 등과 구별되는 개념이다.

국가는 시대적인 가치와 문화, 인종, 생활방식, 언어 등에 따라서 진화하거나 진보하는 역사적 산물이라고 할 수 있다. 여기에 더하여 인간의 활동과 삶의 방식이나 유형에 의한 국가의 성격이나 유형, 기능과 작용 등은 지리적인 한계와 구분에 제약을 받지 아니할 수 없다. 즉 아무리 국제사회나 세계기구를 중심으로 지구촌사회가 인간들의 생활환경이나 조건으로 변화된다고 하더라도, 특히 현재와 같은 SNS(Social Networking Service(Site) 또는 Social Media) 사회로서 전 지구촌 인간들이 인종과 언어, 문화, 성별, 연령 등에 크게 구애받지 아니하는 보편적인 세계 시민사회라고 하더라도 지리적인 경계나 영역에 따른 국가나 사회 또는 정부의 독자적인 주권과 배타적인 통치권에 예속되지 아니할 수 없는, 인간 자신의 물리적 한계를 가지고 있다.

따라서 문화적이고 인종적이며 가치판단적 차이와 차별에 더하여, 지리적인 경계와 한계에 따른 동서양이나 기타 지역, 이와 같은 환경의 조건과 양식이 시대적으로 축적되어 온 역사적인 특성 등에 따라서 다양하고도 복잡하게 구성되고 발전된 국가를 하나의 개념 틀이나 패러다임으로 정의한다는 것 그 자체가 모순일 수 있다. 그래서 국가와 사회 및 조직과 정부기관 등과 같은 복잡한 삶의 순환을 구성하고 있는 현실에서 인간 삶의 방식과 가치판단, 선악과 정의의 기준을 모두 충족할 국가란 이상적으로 존재하기 어려울 것이다. 동시에 현실적으로도 이와 같은 국가는 없을 것이다.

국가의 개념뿐만 아니라, '국가란 무엇인가' 라고 하는 철학적이고 현실적인 국가의 소명과 역할, 유형 등에 관한 연구는 국가론 또는 국가학에서 발달되고 있다. 그렇지만 국가론도 매우 광범위하고 복잡하다. 국가를 설명하고 그 유형을 밝히는 그 자체만으로도 국가학은 토털학문(total science)이다. 그래서 특히 정치학에서는 국가론이 하나씩 분파적으로 분리되는 경향을 보이기도 한다.

몇 가지를 지적하면, 국가의 존재가치를 무시하거나 또는 국가 중심의 지배와 독점을 반대하는 반국가주의(anti-statism) 혹은 무정부주의를 우선 들 수 있다. 그리고 정치체제 개념을 도입하여 국가 개념을 포기하고, 그 자리에 통치의 조직인 정부나 정당, 이익집단, 언론 등과 같은 정치제도 중심으로 국가이론이 변경된 것도 들 수 있다.

2. 국가주의

정책사례 인구정책에서 국가주의

인구정책(population policy)은 인구문제를 해결하기 위한 국가의 공권력 작용이며 통치행위이다. 그러나 인구문제(population problem)는 인류사회의 영원한 숙제이기도 하다. 인구수 증감의 급격한 현상은 곧잘 인구위기(population crisis)로 널리 알려져 오고 있기도 하다. 동시에 인구문제는 지극히 개인적인 삶과 철학에 관한 개인주의 사상이 지배하고 있는 영역이다. 그렇지만 인구문제에 인구정책을 통하여, 국가를 중심으로 인구의 생산과 재생산이라는 자율적이고 자유로운 개인의 판단과 결정에 끊임없이 개입하거나 간섭하고 있다. 이것이 인구정책에서 국가주의의 핵심이다. 동시에 현실적 인구정책의 과제라고 할 수 있다.

인구의 급격한 증감이나 성(性)별 또는 연령별 구성비율의 심각한 불균형을 위기로 진단하고, 이것을 해결하기 위해서 인구정책을 제안하고 평가하는 일들이 고대국가에서부터 지금까지도 계속되고 있다. 이것은 인구위기를 정확하게 정의하거나 인구문제의 본질적 속성을 제시한 것이라기보다, 그 시대의 인구수의 증감현상이나 연령이나 성별의 구성비가 불균형된 것을 국가적이거나 세계적인 차원에서 인구위기로 진단한 것일 수도 있다. 따라서 인구위기의 정의나 문제의 진단은 과거의 인구수나 구성비를 기준으로 현재의 것을 비교평가하여 인구수가 크게 증가하면 인구폭발이라고 했다. 그 반대현상이면 인구위기나 인구절벽 등으로 불렀다. 또한 적정의 인구규모란 경제적인 일정 수준의 성장이나 증가를 계속 추구할 수 있는 인구의 양적 구성을 전제로 하였다. 이와 같은 인구론에 국가를 유지하고 발전시키기 위한 인적 자원의 중요성을 정치적으로 강조하는 인구정치론(population politics)이 가세하면 고대국가에서부터 지금까지 인구문제를 위기나 폭발 등과 같은 감성적인 수준으로 대응해 오기도 했다(Hartmann, 2016; Gokariksel, 2019).

일반적으로 인구론(population theory)에서는 일할 수 있는 인구수의 감소와 동시에, 일할 수 없는 또는 하기 어려운 인구수의 증가에 의한 것을 인구위기, 노령인구의 위기, 초저출산에 의한 인구절벽 등으로 구분하기도 한다. 이와 같은 인구위기를 국가나 사회의 존립의 문제로 인식하면서 인구정책이 등장하기 시작했다고 할 수 있다.

인구수에 의한 사람의 개체수가 변동한다는 본질적인 문제에는 인간의 인위적인 노력이나 작위에 의하여 해결되기 어렵다는 사실도 있다. 특히 국가를 구성하고 경제를 운영하는 주체인 정부의 뜻이나 의도에 따라서 인구가 감소하거나 또는 증가하기 어렵다는 것이 문제이다. 또한 인간을 지배하는 신이나 절대자가 존재해서 인간의 의지나 뜻이 아닌 신의 뜻대로, 때로는 심술궂게 인구수를 증감시키는 것이 아니라는 사실이다. 결국 인간 개개인을 지배하는 사상이나 이념 또는 가치관에 의하여 자신의 후속세대를 계속해서 증가시키지 아니하면 인구수는 감소하게 된다. 즉 결혼이 인생에서 필수적인가 하는 의문이나 회의심이 클수록 남녀가 성적으로 결합하여 자녀를 생산할 수 있는 원초적인 기회가 줄어들게 된다. 결혼과 출산에 관한 개인들의 가치관이 지배적인 이념이나 사상의 흐름(주류)으로 형성한다. 이와 같은 사회적 주류의 가치관이나 이념에 개인들이 반발하거나 역행하기보다 하나의 거대한 흐름으로 수용하게 되면 이것이 인구에 관한 사상으로(population thought), 인간의 인구에 관한 의사결정을 지배하게 된다.

또한 인구 구성비의 심각한 불균형, 즉 노령인구의 급격한 증가와 반비례하여 청소년 및 유아 인구의 급속한 감소현상인 인구문제를 위기나 재앙으로 진단하고 이것을 해결하기 위한 다양한 인구정책을 제안하고 실천하고 있기도 하다. 그러나 인구는 인위적이거나 작위적인 국가사업이나 방법만으로 해결되는 것이 아니다. 그럼에도 불구하고, 인구 불균형을 재앙이나 위기로 정의하고 그 해결책을 찾고자 하는 국가 중심의 인구정책은 장구(長久)하다.

그 실효성에도 불구하고 인구 불균형을 방지하기 위한 다양한 이론과 실천방법인 정책은 계속 되고 있다. 특히 중국의 한 자녀 갖기 정책이나 한국의 인구정책들이 인구변화의 방향과 흐름에서 본다면, 과연 성공적이었는가 하는 의문이 있음에도 불구하고 인구정책에 의한 인구변화가 범세계적으로 성공적이라고 주장하기도 한다(Demeny 2011). 그러나 Thomas Malthus(1766~1834)가 주장하였듯이(1970), 기하급수적으로 증가한 지구촌의 인구 중에서 식량부족으로 아사한 인구는 많지 않았다. 또한 1960년대부터 Paul Ehrlich는 지구촌의 인구가 폭발한다고 수량적으로 지적하였다(1968: 4). 그러나 현재의 인구는 폭발하지도 아니했고, 그때의 인구수와 비교하면 오히려 감소했다. 또한 묵자(墨子)는 남녀가 적기에(남자 20세, 여자 15세) 결혼하게 되면, 인구가 배로 증가하게 될 것이라고 했다(『묵자』, 절용편 상). 그러나 20대나 10대의 조혼이 크게 감소했으며, 결혼한다고 해서 반드시 출산과 연계되는 것도 아니었다.

인구문제의 기초 개념인 결혼이나 출산과 육아 등에 관한 지배적인 사상은 과거의 농경사회나 산업사회 및 서비스 중심사회에서부터 현재의 컴퓨터 기술에 의존하는 사회로 오면서 크게 변화되고 있는 것은 사실이다. 예로서, 인구를 생산할 수 없는 동성결혼(same sex marriage)이 합법적인 시대적 현상이 되고 있다. 인구를 재생산할 수 없는 만혼이나 비혼 등의 통계는 점점 더 증가하고 있다. 또한 결혼을 했다고 하더라도 출산에의 관심이나 이해관계가 줄어들면서, 결혼으로 형성되는 가정과 일과의 관계 및 가족경제 등을 고려하면서 출산율이 크게 떨어지고 있다. 이것을 개인이나 사회의 문제나 위기 또는 재앙이라고 하기보다, 하나의 사회적 흐름과 변동의 산물로 이해할 필요가 있다(김성윤, 2010; Kristinsson and Juliusson 2016).

* 인구정책에 관한 기본적인 내용은 필자의 "균형주의 정책사상에서 이해하는 인구위기"(2017. 『대한정치학회보』. 25(1)의 내용을 요약하고 재구성한 것이다.

복잡한 국가론의 와중에서 소위, 신국가주의 또는 국가론에의 회귀 등으로 요약될 수 있는 하나의 경향도 있다. 즉 국가의 개념이나 유형 등을 포기하거나 외면하는 것이 아니라, 국사(國事)의 결정권한과 권한의 주체로서, 물론 정부와 구별하면서, 국가를 설명하고 그 실체를 밝히고자 하는 국가이론이 등장할 수 있다. 즉 '정책과 국가'라고 할 수 있다. 의사결정의 힘을 행사하고 실천하는 국가를 설명하고자 하는(state as policymaking power and authority) 국가론이 전통적인 행정학에서 관료의 역할과 기능으로 분파되거나, 정책의 형성과 결정 및 집행 등과 같은 고전적인 정책이론으로 발달되기도 했다. 특히 국가론으로의 회귀나 신국가주의자들의 가장 큰 관심과 연구의 주류는 역시 국가의 통치작용을 정책권한과 힘으로 설명하는 것이라고 할 수 있다(Krause and Mulusky, 2012).

따라서 정책의 실체이고 주체로서 국가를 이해하고 설명하는 것이 국가주의(statism)이다. 국가주의의 주제어는 국가를 중심으로 하는 국가중심주의이다. 국가중심이란 권력과 자원과 권위의 독점이나 우월이 아니라, 정책결정과 실행에서의 국가우월주의이면서 국가독점주의라고 할 수 있다.

정책과 국가에서 국가 개념은 정책 개념(policy concept)이다. 즉 실질적으로 국사인 정책을 결정하고 실천할 법률적이고 현실적 힘과 권한을 가진 집단이 국가이다. 정책에 필요한 기술과 전문성을 가진 통치집단을 국가라고 할 수 있다. 정책에서의 국가 개념은 국가의 이상이나 목적과 존립에 필요한 정책결정과 집행 등의 기초자료나 지식을, 정부나 관료제 등과는 관계없이 독립적이고 영속적으로 축적하는 국가주의적 접근방법을 강조한다. 특히 국가의 조세권이나 통계자료의 수집과 분석 등에 관한 법령의 권한은 한시적인 정부의 기능과는 크게 관계없이 진행되고 있다. 그래서 통계(statistics)의 어원이 국가학(science of the state)에서 유래한 이유를 알 수 있기도 하다.

국가주의는 정책을 결정하고 실천할 주체이면서, 그 중심은 국가라는 국가중심주의이다(state-centeredness). 나아가 주권을 독립적이고 배타적으로 행사할 권한과 지위를 가진 국가는 국사(國事)인 정책도 독점할 수 있는 국가독점주의이다(state monopoly). 국사를 독점하는 국가는 개인이나 기타 조직과 집단보다 일반적으로 정책의 정보와 자료와 지식을 우월적으로 관리하고 지배하고 있는 국가우월주의(state supremacy)를 가지고 있다. 마찬가지로 국가주의는 정책을 통한 개입과 간섭의 원칙을 지키는 국가개입주의(state interventionism)이다.

1) 국가중심주의

국가중심주의는 독점적이고 우월적인 국사의 결정권한과 집행권 및 통치권이 국가에 귀속된다는 것을 의미한다. 이와 같은 정책의 권한과 힘인 정책권(policymaking power)을 국가를 대표하는 정부(government)가 담당할 수 있지만, 정부는 일시적이고 변화되는 기관이다. 따라서 영속적이고 계속적인 국가의 정책활동으로 설명하는 것이 국가중심주의이다. 왜냐하면 한시적이고 변화적인 정부의 활동으로, 영원한 조직으로서 변화되지 아니한 국가의 정책권한을 설명할 수 없기 때문이다. 정부의 존폐나 운명에 관계없이 국사의 결정권과 집행 등을 설명하기 위해서는, 국가를 중심으로 하는 국가중심주의로 설명하는 것이 정책에서 국가주의에 보다 타당하다.

국가중심주의를 국가 자율성(state autonomy)과 구별해서 이해할 필요가 있다. 다양한 사회계급이나 집단으로부터 국가는 구조적으로 자유롭다는 의미의 전통적인 국가론이 설명하는 것이 국가 자율성이다. 그러나 정책에서 국가를 정책적 개념이라고 하였다. 즉 국사에 관한 의사결정인 정책의 주체이고 실체로서의 국가중심주의이다.

그래서 국가를 공공조직인 정부를 대표시켜 권위적이고 합법적이며 정치적인 의사결정권의 독점과 우월에 의한 국가중심주의를 국가 자율성으로 이해하는 것이 정책개념으로서 국가중심주의에 보다 타당하다. 예를 들면 수많은 집단이나 계급으로 구성된 사회에서 정책의 목표나 수단, 정책자원의 배분, 정책의 우선순위와 선호 등을 국가에 가장 우선적이고 타당하며 적절한 것으로 조정하고 통합, 통제할 수 있는 자율성을 국가가 가진다는 의미로, 국가중심주의의 자율성이라고 할 수 있다.

2) 국가독점주의

국가중심주의는 정책권한의 국가 귀속이다. 때문에 이것을 대외적인 주권국가로서의 주권주의보다는 대내적으로 일반 시민에 대한 배타적이고 독점적인 통치작용, 즉 정책권한의 적용인 국가독점주의(state monopoly)로 이해할 수 있다. 예를 들면 자국민에 대한 또는 국지주의에 의한 국가의 정책권한의 영향력을 받게 되는 시민을 정책의 대상자나 수혜자로 하면서 정책의 결정과 실행에 필요한 자원(인적 자원인 국가의 공직자, 정보와 자료, 국세에 의한 조세 및 지출권한, 국가조직의 결정권 등)을 국가가 독점적으로 관리하고 사용하는 것이 국가독점주의이다.

국가독점주의는 공적인 이해관계나 공공자본제적 성격의 사회자본이나 생산수단을 직간접적으로 국가가 관리하고 간섭하는, 경제적 이해관계가 주종이 되는 국가자본주의와 차이가 있다. 즉 국가자본주의(state capitalism)를 흔히 국가독점자본주의로 이해하기도 하지만 일반적으로 국가자본주의는 국가의 조세권이나 재정권, 시장경제에의 개입권이나 판단 등을 국가주의의 주요 변수로 설명하고 있다. 그래서 국가자본주의는 계획된 국가경제에 따라서 주민의 의사결정을 무시하거나 때로는 그들의 공통적인 이해관계보다 통치계급의 이해관계를 우선하기도 한다는 국가사회주의와 대비하여 비판될 때 자주 등장하는 용어이기도 하다.

국가독점주의는 국가정책을 통한 경제적 이해관계에 국가가 개입하거나 간섭하는 경우를 의미한다. 물론 많은 경우에 시장의 경제활동에 국가가 간섭하고 개입하는 것을 경제적 개입주의(economic interventionism)로 구분하기도 한다. 그러나 국가독점주의는 경제뿐만 아니라 국사의 모든 영역에서, 즉 정책의 전 영역에서 국가가 정책자원을 우선적이고 지배적으로 사용하고 활용한다는 의미이다.

국가독점주의는 국가의 지배계급과 지배정당이 국가권력과 생산수단이나 자원을 독점적으로 통제하고 관리하는 집권국가의 전형인 국가사회주의와도 다르다. 국가사회주의(state socialism)는 생산이나 자원의 국가소유에 의한 국가의 직접적인 간섭과 계획 및 통제라는 국가주의의 전형이다. 즉 경제적인 자원을 포함한 모든 영역의 국가권력을 집중화하는 전형적인 국가주의로서 무정부국가와 대칭될 수 있다. 그리고 공산당과 지배계급의 일당체제에 국가권력을 독점하는 동구유럽이나 (구)소련의 공산주의 국가가 그 전형이라고 할 수 있다. 따라서 국가사회주의는 공익이나 기타 사회 전체의 공통적인 이해관계를 추구하기 위하여 생산과 자원을 집중화 하거나 직간접으로 담당하고 관리하는 국가자본주의와도 차이가 있다.

국가독점주의는 복지사업을 통한 주민의 삶의 조건이나 행복 및 만족 등을 국가의 독점적인 권한의 영역으로 관리하고 통제하면서 국가지배의 정당성을 복지에 두는 국가복지주의와도 다르다. 국가복지주의(state welfarism 또는 welfare-state capitalism)는 국민의 기초적인 삶의 보장과 행복을 국가가 보장하고 보호해야 한다는 복지주의에 따른 국가의 복지정책의 정당성에 초점을 둔 국가주의라고 할 수 있다.

3) 국가우월주의

국가의 우월적인 정책지배를 가능하게 하는 것은 국가가 조직구조나 조세권을 포함한 포괄적인 재정권을 지배하고 있다는 의미보다는, 국가의 실질적인 정책역량(policy capacity)이 어느 조직이나 집단 또는 개인보다 우수하고 우월적이라는 사실에 기초하고 있다. 이와 같은 국가의 독점능력을 국가역량(state capacity)이라고 할 수 있다.

국가우월주의의 국가역량은 정책역량이다. 즉 정책역량을 국가가 지배한다는 의미의 우월주의이다. 국가우월주의에서 보면, 정책역량은 국사의 전 영역이나 분야에서 정책의 권한과 내용을 독점적으로 지배할 수 있는 실질적인 정책결정의 권한과 통치능력(dominant policy capacity)이라고 할 수 있다. 국가의 정책역량의 독점적인 지위나 역할인 국가독점주의는 국가독점의 판단과 결정이, 개인이나 시장경제의 집단보다 우수하고 우월하다는 국가우월주의(state supremacy) 사상에 그 뿌리를 두고 있다고 할 수 있다.

국가우월주의는 국가지상주의나 초민족주의 등과 같은 개념은 아니다. 즉 국가의 권력과 존재가 개인의 자유나 권리보다 우월한 지위에 있다고 하는 국가지상주의나, 군사적 우월세력을 배경으로 하는 군국주의적 국가주의(이것을 초국가주의(ultra-nationalism)라고 하기도 한다), 역사학 등에서 설명하는 개인들의 국가사랑이나 존경에 관한 국가사상인 국가지상주의 등과 다른 개념이다. 요약하면, 국가의 정책적 독점주의를 가능하게 하는 존재의 가치로서의 국가우월주의이다. 시민이나 기타 조직이 어느 정책분야나 영역에서 우월하고 우수할 수도 있다. 그러나 보편적으로 국가는 정보와 자료를 독점적으로 축적하고 분석하면서 동시에 우수한 기술과 역량을 가진 정부기관과 관료조직을 활용하여, 국사를 비교적 성공적으로 결정하고 마무리할 수 있는 우수한 능력을 가지고 있다는 의미의 국가우월주의이다.

4) 국가개입주의

국가가 정책결정과 집행의 중심적인 위치에서 국사를 우월적으로 독점하는 것을 국가주의의 특성으로 설명한 것을 국가개입주의(state interventionism)로 집약해 볼 수 있다. 즉 국가주의가 현실적으로 작용하고 작동하는 것을 국가개입주의라고 할 수 있다.

국가는 개인이나 단체 또는 조직의 이해관계나 자유롭고도 자율적인 의사결정에 개입하거나 간섭하게 된다. 물론 일시적이고 한정적인 법률기구인 정부가 국가를 대표하지만 영속성과 주권적 독립성을 성취하고 보장하기 위하여 다양한 정책을 수단으로 하면서 국가가 개입하거나 간섭하게 된다. 정책을 통한 또는 수단으로 하는 개입이기 때문에 이것을 정책개입(policy intervention)이라고 하기도 한다. 즉 정책이라는 국가의 통치행위의 실천적 작업을 정책개입이라고 한 것이다. 정책의 개입이기 때문에 국가주의를 정책적 개념으로 보다 구체적으로 이해할 수 있게 된다.

국가주의의 특성을 〈표 4-1〉과 같이 요약할 수 있다.

〈표 4-1〉 국가주의의 네 가지 속성

	속 성
국가중심주의 (state centeredness)	• 정책결정권한(통치권, 집행권)의 국가중심 • 국가자율성과 구별 • 국가와 정부의 구분
국가독점주의 (state monopoly)	• 배타적이고 독점적인 통치작용으로서의 정책권한 • 국가자본주의, 국가복지주의 등과의 구분
국가우월주의 (state supremacy)	• 국가의 정책역량의 실질적인 우월성 • 국가지상주의, 초국가주의 등과의 구별
국가개입주의 (state interventionism)	• 정책을 통한 개입: 정책개입(policy intervention) • 정책개입의 정당성 이론

3. 국가주의의 정당성

국가가 정부를 대표시켜서 정책을 통하여 개입하고 간섭하는 그 이유와 목적이 있다. 즉 자유롭고도 자율적이며 자신의 이해관계에 가장 충실하고도 합리적인 개인의 판단과 결정에 국가가 개입하거나 간섭하는 목적이 있다. 국가의 정책개입은 정의롭고도 정당화되어야 한다. 물론 국사의 결정인 정책은 그 자체로서 정치적이고 법률적인 정당성(legitimacy)을 가지고 있다. 이것이 전제되어야 정책으로서 가치와 위상을 가질 수 있다.

그럼에도 불구하고 정책은 정책현장에서 실천되어야 정책의 가치와 생명을 가질 수 있다. 즉 정책을 인과관계로 하는 정책의 가치와 목적이 성공되어야 하는 정당성이다. 시민이나 조직은 정책의 대상자로 그 정책이 필요하고도 타당하다는 것을 수용하고 존중할 수 있어야 한다. 이것이 정책개입의 정당성이다(justification). 이와 같은 정당성이 있어야 국가의 존재가치가 실현되면서 국가는 정부와 달리 영속적으로 존립할 수 있다.

1) 개인주의 중심의 정당성

개인주의 중심의 정당성은 전통적으로, 온정주의적 정책개입(paternalistic policy intervention)의 정당성으로 설명되고 있다[2].

2) 온정주의(paternalism)를 개인의 의사결정과 판단에의 개입과 간섭으로 보편적으로 이해하지만, 한국에서는 정실주의나, 인맥이나 관계 등의 인정주의, 지연이나 학연, 혈연 등과 같은 연고주의 등으로 이해되고 있기도 하다. 그 예로서 네이버백과서전에서도 온정주의를 주로 노사관계에 사용되는 단어라고 하면서 "합리적인 계약관계가 아니라 서로의 정감에 호소하는 노사관계"(100.naver.com, 검색일: 2019년 5월 20일)라고 했다. 국립국어원이 펴낸 표준국어대사전에서, 온정주의를 "아랫사람에게 동정심이 있는 태도로 대하려는 생각"(124.137.201.223, 검색일: 2019년 5월 20일)이라고 했고, Yahoo 국어사전에서도 "아랫사람에 대하여 냉정한 이해타산으로만 대하지 않고 원칙을 누그려 뜨려 위안이나 이해와 같은 온정(溫情)으로 대하는 주의"(kr.dictionary.search.yahoo.com, 검색일: 2019년 5월 30일)라고 했다. 한국의 철학사전이나 정치학 또는 경제학 사전 등에서 온정주의 용어 자체를 발견할 수 없다.

① 성숙의 원칙

국가가 개인보다 우위인가, 아니면 개인이 더욱 성숙하고 합리적인가 하는 주제는 상당한 논쟁거리가 되고 있다. 국가주의의 정책개입에서는 개인의 판단과 선택에 윤리적이거나 도덕적으로 또는 적어도 기술적으로 하자가 있다는 전제를 수용하고 있다. 이와 같은 전제가 개인의 판단이나 선택에 왜 개입하거나 간섭해야 하는가 하는 것으로 항상 밝혀지고 있지 않다. 마치 부모가 자식의 의사결정에 개입하거나 관여하면서 항상 부모의 역할이나 책임 등을 말하지 않듯이, 국가도 개인의 결정에 개입하면서 국가의 판단력과 정보력이 항상 우수하고 정당하다는 것을 명시하고 있지 않은 것과 같다.

따라서 개인의 능력이나 정보의 부족 또는 육체적이고 정신적인 미성숙 혹은 무지 등과 같은 이유에 의하여 개인의 판단이 손상당할 때, 국가는 정책으로 개인의 의사결정과 판단에 개입하고 간섭하게 된다. 이에 따라서 개인은 이것을 정당한 것으로 수용한다는 것이다. 이것이 성숙의 원칙(principle of maturity)이다.

② 위해의 원칙

개인이 자신의 책임과 판단으로 하는 결정이나 행동이 스스로에게 위험과 피해(이것을 요약해서 위해(危害)라고 한다)를 발생할 경우에, 국가는 정책으로 개입하고 간섭하여 위해를 예방하거나 치유해야 한다는 원칙이다(principle of harm).

예를 들면, 스스로 노예가 되고 싶다는 결정이나, 자신의 결정이나 행동에 따라서 선의의 제3자나 사회에 부정적이거나 해악을 초래할 경우, 분명히 개인의 행동과 판단이 불행과 잘못으로 진단되거나 그 결과를 알 수 있는 경우, 어린이나 기타 장애인과 같이 정신적이고 육체적 판단능력과 자료가 원천적으로 봉쇄된 경우, 극도의 피로감이나 공포감에서 강제적으로 결정하는 상황 등에 따라서 개인은 자신에게 위해가 된다는 사실을 알았거나 또는 몰랐다는 것에 관계없이 국가가 정책개입을 하게 된다. 이것이 위해의 원칙에 해당될 대표적 예라고 할 수 있다.

③ 감사의 원칙

감사의 원칙(thank-you principle)은 정책개입에 의해서 정신적이거나 물질적으로 장기적이거나 단기적으로, 또는 직적접이거나 간접적으로 이익을 받거나 받을 수 있는 경우에 개인이나 수혜자가 이것을 감사하게 받아들이는 원칙이다. 감사의 원칙도 실제로 수혜자가 명시적이거나 묵시적으로, 의식적이거나 무의식적으로, 또는 강제적이거나 자발적으로 동의하거나 찬성하든지, 공개적으로 지지해야 정당성이 발생될 것이다. 물론 개인이 감사의 원칙에 동의하거나 찬성한다고 하더라도 이것이 간섭이나 개입당하는 개인의 감사를 전제로 하거나 확보할 수 없으면 정책개입은 도덕적으로 정당하지 못할 것이다.

④ 공공이익 우선의 원칙

개인의 결정이나 판단이 사회 전체적으로 영향이나 결과를 야기하는 경우, 특히 불행히도 부정적이거나 해악한 경우에 국가는 수수방관할 수 없다는 원칙이다. 동시에 분명히 개인의 행복이나 복지 및 인간의 존엄성 등에 부정적인 결과를 초래하는 경우에도 이것을 개인의 자유나 자신만의 소유에 관한 문제로 한정할 것이 아니라 국가가 개입하여 부정적인 것을 방지하거나 치유해야 한다는 원칙이다.

그러나 이 원칙이 개인의 자유와 판단이 국가보다 우선적이라는 개인자유 우선성의 원칙에 반대되는 것은 아니다. 단지 제한적으로 개인의 자유와 창조, 자율성, 평등한 인간의 본성 등에 국가가 개입하여 최소한의 공공의 이익을 보장하는 것으로 정책개입을 이해하고 있다. 이것을 윤리학이나 철학 등에서는 평등주의적 자유주의라고 설명하기도 한다. 근본적으로 개인자유의 우선성의 원칙에 따라서 발생되는, 공공의 이해관계에 국가가 개입하는 것을 전제로 한 것이다. 그러나 국가중립주의(state neutrality)에 의하면, 특정집단이나 개인의 이해관계가 보편적이고 일반적일 경우, 즉 어떠한 선악과 시비도 판단하지 아니하는 경우에 국가개입의 정당성은 확보될 수 있다고 보기도 한다.

개인 자유의 전제를 훼손하지 아니하는 범위에서 공공의 이익을 위하거나, 외부의 적을 퇴치하거나 또는 개인적으로 미성숙하거나, 상황적인 어려움이나 조건의 열악, 개인 스스로의 안위와 안전과 행복을 방치하는 경우 등에 국가는 개입해야 하는 것은 사실이고 정당하다는 것이 공공이익의 원칙이다. 즉 개인의 자율적 결정이나 판단에

〈표 4-2〉 정책개입의 정당성 기준

	기 준	
개인주의 정당성	• 성숙의 원칙: 개인의 능력, 정보, 미성숙에의 개입	
	• 위해의 원칙: 개인의 위험과 피해의 예방과 차단	
	• 감사의 원칙: 수혜자 개인의 정책혜택의 감사	
	• 공공이익 우선의 원칙: 공공의 이익 우선의 원칙	
사회적 정당성	• 사회적 선(善)	- 사회도덕 - 사회윤리 - 사회가치의 공유 및 확산
	• 사회정의	- 공공자원의 균등한 분배 - 기회의 공정성 - 차별과 역차별의 균형 - 소통과 배려
	• 사회 안녕과 질서	- 사회안전 - 사회질서 - 사회평화
	• 사회 건강과 행복	- 사회건강 - 사회행복 - 상호존중
	• 국가의 보편적 이익	- 지역이익 - 집단이익 - 보편적 국가이익

4. 국가주의와 민주주의[3)]

정책과 국가의 기본 이론인 국가주의에서 정당성 이외에 민주주의의 기본가치와 원리를 현실적으로 실천하는 것도 중요하다. 그래서 초기부터 정책학은 민주주의의 정책학이라고 할 정도로, 국가중심의 정책결정과 실천에서 민주주의를 설명하고 있다.

정책학에서 민주주의는 필수적이다. 정책은 국가주의를 중심으로 하는 정치적 의사결정이다. 국가정책을 결정하고 시행하는 목표는 구체적이고 다양하지만 궁극적으로 사회가 사용하고 이용할 수 있는 자원이나 지식과 정보를 사회구성원들에게 공평하고도 정의롭게 분배하거나 재분배하여, 정책 그 자체뿐만 아니라 국가의 정책개입의 정당성을 확보할 수 있어야 한다. 이와 같은 정책의 결정과 실천은 일반 다수의 사회적 이해관계에 타당하고 적절해야 한다. 동시에 정책평가의 과정이나 내용도 민주주의에 합치

3) 국가주의와 민주주의는 필자의 "정책학에서 민주주의 실천방법에 관한 연구,"(2004). 『한국정책논집』 (4)의 내용을 재구성한 것이다.

해야 한다. 이것이 정책의 민주주의이다(Skidmore-Hess 외 2인, 20176; Sager, 2018).

정책과정에서의 민주주의도 필수적이다. 비록 철인(哲人)의 왕이 국사(國事)를 결정하여 공공의 이익과 개인의 가치와 존엄성을 향상시킬 수 있다고 하더라도, 국민들의 욕구와 소망을 수렴하고 이들을 참여시키면서 공정한 절차를 지키지 않는다면 정책의 민주주의 가치를 달성하기 어렵다. 이와 같은 맥락에서 보면 정책(학)에서 민주주의는 그 자체가 목적일 수도 있다. 동시에 수단적이기도 하다.

어떤 과정이나 방법으로 정책(학)에서 민주주의를 실현시킬 것인가 하는 방법론은, 정책 그 자체의 성격처럼 구체적인 문제와 상황에 따라서 다양할 수밖에 없다. 예를 들면 참여를 중시하는가, 아니면 토론이나 논쟁과 강론을 통하여 상호 간에 신뢰를 축적하면서 정보와 지식을 교환하고 공유하여 공통의 목적을 달성할 것인가, 정책결정자와 담당자들이 자신들의 인격을 수양하면서 복잡한 정책현실을 합리적이고 과학적으로 결정하여 시민들에게 봉사할 것인가, 자기들이 하는 일이기 때문에 언제 어떻게 일을 시작하고 어디서 일을 결정하며, 이때의 전문적 지식이나 정보를 독점하고 선점할 수 있는 그들만의 특성을 부정적으로 활용하여 자신들의 이해관계를 우선시하는 부도덕한 집단으로 남을 것인가, 정보화시대에 민주주의의 다양한 방법을 확보할 수 있는 보다 효율적이고 공정한 실천방법을 어떻게 찾을 것인가 하는 등은 정책현실과 상황에 따라서 민주주의의 다양한 방법으로 실천될 수 있다(Breznau and Hommerich, 2019).

수단에 관계없이 결과적으로 민주주의를 실현했다고 해서 수단도 곧 민주주의가 되는 것은 아니다. 정책학에서 민주주의는 정책과정에서도 실천되어야 한다. 나아가 이와 같은 민주주의를 거친 정책이 결정되고 그 이후에 발생되는 결과도 공정하고도 정의로운 분배의 실천 수단이 될 수 있어야 한다.

정책과정이나 정책결정에서 민주주의의 실천이나 방법이 항상 최선의 결과를 약속할 수 없다는 점도 이해해야 한다. 이것이 정책학과 민주주의, 과학적이고 전문적인 정책지식과 정보에 의한 정책의 합리성과 과학성 그리고 민주주의를 기초로 하는 정치적 정당성의 딜레마이다. 예를 들면 합리적인 정보와 지식으로 판단하고 선택하는 소비자들이 민주주의의 실천의 장(場)인 선거에서는 그렇게 합리적인 소비자처럼 행동하지 않는 경우가 많다. 즉 정보와 지식을 갖추지 못한 다수의 대중이 던지는 투표가 절대다수의 혜택을 공정하게 분배하고 결정하기 어렵게 하는 현실을 본다면 과연 민주주의가 항상 최선의 방법인가 하는 의문이 생길 수도 있다.

정책학의 창시자인 Harold Lasswell(1951)이 정책학은 인간의 존재가치를 향상시키기 위한 학문으로서, 민주주의 정책학(policy sciences of democracy)을 위해서 민주주의를 실천할 수 있는 지식을 구비하는 것이라고 했다. 따라서 정책학은 민주주의를 실천하고 향상시키는 수단적 특징을 가지고 있다. 정책학은 실천적으로 보다 향상되고 개선된 정책을 제시하고 형성할 수 있어야 한다. 여기에 필요한 과학적이고 합리적이며 동시에 민주적인 지식과 정보를 종합적으로 축적하고 발달시켜야 하는 목적을 가지고 있다는 뜻이다.

무엇이 보다 향상되고 개선된 정책인가 하는 것을 정의하고, 이를 달성할 기준이나 방법 등은 복잡하고 다양할 것이다. 따라서 정책학은 과연 누구를 위한 정책이론이며 지식이고 기술인가 라는 비판이 제기되기도 했다. 이것이 또한 Lasswell(1966)이 걱정하고 염려했던 것과 같이, 정책학이 평등한 인간의 존엄성과 존재가치를 향상시키기보다 절대권력이나 전제정치를 정당화하는 데 악용되는 경향이 많아지면서(policy sciences of tyranny), 정책학에서의 민주주의는 '빛 좋은 개살구' 같다는 비판이 제기되기도 했다(deLeon and Weible, 2010).

특히 과학주의와 실증주의의 영향으로 정책문제나 과제의 기술적 해결을 중심으로 하는 정책분석론이 발달하면서 정책학에서의 민주주의는 사실상 엘리트 민주주의가 지배하고 있다는 비판이 계속되고 있다(Barrios, 2010). 즉 정책정보와 지식과 분석능력을 소유한 소수의 정책관료나 정치집단이 정책결정을 독점하거나 정책전문가 집단과 정책결정의 정치집단이 연합을 형성하여 엘리트 계층의 이해관계를 불균형적으로 정부정책에 반영시키거나, 정책정보와 분석의 자료를 지배계층의 기득권을 보호하기 위한 방편으로 사용하는 등과 같은 경향이 있다. 따라서 참여와 이해관계의 공정하고도 정당한 분배와 정의를 강조하는 민주주의가 정책학에서 무시되었다는 비판과 우려는 정책학의 새로운 과제로 항상 주목 받았었다.

대표적으로 John Dryzek(1990)은 개인의 정책선호와 가치판단에 의한 합리주의를 중심으로 하는 정책이론을 민주주의 관점에서 비판하면서 다섯 가지로 정리하였다. ① 현실적으로 논란의 여지가 많은 가치판단을 주장하여 정치적인 논의를 차단하고자 했다. ② 정책의 최종가치나 목표를 너무 단순하게 취급하여 복잡한 정책문제의 본질을 파악하지 못하게 했다. ③ 정책엘리트나 분석가들이 제시하는 기준과 가치에 맞출 수 있는, 즉 기술적으로 조작할 수 있는 것으로 정치현상을 취급했다. ④ 관료의 능력이나 계층제의 통제나 관리를 지나치게 강조했다. ⑤ 복잡한 가치를 쉽게 합의할 수 있는 것으로 취급하면서 참여에서 소외되었던 절대다수의 이익과 가치를 무시했다.

정책학과 민주주의는 가치판단과 규범이론을 강조하는 후기실증주의와 더불어 1980년대부터 발달되면서 정책학의 주요 이슈로 등장하였다. 특히 정책학의 고유한 이론과 정책학 원래의 모습으로 되돌아가야 한다는 정책학의 복고주의가 대두되면서 민주주의의 중요성이 더욱 강조되고 있다(허범, 2002). 아니 강조된다기보다는 민주주의의 중요성과 정책학과의 관계가 재발견되고 있다고 하는 것이 보다 더 정확한 지적이다.

특히 Lasswell 이후의 제2세대 정책학에서는 정책학이 민주주의에 어떻게 기여해야 하는가, 정책학자들이 정책결정에 필요한 정보와 지식을 제공할 의무가 있는가, 정책학이 신봉하는 민주주의 가치가 존재한다면 과연 그것은 무엇인가, 하는 등의 질문에 대해 정책학의 창시자인 Lasswell이 분명하게 대답하지 못했다고 지적하기도 했다(Farr 외 2인, 2006). 따라서 정책학의 미래를 걱정하는 소장파 학자들이 Lasswell을 중심으로 하는 민주주의와 인간중심의 정책학을 계속해서 학문의 후속세대들이 전승하고 발전시킬 것인가 하는 우려와 비판을 쏟아 내면서 정책학에서 민주주의는 더욱 중요한 주제로 등장하고 있다(Torgerson, 2017).

정책학에서 민주주의는 성공적인 정책을 담보할 수 있는 중요한 변수인, 이해관계자나 시민의 참여와 그들의 정치적이고 실질적인 지지와 성원이 불가피하다는 점을 강조한 것이다. 동시에 정책은 현실적으로 정치를 형성한다. 즉 정책은 시민들의 이해관계를 조정할 수 있고 정치참여를 보장하는 길이 되며 정치적 기회에 의한 민주주의를 실천하는 것이다. 따라서 민주주의가 정책학의 수단이고 동시에 목적이지만 경제적인 합리성과 기술적인 능률성이 강조되는 경향에서 단지 소홀히 취급되었을 수도 있다.

정책학에서 이러한 비판과 자기성찰이 후기실증주의와 연계되면서 민주주의의 가치를 다시 발견하게 된 것이라고 할 수 있다. 특히 지금까지 발달된 복잡하며 때로는 정교한 정책이론들이 정책현실에서 그 역할을 제대로 수행할 수 없는 현상을 살펴보니, 정책학 본래의 속성인 민주주의의 실천자라는 사실을 간과했다고 할 수 있다.

전통적인 정책학은 실증주의의 특징인 정책지식을 과학화하는 것에 초점을 둔 것이 사실이었다. 특히 정책분석과 범학제적 접근방법에 따라서 경험적으로 검증되고 반복

될 수 없는 가치문제나 정당성, 정치, 인간존재의 복잡성, 조직이나 제도의 윤리나 철학 등을 포함한 민주주의의 이상과 방법론을 정책학의 영역에서 제외시켰다. 때문에 정책학의 존재가치인 민주주의와 인간의 존엄성을 실천하기 어려웠다. 즉 정책학의 자랑거리이면서 동시에 장점이었던, 정책현실에 타당한 정책이론으로서 인간중심의 민주적인 정책이론이 되지 못했다는 것이 실증주의 정책학의 잘못이면서 한계였다. 이와 같은 후기실증주의에서 정책학의 민주주의를 deLeon 등(2010)은 세 가지로 요약하였다.

첫째, 정책에 영향을 받는 개인이나 집단들이 직접적으로 표명하는 가치나 규범 등은 정책과정에 수용되어야 한다.

둘째, 구체적인 정책분야에서 다양한 논의와 가치판단과 이해관계가 있다는 사실을 알고 이것이 정책분석의 과정이나 단계에서 직접적으로 수용될 수 있어야 한다.

셋째, 정책에 영향을 받는 당사자들이 참여하고 정책의 문제점과 장단점 등을 토론하고 심사숙고할 수 있는 제도를 마련하여 보다 개방적이고 참여적이며 논쟁적인 민주주의를 정책과정과 분석에 수용할 수 있어야 한다. 특히 과학과 민주주의 논쟁이나 민주주의의 방법론으로서 참여민주주의나 심의(숙의)민주주의 등과 같은 이론과 실천방법 등이 있어야 한다.

제 2 장

정책과 정치[1)]

1) 정책과 정치의 내용은 필자의 "정치현상을 설명한 정책이론과 실제"(1993). 『대구경북정치학회보』 (2)의 내용을 재구성한 것이다. 2000년대 이후의 참고문헌을 증보하면서 기타의 참고문헌은 생략하였다.

1. 정책에서 정치의 이해

정책은 어의적으로나 현실적으로 정치적 의사결정이다. 따라서 동서양을 막론하고 정치와 정책을 구별하기 어렵다고 했다. 정책학은 이와 같은 정치적 책략이고 의사결정인 정책을 설명하고 이해하기 위한 이론이나 사상을 학문적으로 체계화 한 것이다. 특히 국가주의에 의한 국가의 공권력 작용인 정책의 정당성, 즉 정책결정 그 자체뿐만 아니라 정책의 행위를 통한 정책개입의 정당성을 확보하는 것이 정책학의 중심이라고 했다.

정책학에서는 정치를 어떻게 이해하고 설명해야 할 것인가 하는 문제도 바로 여기에 있다. 정치와 정책을 구별하지 아니한다고 했기 때문에 정책을 이해하면 당연히 정치를 이해하는 것이 아니냐고 반문할 수 있다. 그러나 정책은 정치 작용을 설명하는 것이다. 반면에 정치는 정책보다 광의의 개념이다. 즉 정책의 이념과 철학, 정책결정이나 집행 등에 의한 이해관계의 갈등과 해결, 정책성과나 효과에 의한 정책의 비용과 혜택의 배분 등에 관한 것은 정치의 영역이다. 그래서 정책학에서 이와 같은 정치를 이해하고 설명하는 다양한 이론이나 특성 등을 공부할 필요가 있다.

먼저 정책학에서 정치가 무엇이며, 왜 중요한가, 하는 것을 조선시대 세종대왕 당시인 1432년의 '소 일만 마리 사건'을 소개하면서 설명하고자 한다.

정책사례 **세종대왕의 '소' 일만 마리 사건**

조선의 제4대 왕인 세종대왕(1397~1450)은 1418년부터 서거할 때까지 31년 6개월을 재임하였다. 이 시기에 중국 명(明)나라의 외교관계에서 히니의 큰 문제가 조공이있다. 특히 명나라 사신인 칙사(勅使)들이 과도하거나 무리한 조공무역을 요구하는 것이었다. 예를 들면 그들이 조선에 오면 수차례의 공식적인 연회와 금강산 관광, 매와 사냥개, 마포, 인삼, 석 등잔, 의복, 말 등과 같은, 일일이 기록하기 어려울 정도로 다양한 품목을 요구했다.

이와 같은 하나의 사건으로 세종 14년(1432년)에 명나라 사신 요동도사(명나라 지방관청의 장)가 '소 일만 마리 매매'를 요청한 일이 있었다. 명나라의 옷감과 비단을 조선의 소 만 마리와 물물교환하자는 조공무역을 요청(실제로 명령)한 것이다(그 당시에 조선반도에서 소 일만 마리를 어떻게 조달할 것이며 이와 같은 대규모 소떼를 어떻게 명나라 요동의 국경까지 운송할 것인가 하는 것은 상상만 해도 짐작이 간다!). 이와 비슷한 명나라의 조공무역(태조 3년(1394년)에서 요구한 것으로 말(馬) 일만 마리 매매나, 세종 9년(1472년)에 말 5,000마리 구매사건 등과 같은 소동을 경험한 세종대왕은 무엇보다도 전국을 다 찾아도 소 일만 마리가 없을 뿐만 아니라(그 당시에 소를 키우는 집은 열 집에 한 집 정도이고 그것도 한 마리 정도이다), 운송 등의 경비와 방법 등으로 볼 때 불가능하다는 것을 명나라 국왕에게 알려서 조공무역을 철폐하는 것뿐이었다.

그래서 세종대왕은 조선에서 차출되어 명나라 조정에서 근무하는 환관 또는 화자들을 로비스트로 활용하기로 마음먹고(일반적으로 이들이 명나라의 각종 정보를 조선에 알려주면서 조선의 국익을 위해서 명나라 국왕을 설득하는, 소위 조선 판 'lobbyist'였다) 그 당시의 조선출신 환관인 윤봉(명나라 국왕의 권력을 배경으로 하는 막강한 소식통이라고 할 수 있다)을 통하여 명나라 국왕의 요구사항의 진위와 상황을 파악하기로 했다.

마침내 세종대왕은 윤봉을 통하여 명나라 국왕이 아직까지 소 매매(買賣) 칙서를 내리지 아니했으며, 조선의 어려운 사정을 듣고 요동도사가 요구하는 소 무역을 들어 주지 말라고 한다는 정보를 얻었다. 그래서 당시 명나라의 환관인 창성이라는 자를 전별하는 연회에 직접 참석하여 명나라 국왕에게 조선의 사정을 이야기해서 무리한 조공무역을 하지 않도록 해 줄 것을 부탁했다. 그러나 얼마 이후에 창성과 윤봉(이들은 극히 사이가 나빴다고 함)이 명나라 국왕의 칙서인 농사용 소(농우: 耕牛) 일만 마리를 요동시내에서 매매하게 하라는 문서를 가지고 왔다.

결국 세종대왕은 현실적으로 불가능한 소 조공무역을 해결하면서 동시에 명나라와의 우호적인 국제관계를 유지하기 위해서 신하들과 논의한 이후에 국가안위를 최우선하는 결정을 하였다. 즉 명나라와의 우호관계를 유지하기 위하여 소 일만 마리를 준비하기로 결정한 것이다(오호 애재라!). 이와 같은 정치적 결정인 국가정책에 따라서 그해 1432년 7월에 1차분 소 6,000마리를 요동으로 운송하였다. 이때 세종대왕은 친서를 통해 조선은 어려운 실정이지만 명나라 국왕에게 국제관계의 의리와 명분상 '황제'의 명령을 따를 뿐이라는 간곡한 뜻을 전했다.

1998년 여름 현대그룹의 회장(정주영)이 1차분으로, 트럭 50대에 소 500마리와 2차분 501마리(합계 1,001마리)를 싣고 북한을 방문했을 때의 소떼(한국민족문화대백과)도 대단했음을 많은 이들이 기억할 것이다. 그런데 이것과는 비교될 수 없을 정도의 규모인 6천 마리의 소를, 그것도 600여 년 전에 운송했다는 그 자체만으로도 놀라운 일이다. 6천 여 마리의 소를 여섯 차례로 분산하여 운송했다고 하지만 지금과 같이 기차나 트럭 등이 아닌, 유일한 운송수단인 배로 수송했을 것이다. 한 번에 천여 마리나 되는 소를 운송할 정도로 큰 선박이 있었는가 하는 것도 놀랍지만, 배가 있었다고 하더라도 지금과 같은 동력선이 아닌 사공이 젓는 나룻배였을 것이고 전국적으로 사공을 차출했을 것이다.

만약 육로로 운송했다면 전국의 소떼들이 걸어서 가야 할 것이고 적어도 수 개월은 걸렸을 것이다. 이와 같은 대규모의 소떼를 어떻게 매일 풀 먹이고 물 먹이며 건강하게 관리하여 몰고 갈 것인가 하는 것은 조선국가의 커다란 난제였을 것이다. 소 천 마리가 하루에 배출하는 소똥 등이 큰길을 오염시킬 일이나 소떼들이 도망가거나 도중에 병들거나 싸움질하여 자연적으로 손실되는 등등의 일들을 지금도 상상하기 어렵다.

결론적으로, 세종대왕의 간곡한 외교적 노력에 의하여 같은 해 10월에 명나라 국왕이 조선의 사은사 편에 칙서를 전달해 왔다. 즉 고질적인 폐단이 되고 있는 사신들의 무리한 요구를 차단하고 동시에 소 일만 마리 매매도 현재 준비되어 있는 수량만으로 종료하라는 내용이었다. 따라서 소 일만 마리까지는 아니라고 할지라도, 적어도 5~6천 마리 정도의 조공무역을 집행하면서 세종대왕의 '소 일만 마리' 사건은 종결되었을 것이다.

* 박현모의 『세종의 수성(守成) 리더십』(2006). 서울: 삼성경제연구소)의 제2장, '소 1만 마리 요구' 사건과 세종의 사대외교'의 내용을 기초로 재구성한 것이다.

세종대왕 당시의 조선국가의 경제력을 지금의 지표나 방법으로 측정하거나 평가하기 어렵다. 그러나 농경사회의 가장 중요한 농가재산이고 생산수단이며 동시에 운송역할을 담당하고 있는 소, 정확하게는 일하는 소(농우: 耕牛)를 무역이나 조공의 대상으로 한다는 것 자체가 잘못이다. 즉 현실적으로 불가능할 뿐만 아니라 정치적으로도 판단하고 결정하기 어려운 일이다. 특히 그 당시의 소는 농사용 사육소이다. 때문에 농가의 가장 중요한 재산이었다. 당시의 정확한 소 사육 숫자를 알 수 없지만[2] 일만 마리를 수출한다면 조선국가의 농사일을 누가 담당할 것이며 나아가 농업생산에도 막대한 차질을 빚게 될 것이다. 그러면 식량부족으로 수많은 백성이 굶주림에 시달리게 될 것은 뻔하다. 이와 같은 상황에서 어떻게 정치적 판단인 정책을 결정할 것인가?

2) 2018년 6월 기준으로 한국의 한우는 2,974천 마리(http://kosis.kr, 검색일: 2019년 5월 22일)이지만, 그 당시의 조선의 소 사육은 지금과 비교할 수 없을 것이다. 즉 세종대왕의 "본국의 민호에 소가 있는 사람은 열 집에 한 집이 될 정도이며, 그것도 한 마리에 지나지 않을 뿐이요. 비록 온 나라에서 이를 찾아내더라도 어찌 1만 마리를 얻겠소"(박현모, 2006: 50-51) 라는 한탄 어린 이야기에서도, 그 난감한 형국을 미루어 짐작할 수 있다.

구체적이고 현실적으로 정책을 결정해야 할 위와 같은 상황에서 정치가 얼마나 중요한가 하는 것을 먼저 설명해 볼 수 있다.

첫째, 점증주의 사상이나 정치적 당파에 의한 정책결정의 중요성을 항상 강조했던 Charles Lindblom(1917~2018)은 정책결정에서 정치의 중요성을 "세상은 불확실하고 항상 이견차이나 다툼이 있다. 이것이 정치이다. 이것을 엄격한 과학적 분석으로 절대 설명할 수 없다. 정책을 결정할 때 이러한 정치적 상호작용과 동시에 흠과 결점을 가진 미숙한 인간들의 판단이 중요한 역할을 하고 만다. 그래서 때가 되면 당파 간이나 계파 간의 다툼과 논쟁은 선거나 권력의 쏠림에 따라서 해결돼 버린다. 따라서 국가정책이 잘 결정되는가 또는 잘못 결정되는가 하는 것을 알고자 한다면 이와 같은 세력관계를 이해하고 있어야 한다. 그래서 보다 더 좋은 정책을 결정하기 위해서는 이와 같은 세력관계를 재구성하거나 새로 짜야 한다"(Lindblom and Woodhouse, 1993: vii)고 했다.

둘째, 정치를 정책결정에 영향을 미칠 수 있는 권력이나 힘의 행사라고 정의하면서 정책결정 과정이나 정책분석의 활동 등을 정치의 장(場)에서 이해할 수 있어야 한다고 강조한 것이다(Kraft and Furlong, 2017). 특히 California주립대학교 Berkeley캠퍼스의 대학원 학생들에게 30년이 넘도록 정책분석을 강의한 Eugene Bardach 교수가 정책분석에서 정치의 중요성을 다음과 같이 이야기했다.

"정책분석은 사회적이고 정치적 활동의 하나이다. 이것은 정말이다. 여러분이 정책을 분석하고 이에 따라서 제출하는 정책안이나 보고서 등은 정치적으로 조정되고 맞추어진 다양한 집단의 지지나 반대 등을 항상 고려해야 한다. 정치적 지지를 높일 수 있거나, 적어도 정치적 반대를 줄일 수 있는 방법에 신경을 써야 한다. 여러 가지 방법이나 전략이 있지만 중간 수준의 'middle-ground'가 가장 좋다. 정책을 실현하기 위해서는 반드시 정치적으로 수용될 수 있는 대안을 만들거나 아니면 정치적으로 도저히 받아들여질 수 없는 대안을 만들어서는 안 된다"(Bardach and Patashnik, 2015: xii; 32).

셋째, 한국에서는 위에서 설명한 정치의 속성과는 다르게 정치의 혼란스러운 점을 지적하는, 역설적이지만 정책에서 정치의 중요성을 다음과 같이 지적한 것이 있다. 하나의 예로서, 한국정치학회 회장과 교육부(당시) 장관을 역임한 윤형섭 교수는 한국정치의 특징적 중요성을 다음과 같이 지적했다.

"정경유착과 권력형 비리의 혐의를 두고, 박연차 회장을 중심으로 검찰수사가 진행되던 중에 있었던 노무현 전 대통령의 투신자살은 온 국민에게 큰 충격을 안겨주었습니다. 최소한 500만 명 이상의 국민이 조문대열에서 슬픔을 토하면서 오열했던 것으로 보도된 바 있습니다. 어느 틈엔가 한국정치는 법과 제도의 영역을 뛰어넘어 감상적(sentimental)이며 정의적(affective) 정치문화가 지배하는 사회임을 온 천하에 들어냈습니다. 세계는 이러한 사실을 신비와 경이의 눈으로 또는 충격과 의아의 눈으로 바라보았습니다. 본질적으로 이 사태는 냉정하게 그리고 합리적으로 설명될 수 있는 영역이 아니었습니다. 왜냐하면, 그 자체가 가장 한국적인 정치문화 현상이었기 때문입니다. 우리 학계에서 한국정치문화의 특징을 감성주의로 규정하는 이유가 여기에 있습니다. 뿐만 아닙니다. 1960년의 4 · 19혁명은 자유당 정권의 3 · 15부정선거에 저항하여 이승만 독재정권 타도를 외쳤던 시민혁명이었습니다. 그러나 막상 그로부터 1주일 후 4월 26일의 교수데모가 있은 후, 이승만 대통령이 하야를 선언하고 경무대(청와대)에서 나와 이화장으로 물러갈 때, 국상을 만난 듯 흰옷으로 갈아입고 연도에 엎드려 슬프게 곡을 하던 많은 백성들도 바로 우리 국민이었습니다"(윤형섭, 2009).

정책에서의 정치의 중요성을 설명하면서 감성주의적 한국정치의 특징을 언급하여 정치의 중요성을 혼란스럽게 할 수도 있다. 그러나 정책은 이처럼 본질적으로 정치이고 그 정치를 설명하고 이해하는 것이 중요하다는 사실을 밝히는 것이다.

특히 세종대왕은 어떻게 소 일만 마리의 사건을 해결하면서도 동시에 그 당시의 중국과의 국제적인 우호관계를 유지하여 국익을 지키고 나아가 국민의 재산권을 보호하고 국가 기간산업인 농업을 발달시킬 수 있었는가 하는 것을 생각하면서, 먼저 정책학에서의 정치의 의미와 정책과 정치와의 관계에서 정치의 속성 등을 설명하고자 한다.

2. 정책학에서 정치의 이해

정책학에서 정치의 개념은 정책학의 정의에서부터 알 수 있다. 정책은 정치적 책략이며 술책이다; 이것을 국가의 공권력 작용으로 실천하고 실행하는 것이다. 이와 같은 정책을 설명하고 이해하기 위한 이론과 사상을 체계화 한 것이 정책학이라고 했다. 따라서 정책은 국가의 정책개입의 정당성을 확보하는 것이 중요하다고 했다. 따라서 정치는 이와 같은 정당성을 확보하는 것이다.

예를 들면, 공자는 정치를 하는 국사를 맡은 정책결정자들에게는, 백성이 적다거가 가난하다는 그 자체보다도, 부나 재화의 균등한 분배가 중요하다고 했다. 즉 분배가 균등하면 가난하지 않다고 했듯이(『논어』, 계시), 정책의 정당성은 균등한 분배, 즉 분배의 정의를 달성하는 것이라고 할 수 있다. 마찬가지로 세종대왕은 밭 갈고 달구지 끄는 귀중한 국가의 자산인 소를 중국과 물물교환하면서 발생하게 될 조선국가의 자원의 분배를 생각하지 아니할 수 없었을 것이다. 동시에 중국과의 국제관계에서 발생될 국가이익도 고민하지 아니할 수 없었을 것이다.

그렇다면 보다 현실적이고 구체적인 관점에서, 어떻게 하는 것이 분배의 정의를 달성할 수 있을 것인가? 예를 들면, 만약 어느 집단이나 개인이 어떤 이익을 얻고 그에 대한 대가를 지불할 것인가, 하는 것을 과학적인 분석과 기준에 의해서 결정할 때 아무런 문제가 없다면 다행이다. 그러나 여기에는 항상 불평이나 불만, 갈등과 손해의식이 있기 마련이다. 왜냐하면 현실적으로 정책이란 공공의 이익과 손해의 분배에 관한 법적이고 행정적이며 실천적인 기준이 되고 있기 때문이다.

그렇다고 해서 정책과제에 필요한 수단의 선택과 결정이 항상 정치적인 타협과 협상으로 해결된다는 것은 아니다. 과학적이고 합리적이며 분석적인 기준과 절차에 의해서 정책과제가 해결되고, 목표가 원만히 달성되는 경우도 많다. 그러나 정책수단을 되도록 과학적이고 계량적으로 탐색하고자 하는 정책활동에서도 과학적 지식과 기준이 정치와 조화되어야 한다. 이때의 정치는 정책의 이해관계에서 분배의 정의를 실천하는 것이다. 그 본질은 공평하고도 타당한 이해관계의 원만한 분배인 정책수혜자를 중심으로 하는 수혜자 정치(client politics)일 것이다(Lasswell, 1950; Levin, 2012).

정책학에서의 정치를 수혜자 정치라고 하면, 수혜자 정치를 이해관계자의 관점에서 이익과 손해의 분배에 관한 정의의 실현이라고 이해할 수 있다. 이것은 정책을 통한 분배의 정의의 실현이다. 때문에 정치적 손익관계인 정치적 고객관계에 의한 급부와 반대급부(선거 등에서 지지)를 바라는 정치와는 다르다. 즉 정치적으로 계산된 방정식에 따라서 정책사업을 실시하여 다양한 이해관계를 베풀면 이에 대한 대가로 정치적 지지나 선거에서의 투표로 표시하는 정치적 손익관계(이것을 후원자-수혜자 정치(patron-client politics)라고도 한다(Uberti, 2016))와는 다르다.

수혜자 정치는 투표에 초점을 둔 정치나 예산분배에 초점을 둔 관료들의 정책의 비용과 효과를 설명하는 공공선택론(public choice)과는 다르다. 개인의 선호와 선택을 존중하는 개인중심주의의 공공선택론과 국가중심주의의 정책을 통한 정치적 분배와는 다르다. 수혜자 정치는 개인의 손익계산이 아니라 정책에 관련된 다양한 이해관계자의 비용과 효과를 사회정의의 개념이나 공평성 또는 공익 등과 같은 기준에 의하여 분배하는 정치이다.

정책학에서 정치에 관한 정확한 그리고 보편적인 정의는 없다. 그러나 일반적으로 정책학에서의 정치는 수혜자 정치인, 누가, 무엇을, 어떤 기준과 절차에 의해서, 이익을 얻고, 비용을 부담해야 하는가 하는 선택과 분배로 설명할 수 있다.

정책학의 창시자인 Harold Lasswell(1950)은 정치를 영향과 영향을 주고받는 관계로 설명하였다. 이때 영향(influence)은 존경이나 안전, 소득 등과 같은 대표적인 가치를 공유할 수 있는 기준에 따라서 결정된다. 따라서 영향의 핵심은 누가 무엇을 어떻게, 언제 획득하는가 하는 것이라고 했다. 따라서 그는 구체적으로 수혜자라는 용어를 사용하지는 아니했지만 그 내용은 혜택과 비용에 관한 것이라고 할 수 있다.

보다 구체적으로 정책학에서의 수혜자 정치에 관한 내용이 실제로 정책학에 어떤 의미를 부여할 수 있을지를 Yehezkel Dror(1971)는 다음과 같이 지적하였다.

첫째, 정치적일 뿐만 아니라 개인적인 의견의 불일치나 이해관계의 불명확한 점을 보다 분명하게 하기 위해서 실질적으로 민주주의의 원칙과 방식으로 정책을 통제하고 조정할 수 있어야 한다. 이것은 서로가 어려운 선택과 결정행위를 필요에 의해서 보다 편리하게 하기 위한 것이라고 했다.

둘째, 정책학을 이해하고 정책과제에 응용하기 위해서도 정치인과 정책결정자는 정책과제에 대한 도덕적이고 철학적인 인식기반을 소유하고 있어야 한다. 또한 그들은 민주주의에서 시민의 대표자로서 리더십과 협상능력 뿐만 아니라 감성적인 설명능력(물론 한국정치의 감성과는 다르다)도 구비하고 있어야 한다. 따라서 정책학에 대한 기본적인 지식과 이론의 유용성과 한계점 등을 알고 있어야 한다. 감성적인 설명능력이란 정책학의 불확실성이나 가치판단, 다양한 이론에 내재된 전략의 이해 등이다.

셋째, 시민이 정책에 참여할 수 있도록 해야 하며, 민주주의의 발달에 기여할 수 있어야 한다. 시민이 정책결정에 보다 효율적이고 능률적이며 실질적으로 참여하기 위해서 시민에게 정책결정에서 그들의 참여역할을 다할 수 있도록 필요한 지식과 정보와 아이디어와 기술을 정책학이 제공할 수 있어야 한다.

넷째, 정책학의 지식과 이론을 시민과 정책결정자와 정치인에게 제공하고 교육시키기 위해서는 정책학회나 정책연구단체 또는 정책전문가 집단이 많이 형성되어서 정책활동과 연구를 수행해야 한다고 보았다.

정책학에서의 정치문제를 이해관계에서 분배의 정의를 확보할 수혜자 정치로 설명했다. 그러나 현실적으로는 정치를 권력(세력)과 정책 전문지식의 상호작용 관계로 이해할 수도 있다. 물론 정책과제에 관한 전문지식 그 자체도 설명의 권위와 합리성이라는 면에서, 권력이나 권한을 행사할 수 있다. 그러나 다양하고 복잡한 정책과정에서는 정책결정자나 정치인의 리더십, 협상력, 이데올로기, 권력분배 등과 같은 요인도 강하게 작용하게 될 것이다.

정책학에서의 정치를 항상 수혜자 정치로 정의하는 것은 아니다. 대표적으로 먼저 Donald Baumer와 Carl Van Horn(2013) 등은 정치현상의 차이에 따라서 정책의 내용이나 결과산물이 달라진다는 전제에서 정치를 여섯 가지의 속성으로 분류하였다. 경제엘리트나 전문가들에 의한 정책결정이지만 공공에 미치는 영향이 중대한 위원회정치, 관료들과 이해관계자의 결속에 의한 관료정치, 유권자들의 이해관계에 영향을 받은 국회의원들의 의회정치, 대통령이나 기타 선거에 의해서 선출된 정치인들의 수장정치, 이익집단이나 또는 이슈에 관련된 개인들에 대한 법원의 판결에 의한 정책결정인 법원정치, 여론이나 언론에 의한 여론정치 등으로 나누었다. 이와 같은 다양한 정치영역에서 주요활동자들이 참여하고, 그들이 정책과제를 확인하고 평가하는 것에 따라서 정책은 결정된다. 이를 정책과정으로 연구할 것이 아니라 정책의 세력과 그 영향력이라는 정책도메인(policy domain)으로 설명해야 한다고 했다(Doornbos, 2012).

Anne Schneider와 Helen Ingram(1990)은 묵시적이든 명시적이든 정책과정이나 정책의 결과산물을 형성하는 정책도구로 권위와 자극, 능력형성, 상징조작과 학습 등을 제시했다. 그런데 이와 같은 정책도구는 정치현상을 반영하는 것이고 정치현상은 또한 정치문화를 반영하는 것이다. 때문에 결국 정책학의 정치로 작용한다고 하였다.

정책에서의 정치를 개인주의가 아닌 이해관계를 공유하는 집단이 중심이 된다면 더 이상

수혜자 정치는 통용되지 않는다는 지적도 있다. 예를 들면 이익집단이나 비정부단체 등이 조합하여 정책의 이해관계를 조정하고 유리한 입장을 만들거나 지키기 위해서 정책과정에 참여한다면 정책의 비용과 효과를 공정하고도 정의롭게 분배하기 어려워진다. 마찬가지로 정책결정이나 실질적 정치의 리더십을 가진 집단이나 개인은 보다 많은 영향력이나 자원을 가질 수 있다. 때문에 공정한 분배의 정의를 침해할 수 있다고 했다(Mucciaroni, 1991).

정책의 유형에 따라서 수혜자 정치를 설명할 수 있지만 설명하기 어려운 것도 있다. 특히 수혜자 정치는 경제적 이해관계가 미미한 분배정책 등과 같은 정책영역에서는 주고받기식의 정치적 흥정이나 협상 등이 수혜자 정치로 악용될 수 있기도 하다.

3. 정책과 정치의 관계

정책과 정치와의 관계(policy-politics relation or connection)는 정책을 설명하는 정치이면서 동시에 정책의 특성과 결정과정이나 성과 등에 따라서 정치도 영향을 받는다는 것을 설명할 수 있다. 즉 정책이 정치의 운명을 결정하는가(policy determining or shaping politics), 아니면 정치가 정책의 운명을 좌우하고 있는가(politics determining or shaping policy) 하는 관계를 설명하는 것이다(Mullin, 2004).

결론적이지만, 정책은 정치의 성격과 영역 및 범위 등을 결정하면서 또한 해야 한다. 그러나 동시에 정책은 그 자체로서 본질적으로 정치적 행동이라는 사실을 잊어서는 안 된다는 결론이기도 하다(Stone, 2005). 물론 정책은 정치적 책략이라는 사실을 전제로 하고 있다. 동시에 훌륭한 통치기술이나 거버넌스 전략이 필요하다는 전제도 제시하기도 한다(Almaashi, 2015).

첫째, 정책이 정치를 결정한다는 입장이다. 즉 정책이 독립변수이고 정치는 정책에 따라서 내용이 결정된다는 입장이다. 새로운 정책이 결정되면, 이에 따라서 정치의 속성인 수혜자 정치가 발생된다는 설명이다(Kjellberg, 1977).

예를 들면 미국의 경우, 베트남 전쟁이나 빈곤퇴치정책, 또는 최근의 대 테러리즘의 각종 정책들과 연방정부가 시장에 개입하는 금융정책 등은 그 자체로서 정치적 이해관계에 큰 영향을 미치고 있다. 동시에 경제사회적으로 또는 정책의 가치나 철학에서도 필연적이거나 절대적으로 중요한 정책은 정치를 결정한다는 것을 실증적으로 설명하였다.

한국의 경우에도 미국과 중국의 무역전쟁(trade war) 등과 같이 급변하는 정책환경의 변화는 국가의 정책결정 기준이나 방법 등에 큰 영향을 미치게 된다. 특히 기상변화와 재벌정책, 창조경제정책, 노동시장의 개혁정책, 인권경영 정책 등과 같이 주요한 국가정책은 예외없이 정치적 이해관계인 수혜자 정치의 내용을 결정하는 독립변수가 되고 있다.

둘째, 반대로 정치가 정책을 필요로 하고 또 변화시키면서 정책의 운명을 결정한다는 입장이다. 다양한 정치현상에 따라서 다양한 정책이 결정된다는 입장이다. 즉 정치적 당파주의나 이해관계의 소용돌이 속에서 정책은 그 모습이나 특성을 형성하게 된다는 설명이다(Allison and L'Esperance, 2010).

예를 들면, 세종대왕의 소 일만 마리 사건은 본질적으로 정치적 사건이 경제적 이해관계나 국제관계의 주요 변수로 작용한 것이다. 즉 국익을 중심으로 하는 정치적 이해관계나 정치이념 등과 같은 정치현상에 따라서 다양한 정책들이 제시된 것이다. 특히 외교나 국제관계에 의한 국내정책, 정치적 이해관계를 우선시하는 선거구획 결정이나 정당정치, 당파적 이념이나 철학 등에 의한 보수와 진보 및 반대와 찬성 등과 같은 정치적 대결구도에 따라서 결정되는 정책 등은 정치가 정책의 속성이나 내용을 결정하는 독립변수로 작용하는 경우이다.

그러나 정책이나 정치가 고정적인 독립변수로 작용하는 경우는 드물다. 현실적으로 정책과 정치는 복잡한 관계를 형성하면서 상호작용하는 것이 일반적이라고 할 수 있다. 특히 구체적 정치현상이나 정책에서 정치와 정책과의 관계형성이나 변화 등을 설명하지 못한 한계를 지적하면서 다양한 이해관계 집단들이 정책결정에 실질적으로 참여하는 거버넌스의 통치방식에 의하여 정책과 정치관계도 변화되고 있다는 설명(박재욱, 2004; Crozier, 2008)도 정책학에서 정치의 중요성을 반영하고 있다.

Dror(1971)에 의하면, "솔직히 말해서 정책은 모든 정치현상이 아니더라도 적어도 중요한 부분의 정치현상을 개조하고 변화시킬 수 있다"고 했다. 그래서 정책은 정치현상을 변화시키거나 변동시킬 수 있음을 강조하기도 했다. 그러면서도 정책의 이념과 가치의 실현은 정치를 고려하지 않고서는 불가능하다고 했다.

때문에 정치와 정책과의 관계는 상호 간의 균형적이고 교섭적인 관계로 보는 것이 타당하다. 따라서 정치현실은 정책의 결과 분배에 영향을 미치지만 동시에 정책결과에 의해서 정치현실도 변화되고 영향을 받게 된다.

4. 정책에 공통적인 정치현상

첫째, 정책과정에서 이해관계의 상호작용과 반작용에 의한 이합집산에 따라서 발생되는 권리와 이익의 수호를 위한 협력결탁과 투쟁 등이 수혜자 정치현상이다.

정책과정은 정책의 이해관계에 따라서 다양한 형태로 연합을 형성하여 적극적으로 참여하는 것이 특징이다. 이때의 이합집산은 개인 또는 집단이 추구하는 표면적이거나 잠재적 목표를 달성하기 위한 정치현상의 하나이다. 권리나 이익 수호의 정치과정에서 설득과 권위와 금전이 사용되며, 급진적 개혁이나 변동보다 점증적 변화를 추구하는 전략이 성공적이며 현실정치를 수용하는 방법일 수도 있다(Lindblom, 1959).

둘째, 수혜자 정치의 정책과정에서는 이해관계자나 전문가 또는 각종 시민단체 등의 참여에 의한 정책결정과 이들에 의한 조직적인 여론형성에 의한 정책결정에의 영향력 행사가 또 하나의 정치현상이다.

이와 같은 정치현상을 한마디로 참여정책이라고 할 수 있다. 참여정책은 어느 정도로 정책전문가나 정책의 관계자 또는 시민의 참여가 확보되고 보장되며 정책과정의 본질이 공개될 것인가 하는 의미에서 민주주의의 근본이기도 하다. 특히 인터넷 네트워크에 의한 사이버 공간을 중심으로 하는 SNS 참여정책은 4차 산업혁명시대에도 정책의 이해관계인 수혜자 정치라는 정책의 특징을 반영하고 있다(Sabatini and Sarracino, 2019).

정책분석이나 결정과정에서, 참여에 의한 여론의 여과와 수렴이 정책결정에 필요한 기술적 전문성의 확보와 갈등할 때 이를 어떻게 조정할 것인가 하는 것이 문제되기도 한다. 참여는 전문적이고 기술적이며 창조적인 내용분석과 결정과정을 때로는 위협할 수도 있다. 그리고 민주주의란 명목으로 참여정책만을 고집할 수 없는 현실도 있다.

참여정책이 수혜자 정치의 본질이다. 때문에 정책과정은 다양한 정책참여자와 결정자 간에 공유되어야 정책에서의 정치는 실현될 수 있을 것이다. 특히 정책과정에서 시민의 욕구와 지지를 확보할 수 있도록 정책참여에 의한 정책을 공유할 수 있어야 수혜자 정치가 가능할 것이다. 따라서 정책의 선택이 공공의 정책대안으로 전환되고 유도될 수 있도록, 정책과정은 적극적이고 개방적이며 민주적이어야 한다. 그러나 현실적으로 적절한 지식과 정보를 갖춘 정책과정에 효과적으로 참여할 수 있는 시민을 어떻게 확인하고 확보할 것인가 하는 어려움도 있다(Edelenbos, 1999).

셋째, 수혜자 정치에서는 정치적인 조건에 따라서 이해관계가 침해될 때 이를 방어하기 위해서 본능적으로 반대의견이나 여론에 불만과 무조건적 반대를 나타내는 정치현상이 발생할 수도 있다.

정책의 결정이나 변화에 따라서 기득권 집단이나 또는 자기의 이해관계가 침해당할 것을 염려하는 개인이나 집단은 자신의 이해관계를 보호하기 위해서 여러 가지 수단과 방법(예를 들면 단체행동과 반대 연합 형성, 극단적인 의견의 개진, 흑색선전과 여론조작 등)을 사용하여, 정책이나 정책의 아이디어 등에 무조건적으로 반대하는 정치현상(이를 'political correctness'라고 한다)이 발생하기 쉽다[3].

정치적인 반대현상을 다른 측면에서 보면, 자신의 정치적인 정향과 이념에 타당하고 맞을 경우에는 이를 적극적으로 선전하고 홍보하여 자신들의 정치적 이념의 금과옥조로 신봉하게 된다. 그러나 정치정향에 위배되는 정책에의 반대나 정책결정자들의 정치행위를 수용하지 않는 현상 등이 수혜자 정치에서는 부정적인 요인으로 작용할 수 있다. 특히 SNS의 대명사인 Twitter를 통한 'political correctness'를 주장하는 경우에 그 누구도 정치적으로 정당하거나 타당할 수 없다는 사실을 주목해야 한다(Wikstrom, 2016).

---

3) 'Political correctness' 용어를 정확하게 번역하기 어렵지만, 그 의미는 정치적인 신조와 철학에 따라서, 자신의 판단과 가치는 항상 정확하고 정당하다(정치적 정당성); 따라서 모든 사람은 자신의 정치적 판단과 결정에 따라야 한다는 것을 뜻한다(정치적 올바름). 실제로 Political correctness란 용어가 사용된 것은 마르크스-레닌주의(Marxism-Leninism) 시절부터(물론 중국의 모택동 사상(Maoism) 등도 포함하여), 공산주의자들의 정치정향을 주민에게 강요하여, 그들의 정치적 목적을 달성하기 위해서, 혁명이라는 수단과 방법 등을 동원하던 시대부터라고 한다(Konye, 2016). 특히 1990년대 이후의 한국사회에서도, 다양한 이해관계가 자유롭게 표출되면서, 자신의 입장이나 신념과 다른 모든 것을 배척하고 반대하는(정경희, 2009), 'political correctness'(이때 정치적 반대주의라고 번역할 수도 있다) 현상이 확산되고 있다.

예를 들면, 개인으로서 내 집 앞이나 내 땅과 내 영내에는 쓰레기처리장이나 원자력 발전소, 핵폐기물처리시설, 시립화장장 등의 건설이 절대불가하다. 그러면서 동시에 시민으로서는 쾌적한 주거환경과 풍부한 전력과 편리한 생활을 요구하고 있다. 흡연은 내 생활의 신성한 선택의 자유권이기 때문에 도전받을 수 없다. 나는 항상 잘하고 있는데 소수의 잘못된 사람들 때문이다. 따라서 정책결정자나 정치인에게는 자기와 같은 정치적 성향과 이해관계를 가진 사람이 아니면 유능한 정책 구성능력과 관리능력을 소유한 사람이라고 하더라도 정책결정자나 지도자가 될 수 없다는 주장이다.

넷째, 정책분쟁을 원만하게 조정하고 해결할 정책리더십이 수혜자 정치의 또 하나의 정치현상이다.

기술의 발달과 진보에 따라서 ICT정보사회 또는 인공지능(AI)과 사물인터넷(LoTs) 등이 진행되면서 지식과 정보를 다양하게 공유할 수 있게 되었다. 동시에 다양한 이해관계가 표출되면서 그에 따라서 전문지식과 기술이 공유되는 전문가 사회로 발달하고 있다. 사회가 분화되고 전문화 될수록 정치영역에서도 이들의 전문성을 통합 · 조정할 전문성이 필요해지고 있다. 즉 전문가 사회가 추구하는 다양한 이해와 목표를 공통적인 가치와 목표로 지도하고 통합할 능력과 자질이 필요하다. 즉 다양한 정책전문성과 시민의 정책욕구를 통합할 책임과 임무를 감당하면서 할 말을 당당히 할 수 있는 정책인의 정책능력에 기초한 공공의 리더십(public leadership)이 중요하다(Crosby and Bryson, 2018).

특히 정부정책에 극단적으로 반응하는 수많은 이익집단이나 시민단체, 심지어 일반 시민들의 정책반대나 정책저항 운동이나 정책민원에 관련되는 집단행동 등이 많다. 이와 같은 경우에 정책결정자가 이해관계의 충돌을 원만하게 조정하고 통제하여 그 해결책을 제공할 수 있는 정책리더십이 정책성공의 주요 변수로 등장하고 있다. 그러나 정책의 최종적인 수혜자이고 동시에 정책의 최종 감시자인 시민들의 정보와 지식이 부족하여 올바른 가치판단을 할 수 없는 경우도 많다.

5. 정책학의 대표적인 정치이론

1) Lowi의 정책유형론

정책에서의 정치를 설명한 고전이론에서 순수한 정책이론의 대표적인 것으로, Theodore Lowi의 정책유형에 따른 정치이론을 들 수 있다. Lowi의 정책유형은 그 자체로서 큰 의미가 있는 것이 아니다. 그러나 다양한 정책을 지배하는 정치현상을 협력정치, 다원주의 정치, 엘리트 정치, 협상과 타협의 관료정치 등의 네 가지로 구분하고 각각에 해당되는 정책을 분배정책, 규제정책, 재분배정책 및 구성정책 등으로 분류한 것이다. 즉 정치를 독립변수로 한 정책의 유형별 구분이라고 할 수 있다.

Lowi(1972; Lowi and Ginsberg, 1994)는 권력관계에 관한 엘리트나 다원주의 이론은, 모든 유형의 정치와 정책사례의 정치현상을 설명할 수 있는 유일한 이론적인 기준이 될 수 없다고 했다. 왜냐하면 구체적이고 세부적이며 경험적인 정책사례연구를 하나의 이론적인 기준으로 상호 간에 연결시켜서 설명할 수 없기 때문이다. 따라서 다양한 정책사례와 사례연구에서 찾아진 이론들을 집합하여 비교하고 나아가 서로 대비시킬 수 있는 일반적인 설명구조가 있어야 한다고 했다.

이와 같은 구조로서, ① 상호 기대관계를 정립할 수 있는 권력형태와, ② 정치에의 기대감은 정부정책이나 각종 사업에 의하여 결정되며, ③ 정치관계는 정책유형에 따라서 결정된다고 했다. 따라서 모든 정책유형에는 그 특유의 정치관계가 존재한다고 보았다. 즉 권력을 정책결정에서의 가치의 공유나 권한의 분배로 정의할 수 있다면 정치관계를 설명하는 것은 곧 권력관계와 권력구조를 설명하는 것이라고 하였다. 따라서 정책의 기능에 따른 네 가지 정책유형의 특징적인 정치현상을 다음과 같이 설명했다.

첫째, 분배정책(distributive policy)의 정치는 상호 간의 협력과 경쟁 및 결탁의 정치(log-rolling politics)이다. 분배정책에서의 권력관계는 공통적인 이해관계가 없는 곳에서 상호불간섭의 원칙이 지배한다. 왜냐하면 개별적이고 구체적인 정책대상을 목표로 하여 재화나 용역을 제공하는 정책이기 때문에 권력관계의 구조가 급격하게 변화되기 어렵다. 따라서 상호불간섭에 의해서 한 번 밀어주면 다음에 밀어 주겠다는 식의 상호결

탁과 협력의 정치가 지배적이다. 이때의 권력관계는 강력한 이익집단의 지지를 받고 있는 엘리트주의가 지배적이다.

둘째, 규제정책(regulatory policy)의 정치현상은 다원주의 정치(pluralistic politics)이다. 개인이나 집단은 구체적인 정책사항을 준수해야 한다. 이를 위반하면 직접적으로 규제를 받기 때문에 개인의 의사결정은 이 점을 특히 고려해야 한다. 따라서 정치현상은 공통적으로 인식하고 있는 이해관계를 달성하기 위해서 타협과 협상에 의한 연합을 형성하게 되고 그들의 권력관계는 다원주의적 균형관계를 유지하려고 한다.

셋째, 재분배 정책(redistributive policy)의 정치는 힘 있는 엘리트 정치(power elite politics)이다. 정책을 수단으로 하여 권력과 재화와 용역을 형평과 정의의 기준에 따라서 사회의 여러 계층에게 재분배시키는 정책이다. 물론 장기적으로 보면 결국에는 모든 정책이 최종적으로 재분배 정책의 가치를 실현할 수 있지만 단기적이고 구체적인 정책목표와 가치를 재분배하는 정책이 필요하다. 따라서 재분배 정책에서의 권력관계는 엘리트와 비엘리트가 갈등을 일으키는 구조이다. 지역적, 계층적, 집단적, 파벌적으로 그들에게 우선적으로 이익이 되는 방향으로 강하게 뭉치는 정치현상이 있다고 했다.

넷째, 구성정책(constituent policy)은 정책결정기관이나 제도 간의 내부적인 정책권력의 분배에 관한 정책이다. 대표적으로 예산결정을 들 수 있다. 따라서 구성정책은 위의 세 가지 정책유형처럼 명확한 정책의 한 형태라고 보기는 어렵다고 했다. 그러나 정책결정기관과의 권력분배나 구성은 보다 광범위하고 장기적으로 정부의 구체적인 정책에 영향을 미치게 된다. 따라서 구성정책에서는 개인 수준에서의 상호협력이나 결탁보다 집단이나 국가적인 수준에서 구성정책의 당사자들인 관료엘리트들의 협상과 타협의 정치(bureaucratic politics)가 특징이다.

정책유형과 관련하여 정치를 설명한 것으로, Lawrence Brown(1983)이 정책을 두 가지로 구분하여 설명한 것도 있다. 하나는, 정책의 수요목표나 또는 접근방법에 관한 정책으로 새마을운동, 수출제일주의, 뉴딜정책 등과 같은 약진정책(breakthrough policy)이다. 이때의 정치는 이데올로기적이고 당파적인 갈등이 심화되는 정치이다. 두 번째는 합리화 정책으로서 약진정책에 의해서 생겨난 개별적이고 구체적인 정책을 개선하거나 수정하는 정책이다. 이때의 정치는 비교적 소수의 이해관계자들이 정책사상보다 정책의 결과와 영향을 합리적으로 분석하는 정치가 특징이라고 했다.

2) 정책도메인

정책도메인(policy domains)은 정책의 결정과정에서 정치를 정책이슈의 현실적인 분석 가능성과 복잡성에 따라서 정책의 결과나 유형이 결정된다는 것으로 설명했다. 이와 같은 정치에 따라서 정책과정을 설명할 수 있는 하나의 프레임으로 여섯 가지의 도메인을 제시한 것이다. 이와 같은 도메인이 다양한 정책이슈나 문제와 그에 따른 정책결정을 연결하는 징검다리 역할을 한다고 했다(Baumer and Van Horn, 1992; 2013).

첫째, 이사회 정치(boardroom politics): 이사회를 구성하는 사업엘리트나 전문가들에 의하여 의사를 결정하는 도메인으로 정책대응성이나 특징적인 현상 등의 파악이 약하다.

둘째, 관료정치(bureaucratic politics): 전문가나 시민들의 요구에 의한 관료들의 결정이다. 일반적으로 점증주의적인 정책결정으로 대응성이 약하다.

셋째, 휴대품보관소형 정치(cloakroom politics): 선거지역민이나 이해관계자 등의 제한된 참여에 의한 위원(국회나 의회)들의 의사결정이다. 상징적인 정책대응이나 점증적인 경향을 띠고 있다.

넷째, 행정부 수장 정치(chief executive politics): 대통령이나 각급 정부의 수장(首長)이 정책자문단의 정보와 지식에 의존해서 정책결정을 독점하는 형태이다. 위기관리나 정책대응에의 상징성이 높다.

다섯째, 법정 정치(courtroom politics): 이해관계나 관련 당사자들의 욕구와 목소리(주로 소송)에 대응하여 법원의 판결이나 명령에 의한 의사결정이다.

여섯째, 거실정치(living room politics): 언론이나 SNS 등을 통하여 여론으로 확대되면서 정책을 결정하게 되는 경우이다.

3) 정치를 중심으로 하는 정책사례

전통적으로 미국정책학은 정책사례에서 정치현상을 주제어로 분석하는 정책사례의 내용을 분석하고 설명하는 매우 다양하면서도 심층적으로 발달하고 있다.

첫째, 가장 대표적인 것으로, 미국 연방정부의 예산을 정치현상으로 설명하는 사례연구이다. 먼저 Aaron Wildavsky(1930~1993)(1967)와 Allen Schick(2007) 등의 미국 연방정부의 예산정책의 정치현상을 설명한 것을 들 수 있다. 특히 Wildavsky가 예산과정을 정치과정으로 설명한 『예산과정의 정치』(The Politics of the Budgetary Process)를 1964년에 출판하면서부터 미국연방정부의 예산을 정치적인 이해관계의 조정과 타협에 의한 예산과정과 제도로 설명한 것이다. 물론 초기에는 정치를 정확하게 정의하지 않았지만 이후에 정치를 수혜자 정치라고 보았다. 이에 따라서 외부적인 정치의 변화에 따른 예산의 정치과정이나 예산제도의 정치과정 등을 설명할 수 있어야 한다고 했다.

그들에 의하면, 예산이란 겉보기에는 수많은 숫자로 구성되어 합리적이고 계산적이며 엄격한 비용과 편익분석에 의하여 결정된 것처럼 보인다. 그러나 예산숫자를 결정하고 액수를 조정하여 최종적으로 결정된 예산은 상호절충과 협상과 이해관계의 비교득실에 따른 상호 간의 주고받기식의 정치과정의 산물이라는 것이다.

예산결정에서 정치는 다양한 목표와 가치기준을 가진 수많은 이해관계자의 참여를 특징으로 하고 있다. 예산 참여를 실질적으로 결정하는 것은 설득과 협상, 이익단체나 시민의 동원, 합리적이고 계략적인 분석과 정치적 연합 등이다. 그래서 국가예산은 단순히 숫자의 계정(計定)이나 설명이 아니라 숫자에 나타난 정치를 설명하는 것이다. 따라서 예산과정은 곧 정치과정이라는 것이다.

또한 예산과정에 참여하는 자신들의 이해관계를 주장하고 달성하고자 하는 정치를 실현시키는 내부적인 정치뿐만 아니라 외부적인 정치도 중요하다고 했다. 즉 예산과정에 영향을 미치는 외부적인 정치현상인 정치개혁이나 정치적인 사건 등도 중요하며 이를 설명할 수 있어야 한다고 했다. 그러나 정책에서의 이해관계의 배분인 누가 비용을 부담할 것인가 하는 것을 고려하고 설명할 수 있는 수혜자 정치도 예산과정에서 새로운 정치라고 했다. 특히 예산제도가 크게 변화된 1993년의 예산개혁법(OBRA-93: Omnibus Budget Reconciliation Act) 이후에 정치를 수혜자 정치인, '비용변동을 누가 부담하는가' 하는 것으로 설명했다.

대부분의 예산제도의 변천이나 개혁은 정치과정이나 정치제도의 변화를 의미하며 정치과정이나 정치제도가 변화되지 아니하면 예산제도가 변화되거나 개혁되기 어렵다고 보았다. 특히 지금까지 진행되었던 예산제도의 개혁에는 이해관계의 득실과 잠정적인 정책선호가 예산제도의 성공적인 시행에의 결정적인 요인이 되고 있다고 했다

(Wildavsky and Caiden, 2004).

둘째, 정책을 실질적으로 실현시키는 정책집행의 성공요인으로 정치를 설명한 고전이론이 있다. 하나의 예로서, Robert Nakamura와 Frank Smallwood(1980)는 정책이 결정되고 결정된 정책이 정책현실에 실행되는 정책과정에서 정치의 중요성을 설명했다. 물론 성공적인 정책집행에는 정치만이 중요한 요인이 아니라 경제적이고 사회적이며 법률적인 변수도 중요하다. 그러나 사회의 가치와 자원을 권위적으로 분배하는 정치에 관한 갈등을 해결할 수 있어야 정책은 성공한다고 강조했다.

그들은 정책집행의 정치로서 누가, 어떠한 이해관계에 의해서, 어떠한 가치와 목표를 추구하는가 하는 수혜자 정치의 관점에서, 정책결정자와 집행자 간의 권한의 위임을 중심으로 정치작용을 설명하였다. 그리고 의사결정의 방법을 전통적인 기술관료형, 제도적 위임형, 협상자형, 재량적 실험자형, 관료적 기업가형 등으로 분류하여 설명하기도 했다. 이와 같은 다섯 가지 유형을 정책결정자와 집행자 간의 관계에서 정책집행자의 재량권의 강도에 따른 정책집행자의 유형으로 설명하기도 했다(제3편 1장 정책집행 참조).

셋째, Graham Allison(1969)이 쿠바 미사일 위기를 사례로 분석하면서 정책을 정치적인 협상의 결과산물로 설명한 것이다. 특히 그의 제3의 모형인 관료(정치)모형(bureaucratic (politics) model III)은 정책은 협상게임에서 권력과 자원을 소유한 자들의 잠정적인 권력공유에 의해서 결정된다고 설명하였다. 따라서 권력은 그를 행사할 자가 누구인가, 그들의 지위는 무엇인가에 따라서 그들의 역할이 결정된다고 했다. 이때의 정치게임에 필요한 규정으로, 헌법이나 법령, 법원의 판결, 행정의 각종 법령, 관습, 문화적인 요소 등이 있다고 했다.

Allison에 의하면, 수많은 정책결정자들은 단순한 관료의 계층제적인 집단이 아니다. 그들은 하나의 정치적 지위와 역할을 행사하는 기관이며 경쟁적으로 정책결정의 게임에 참여하게 된다. 그래서 정치게임은 힘과 자원과 권력을 행사하는 관료들의 정치이고 정책은 관료들의 정치게임에 의해서 결정된다. 관료들은 합리적이고 조직적인 이해관계뿐만 아니라, 그들 자신의 가치와 이해관계와 전략, 판단, 지위의 권위 등에 따라서 정책을 결정한다. 이것이 곧 정치라고 했다.

4) 관료정치론

현대 국가에서 권력의 핵심은 관료에게 집중되고 있으며 실질적으로 관료들이 정책의 질과 양을 거의 독점하고 있다. 따라서 정책에서의 정치를 관료정치(bureaucratic politics)로 설명하는 이론이 발달하고 있다.

관료정치에서 설명할 것으로 전통적인 정치-행정 이원론의 문제이다. 행정과 정치의 분리현상은 19세기 말과 20세기 초기의 혼란스런 미국 정치현실을 과학적 기술과 관리를 받아들이고 중시해야 할 행정에서 몰아내야 한다는 현실적인 당위성을 가지고 있었다.

정책에서의 정치를 수혜자 정치로 설명하면, 누가 무엇을 얻을 수 있고, 그에 대한 대가를 지불해야 하는가 하는 등을 정책에서 설명하기 위해서 중요한 변수로 작용하는 정책주체들인 관료들의 정치현상도 설명할 수 있어야 한다. 정책담당자나 집행자로서 행정은 주어진 법령을 성실히 집행한다고 하는 이론은 설명력이 약하다. 관료정치는 정치적 이해관계를 관료들이 형성하고 결정할 수 있다. 때문에 이것을 수혜자 정치에서 설명할 수 있어야 정책에서의 정치를 올바로 이해할 수 있다(Rourke, 1984; Lipsky, 2010; Monteiro, 2016).

예를 들면, 세종대왕이 최종적으로 소 일만 마리 조공무역을 결정하고 부분적으로나마 집행한 것은 자신의 판단에만 의존한 것이 아니다. 실질적으로 외교와 국방 및 조공무역이라는 복잡한 국정을 신하들과의 토론을 거치면서, 식견이 있는 사람에게 자문받아서 중론의 결과에 따라서 결정했다고 기록하고 있다(박현모, 2006).

새만금 간척사업의 경우에 농림부(당시)는 환경단체나 기타 언론 등의 정치적 반대를 극복하고 전라북도와 지역주민과 지역언론 등과의 정치적 연합을 형성하여 관료정치의 주요 전략인 정치적 지지를 극대화함으로써 성공적으로 추진할 수 있었다(정정화, 2003). 그리고 정책이 갈등을 빚고 있는 상황에서 관료들의 정치적인 전략을 정당화, 지지 획득과 확산, 순응 확보 등으로 설명한 경우도 있다(박석희 · 이종원, 2008).

정책을 독점하는 관료의 힘의 근원은 그들의 전문성과 기술적인 우월성, 정책을 집행할 때의 재량권, 정책을 현실적으로 실현시키는 능력 등이다. 또한 관료는 시민이나 이해관계자로부터 정치적 지지를 쉽게 동원할 수 있으며 그들 자신의 이해관계를 민감하게 파악하고 이를 최우선적으로 반영할 수 있는 권력엘리트 집단이다. 이와 같은 힘을 가진 관료정치는 전문적인 지식과 최종적인 의사결정에 영향을 미칠 수 있는 외부세력이나 시민을 동원할 능력이 우수하다. 이와 같은 정치게임에서 관료의 이해관계에 따라서 정책이 결정된다고 설명하기도 한다.

관료정치에 의한 정책의 독점현상이 또한 비판의 대상이 될 수 있다. 예를 들면, 한국사회 대부분의 구체적인 정책아이디어와 이슈개발, 또는 실질적인 정책결정은 소수 엘리트 관료들과 정치인들의 독점에 의해서 이루어졌다. 그 주된 이유는 정책엘리트들이 정책자원과 정보의 접근기회를 독점했기 때문이다.

한국의 정책관료는 우수한 분석능력과 기술을 구비하고 있었다. 선진 외국사회에서 연수와 연구 등의 교육훈련을 받으면서 선진국 등에서 실시하고 있는 정책아이디어를 원용할 능력 등도 있었다. 더욱이 급격한 사회변동과 급진적 정책수요에 의하여 다수 시민의 의견과 참여만으로는 한국사회의 정책변화를 인식할 수 없었던 현실적인 제약요인도 있었다. 따라서 사회간접자본과 시설확충사업에서부터 경제의 성장정책, 저소득자녀 교육정책, 국민의료보험사업, 도로교통 표지판 및 도로주행선 결정분야 등에 이르기까지 관료들에 의해서 정책이 제안되고, 분석되고, 집행된 것이 현실이었다.

이제 정책제안과 결정 등에 필요한 정보와 지식과 기술을 더 이상 정책이나 행정관료들이 독점하고 있지도 못하다. 또한 독점할 수도 없는 지식 및 정보사회로 변화되고 있다. 일반시민들도 정보의 발달, 사이버정치에 의한 참여의 확대, 지식정보화에 의한 전문성의 증대 등으로 정책방향을 충분히 제공하고 분석할 수 있는 능력을 구비한 시민사회로 빠르게 변화되고 있다. 특히 정보통신기술의 발달에 의한 정보사회에서는 사이버공간에 의해서 정책정보와 지식이 급격히 확산되고 있다. 때문에 정책과정과 결정에 일반시민들도 큰 영향을 미치고 있는 뉴거버넌스의 정책결정체제로 변화되고 있다.

정책과정에서의 수혜자 정치현상인 누가, 어떤 방법으로, 무엇을 얻을 수 있고 부담해야 하며, 누구의 이해관계가 우선되며, 정책의 실질적인 목표와 그것을 달성할 방법이 무엇인가 하는 지식과 정보를 시민과 정책결정자가 공유하지 않을 수 없다. 정책에 관련된 이해나 가치의 득실을 서로가 이해하고 공유해야만 정책목표를 성공적으로 달성할 수 있다. 때문에 공유한 정책과정을 설명할 수 있는 정책이론, 특히 그 중에서도 정치이론이 필요하다.

시민과 정책결정자가 공유하는 정책과정의 정치는 민주적이고 공개적이며 적법절차(due process)에 따라야 한다. 동시에 정책과정은 정치적인 협상과 가능성도 존중해야 한다. 정책의 정치적 가능성을 객관적이고 합리적으로 계산하고 분석하여 정책의 가능성과 성공을 예측하거나 평가하기 어렵다. 그러나 정책에 관한 정치적인 판단과 가능성, 기술적이고 합리적인 정책결정의 지식과 이론 등을 구체적인 정책환경과 상태에서 교환할 수 있어야 한다. 나아가 과학적 지식과 정치의 갈등을 상호 간에 조정하고 조화시킬 수 있는 정책이론도 필요할 것이다.

특히 전자정부(e-government) 또는 4차 산업혁명시대의 사물인터넷 등에 의한 스마트 정부에서는 국민에게 정책결정에 필요한 정보를 법적으로 공개하면서, 그들의 알 권리를 보장하여 정책에 참여할 수 있도록 하고 있다. 더욱이 사이버공간에서 진행되는 다양한 의견과 논쟁이 정책과정에 반영되면서 정보에 접근하고 정보를 획득할 공평하고도 공정한 기회와 게임의 법칙을 제정해서 정책과정에의 참여를 확대할 수 있어야 한다. 이때의 정치는 더 이상 소수의 정책관료가 정책과정을 독점적으로 운영할 수 없게 된다. 대신에 개방과 참여에 의한 민주적이고 타협적이며 공정한 정치게임이 중요하게 작용할 것이다(La Porte 외 2인, 2002).

제 3 장

정책균형이론[1)]

1) 정책균형이론은 필자의 『정책균형이론』(2008). 경산: 영남대학교 출판부)의 내용을 요약하면서 재구성한 것이다. 2010년 이후의 참고문헌 등을 보완하면서 기타의 것은 생략하였다.

1. 정책균형의 개념적 이해

정책균형의 개념이나 이론적 구성요소 등을 설명하기 이전에 인구문제에서, 정책균형이란 무엇인가 하는 것을 우선 설명하고자 한다. 제1장에서 국가주의를 인구문제의 사례로 설명하면서, 인구구성비의 인구불균형을 이해하기 위해서는 인구에 관한 사상(population thought)이 중요하다고 했다. 이와 같은 인구에 관한 사상을 이제 정책균형이론으로 보다 자세히 설명하고자 한다.

정책사례 인구문제에서 정책균형

인구위기를 극복하기 위하여 국가는 인구의 절대적인 숫자나 성별 또는 연령별 구성비를 적정하게 유지할 다양한 사업이나 정책을 시행해 오고 있다. 그러나 인구문제는 본질적으로 위기라기보다 인간을 포함한 모든 존재하는 것들의 정상적인 구성비를 유지하고자 하는, 개인적이고 사회적인 균형감각의 산물이라고 할 수 있다. 특히 지구촌사회에서 인간 개체만이 급속하게 증감(增減)할 수 없을 것이다. 수많은 타 개체와의 균형된 상태에서 인간은 존재할 수 있을 것이다.

그럼에도 불구하고 인간사회는 정치적이고 경제적인 목적과 사상에 따라서 인간의 개체 수를 증가시키거나 또는 억제하기 위한 부단한 노력을 기울이고 있는 것도 사실이다. 특히 국가의 이해관계나 목적에 따른 전제조건을 제시하고, 여기에 오차나 편차 또는 불균형이 발생된다고 판단되면 이것을 인구위기로 진단하기도 한다. 그래서 이것을 해결하기 위한 다양한 방법과 수단을 사용하는 인구정책은 인구문제에서 전형이 되고 있기도 하다.

이와 같은 인구문제 사상으로 자연주의(naturalism)를 들 수 있다. 즉 인구에서의 자연주의 사상(population naturalism)이다. 인구문제를 설명하는 존재론적 입장에서 인구현상은 신이나 국가의 개입과 목적에 의한 산물이 아니다. 대신에 기초적이면서도 원초적인 개인의 자유와 자율적인 판단과 선택에 관한 문제이며 그 결과라고 하는 사상이다. 특히 인구의 자연주의 사상은 인구가 국가통치의 대상이나 경제적인 생산수단이 아니다. 인간관계의 연결망 속에서 자신의 가치를 지켜가는 하나의 사회적 실체라고 보았다.

인구에 관한 자연주의 사상은 출생률과 사망률에 따른 인구의 변화는 인간이 거역하거나 통제할 수 없는 자연의 법칙에 의하여 결정된다고 보았다. 물론 인간은 성적 유희나 쾌락만이 아닌 자신의 의지와 노력에 따라서 인구를 재생산할 수 있지만 이와 같은 노력은 최종적으로 자연의 선택에 맡겨질 수밖에 없다. 즉 인간은 자신이 태어남도 모르면서 동시에 자신이 죽는(을) 일도 모른다. 때문에 사회적으로도 이와 같은 자연적인 생성소멸의 선택 또는 도태의 현상을 생존의 법칙으로 수용해야 한다고 보았다. 따라서 인구문제는 생물학적 현상에서 비롯되는 사회문제이며 세상에 태어나서 죽고 지리적으로 이동하면서 자연적으로 해결되는 것이다. 국가를 중심으로 하는 정부의 정책으로, 출생과 사망 및 인구의 이동을 조절하고 규제하고 통제해서 그 사회가 경제적이고 영토적이며 국가방위에 필요한 적정한 인구를 유지하기 어렵다는 것이다.

특히 진화론적 자연주의 사상은 17~18세기의 이상주의인, 인간은 자신들의 무절제한 욕정과 성정(性情)을 스스로 다스리고 제어할 수 있다. 그래서 과도한 인구 증가나 팽창 등과 같은 문제는 원초적으로 발생되지 아니할 것이다. 동시에 인간이 성정을 조절하지만 태어나는 모든 인간은 각자의 몫을 받아서 태어난다. 때문에 굳이 출산율을 조절하거나 인간의 생존에 국가가 개입하고 간섭할 필요는 없다. 따라서 작위적인 정책으로 개인의 성정에 개입하고 간섭하여 인구문제를 통제하고 해결하고자 하는 정책은 불필요할 뿐만 아니라 그 정당성도 희박하다는 것이다. 이와 같은 진화론적 자연도태 사상은 사회경제적으로 개인의 주권이나 소유권에 관한 이념과 연계되어 있기도 하다.

사람이 태어나고 죽는 생로병사는 성장소멸의 자연법칙에 순응하는 것이다. 누구든지 예외일 수 없다. 그러나 문제는 인간이 스스로 태어날 수 없다는 사실이다. 즉 부모의 작위적이거나 무작위적인 생산의지와 노력에 의해서만 가능하다. 자살을 제외하고 전쟁이나 사건, 사고 또는 자연적인 노화의 진행에 의하여 죽는 일도 자신이 스스로 조절할 능력이 없다는 사실 등을 자연주의 사상은 강조하고 있다. 따라서 자연적인 질서와 조절법칙에 맡길 수밖에 없다. 단지 인간은 자신의 생명을 자신이 생각하고 추구하는 바람직한 것으로 진화시키거나 발전시킬 수 있다. 이와 같은 진화나 발전을 움직이는 생각이나 동인(動因)이 자신의 유전적인 소질이나 자질이 되어서 후세에 영향을 미치게 될 것이라는 확신이나 믿음이 있는 것도 아니다. 단지 부모로부터 물려받은 나에 대한 모든 결정과 책임을 나의 소유권이며 고유한 권리인 주권으로 인식한다는 것이 자연주의 사상의 핵심이다.

인구의 자연주의 사상에 따르면, 인간의 계획된 활동이나 또는 국가를 중심으로 하는 강제적인 간섭이나 개입에 의하여 인구의 증감이나 구성비가 결정되는 것은 아니다. 또한 인구에 관한 개인의 주권을 설명하지만 개인들이 마음대로 출산과 사망을 조절하거나 통제하기도 어렵다. 모든 인간이 결혼한다고 해서 출산을 보장받을 수 있는 것도 아니다. 또한 출산된 자녀들이 모두 다 생존하여 인구를 구성한다고 할 수도 없다. 남녀의 성비를 인간의 욕망이나 뜻에 따라서 조절하기도 어렵다. 때로는 원하지 아니하는 출산도 있다. 따라서 인간의 재생산은 자연의 선택에 영향을 받게 된다는 사실을 강조하고 있다. 그래서 인구문제는 인간의 애정과 사랑 및 결합 그리고 출산이라는 생물학적 현상에서 출발하지만 인구의 구성비나 인구수의 증감은 국가가 인위적이고 작위적으로 그 목표와 방향을 정해서 결정할 수 없는 자연의 선택이라는 것이다(Austerlitz and Heyer, 2018).

이와 같은 자연주의 사상은 인구문제를 인간의 의사결정이나 주권과는 관계가 없는, 즉 인간의 잘못이나 판단의 미숙함 또는 인간의 이기적인 탐욕이나 쾌락주의 등과는 관계없는 것으로 이해되기 쉽다. 따라서 인구문제는 인간의 문제가 아니라 자연의 선택의 문제로 그 책임을 전가하는 오해를 가져 올 수 있다. 동시에 인간의 존엄성과 이성적인 판단과 작용의 한계를 성급히 인정해 버리는, 나약한 인간상을 정당화시키는 근거가 될 수도 있다.

인구현상은 국가주의의 인구정책에 의한 산물이기도 하다. 그러나 더욱 중요한 것은 인간의 생명체가 스스로의 생존과 존재가치를 지켜가는 자연적이면서도 정상적인 균형작용의 결과라는 것이다. 따라서 이것을 인간, 특히 국가가 나서서 위기라고 섣불리 판단하거나 또는 이것을 극복하고자 할 것이 아니다. 이와 같은 인구문제에 인간사회, 즉 개인이나 국가는 어떻게 적응하고 대응할 것인가 하는 국가주의 대 개인주의, 자연주의 대 개입주의 등과 같은 정책균형을 살피고 이해하는 정책균형이 더욱더 중요할 것이다.

균형주의 인구사상의 출발점은 남과 여로 구성되어 있는 인간들의 조건을 전제로 한다. 즉 남녀의 육체적 결합에 의한 태생이 인구이다. 항상 모의 태반에만 의존하는 것은 아니지만, 이와 같은 태생의 조건을 갖추지 아니하면 인간은 태어날 수 없다. 태생이기 때문에 남녀의 결합이라는 인간과 인간과의 관계를 필요로 하고 있다. 그렇다고 남녀가 결합한다고 해서 임신이나 출산이 보장되는 것도 아니다. 동시에 남녀관계가 존재한다고 해서 원하는 성비를 얻을 수도 없다. 이것은 조물주의 작용이고 신의 영역이다. 그렇다고 신이 마음대로 하는 것도 아니다. 신도 하나의 진리에 예속되어 있다. 즉 하나의 자연법칙인 정상의 분포곡선에 따르고 있다는 사실을 전제로 하고 있다.

예를 들면 성비가 정확히 반반은 아니지만 인간과의 결합에 의하여 인간을 재생산할 수 있을 정도로 남녀의 구성비는 지켜지고 있다. 물론 전쟁이나 성 우월주의에 의한 인위적인 성비조작 등과 같은, 작위에 의하여 어느 정도 성비 구성이 영향을 받을 수 있다. 그러나 장기적인 인구 구성비에서 보면 남녀의 구성은 인간관계를 형성하여 재생산의 기능을 충분히 할 수 있도록 되어 있다.

또한 정신적이고 육체적인 조건이나 능력 등과 같은 인간의 조건도 정상분포곡선을 유지하고 있다. 시대와 상황에 따라서 이와 같은 것들이 조금씩 차이는 있지만 이것도 그 시대와 조건에 가장 타당하게 적응할 수 있는 하나의 조건일 수 있다. 동시에 인구의 수가 어느 시기나 조건에는 크게 증가하거나 감소하는 것도 그 시대와 조건에 적합한 인구개체의 변화일 뿐 국가나 또는 외부적인 힘이나 영향력을 가진 집단의 작용에 의한 것만은 아니다. 따라서 인구의 증감을 균형주의로 설명하는 이유도 어느 시기나 조건에서는 인구의 개체수가 증감될 수 있다고 본다. 단지 이와 같은 현상을 인간이 지배하고 통치하고자 하는 입장에서 보면 즉 과거의 기준에서 볼 때, 지금의 인구수가 많나거나 또는 적다고 판단하는 것으로 본다. 그러나 현재의 기준에서 보면 인구수는 증감이 아니라 정상상태의 균형작용의 결과일 수 있다. 이와 같은 균형작용을 계속해서 유지하면서 다양한 복합적 요인에 의한 정상의 상태를 지켜갈 수 있는 인구정책은 정책균형에 타당하다고 할 수 있다.

인구경제론은 과거에 향유하던 부와 지위 및 경제적 기준 등과 비교해서 현재 또는 미래의 인구의 수와 노동의 가치가 증감되었다는 것을 설명하고 이것을 적정규모의 인구이론이라고 하고 있다. 인구정치도 과거의 수준에서 국가의 구성원을 계속적으로 유지하거나 증가시키면서 국부성장이나 사회발전 등을 목적으로 하고 있다. 때문에 개인들의 인구재생산의 의사결정과 주권에 개입하거나 간섭하고자 하는 것이다. 만약 이와 같은 과거 기준에 의한 목적이나 기준이 없다면 현재의 수준에서 인구수나 인구의 구성비를 이해하면 인구문제에서 인구정책의 균형감각을 찾을 수도 있을 것이다.

또한 노령인구가 급속히 증가되면서 이들을 부양할 경제활동인구가 부족하고 따라서 국가경제는 위축된다; 정부의 노년층 인구를 위한 지출비용이 증가하여 조세부담과 예산활동이 제약된다는 인구위기도 단기간의 일시적인 위기일 수 있다. 왜냐하면 현재의 과속한 노령인구는 일반적으로 한 세기 이내에 감소하게 된다. 이에 따라서 과거에 급격히 감소된 경제활동인구가 노령화 될 때는 노인인구의 구성비는 낮아질 것이다. 만약 계속해서 그 후속세대가 감소해 간다면 그 비율은 계속해서 노인층으로 기울어질 것이다. 그러나 이와 같은 세대교체의 활동은 적어도 수 세기에 걸쳐 진행될 것이다.

이와 같이 감소한 인구수도 인구에 관한 국가정책의 계속적인 균형주의나 또는 사회적인 균형작용에 의한 정책인과의 산물일 수 있다. 인간의 개체 수를 줄이면서 동시에 타 개체와의 비율을 조절하여 균형을 맞추고자 하는 인간사회의 균형작용으로 인구를 이해할 수 있다는 것이다. 그럼에도 불구하고 타 개체가 인간을 지배하거나 또는 인간이 지구상에서 소멸된다고 하는 것은 이와 같은 균형주의를 비관적인 입장에서 비판하거나 또는 낮아지는 출산율을 경고하는 정치적 계산에 의한 통치집단의 정책홍보일 수 있다.

호모 사피엔스(*Homo Sapiens*)인 인간이 지구상에서 살아 온 인구증감의 역사적 기록을 보면, 인간이 지구에서 소멸되거나 인구가 증가하여 지구가 폭발하는 일들은 없었다. 빙하기에 인간의 숫자가 크게 줄었거나 또는 전쟁을 전후하여 세계인구가 감소했다든지, 인구폭발로 통칭되는 20세기 초기의 지구상의 인구 숫자 등은 그 당시의 시대적인 조건과 때에 나타난 현상일 것이다. 이와 같은 통계적인 사실을 인간이 과거의 통치목적이나 방법, 경제적인 수준 등과 비교해서 현재의 인구수준을 인구폭발이나 인구절벽이라고 진단한 것일 수도 있다.

인간과 인간과의 상호작용은 남녀의 결혼과 출산을 조절하게 된다. 이때 조절한다는 것은 국가가 개입하거나 간섭하여 조절하는 것이 아니다. 동시에 신의 뜻과 의지에 인간이 순종하여 조절되는 것도 아니다. 대신에 인간들의 상호작용에 의한 인구의 조절일 것이다. 이와 같은 인간과 인간과의 상호작용의 균형감각을 계속적으로 형성하고 유지할 수 있는 인구정책을 정책균형의 이론으로 설명할 수 있다는 것이다.

인간과 인간과의 상호작용에 의한 균형주의는 정책균형에 의한 정책인과의 개념을 전제로 하고 있다. 즉 남녀 상호 간의 원만한 합의에 의한 결혼과 출산의 결정은 동태적으로 진행되는, 계속되는 결혼생활의 결과산물이다. 물론 물리적이거나 의지적인 비혼(非婚)이나 또는 출산가능성이 저하될 만혼이나 기타 혼인 등도 결혼생활자인 인간 대 인간의 상호작용에 의한 균형작용의 산물일 것이다. 동시에 결혼을 했지만 출산을 지연시키거나 인위적으로 하지 아니하고자 하는 경우 또는 출산할 수 없는 경제적이거나 정신적, 물리적 조건 등도 결혼생활의 균형작용의 결과일 수 있다. 이와 같은 남녀의 인구주권적 판단에 따른, 결혼과 출산에 의한 인구의 수는 인간과 인간과의 상호작용에 의한 균형주의의 가시적인 결과일 수 있다.

특히 현재를 기준으로 하는 인구의 규모나 적정인구의 비율 등을 과거의 기준을 적용하여 과밀이나 과소로 진단하고 평가한다면 그것은 균형주의 사상에 위배될 수 있다. 균형주의에 위배된다는 것은 인간과 인간과의 상호작용의 결과를 부정하거나 의심한다는 것으로도 해석될 수 있다. 이와 같은 의심이나 부정은 국가나 제3자가 남녀의 결혼과 결혼생활의 출산 등에 부당하게 또는 비윤리적으로 개입하거나 간섭하게 될 빌미를 제공하게 될 수도 있다는 의미이다.

인구사상으로서 균형주의는 인간과 인간과의 상호작용이 균등하고 평등하며 원만하다는 대칭적 관계를 전제로 하고 있다. 특히 인간과 인간과의 상호작용은 일방적이거나 편파적이며 불평등한 인간관계가 아니다. 쌍방의 주권과 조건을 상호 간에 원만히 수용하고 이에 따라서 결정된 의사결정이 출산이고 인구라는 것이다. 즉 남녀가 각각의 입장에서 자녀를 가지거나 또는 가지지 아니하고자 하더라도 이것을 인간과 인간과의 균형작용에 의한 원만한 상태의 합의된 결정으로 설명하는 사상이다. 동시에 이와 같은 인구결과를 정책인과의 균형작용으로서 국가의 인구정책은 그 정당성을 확보할 수 있을 것이다.

또한 인간과 비인간과의 상호작용인, 인간과 기계나 기술과의 상호작용 또는 인간과 동물과의 상호작용에 의한 인구정책의 정책균형을 설명할 수 있다. 인간과 인간과의 상호작용에 의한 균형주의는 현재의 인구를 과잉이나 과소 등으로 과거의 기준으로 판단하거나 비판하기 어렵다는 사상적 기초를 제공할 수 있다고 했다. 특히 5G(the fifth generation) 스마트폰 네트워크 기술시대에 인간과 비인간인 사물 인터넷(IoTs)과의 상호작용도 인간의 존재가치, 즉 인간 개인의 값을 상승시키고 있다. 인간이 도구를 이용하면서 인간의 존재가치를 급격히 상승시킨 것은 사실이다. 특히 컴퓨터로 대칭되는 기계와 기술을 활용하면서 인류는 일상의 생활을 혁명적으로 변화시키고 있다. 가장 가까운 예로서, 다양한 유형으로 이용되는 로봇이 인간의 노동집약행위를 대체할 수 있는 대체수단으로 등장하고 있다. 심지어 바둑게임과 같은, 인간두뇌의 창조적이고 비판적이며 임기응변적 활동도 로봇이 대체하고 있기도 하다.

그러면 사랑과 애정이 전제되는 결혼도 과연 인간 대 비인간, 즉 인간과 기술이나 기계와의 상호작용으로 가능할 것인가, 동시에 출산의 영역도 기계나 기술이 대신할 수 있을 것인가 하는 문제가 있다. 먼저 인간복제가 기술적으로 가능하다고 하더라도 윤리적이고 도덕적이며 법적으로 불가능하다면 인간을 재생산할 수 없을 것이다. 시험관 베이비도 인간복제가 아닌 불임을 해결하기 위한 의학기술과 인간과의 상호작용으로 한정될 것이다. 그리고 기계나 기술과의 사랑이나 애정은 인간관계의 것과는 다를 것이다.

기술이나 기계와 인간과의 상호작용을 인간의 값을 상승시키는 수준에서 이해한다면 이와 같이 상승된, 즉 평가절상된 인간은 기술과 기계에서 얻어진 잉여시간과 노동력을 개인의 편의적인 영역이나 시간으로 이용할 수 있을 것이다. 이때의 인구의 값은 인구의 숫자에 의존하던 시대의 값과는 비교될 수 없을 정도로 높을 것이다. 때문에 과거의 인구수나 인구의 생산력(노동생산성)을 기준으로 해서 현재의 인구증감을 재앙이나 위기로 진단하거나 판단할 필요는 없을 것이다. 국가의 인구정책에의 개입은 이와 같은 인간의 값을 상승시킬 수 있는 정책인과의 균형을 연속적이고 복합적으로 유지하고 발달시킬 수 있도록 하는 것에서 그 정당성을 찾을 수 있을 것이다.

값이 크게 높아진 인간은 농업사회나 공업시대와 같이 인간을 재생산하는, 즉 결혼이나 출산 등과 같은 결정이나 판단을 반복하지는 아니할 것이다. 인간의 노동을 대체할 대체기술이 풍부하고 다양하며 인간의 여가와 창조행위의 가치를 부가시킬 기술수준이 높아지고 있기 때문에 굳이 과거의 패러다임에 따라서 인간을 재생산하는, 즉 출산율을 따르지 아니할 것이다. 이것이 인간과 기술과의 상호작용에 의한 상생의 효과라고 할 수 있다.

이와 같은 상생효과를 인간이 무시하기 어려울 것이다. 왜냐하면 인간은 자신의 값을 가장 높이는, 즉 한계효용을 극대화하는 의사결정을 하게 될 것이기 때문이다. 이것이 개인적 수준에서의 균형주의 인구사상의 또 하나의 전제이다. 기계와 기술과의 상호작용에 의한 인간의 가치를 현실적으로 활용하고 이용하여 자신에게 합리적이고 이성적인 방법으로 결혼과 출산율을 결정하는 인간은 자신의 이해관계를 동태적으로 해결하고자 하는 균형감각을 가지고 있다. 이와 같은 균형감각에 의한 결정의 산물인 현재의 출산율이나 인구의 수는 균형주의에 의한 인구에의 의사결정의 결과라고 할 수 있다. 동시에 이와 같은 개인적 수준의 균형감각의 산물을 인구정책이 사회적으로 균형을 조절하고 조정할 수 있는 수준으로 맞추는 것이 정책균형이론의 핵심이라고 할 수 있다.

그리고 인간과 동물과의 상호작용(HAI: Human-Animal Interaction)에 의한 균형주의 인구사상도 찾아볼 수 있다. 아직까지 HAI연구가 인구문제나 인구사상으로 연계된 것은 없다. 그러나 개와 인간의 상호작용에서 질병의 치료와 도움, 장애인의 도우미, 마약이나 기타 범죄활동 예방에의 투입, 이동수단의 동력 등과 같이 인간의 값을 상승시키고 있다. 특히 나들이 도우미 개는 인간의 노동력을 대체할 수도 있을 것이다. 동시에 인간과 인간과의 관계의 소원함에서 발생되는 적적함이나 외로움을 달랠 수 있는 반려동물은 후속세대의 역할을 대체할 수도 있을 것이다. 그리고 기타 동물과의 상호작용으로 인간의 이동수단이나 여가, 스포츠 등으로 활용되는 경우에도 인간의 값을 상승시킬 수 있을 것이다.

인간과 동물과의 상호작용은 인간의 노동력이나 혹은 인간 그 자체를 대체하면서 인간의 값을 상승시키게 될 것이다. 그러면 인간은 상승된 자신의 값에 따라서 효용을 극대화 하고자 하는 합리적인 의사결정을 결혼이나 출산에도 적용할 것이다. 과거와 같이 인구의 수가 힘이고, 경제력의 원천이며 보고(寶庫)라고 하는 인구사상은 지배적일 수 없을 것이다. 대신에 현재의 인간의 값에 따라서 이성적인 판단과 합리적인 결정을 우선시하는, 즉 경제적이고 비경제적인 조건과 상태를 조합하고 조정하는 개인적 균형주의 인구사상에 따라서 인간은 인구에 관한 의사를 결정하게 될 것이다.

* 필자의 『정책사상 대계』(2020, 근간)의 제5장의 균형주의의 사례설명을 재구성한 것이다.

1) 균형의 개념

정책균형 개념을 설명하기 이전에 먼저 균형(balance)의 개념을 물리적이고 체제적 측면에서 뿐만 아니라, 정신적이고 감성적 측면에서 이해할 필요가 있다. 우리말에서는 균형(均衡)이란 단어가 간단히 하나로 표기되지만 영어권에서는 어휘가 상당히 많다. 먼저 사전적 의미의 균형(balance)은 "어느 한 쪽으로 치우치거나 기울지 않는 상태"(우리말 큰사전, 1992) 또는 "고른 상태"(krdic.naver.com) 라고 정의하고 있다. 이와 같은 개념은 아마도 정적인 상태의 균형을 의미하는 영어의 'equilibrium'에 해당되는 것이거나 체제이론의 체제의 정상상태의 균형을 의미한다. 따라서 정책균형이론에서 본 균형(balance)의 개념과는 거리가 있다.

첫째, 정신적이고 감성적 측면에서의 균형은 안정된 상태에서 균형(equilibrium)을 유지하거나 창출할 수 있는 능력과 자질에 관한 것이라고 할 수 있다. 그래서 이것을 사전적 의미에서 보면 '모든 요소를 고려하여 균형을 유지하는 상태'(askoxford.com) 라고 할 수 있다.

정신적 균형상태에서 합리적 의사결정과 판단을 할 수 있는 것이 균형감각의 핵심요소이다. 왜냐하면 정신과 감정의 균형상태가 달성된 후에 합리성을 얻을 수 있기 때문이다. 물론 정신세계의 진행과정을 물질세계에서 구분하듯이 균형과 비균형 상태를 분명하게 구분하기는 어렵다. 따라서 정신세계의 균형상태도 외부의 물질적이고 정신적 자극과 투입을 중요한 판단요소로 고려한다. 그래서 어느 한 편에 치우치거나 또는 편협되지 아니하면서도 사물의 본질을 이해하고자 한다. 이것을 균형된 판단(balanced judgment)이라고 할 수 있다.

균형을 어느 한 쪽이나 양변에 치우치지 않는 고른 상태이면서, 실천적으로는 안정되고, 평온한 심리상태에서 합리적이고 이성적 결정과 행동을 할 수 있는 감각을 의미한다면, 동양사상의 중도(中道) 또는 중용(中庸)의 의미와 상통할 수 있다.

둘째, 물리적이고 체제적 측면에서 본 균형 개념이다. 이때의 균형은 "모든 구성체 간에 관계와 비율 등에서 일반적으로 조화된 상태"(옥스퍼드 영어사전, 1989년 판) 라고 할 수 있다. 이와 같이 조화된 상태로서 힘의 균형(balance of power)(뒤편에서 설명할 세력균형론의 힘의 균형이다)이나 생명체의 생태적 균형이 잡혀 있는 자연의 균형(balance of nature) 등을 들 수 있다.

정책균형을 이해하기 위해서 균형, 즉 밸런스(balance)를 이와 같이 두 가지 측면에서 설명했지만 이것을 이제 동태적 개념인 균형화의 의미로 이해하기 위해서 몇 가지 관련 용어를 비교하여 설명할 필요가 있다.

일반적으로 균형이라고 하면 체제나 조직 또는 생명체의 정상상태의 유지를 의미하는 균형(equilibrium)을 들 수 있다. 이때의 균형은 이원적 요소들이 상호 간에 교감하면서 일시적으로 균형을 이룬 정적인 상태이다. 그리고 정책균형의 균형(balance)을 정신적이고 물리적 상태의 다양한 요소들이 조화된 상태라고 했다. 물론 이와 같은 조화의 과정에서 나타나는 균형은 일시적이고 정적인 'equilibrium'의 균형이다.

2) 정책균형의 개념

정책균형은 정책과 균형의 개념을 양립시킨 것으로 이해할 수 있다. 즉 누가, 무엇을, 어떤 수준에서, 왜 비용을 부담하고 혜택을 받아야 되는가 하는 수혜자 정치(client politics)를 중심으로 정책의 비용과 효과 등이 일시적으로 균형 잡힌 상태를 설명하는 것이 아니라, 동태적이고 복합적으로 수많은 요소들이 공통으로 추구하는 목표와 선(善)을 위해서 보편적으로 조화될 수 있는 상태를 설명하는 것이다. 이때 수혜자 정치를 정책과 정치(제2장)에서 자세히 설명했다.

정책을 통하여 정책의 인과관계의 불균형을 조정하지만 사후의 정리가 아니다. 사전(事前)에 교정하고 조정하며 보정하고자 하는 균형화의 적극적이고 동태적인 정책을 결정하고 시행하는 것을 정책균형이라고 할 수 있다. 이와 같이 정의한 정책균형의 개념을 세 가지로 요약해서 설명할 수 있다.

첫째, 정책균형은 동태적 개념이다.

정책은 고정되어 있거나 정체된 목표를 실현하는 경우보다 움직이면서 변화되고 있는 목표를 실현해야 하는 동태적 개념이다. 특히 정치의 속성인 수혜자 정치이든지 또는 전통적 의미의 정당을 중심으로 하는 협상과 타협의 당파적 정치가 정책의 구체적 내용을 결정하는 경우이든지 간에 정책은 확정적이지 못하다. 때문에 이와 같은 일시적 상태에서의 정책균형은 유동적이다.

이와 같은 균형이라고 할지라도 정책의 결과나 영향에 의하여 정책의 인과관계가 지역 간이나 이념 간 또는 사회계층 간에 불균형적으로 분포되거나 분배되었다면 이것을 수정하고 교정할 수 있는 적극적이고 능동적인 정책을 결정해야 한다. 따라서 이와 같은 조건을 충족할 수 있는 정책은 성공적인 정책이 될 수 있다.

둘째, 정책균형은 복합균형의 집합적인 개념이다.

균형 개념을 설명했지만 일시적이고 조건적 균형(equilibrium이든지, homeostasis 또는 stability이든지)은 단일균형이다. 대표적으로 체제이론에서 체제가 환경에서 생존하기 위해서 투입과 지지를 받아 자신의 고유한 기능으로 산물을 제출하면서 환경과의 유기적 상호작용을 통하여 정상의 상태에서 유지하는 균형은 단일균형이면서 일시적이다. 마찬가지로 시장에서 수요와 공급의 균형은 그 균형점이 어디에 존재하든지 수요와 공급이라는 조건과 시간에서의 균형이다.

그렇지만 정책균형의 균형점은 연속적이고 복합적으로 진행되어 다양한 조건과 내용이 조화된 균형이다. 즉 시장의 수요와 공급이 연속적이고 복합적으로 진행되면서 균형성장곡선 위에서 형성되는 수많은 균형점이 합쳐진 집합개념의 균형과 같다. 또한 정상분포곡선이 양극에 따라서 연속하여 진행되면서 다양한 조건과 시기에 조화되는 정상의 상태를 연출하는 균형이기도 하다.

셋째, 정책균형은 정책담당자의 균형감각을 기초로 한다.

정책담당자의 균형감각은 연속적이고 복합적으로 진행되는 정책과정에서 끊임없이 정책균형을 유지할 수 있는 중심이라고 했다. 정책균형은 이처럼 정책결정자나 주체의 중도나 중용의 상태와 같은 균형감각을 중시하고 있다.

2. 정책인과에 의한 정책균형의 실천

1) 정책의 물리적 인과관계

정책의 물리적 인과관계(physical causation)란 일반적으로 과학주의에 의한 인과관계이다. 이와 같은 인과관계에도 두 가지가 있다. 첫째는, 정책 그 자체의 독립변수적 성격에 따라서 발생되는 시간적 순차에 종속되는 결과의 인과관계이다. 정책이 존재하는 시간적 선후에 따라서 정책의 효용이나 성과가 발생하는 원인과 결과와의 관계이다. 정책이 원인이 된 이후에 발생된 결과와의 상관관계로서 정책 그 자체와 정책성과와의 관계를 실증적으로 분석해서 정책의 당위성과 성공 여부를 결정할 수 있는 기준이다. 이것은 정책의 수단과 정책목표와의 인과관계로 설명될 수 있다. 이때 정책의 인과관계는 구체적이고 경험적이어야 하며 현실적으로 검증될 수 있어야 한다.

두 번째는, 정책의 비용부담과 그에 따른 정책의 혜택이나 효용과의 관계를 과학적이고 실증적으로 분석하는 과학적 인과관계(scientific causation)이다. 정책 그 자체보다는 정책을 형성하고 결정하게 된 원인과 비용 중심의 개념으로 정책의 인과관계를 확인하는 것이다. 이와 같은 정책의 인과관계는 정책 그 자체를 움직이는 직접적인 상관관계라기보다, 정책사업이 제3의 매개변수가 되면서 발생되는 인과관계라고 할 수 있다.

정책의 형성과 결정 또는 시행에 필요한 비용이나 부담이 먼저 제공되고, 그에 따라서 정책사업이 존재하고 시행되어 정책혜택이 발생되는 시간적 선후관계가 분명한 인과관계도 있다. 그리고 정책비용이나 부담과 혜택 등이 중복적으로 진행되기 때문에 시간적이고 공간적인 순서를 분명하게 구별하기 어려운 인과관계도 있다.

2) 정책의 정신적 인과관계

과학적 인과관계는 정책의 인과관계를 실증적으로 분석하여 정책균형을 담보할 수 있는 실천기준으로 활용되지만 정신적 인과관계(mental causation)는 정책현실에서 경험적으로 증명되기는 어렵지만 윤리적이고 도덕적인 인과관계로 설명되고 있다. 따라서 정책에 의한 인과관계의 영향이나 타당성, 신뢰성, 책임성과 윤리, 가치 등과 같은 정책가치와 정의 등에 대한 판단기준으로 활용될 수 있다.

정신적 인과관계는 물리세계나 경험세계에서 검증가능한 인과관계가 아니다. 정신세계의 사상이나 철학, 신념, 의도, 소망(희망), 가치판단, 추구, 주의 등이 현상세계에서 진행되고 발생된 원인과 결과의 관계를 논증(論證)하는 것이다.

정신적 인과관계는 물리주의와 과학주의가 주도하고 있는 학문세계에서 크게 발달하지 못하고 있다. 따라서 서양의 정신적 인과관계는 Rene Descartes(1596~1650)의 마음과 물질의 이원론의 전제에서, 정신적 실체와 그의 작용에 의한 물질을 구분하는 설명이다. 때문에 정신적 인과관계를 물리적 인과관계의 논증방식과 논리구성으로 설명하고자 한다(Kim Jaegwon, 2011).

정책의 목표나 이념과 철학 등이 정책의 실천적 행위에 의한 정책결과에 인과적 효력이나 영향력을 행사한다는 전제를 다음과 같이 제시할 수 있다. 즉 정책결정은 본질적으로 정신적 사건이고 일이다; 정신적 사건의 결과인 구체적 정책을 집행하고 실천하여 발생되는 정책결과를, 정책 그 자체를 독립변수로 하는 인과관계로만 설명해서는 정책균형을 이해할 수 없다.

3) 정책인과에 의한 정책균형

정책주체의 정책사상에 의한 정책의 인식과 필요성 등을 정책목표의 형성과 확인 등으로 구체화시키는 과정에서 정책의 존재는 실현된다. 이에 따라서 연속적으로 물리세계에서의 정책과정이 진행된다. 정책인식과 목표에 의해서 정책수단을 준비하고 선택하며 이것을 정책현장에서 집행하게 되고 집행된 정책의 결과 효과, 성과 등이 발생하면서 정책의 성과와의 인과관계를 진단하고 판단하게 된다. 이와 같은 정책의 진행과정이 물리적 법칙에 의한 진화의 과정이나 진보 또는 변화의 과정만이 아니다. 정책주체의 끊임없는 정책사상이 정책의 인과관계를 판단하고 평가하면서 정책성공을 관리하게 된다.

이때 두 가지의 길이 있다. 하나는 정책의 인식과 목표에 의한 정책효과나 혜택의 균형이 달성되었다고 평가된 경우로서, 이때 정책은 성공적으로 진행된 것이다. 정책성공에 따라서 정책을 계속할 것인지, 아니면 새로운 정책으로 전환할 것인지 하는 등의 정책의 운명을 판단하게 된다. 그러나 두 번째는 정책의 성과 등이 불균형적이라고 평가되는 경우이다. 이때에는 불균형을 균형시킬 새로운 정책수단을 결정하든지 아니면 기존의 정책을 수정하거나 변경하여 정책을 진행시키게 된다.

정책균형은 이와 같은 두 가지 인과관계를 판단하고 실천할 수 있어야 한다. 정책성공이나 실패를 물리적 세계에 한정된, 인과관계의 검증이라는 경험적 방법과 이론으로 판단할 수 있다. 동시에 정책주체의 정책사상의 실현과 정책의 정당성과 책임성, 도덕성, 정의 등을 물리적으로 판단할 수 없다. 따라서 정책사상이 작용하여 정책의 물리세계를 변화시키거나 또는 정책의 정신세계를 변동시킨 관계를 설명할 수 있어야 한다.

따라서 정책의 물리적이고 정신적 인과관계를 동시에 설명하고 판단할 수 있어야 정책성공이나 실패에 대한 정책균형을 결정할 수 있을 것이다. 이와 같은 정책의 인과관계에 의한 정책균형을 〈그림 4-1〉과 같이 구성해 볼 수 있다.

〈그림 4-1〉 정책인과에 의한 정책균형

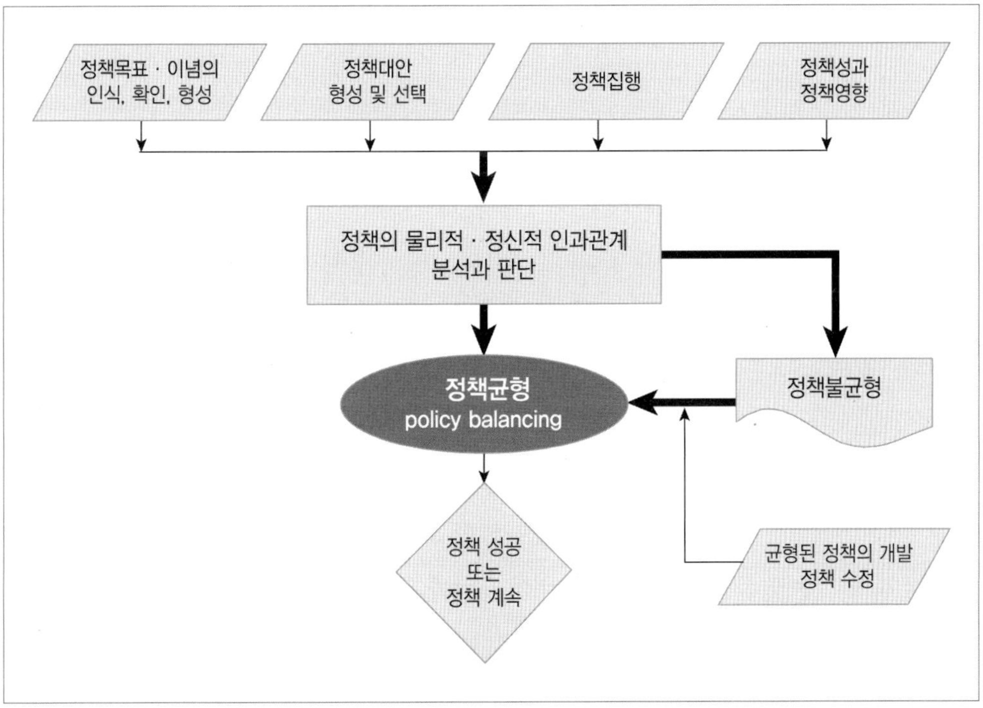

3. 정책균형이론의 특성

1) 세력균형론과의 차이점

세력균형론(balance of power)은 힘(power)의 물리적 균형을 국제관계나 동맹관계 및 노동자와 사용자 관계 등에 적용하는 균형이론이다. 특히 국제정치나 외교정책 및 국가관계 등에서는 세력균형론이 주요한 선행이론으로 정착되고 있다. 이와 같은 세력균형론의 핵심은 세력, 즉 힘의 개념을 중심으로 하고 있다. 때문에 우선 힘이나 세력의 정확한 내용을 이해할 필요가 있다.

힘이 균형된 상태에서만 관계는 안정된 상태이며, 미래의 상황을 규칙적으로 예측할 수 있고 이에 따라서 관계를 지속시킬 수 있다는 것이 세력균형론의 근간이다. 세력이 균형된 상태가 계속되면 관계가 계속되지만, 체제의 변동이나 기술의 발달 또는 관계 그 자체의 변화에 의해서 세력의 불균형인 힘의 분배에 이상이 발생되면 세력은 새로운 균형점을 찾아 이동하게 된다. 이때 각 국가들이 힘을 추구할 때 자동적으로 세력 간의 균형이 달성된다고 한다. 반면에 역사적 기록에서 볼 때 의도적이고 의식적으로 세력균형을 유지하고자 하는 정책을 시행하지 않는다면 세력의 불균형은 계속된다고 하기도 한다(Wu, 2018).

세력균형론은 국제정치나 국제관계 또는 외교정책을 설명하는 주요 이론으로 제시되고 있다. 그러나 정책균형이론에서 몇 가지 차이점이 있다.

첫째, 세력균형론은 사회적 균형이라고 하듯이, 일시적이고 정적이며 단일균형이다. 반면에 정책균형은 복합적이고 동태적이며 계속적 작용에서 균형감각을 기초로 하고 있다.

둘째, 국가나 주체는 세력의 불균형을 적극적으로 치유하고 보정하기 위한 다양한 방법을 제시하는 측면에서 세력균형론은 정책균형이론과 같다. 그러나 세력균형론에는 이와 같은 보정수단에 의한 정책을 결정하고 수행하기 위한 균형정책 사상은 없다.

셋째, 세력균형론도 세력의 불균형이 균형화 되는 방법을 설명하고 있다. 그러나 균형화의 작용과정을 설명하는 것이 아니라 균형화의 방법이나 전략만을 제시하고 있다. 반면에 정책균형이론은 균형감각과 이를 실천하는 정책담당자의 수신론 등과 같은 균형화 방법과 전략도 설명하고 있다.

2) 일반체제이론과의 차이점

일반체제이론(general system theory)은 여러 분야에서 다양하고 복잡하게 발달하고 있다. 특히 사회를 구성하는 다양한 체제를 설명하기 위한 사회학의 체제이론은 Talcott Parsons(1902~1979)를 대표로 하고 있다. 그의 일반체제이론은 체제를 구성하는 요소들이 균형(equilibrium)을 이루고 있는 상태를 설명했다. 즉 자연과학의 작용과 반작용의 법칙이나 관성의 법칙 등과 같은 이론을 원용하여, 사회체제의 계속적인 상호작용을 설명했다. 체제를 구성하는 한 요소가 변화되면, 그에 대응하는 반작용으로 타 요소가 변화하면서, 상호 간에 교환되는 균형으로 회복하게 된다(항상성(homeostasis)의 원칙). 이와 같은 균형회복은 정태적 균형체제와 달리 끊임없이 상호 간에 항상성을 유지하려는 동태적 균형이라고 했다(Parsons, 1951).

정책균형이론과 비교적 관점에서 정치현상을 체제이론으로 설명하는 David Easton (1917~2014)의 일반체제이론이 있다. 물론 Easton은 구체적으로 정책을 연구한 것은 아니지만 정책의 주요 환경인 정치체제를 체제이론으로 설명했기 때문에 이것을 설명하고자 한다.

기본적으로 정치체제는 내적 사회환경(생태체제, 생물체제, 인성체제, 사회체제 등)과 외적 사회환경(국제정치체제나 생태체제 및 사회체제 등)에서 투입을 받게 된다. 환경요인이 욕구수준으로 투입되면 정치체제는 다양한 정보의 진행과 환류과정을 거치면서 욕구와 지지를 체제의 기능과 작용으로 변환시켜서 외부환경에 산출시킨다. 이와 같은 정치체제의 전환 또는 변환작용을 정치체제의 진행과정으로 설명할 수 있지만 정치체제 그 자체의 기능이나 역할이 무엇인지를 분명하게 알 수 없다. 때문에 이것을 'Black Box'라고 했다(Easton, 1957). 그러나 정책균형이론과 일반체제이론의 차이점은 다음과 같다.

첫째, 체제이론에서의 균형은 단일균형이다. 그러나 정책균형이론에서의 균형은 복합균형이다. 복합균형이란 단일체제나 제도가 아니라 다양한 정책결과를 판단하고 실천할 수 있는 균형이다.

정책결정자는 여러 개의 균형점에서 정책을 선택할 수 있는 여지가 있다. 또한 정책균형이론은 사회정의의 개념에 기초하고 있지만, 정책에 의한 불균형을 수정하고 교정하며 보정하는 적극적인 정의의 개념이다. 그러나 체제이론의 균형은 승자와 패자의 힘의 세력균형을 유지해서 계속적인 경쟁상태를 유지하고자 하는 것이다.

둘째, 정책균형이론은 사회적 형평과 분배의 정의 등의 개념에 기초하고 있지만, 체제이론은 체제의 경제와 생존법칙에 기초하고 있다. 즉 정책균형은 사회 전체적으로 타당하고 정의로우며, 만족할 만한 분배의 정의를 달성할 수 있을 것인가 하는 균형점에 초점을 두고 있다.

정책에 의해서 실질적인 혜택과 비용을 분배하는 절차나 내용이 공정하지 못하다거나 불평등하다면 이를 보상하고 교정하고 수정하는 노력이 정책균형이론의 핵심이다. 그런데 체제이론의 균형론은 경쟁상태에서 승자와 패자 간의 힘의 세력균형을 유지해서 계속적인 경쟁상태, 즉 환경과의 적응능력과 생존능력을 유지한다는 이론이다.

셋째, 체제이론에서의 균형개념은 'equilibrium'이고, 정책균형이론에서의 균형은 'balance'이다. 따라서 일반체제이론의 균형은 일시적이고 정태적이지만, 정책균형이론의 균형은 연속적이고 복합적이다.

3) 조절이론과의 차이점

조절이론(regulation theory)은 1970년대 후반부터 프랑스와 독일 등 유럽에서 자본주의의 구조적 모순과 갈등을 비판하면서 발달된 이론이다. 동시에 신고전학파 경제학의 일반균형이론인 시장의 자동조절 기능과 작용에 의하여 경제의 생산과 소비 및 자본과 노동은 사회체제적으로 균형을 유지하면서 시장경제는 발전한다는 주장을 비판하면서 발달하기 시작한 이론이다.

조절이론에 의하면(Boyer, 1995), 자본주의는 생산과 소비 및 재생산이라는 시장구조 속에서 체제가 일반적 균형을 유지하듯이, 때로는 불균형과 시장실패 등을 경험하면서도 이와 같은 불균형과 실패를 치유하고 조절하는 일정한 방법을 통하여 생존하고 있다. 이와 같은 자본주의의 시간적이고 공간적인 역사적 진행과정을 분석하고 설명하기 위해서 축적체계와 조절방법이라는 두 가지 핵심개념을 제시했다.

불안정 속에서의 균형은 일시적이다. 때문에 재생산이라는 축적체계를 상대적으로 안정시키면서 끊임없이 자본주의의 생태적 모순과 갈등을 조정하고 환경조건에 적응할 수 있는 조절양식과 방법에 의존하게 된다. 따라서 조절방법으로 제도적 형태나 구조, 사회적 네트워크, 규범과 일반화 된 관습 등이 있다. 구체적인 조절방법으로 화폐 및 신용관계, 임금네트워크, 경쟁유형, 국가의 간섭과 규제, 국제사회에서의 위치 등이 있다.

이와 같은 조절방법 때문에 자본주의는 시장실패나 자본가와 노동자 간의 계급갈등이나 생산과 소비의 불균형 등과 같은 구조적 모순과 생태적 불안정을 해결하고 있다. 즉 사회적 제도와 틀 속에서 단기적으로 불안정을 조정하고 통제하면서 장기적으로 Marx학파가 주장하듯이 자본주의가 종말을 고하지 않고 발전하고 있다고 했다. 즉 조절이 의미하듯이 자본주의가 진행되면서 자본축적으로부터 발생된 경제적 모순과 갈등에 따라서 발생되는 사회적 생산과 소비의 불균형이 사회적 제도와 노력에 의해서 매개되고 조절된다고 보았다.

국가가 경제현상과 시장조건에 개입하고 간섭하는, 즉 국가개입의 정도에 따라서 여러 가지 조절양식이 있다. 즉 자유방임의 자본주의 시장경제가 외부세력에 의하여 붕괴되지 아니할 정도의 조절방법인 경쟁적 조절방법과 국가가 적극적으로 시장경제의 질서에 개입하고 간섭하면서 시장경제의 기본계획과 활동을 다양한 국가정책으로 조절하는 국가독점적 조절방법 등이 있다. 특히 제2차 세계대전 이후에 미국이 전승국가의 중심이 되면서 자본가와 노동자의 갈등과 모순을 최소화하면서 자동생산과 대량생산을 통하여 산업화에 의한 국부를 축적할 수 있다는 포드주의(Fordism)[2]가 발달하였다. 따라서 조절이론에 미국식 이념과 가치를 접목하게 되었다. 그러나 조절이론에서의 균형과 정책균형이론에서의 균형의 차이점을 다음과 같이 설명할 수 있다.

첫째, 조절이론의 균형이론은 경제학의 일반균형이론을 전반적으로 대체할 수 있는

---

2) 포드주의(Fordism)는 미국에서 시작된 산업혁명의 대명사로, 대량생산과 대중소비사회를 달성했던 자본주의의 역사적 발전을 설명하는 이론이다. 자본가의 잉여착취에 의한 자본축적과, 이에 대항하는 노동자계급의 투쟁이 아닌, 자본축적을 적극적으로 확대재생산하여 대량생산이 가능하고, 여기서 발생된 이윤을 임금상승으로 지불하면서 노동자에게도 부의 기회를 제공하게 되었다. 이와 같은 재생산 과정에 노동자를 참여시키고 그들의 권리를 보장하면서 자본주의는 발달하게 되었다는 것이다. 포드주의는 과학적 관리론의 창시자인 Frederick Taylor(1856~1915)의 20세기 초반의 과학적 관리론(scientific management)(노동과정의 과학적 분석인 시간과 동작에 관한 연구, 분업의 원리, 능률성과 체계적 상품생산 등)을 이론적 기초로 하고 있다. 특히 제2차 세계대전 이후 미국의 힘이 국제적으로 확대되면서, 경제논리에 의한 포드주의가 미국의 영향력을 받게 되는 국가로 전이되었다는 현상을 주변부 포드주의(peripheral Fordism)로 설명하기도 한다. 그러나 선진국 경제의 종속이론과 미국 내에서도 과학적 관리론이 비인간적이고 때로는 냉혈한 이윤의 착취이론으로 비판되면서(bloody Taylorism), 후기포드주의(post-Fordism)가 대두하기도 했다(Gilbert and Goffey, 2015).

이론형성에 초점을 두고 있다. 즉 시장경제의 생산과 소비에 의한 일반균형에서 볼 때, 조절이론의 균형은 전통적 경제학의 일반균형이론을 수정하고 보충하는 개념이다. 이와 같은 균형을 달성하기 위해서 시장의 자동조절기능만 믿을 수 없다. 때문에 사회적이고 경제적인 다양한 조절양식을 사용해야 시장의 균형은 달성될 수 있다는 설명이다.

이와 대조적으로 정책균형이론은 장기적으로 자본주의가 발전하는 시장의 균형이 일시적이 아니라 복합적이고 동태적이다. 따라서 정책균형의 균형(balance)은 일시적이며 단일적 의미의 균형과 다르다.

둘째, 균형의 개념에서도 차이가 있지만 조절이론과 정책균형이론의 가장 큰 차이점은 정책균형의 주체에 관한 명확한 개념과 설명이 있는가 하는 점이다. 조절이론은 조절방법을 제시하면서 경제와 국가 간의 다양한 조합(configurations) 방법을 설명하고 있다. 그러나 조절개념에서 국가는 시장실패나 자본주의의 모순과 마찰을 수정하고 조정하는 경제정책의 사회적 주체로 작용하고 있지만 어디까지나 자본주의의 경제적 구조 속에서 조절방법을 주관하는 기관으로 작용하고 있다는 점이다.

정책균형이론은 국가정책을 담당하는 정책주체의 균형감각을 중심개념으로 하고 있다. 국가정책에 의한 정책비용과 효과 등의 정책성과를 객관적이고 과학적으로 측정하는 정책의 인과관계도 정책균형의 기준이다. 그러나 정책에서 발생될 또는 발생된 불균형을 국가를 중심으로 정책을 결정하는 정책주체(정책관료(정책결정자나 분석가, 입안자 등)들이나 정책리더(주로 정치인 집단))가 적극적으로 교정하고 수정할 수 있어야 정책은 균형된다고 설명한다.

4) 코프라티즘과의 차이점

코프라티즘(corporatism)은 1800년대부터 유럽을 중심으로 발전된 사상이다. 그러나 제2차 세계대전 이후에 전승국인 미국을 중심으로 경제성장과 사회발전을 주도한 주체들을 집중적으로 설명하는 패러다임으로 발전하고 있다. 따라서 다양한 이해관계 집단의 사회적 조화를 강조하는 이론이다. 개인주의에 의한 과다한 경쟁과 이에 따라서 필연적으로 발생되는 갈등이나 마찰, 불평 등을 국가라고 하는 주체가 어떻게 사회의 이해관계에서 조정하고 조화시킬 것인가 하는 것을 설명하는 이론이다(Kjaer, 2017).

코프라티즘도 프랑스와 독일 등의 유럽국가에서 발달한 조절이론과 그 맥을 같이 한다고 할 수 있다. 왜냐하면 조절이론은 주로 경제학적 측면에서 자본주의 경제가 장기적으로는 비록 불균형적이지만 시장의 기능과 역할에 부족한 그리고 필연적으로 발생되는 마찰과 갈등을 해결하고 조절하는 방법과 자본의 축적체계를 설명하는 이론이다. 또한 사회의 갈등과 불균형을 조정하면서 균형을 달성하는 과정과 방법을 설명하는 이론이기 때문이다.

코프라티즘의 정확한 용어와 실체는 아직까지도 논쟁의 대상이 되고 있다. 특히 코프라티즘의 이론적 뿌리를 사회적 권리와 의무를 자율적으로 지키면서 사회의 안정과 질서를 유지하기 위해서 전문 직능집단 간의 참여와 타협을 강조하는 중세의 장원제도(manorialism)(유럽의 중세 봉건제도의 사회 경제양식의 하나로 지주나 영주와의 생산계약 제도)와 Fascism이나 Nazism 정권과 같이 자신들 정책의 정당성을 획득하면서 정치적 지배를 강화하기 위한 국가주의 등에 두고 있다.

다원주의와 코프라티즘은 이해관계의 구조적 차이점과 다양성을 동일하게 인식하지만 여기에 대응하는 정치적 해결책을 달리 제시하고 있다. 즉 다원주의는 다양한 이익집단의 수평적 확장과 수직적 팽창을 상호경쟁관계로 조정하면서 기계적으로 강제되는 균형(balance)을 강조하는 입장이다. 반면에 코프라티즘은 이해관계 집단의 양적인 조정 자체부터 시작해서 이익집단을 수직적으로 계층화하면서 상호보완적인 의존을 강조한다. 따라서 각각의 이익집단들이 유기체적으로 상호 간에 의존하는 기능적 조정을 강조하는 것이 다르다(Schmitter, 1979).

코프라티즘을 거시적으로 정의하는 초기의 Philippe Schmitter나 Gerhard Lehmbruch에서부터 미시적이고 구체적 분야에서 다양한 정의를 설명한 Alan Siaroff(1999)의 정의를 소개할 필요가 있다. 즉 코프라티즘의 이상적 형태를 노동자와 사용자 간의 기능적 구조와 집중화 등의 경제적 이상형으로 제시하고 이것이 자본주의와 민주주의 체제에서는 국가와 중앙집권적 세력을 가진 사용자와 노동자가 국가경제를 체계적으로 조정하는 것으로 정의하기도 했다. 이와 같은 코프라티즘과 정책균형이론이 주장하는 균형이론에서의 차이점과 특징을 다음과 같이 설명할 수 있다.

첫째, 코프라티즘의 주체는 국가다. 국가는 이익집단의 대표자들을 국가정책에 참여시키고 그들의 갈등적 이해관계를 조정하고 협의하여 정책으로 결정하게 되면 이익집단의 대표자는 그들 구성원들에게 이해관계의 조정내용을 설득하면서 국가정책의 집행에 참여하게 된다고 본다.

정책균형이론과의 차이점에서 보면 물론 정책균형이론도 국가중심주의를 전제로 하고 있지만 정책균형의 주체를 분명히 한다는 점이다. 국가정책의 중심주체는 정책담당자이고 이들의 집합체인 정책결정기관이다. 여기서도 정책주체는 정책결정자와 분석가 및 정책을 집행하는 집행자들이다. 그러나 이들이 균형감각에 의한 정책의 인과관계를 판단하고 분배의 정의에 따라서 조정하고 수정했을 때 정책균형은 실현된다고 본다.

둘째, 코프라티즘은 사회의 조화와 균형을 상조하고 있지만 구체적으로 국가사업에 의한 조화와 균형이 무엇인가 하는 것을 설명하지 않고 있다. 나아가 조화와 균형의 개념도 분명하지 않다. 일반적으로 조화와 균형을 체제나 구조의 안정으로 이해하고 있지만 이것은 정책균형이론의 균형과는 차이가 있다. 안정은 정체된 일시적 균형의 결과일 수도 있다. 또한 불균형되면서도 안정될 수 있다. 마치 묵시적 사회계약처럼 이해관계를 현재화하지 않고 그 시기와 방법을 논의하고 있는 경우와 같이 정치적 교환이 진행될 때도 균형은 달성될 수 있다.

정책균형이론은 무엇보다도 균형과 정책균형의 개념을 분명히 정립하면서 이에 따라서 정책균형에 필요한 기준과 방법을 제시하고 있다. 때문에 정책균형을 계속적이고 진행적인 개념으로 파악하면서 단일균형이 아닌 복합적으로 진행되는 균형으로 본다. 그리고 이와 같은 균형은 사회적으로 조정되고 수정될 때 달성되는 것이지 이익집단 대표자의 이해관계가 대표되거나 반영된다고 해서 유기체적으로 정책균형이 달성된다고 주장하지는 않는다.

셋째, 코프라티즘이 국가권력의 통치전략으로, 정권의 정치적이고 사회적 정당성과 지배를 정당화 할 수 있는, 특히 국가코프라티즘의 형태로 발전했다는 점에서 볼 때 정책균형이론과 차이가 있다. 왜냐하면 정책균형이론은 통치전략이 아니라 정책의 결정전략이나 방법론이다. 즉 정책균형이론은 정책의 비용과 효과에 관한 정책인과나 이것을 사회분배의 정의에 따라서 조정하고 수정하는 이론이다.

국가중심주의의 정책결정, 특히 정책주체의 정책결정을 정당화 한다거나 정책 그 자체를 합리화 하는 데 이용될 수 없다. 왜냐하면 정책균형은 계속되는 과정이며 복합적인 균형이다. 따라서 균형과 불균형을 수정하고 교정하는 정책 그 자체를 중시하기 때문이다. 때문에 정책균형에 의해서 균형이 달성되었다는 의미는 정책의 인과관계의 불균형을 균형화시킬 수 있는 다양한 정책을 계속적으로 결정하고 집행할 수 있다는 의미이다.

정책균형이론은 정책을 결정하고 이것을 집행하는 일련의 정책과정에서 정책주체들이 어떻게 하면 정책의 비용부담과 효용의 혜택을 사회적 분배의 정의에서 교정하고 수정할 것인가 하는 것을 설명한다. 따라서 정책주체들의 균형감각을 중심으로 하는 정책의 결정전략이고 정책주체들의 정책사상에 관한 이론이다.

5) 정책조정론과의 차이점

정책조정론(policy coordination)은 정책조직에서 다양하게 분화된 정책활동을 특정한 목적이나 정책의 우선순위에 따라서 정렬시키는 것이다. 이때 정책활동을 정렬시킨다는 의미는 정책의 갈등요인이 발생된 이후에 갈등관계를 사후적으로 조정하고 해결한다는 것이다. 특히 정책담당기관이나 부처 간에 정책갈등이나 다양한 의견이 발생할 경우 이것을 통합하고 정리하는 작업이다. 따라서 대부분의 정책조정론은 정책갈등이 발생된 원인이나 정책기관이나 정책부처 간의 이해관계를 조정하는 제도나 조정과정 또는 법률적인 조정체계 등을 설명한 것이다.

정책조정은 상위의 정책목표에 대한 하위목표를 관리하는 활동이다. 목표관리에 의한 정책조정이 정책통합(policy integration)과 함께 설명되면서 국내정책보다는 국제정책이나 외교정책 또는 정책의 목표갈등 요인이 다국적으로 연계되는 정책조정의 통합이론으로 발달하고 있다(Strelkov, 2019). 특히 정책조정론은 경제학 분야에서 자본과 노동 및 기술정보의 통합과 조정, 구체적 경제정책 프로그램의 조정과 통합, 금융시장에서의 금리와 관련된 통화정책의 조정, 노동시장에서 노사 간의 갈등조정과 해결, 시장실패 요인의 조정 등과 같은 구체적 사례연구로도 발달하고 있다.

정책조정론에서는 정책갈등과 정책목표라는 두 가지 변수를 중요하게 설명하고 있다. 첫째, 정책갈등에 의한 정책조정론은 갈등이 발생하게 될(또는 된) 원인과 유형 등을 정책사업의 입장에서 설명한다. 특히 정책갈등의 역기능과 순기능을 설명하면서 역기능 현상을 극복하고 정리하는 방법으로 정책조정을 제시하기도 한다. 또한 정책담당자 개인적 차원에서의 갈등보다 정책기관이나 체제 간의 갈등을 정책지향과 목표, 정책현실과의 인식 차이, 정책기관의 관할 권한에 의한 갈등, 정책결정의 규칙과 일상적인 방법 등의 차이에서 발생된 갈등 등의 조정으로 설명한다.

정책조정을 갈등관리의 한 방법으로 설명하기도 한다. 그러나 일반적으로 정책조정의 방법으로 과제를 협력으로 해결하고자 하는 통합이나, 정책담당자의 차원에서 대인적 갈등해결로서 순응하는 방법, 경쟁과 게임에 의한 지배, 회피, 협상과 타협의 정치적 논리에 의존하는 방법, 제3자의 개입에 의한 화해나 중재 또는 조정방법 등을 제시하고 있다.

정책기관이나 조직 수준에서는 동일한 유형의 정책업무를 한 부서에 동합시킨나든시 정책지침이나 목표를 사전에 통일시키고 정리하는 방법, 정책과정에서 정보와 자료를 공유하여 의사전달을 원활하게 하는 방법, 조직구성원들의 자발적 참여와 의지에 의한 정책조정, 감독기관이나 상급기관의 조정역할이나 제3기관으로서 정책조정 통합기구나 조직에 의한 정책조정의 방법, 법률이나 행정규정의 절차에 의한 강제적 정책조정 방법 등과 같은 다양한 수단과 방법이 사용되고 있다.

정책조정의 필요성으로 좀 더 확실하고 타당성이 있으며 설득력 있는 정책을 결정할 수 있고 다양한 정책수단을 유기적으로 통합하여 정책비용을 최적화하기 위해서, 특히 정책을 현장에서 집행하는 과정에서 발생될 현장갈등을 사전에 조정이나 통합할 필요성 등을 설명하기도 한다(사득환, 1999).

두 번째로, 정책목표에 의한 정책조정론이다. 원천적으로 정책문제를 다양하게 인식하고 분석하면서 정책주체 간에 차이와 갈등이 발생하게 된다. 이와 같은 차이점이나 갈등을 조정하기 위해서는 공통적으로 추구하는(또는 할 수 있는) 정책의 목표나 가치를 제시하면서 다양한 문제인식과 수단을 조정하고 통합시킬 수 있다.

많은 경우에 정책조정을 여러 주체가 상호의존적으로 관련된 정책을 결정하거나 집행할 때 일관성과 통일성을 확보하는 과정이나 방법으로 이해하기도 한다. 따라서 추상적인 목표보다 구체적이고 관리적인 경우에 정책조정은 쉽게 이루어질 수 있다. 그러나 정치적이거나 이상적인 경우에는 정책목표나 가치 그 자체에 대한 인식의 차이 때문에 정책조정은 어려워질 수 있다.

목표에 의한 정책조정은 목표관리(MBO: Management By Objective)에서도 잘 설명되고 있다. 즉 정책목표를 달성하고 실천할 집행기관의 자율성과 분권화를 강조하는 목표관리는(Kristiansen, 2015) 정책의 목표를 달성하는 정도나 효과성을 측정하면서 다양한 수단의 통합을 강조하기 때문에 정책조정론에서도 중요하게 취급되고 있다. 따라서 정책조정을 정책의 목표관리에 의한 우선순위를 설정하면서 이것을 실현할 다양한 정책수단을 보완하거나 대체하는 일련의 활동으로 이해할 수 있다.

정책조정은 조직 전체의 목표를 중심으로 하위체제나 수단이 유기체적으로 연계되면서 의사전달과 정보의 유통을 원활히 하여 조직활동을 조화시키거나 조직의 균형과 생존능력을 향상시키는 역할을 하게 된다. 그리고 구체적이고 개별적 조직활동이나 목표달성의 수단을 계층적으로 정렬 · 배합시키면서 정책비용을 최소화하여 조직생산성을 향상시키는 역할을 하면서 조직의 발달과 균형을 설명하기도 한다.

정책조정론은 다양한 이해관계를 정책목표나 정책의 우선순위 또는 제3자의 개입이나 중재에 의하든지 아니면 정책조직의 상위계층이나 상위체제에서 하위체제의 다양성을 일관되게 통합하려는 것이 핵심이다. 이와 같은 정책조정론은 몇 가지 점에서 정책균형이론과 차이가 있다.

첫째, 정책조정론도 정책조정의 이익(합리적 결정에 의한 정당성의 확보나 민주적이고 자발적 참여에 의한 정책응집력의 확보, 정책집행의 순응력 증대)을 극대화하면서 동시에 조정비용(갈등조정의 시간과 기회비용, 조정에서 패자의 반발과 사기저하, 하위체제의 독립성 저하 등)을 최소화하여 조정의 순이익을 극대화하고자 한다.

이것은 정책균형이론의 실천기준의 하나인 정책의 인과관계인 정책비용과 혜택을 분명히 정립한다는 내용과 같다. 그러나 정책조정에서의 비용이나 이익관계는 거래비용의 개념인 상호 간의 대차대조나 비교우위의 한계분석이다. 대신에 정책균형이론에서의 비용과 혜택은 그 원인과 과정에서 도덕적이고 규범적 정당성을 확보하는 사회적 교환분석이고 규범분석이다. 이때 정책분석의 범위는 이와 같은 정책의 인과관계를 기초로 해서 이것을 전체적으로 고려하여 균형되게 조화시키기 위한 수정과 보정을 논의하는 수준까지 확대되고 있다.

둘째, 정책조정론에서 사회의 통합이나 사회관리의 방법에 관한 것은 광의의 정책조정 개념을 전제로 하고 있다. 이때의 정책조정은 사회 전체적으로 발생되는 이념이나 계층, 지역 또는 특정 정책에 대한 이해관계의 갈등이나 찬반 등을 사회의 목적이나 사회체제의 정상적인 균형을 달성하기 위한 정책의 조정으로 보고 있다. 따라서 사회체제의 불균형을 균형화 시키고자 하는 입장에서는 정책균형이론과 그 맥을 같이 한다고 할 수 있다. 그러나 사회통합에 의한 정책조정론도 일반체제이론에 기초를 두고 있다. 때문에 복합균형에 의한 불균형의 적극적인 수정과 보완 등을 설명하는 정책균형이론과는 다르다.

셋째, 조정과 통합은 본질적으로 힘이나 권위, 자원 등에서 우위를 점하는 자의 강제적 결정방법이 중심이다. 때문에 조정 이후에도 갈등관계는 계속될 수 있다. 또한 정책목표와 수단과의 관계도 유동적이다. 때문에 수단과 목표를 연계하는 상호의존성만으로 정책조정이 달성되기 어렵다.

반면에 정책균형이론은 정책주체의 균형감각을 중심으로 하고 있다. 균형감각은 다양한 조건들이 복합적이고 연속적이며 동태적 상태에서 진행되는 균형을 제어하는 개념이다. 따라서 힘이나 지위의 고하 등과 같은 권위에 의한 강제적 조정이 아니다. 불균형의 갈등과 원인을 사전에 방지하면서 동시에 그것이 사후적으로 문제가 된다면, 이것을 교정하고 치유하는 수단과 방법을 구체적으로 고려하는 이론이다.

넷째, 정책조정론은 정책갈등이나 정책목표의 관리가 중심이면서, 정책이나 구체적 프로그램을 설명하기보다 정책결정체제나 제3자에 의한 조정의 방법과 절차 또는 조정과정 등을 설명하고 있다. 그러나 정책균형이론은 정책 그 자체에서 발생될 정책의 비용과 효과 및 영향의 불균형이나 정책이 진행되면서 발생될 이해관계의 불균형 등을 사전 및 사후에 평가하고 이것을 균형화시키는 동태적 활동을 설명하는 이론이다. 따라서 정책균형이론은 총체적 접근방법을 강조하는 반면에 정책조정은 체제적이고 미시적 조정을 강조하고 있다. 특히 정책균형이론은 조정된 정책이라도 정책 그 자체가 진행되면서 발생시킬 정책영향과 산출의 이해관계 등을 분배하는 정의의 기준이나 상호 간의 교섭 등이 관계로 설명하고 있다.

제 4 장

정책리더십[1)]

1) 정책리더십은 필자의 『정치지도자의 정책리더십』(2003). 서울: 집문당)과 "정책리더십의 접근방법으로 자정모형의 가능성 탐색"(2005). 『한국정치학회보』 39(2) 등을 수정하면서 재구성한 것이다. 2010년대 이후의 참고문헌을 보완하면서 여타의 참고문헌 등은 생략하였다.

1. 정책리더십이란 무엇인가?

1) 정책사례에서 이해하는 정책리더십

정책사례 한국전쟁과 미군의 참전

1950년 6월 25일, 한반도에서 남북한 간에 전쟁이 발발했다. 이것을 한국전쟁 또는 6 · 25전쟁으로 통칭하지만 전쟁사에서는 한반도의 남과 북이 전쟁한 내전(a civil war)으로 기록하고 있다. 김일성 북한정권이 공산주의식 남북통일의 꿈을 이루고자 서구식 민주주의를 이제 막 이식하고 있는 남한을 침공한 전쟁이다. 이때 남한은 오로지 미국의 힘과 영향력에 의존하면서 자유민주주의 공화국의 기초를 뿌리 내리고 있는 상황이었다. 결과적으로 한반도의 내전은 한민족을 죽음의 아수라장으로 몰아넣은 커다란 불행이었다.

한국 시간은 1950년 6월 25일 새벽 4시경이지만 미국 시간으로는 24일 밤이 시작되고 있었다. Dean Acheson(1893~1971) 당시 미국무부 장관이 Missouri에서 여름휴가를 즐기고 있던 Harry S. Truman(1884~1972) 전 미국 33대 대통령(민주당)에게 급히 전화를 해서, 'North Korea'가 'South Korea'를 침공했다고 보고했다. 밤 9시 20분경이었다.

Truman 대통령은 보고를 받은 후 밤새도록 잠을 이루지 못했다. 한반도에서의 전쟁은 한국에 한정된 내란이나 작은 분쟁이 아닌 구소련이나 중국, 일본 등과의 국제관계에서 유럽식 공산주의가 아시아 및 아프리카 후진국으로 확산되는 문제 등에 깊이 연관된 것이라고 보았기 때문이다. 특히 1930년대의 일본의 만주침공이나, 에티오피아를 침공한 이탈리아나, 히틀러의 오스트리아 병합이나, 구 체코의 침약과 스페인 내전 등과 같은 전쟁이나 국제분쟁에서 미국이 당한 수모나 역할 등에 관하여 밤새워 고민했다고 한다.

다음 날인 6월 25일 저녁 7시경에 Truman 대통령은 평소와는 달리 침울한 표정으로 대통령 전용기 인디펜던스 호로 워싱톤 공항에 도착하였다. 이때 사진기자들이 대통령에게 한 컷만 더 사진찍기를 부탁하자 평소 부드럽고 온화한 성격을 가진 그도 이때에는 화난 목소리로 "됐소!", "지금 큰 일이 터졌소!"라고 한마디로 잘라버렸다.

백악관 근처 미국 대통령 영빈관으로 돌아오는 리무진 차 안에서, 그는 "요놈들! 한방 세차게 먹일 것이야!"라고 단호하게 말했다. 이것이 한국전쟁 발발 보고를 들은 후 처음으로 한 Truman 대통령의 일성이었다. 이때 동승한 Louis Johnson 당시 미국방부 장관은 감격에 떨리는 목소리로, "고맙습니다! 각하!"라고 했다. 특히 Truman 대통령의 딸 Margaret 여사가 쓴 일기에 의하면,

"우리 아빠는 반드시 싸울 것"이라고 했다고 증언하고 있다. 이와 같은 사실에서 워싱톤으로 돌아가기 이전에 이미 Truman 대통령은 마음을 결정하고 있었다는 것을 알 수 있다.

1950년 6월 25일 저녁 8시경, 대통령 영빈관에서 Acheson 국무장관에게 저녁식사 겸 회의 소집을 지시하면서 Truman 대통령은 한국전쟁 참전결정에 관하여 처음으로 참모회의를 개최했다. 이때 국방장관과 국무장관, 육해군 참모총장 등을 포함한 총 13명의 대통령 참모들이 소집되어서 저녁 식사를 기다리고 있는 중에 Truman 대통령은 창가에 기대어 앉아서 작은 목소리로, "유엔을 물로 봐선 안 되지"라고 단호하게 말하기도 했다. 회의에 소집된 참모들에게 저녁식사를 잘 할 수 있도록 식사가 끝나고 논의하자고 한 후 디저트를 마친 그는, "나는 아무것도 결정한 바 없으니 자유롭게 이야기하자"고 하면서 국무장관에게 사건을 자세히 설명할 것을 부탁했다.

그러나 미국안전보장회의(NSC)는 그 이전에도 Truman 대통령에게 한반도의 전략적 가치는 적다고 계속해서 보고한 상태였다. 그리고 25일 저녁의 참모회의에서도 여전히 미국이 한국전쟁에 개입할 정도로 한반도의 전략적 가치가 크지 않다는 것이 중론이었다. 그럼에도 불구하고 Truman 대통령은 전쟁 발발 후 일주일이 되기도 전인 6월 30일 금요일에 육군뿐만 아니라 해군과 공군 등 미군 전체에게 한반도를 구출하라는 명령을 내렸다.

Truman 대통령의 한국전쟁 참전결정 서명 모습
(www.wikipedia.org)

한반도가 미국에게 전략적 가치가 적었음에도 불구하고(당시에 미국은 오랫동안 지속된 경기불황에서 이제 막 벗어나려는 시점이었다. 그리고 Truman 대통령이 당선될 때 69%였던 국정지지도가 한국전이 터지기 직전인 1950년 5월에는 37%까지 하락하고 있었다), 왜 Truman 대통령이 한국전 참전을 결정했는가 하는 것은 다양한 분야에서 연구되거나 논의되기도 했다. 특히 군사학이나 국제관계, 외교정책이나 군사정책에 관한 참전결정 등에서 한국전 참전결정 등을 자세히 설명하고 있다. 그러나 왜 Truman 대통령이 전쟁보고를 받은 그날 저녁에 이미 참전결정을 하고 있었는가 하는 것은 깊이 생각해 봐야 할 것이다.

물론 Truman 대통령이 한국전 참전을 미리 결심한 배경이나 결정요인 또는 대통령의 결정에 영향을 미친 사건이나 역사 등을 정확히 알 수는 없다. 특히 그는 Franklin D. Roosevelt 대통령의 대통령선거 러닝메이트로 당선되어 1945년 1월부터 4월까지(Roosevelt 대통령의 사망으로 대통령 재선거) 부통령을 역임했다. 그리고 1945년 8월에 일본에 원자탄 투하를 승인하기도 했다. 군 경력으로 제1차 세계대전 때는 포병장교로 프랑스에서 전투를 했다. 학력으로는 1940~50년대의 미국대통령으로서 대학을 졸업하지 못한 학력의 소유자다(Kansas 로스쿨(현재 University of Missouri, Kansas City, School of Law) 야간반에 등록했지만 지방판사(county judge) 선거에 패한 후 그만두었다).

당시에 그의 회고록 등을 보면 앞서 간단히 언급했듯이, 1930년대부터 발생한 세계적인 사건들에서 히틀러가, 무솔리니가, 일본 등이 이웃 국가를 침공하고 괴롭혔듯이, 미국이 가만히 있으면 틀림없이 공산주의가 한국을 침입하고 찬탈하여 자유와 민주주의를 무너트릴 것이라고 하는 역사적 확신과 신념을 가지고 있었던 것은 분명하다. 미국 의회에서 왜 한국전에 미군을 파견했는가 하는 의원들의 질의에 "이와 같은 침공을 막지 못하면 19세기에 우리들이 경험한 바와 같이 세계는 끊임없는 침략과 전쟁으로 이어질 것입니다"라고 답변한 것에서도 그의 한국전 참전이라는 역사적 판단을 읽을 수 있다.

* Richard E. Neustadt와 Ernest E. May의 『Thinking in Time: The Uses of History for Decision-makers』(1986). New York: The Free Press)의 제3장, 'Defending South Korea in 1950'와, Glenn D. Paige의 『The Korean Decision: June 24-30, 1950』(1968). New York: Free Press)의 3편, 'Narrative' 등을 기초로 해서 필자가 재구성한 것이다.

한국전쟁을 완전한 승리로 종결하지 못하고 분단된 한반도로 결정한 것이나, 중공군의 개입을 원천적으로 봉쇄하지 못한 Truman 미국 대통령의 미지근한 결정 등을 전쟁사 등에서 비판하기도 한다. 그러나 중요한 것은 최고결정권자로서 한국전쟁 발발의 보고를 받은 수일 아니, 수 시간 이내에 이미 확고한 마음의 결정을 한 대통령이라는 것이다. 이것이 통찰력을 갖춘 결정권자의 리더십이고 힘있는 결단력이다. 결단력은 단순한 결정이나 판단과 다르다.

이와 같은 통찰력의 리더십에는 '나를 따르라'는 식이나 '내가 여러분을 잘 받들어 모시겠다'는 봉사정신이나 덕목만으로는 부족하다. 물론 평소와 같이 일상적인 일들이 진행될 때는 조직이나 식구 또는 구성원들을 잘 보살피고 다독거리면 된다. 때로는 인심도 쓰고 일이 좀 미숙하거나 문제가 있어도 그냥 모른 척해도 될 것이다.

그러나 위기나 중요한 순간 또는 사소하고 작은 일상적 일이지만 이것을 시발점으로 해서 수많은 일들이 연속될 때 미적거리거나 어정쩡해서는 조직의 수장이나 최고결정권자의 리더십을 발휘할 수 없다. 확실한 결정과, 명철한 판단에 의한 분명한 결정과 추진력에 대한 신념이 있어야 한다. 이것이 결단력을 가진 리더십이고 통찰력을 갖춘 정책의 리더십이다[2].

정책리더십은 이론적일 뿐만 아니라 정책현실에서도 중요한 분야이다. 왜냐하면 리더십은 정책의 성공과 실패의 주요 변수로 작용하고 있기 때문이다. 더구나 정책가치와 철학을 제시하고 정책목표를 실천하기 위한 정책의 현장에서(the here and now) 정책리더십은 정책의 성공이나 실패에 더욱 중요한 변수이다.

2) 정책리더십의 정의

정책리더십은 과제나 목표를 단순히 주어진 것으로 보지 아니한다. 적극적이고 능동적으로 정책문제와 목표를 창조하거나 조합하는 리더십이다. 따라서 리더십의 실체는 과업중심적이지만 과업을 제안하고 발의하며 나아가 창도하고 주창하는 역할을 하는 것이다. 이와 같은 과정에서 다양한 이해관계자의 의견충돌과 갈등을 평화적이고 원만하게 해결할 정치적 과정과 전략을 구상하게 된다. 또한 우선순위를 결정하고 필요한 자원과 지지를 동원하면서 최종적으로 정책을 결정할 수 있는 힘을 행사하는 리더십이다.

동시에 실제로 정책이 의도된 대로, 즉 법령에서 규정된 대로 시행되어 그 효과가 성공적으로 나타날 수 있게 하는 정책변수인 참여자, 자원, 시행자, 환경, 기술, 정책대상자의 이익과 손익관계 등을 조정하고 통제하여 원만하게 합의된 상태로 최대의 정책효용을 민주적이고 도덕적이며 윤리적으로 정당하게 창출할 수 있는 것이 정책리더십의 특징이다.

정책리더십을 정의하기 이전에 먼저 리더십의 정의를 간단히 소개하는 것이 정책리더십 이해에 도움이 될 것이다. 즉 리더십(leadership)은 추종자의 행동이나 가치, 인식

2) 한국의 경우에도 이와 같은 결단력에 기초한 통찰력의 리더십이 다양하다. 그러나 이와 같은 사례를 설명할 수 있을 자료나 연구보고가 희박하지만, 박정희 대통령의 경부고속도로 건설이나 월남전 파병 결정, 중화학공업정책, 노태우 행정부의 경부고속철도 건설 결정, 김대중 정부의 정보화 추진사업, 노무현 정부의 혁신도시건설 등을 들 수 있을 것이다.

또는 판단에 영향을 미치는 것이다. 이때 영향이란 단순한 직위의 권위에서부터 법적으로 부여된 명령과 지시와 결정권에서 개인적이고 심리적이며 도덕적인 영향력 또는 반대급부를 제시할 수 있는 힘에 이르기까지 복합적이고 개별적이며 구체적이다. 또한 개인적인 목적이나 이해관계를 추구하기 위해서 형성되는 리더십, 조직이나 집단의 목표를 구축하고 이것을 달성하기 위한 리더십, 조직이나 사회 자체의 목표나 생존에 대한 우호적이고 조화로운 환경이나 분위기를 형성하는 리더십 등 다양하다.

리더십의 정의가 과연 정책리더십에 적용되어도 될 것인가 하는 것이 중요하다. 앞서도 보았듯이 지금까지의 리더십이론은 조직이나 집단 또는 개인적인 수준에서 타인의 행동과 가치기준과 판단에 일마만큼 영향을 미칠 수 있는가 하는 것에 초점을 두고 있다. 그럼에도 불구하고 리더십의 영향력 정도에 따라서 조직목표나 과업이 얼마만큼 효과적이고 성공적으로 달성되었는가 하는 것에는 크게 관심을 기울이지 못했다.

리더십의 효과나 효능을 중심으로 리더십의 초점을 목표달성의 효과성에 두고 있는 것도 있다. 그러나 정책결정과 정책집행 그리고 정책환경 등을 종합적으로 볼 때, 전통적인 리더십이론을 이용하기에는 한계가 있다. 전통적인 리더십이론으로는 종합적이고 제도적이며 외적 환경변수를 고려하여 국가정책이나 사업의 결정과 집행 그리고 정책효용의 극대화 등에 초점을 두는 정책의 리더십을 설명하기 어렵다.

정책리더십의 특성인 현장중심적이고 과제중심적이며, 구체적인 정책에서 실천되는 리더십을 기본으로 해서 정책리더십을 다음과 같이 정의해 볼 수 있다.

즉 정책리더십을 '정책환경과 가치를 고려하여 목표와 문제를 창조적이고 실천적으로 설정하며, 이해관계자와 담당자의 참여를 보장하여 정치적으로 원만하게 합의하여 정책수단을 개발하고 나아가 정책수단의 우수성과 우선순위를 주창하고 선도하며 정책실현에 필요한 자원을 동원하여 정책대상자의 지지와 동원을 유도하고 형성할 수 있는 능력과 자질'이라고 정의해 볼 수 있다.

이와 같은 정의가 전통적인 리더십 자질론의 한 내용이 될 수도 있다. 그러나 리더십 자질론이라고 하더라도 자질론에서 정의하는 리더십의 자질과 정책리더십의 자질이나 자격은 다르다. 그리고 이와 같은 정의는 정책이 구체적으로 진행되는 정책과정론의 입장에서 정책업무의 분담을 효과적으로 통합하고 조정하여 정책목표의 달성에 초점을 둔 것이다.

2. 정책리더십의 특징

1) 정책리더십의 특징

첫째, 정책과정과 정책분석을 이원적으로 구분 설명해서는 정책리더십을 설명하기 어렵다는 것이다.

정책과정에 따른 기능별 구분에 의한 각각의 단계에서 구체적으로 필요한 정책리더십의 요건과 자격이 있을 수 있다. 이것은 정책결정자와 정책분석가, 정책집행자 등의 업무를 명확히 구분할 수 있는 경우에 더욱 가능하다. 그러나 정책과정론에서도 설명하고 있지만 정책과정의 단계가 명확하게 시차적으로 순서화 되어 구분되기 어려운 것이 현실이다. 또한 정책분석의 활동과 내용은 정책형성인 정책대안을 탐색하고 결정하는 정책결정의 핵심내용이다. 때문에 정책분석가의 리더십과 정책결정자의 리더십을 개별적이고 구체적으로 구별해서 설명할 필요성은 크지 않다.

정책집행은 물론 정책관료나 기타 집행공무원의 책임사항이고 업무이다. 그러나 정책의 성공을 전제로 한다면, 전체 정책과정에서 정책결정자와 분석가 그리고 집행자를 구분해서 될 일이 아니다. 그래서 정책리더십은 일반적으로 정책의 목표를 달성하고 나아가 정책문제를 인지하고 설정하는 분야에서부터 정책의 외부적인 환경과 가치를 판단하여 정책을 진행할 수 있는 능력과 자격을 의미한다.

둘째, 정책리더십은 정책리더와 정책추종자의 이원관계를 전제로 하지 아니한다.

전통적으로 리더십이론은 리더와 추종자와의 관계에서 리더의 어떤 자질과 역할이 추종자로 하여금 리더의 의도와 목적대로 행동하고 움직이게 할 것인가 하는 것에 초점을 둔 이원론(leader-follower dyadic relation)이었다.

정책리더십은 추종자가 누구인지 명확히 확인되지 아니할 뿐만 아니라 추종자를 가정한 리더십은 실제로 정책의 역동적인 상황과 현실을 설명하기 어렵다고 보고 있다. 정책문제를 인식하고 결정하며 정책을 집행할 때, 항상 최고정책결정권자만이 리더가 되고 그 하위단계인 정책집행자나 분석가 등은 추종자가 되어서 정책결정권자인 정책리더의 의도와 목표를 자동적으로 실행하는 것은 아니다.

정책결정자의 입장에서 볼 때도 정책분석가는 전문적이고 기술적이며 구체적인 정책 정보와 자료를 제공해 줄 뿐이지 그들의 의도대로 정책분석가들이 추종해 줄 것을 기대하기 어렵다. 물론 정책결정자가 정책분석 자료를 왜곡하거나 악용 또는 이용하지 아니할 수도 있다. 더욱이 정책집행자는 정책결정자의 추종자가 되어서 정책결정에서 의도한 대로 정책을 진행시킨다고 보기 어렵다. 정책결정자의 끊임없는 감독과 조정, 실천 의지와 자원동원이 이루어지지 아니한다면 정책이 제대로 수행되기 어렵다.

셋째, 정책리더십에서는 정치적인 의사결정의 리더십과 행정적이고 실천적이며 관료적인 리더십이 때로는 충돌하거나 상충될 경우가 있다. 이때에는 정책리더십이 종종 위기에 부딪치게 된다.

리더-추종자의 이원관계를 전제로 하는 리더십이론은 리더가 권한 있는 하나의 기관이기 때문에 추종자는 리더의 이해관계를 위해서 일할 것이라는 전제에서 출발하고 있다. 이와 같은 접근방법은 추종자의 의사와 욕구를 조정하고 통제하며 조직이나 단체의 목적과 방향으로 추종자의 행동과 가치를 통합할 것을 전제로 하고 있다.

그러나 정책리더십은 관료리더십과 충돌하기 쉽다. 즉 정책결정과 집행을 책임지고 있는 관료뿐만 아니라 실질적으로 이러한 권한을 행사할 수 있는 정책관료들은 정치적 지도자나 결정자들이 그들이 만족하고 지지할 수 없는 결정을 하거나 필요한 자원을 동원하지 못한다면 전문성과 정보와 기득권과 경험으로 무장해서 정치지도력에 대항할 수 있다. 또는 정치지도력을 무력화 시켜버리는 현상이 정책리더십에 많이 나타날 수 있다.

넷째, 스타리더십이 정책리더십에는 존재하기 어렵다는 사실이다.

전통적으로 지시와 통제의 원칙에 의해서 지시자인 리더와 통솔대상자인 추종자를 구별하여 최고의 결정자가 모든 사항을 결정하고 또한 결정할 수 있는 권위와 힘을 소유하고 있고 그들의 의사결정을 지시대로 진행시킬 수 있다는 스타리더십(star leadership)이 정책리더십에는 존재하기 어렵다.

어느 한 분야나 조직의 최고지위에 있는 리더십에만 의존할 수 없는 것이 정책리더십의 특성이다. 왜냐하면 정책이란 최고정책결정권자나 조직 수장의 일방통행에 의한 지시와 통제가 아니다. 전체 정책과정에서 상호 간의 의사전달과 교감과 신뢰와 공동의 노력으로, 정책대상자가 정책규정과 내용에 자발적으로 순응할 수 있어야 소기의 정책목표를 성공적으로 달성할 수 있기 때문이다.

2) 정책리더십과 정치리더십 및 행정리더십의 차이점

① 정치리더십

정치리더십(political leadership)의 핵심은 정치과정에서 리더십의 특징과 요소들이 구체화되는 것을 설명하는 것이다. 그러나 이때의 정치과정은 정책의 결정과정이나 행정의 관리과정과는 다르다. 정치과정에서 이해관계의 협상과 타협 또는 정치적인 힘을 행사하여(때로는 다수결이나 선거, 금전, 지위, 협박 등 다양하다), 정치적으로 정당하고 타당한 리더의 행동이나 판단, 자질 또는 특정 정치지도자의 리더십 행태 등을 설명하는 것에 초점을 두고 있는 것이 정치리더십이다(Torfing 외 2인, 2019).

전통적으로 정치리더십은 공식적인 정치적 직위나, 비공식적이지만 정치적으로 대중의 인기를 받고 있는 정치지도자의 리더십 행태나 자질, 유형, 특징 등을 설명하고 있다. 그래서 지금까지도 정치리더십은 정치과정에서의 특징적 인물의 리더십을 설명하고 있다. 예를 들면 리더십 연구의 권위자인 James Burns(1918~2014)(1978)도 국가정책이나 사업에서 정치적 이해관계로 통제하고 규제할 정치가 리더십의 핵심이라고 하면서 미국 정치지도자의 정치기록과 행태를 분석하기도 했다. 그리고 Robert Tucker(1995)는 리더십의 실체는 정치라고 했으며, 이때 정치를 협상과 조정에서 정치인의 기술과 능력이 수행되는 과정으로 설명했다.

정치리더십을 정책리더십과 연계할 수 있는 설명도 필요하지만 대통령이나 소수의 정치리더들의 정치행위나 가치관을 중심으로 리더십을 설명해서는 정책리더십에 기여하기 어렵다. 그리고 정치리더십은 정책의 실질적인 결정과정에서 정책문제나 정책의제의 선정, 정책대안과 우선순위의 결정, 정책현장에서의 정책실현 등에서 구체적으로 나타나는 리더십을 정치리더십으로는 설명하기 어려울 것이다.

② 행정리더십

행정리더십(administrative or management leadership)은 정치와 행정을 구별하는 입장이 아니라 행정의 정치적인 의사결정 역할을 강조하면서 리더십을 설명한 것이다. 따라서 정책을 집행하고 실천하는 행정관료들이 구체적이고 세부적인 정책사항을 실질적으로 결정하면서 정책의 성공을 담보할 수 있는 행정관료의 리더십이다. 이와 같은 점에서 본다면 행정리더십도 실제로 정책내용을 결정하는 중요한 요인이라고 할 수 있다(Van Wart, 2013).

행정리더십은 관료리더십을 중심으로 하고 있다. 하나의 예로서, 행정관료가 실질적이고 현장적인 책임과 조직이나 제도를 존속하고 보존하는 역할을 수행한다. 동시에 행정관료는 사업의 구체적 내용을 매일의 일과를 기본으로 하여 결정하고 집행한다. 따라서 이들의 일상적인 과업을 행정리더십으로 설명할 수 있다.

행정리더십은 조직과 기관을 보존하고 이를 실천하는 임무리더십(duty leadership) 뿐만 아니라 전문적 기술과 경험이나 협동심 등을 바탕으로 하고 있다. 그리고 변화를 조장하거나 정치리더십의 원활한 변동을 자극할 수 있는 리더십도 행정리더십의 내용이다.

행정리더십은 본질적으로 행정관료의 리더십이다. 선거에 의해서 행정부의 수장 지위를 가진 대통령이나 자치정부 수장 등의 행정리더십은 정치리더십의 한 내용이다. 그리고 행정담당자인 관료가 일상적인 행정에서의 결정이나 판단 등으로 행사하는 리더십은 전통적인 행정의 영역뿐만 아니라 정치와 정책의 분야도 포함하게 된다. 따라서 행정관료의 실질적인 업무에 속하는 정책을 행정과 어떻게 구별할 것인가 하는 문제도 있다.

행정리더십은 우선 업무의 내용과 범위를 결정하고, 사업 시행에 필요한 자원을 확보하며, 나아가 인적구성 요소를 개발하고, 의사전달체계와 갈등관리 및 혁신 등을 특징으로 하고 있다. 반면에 정책리더십은 구체적인 정책이나 사업에 초점을 두지만 행정적이고 관리적인 요소보다 비전적이며 창도적인 입장에서 정책을 조화시키고 조정하는 역할을 강조한다.

이와 같은 세 가지 형태의 리더십의 내용을 〈표 4-3〉과 같이 요약해서 정리할 수 있다.

〈표 4-3〉 정책리더십과 정치리더십 및 행정리더십의 비교

정책리더십 (policy leadership)	정치리더십 (political leadership)	행정리더십 (administrative leadership)
• 정책의 주체를 중심으로 하는 리더십	• 정치인이나 정치엘리트 중심의 리더십	• 행정관료의 행정행위와 결정을 중심으로 하는 리더십
• 정책결정의 과정과 결과에 대한 리더십 • 구체적인 정책분야의 전문성을 강조하는 리더십	• 정치과정과 대중정치의 리더십	• 행정의 임무실천과 관료조직 중심의 책임리더십
• 리더-추종자 상호교섭 또는 공생관계	• 영웅(great-man) 접근방법인 정치리더를 중심으로 함	• 리더-추종자 이원관계
• 미래지향적, 비전적 리더십	• 정치적 타협과 관계 리더십	• 행정조직과 기관의 보존리더십
• 정책 실현과 조정으로 리더십 효과(성공) 측정	• 정치지도자의 인기와 선거에서 리더십 효과(성공) 측정	• 행정분야의 생산성으로 리더십 효과 측정
• 정책전문성과 기업가 정신 강조	• 정치적 혁신과 선도를 강조	• 행정능률성과 효과성을 강조

3. 왜 정책리더십이 중요한가?

정책리더십의 이론이나 방법 등은 아직까지 정책학계에 잘 연구되지 못한 미흡한 분야이다. 그 이유를 두 가지로 요약할 수 있다.

첫째, 전통적으로 정치학의 리더십은 정치지도자의 리더십을 중심으로 설명했다. 그러나 정책학에서는 쉽사리 이와 같은 이론들을 원용하고 도입할 수 없었다. 왜냐하면 정치학의 권력게임에 기초를 둔 리더십이론이 정책리더십을 설명하기 어려웠기 때문이다. 리더와 추종자의 이원관계를 기초로 하는 정치리더십을 정책 고유의 특성과 환경을 설명하고 이에 기초한 정책리더십으로 적용하기 어려웠다.

둘째, 행정학이나 조직학 등에서 발달된 리더십은 주로 조직의 목표달성과 조직생존과 발전을 향도하고 선도하며 최종적으로 책임을 지게 될 리더와 조직구성원 간의 관계

에서 리더십을 설명해 왔다. 그래서 이것도 쉽사리 정책리더십에 이용될 수 없었다.

최근에 지방자치가 발달하면서 지방정부 수장(首長)의 공공적인 정책리더십이 크게 주목되고 있다(김정인, 2017; Crosby and Bryson, 2018). 즉 민주주의의 뿌리이고 실험장이라고 할 수 있는 지방정치와 자치분야에서 정책리더십 연구가 활발하게 진행되고 있다. 특히 주민의 직접선거에 의해서 지역정부를 영도할 자치정부 수장의 역할을 전통적인 중앙정부의 수장인 대통령이나 정부수반의 정치적인 리더십이론으로 더 이상 설명하기가 어려워지게 되면서 정책리더십이 활발해지고 있다.

그럼에도 불구하고 정책결정자나 정책분석가의 역할을 설명하는 정책학에서도 정책리더십을 심층적이고 구체적으로 설명하지 아니했다. 더구나 앞서도 지적한 바와 같이, 더 이상 정치학이나 조직관리학(경영학), 행정학 등의 리더십이론으로는 정책리더십을 만족하게 설명하기 어렵다. 그래서 정책리더십의 실천적인 필요성이 더욱 커지고 있다. 이와 같은 정책리더십의 필요성을 여섯 가지로 정리할 수 있다.

첫째, 종합과학적이고 총합적인 관점에서 리더십을 연구하기란 현실적으로 불가능하다는 사실이다.

리더십을 모든 관점에서 종합과학적으로 설명하거나 연구하기가 어렵다. 리더십의 속성과 본질이 복잡하고 다차원적이기 때문에 리더십의 모든 것을 하나의 모형이나 방법으로 설명한다는 것은 불가능하다. 따라서 정책에서 리더십을 정책리더십으로 그 분야와 범위를 한정하여 설명해야 할 필요성이 여기에 있다.

둘째, 리더십의 실체는 자생적으로 발생되는 것이 아니라 적극적인 의지와 노력에 의해서 발굴되는 것이다. 과제나 목표를 효과적으로 달성하거나 해결하려는 능력이나 기술, 자질, 자격, 상황이나 조건 등을 창조적이고 생산적으로 활용하는 것이다.

리더십이 적용되는 조건과 환경에는 리더십에 대응하는 팔로십(followership)이 존재하고, 리더십의 적용과정이 시간과 공간에서 존재하고 있다. 이와 같은 리더십의 실체는 정책의 실체와 같다. 즉 리더십의 실체를 문제와 목표라는 곳에 초점을 둔다면, 정책의 실체도 리더십의 실체와 다르지 않다는 것을 알 수 있다. 그렇다면 리더십을 정책리더십(policy leadership)으로 설명할 가치가 있을 것이다.

셋째, 정책학은 본질적으로 다차원적이고 범학제적이다. 마찬가지로 리더십이론도 다차원적이고 범학제적이다.

리더십은 개인의 심리적 조건에서부터 시작해서 자질, 능력, 가치판단, 윤리, 도덕, 품성, 리더의 집단특성과 그들이 활동하는 조직이나 환경에서 리더와 추종자의 인간관계나 교환관계, 리더십의 효능이나 효과성의 측정 등을 여러 학문의 이론과 방법뿐만 아니라 개인적이거나 조직적이고 환경적이며 사회적 차원에서 이해되고 있다. 따라서 이와 같은 범학제적인 학문적 특성이 같이, 정책과 리더십을 정책리더십으로 연구하는 것이 리더십의 실체를 이해하는 하나의 길이 될 수 있을 것이다.

넷째, 정책현실을 진단하는 수많은 논의들은 정책이 성공적으로 진행되지 못하고 실패한 원인의 핵심이 리더십의 부재라는 사실을 지적하고 있다.

특히 정책결정자의 리더십 등이 정책결정단계에서 부족할 때 정책실패의 확률이 높다. 따라서 정책리더들이 정책의 핵심적인 세력을 형성하여 이해관계자나 전문가와 시민 등과 함께 정책을 결정하고 실행할 수 있는 정책리더십이 중요할 것이다.

다섯째, 정책과제에 초점을 둔다면 정책리더십이 정책의 중심이라는 사실이다.

정책과제의 해결이라는 것은 전통적으로 정책학이 지향하는 목적의 하나이다. 실질적으로도 정책학은 정책과제를 조화롭고 원만하게 해결할 수 있는 과제에 초점을 두고 있다. 따라서 과제해결자로서의 리더십을 이제 정책리더십으로 초점을 맞추어 가는 일은 자연스러운 것이다. 또한 현실적으로도 리더십의 효능을 향상시킬 수 있는 현실에 타당한 리더십이론을 개발할 수 있는 하나의 유형으로 정책리더십이 중요하다고 할 수 있다.

여섯째, 리더십이 정책이나 사업을 성공시키거나 마무리시키지 못한 원인으로 리더십 위기가 대두되면서 정책리더십이 필요해지고 있다.

과업과 문제 중심의 정책리더십은 리더십 위기나 또는 사이버 사회의 리더십의 부재 등으로 나타나고 있는 전통적인 리더십이론에 대한 비판을 수용하고 있다. 예를 들면 정보사회의 리더십은 새로운 패러다임으로 변화되어야 한다. 즉 다양성을 상호 간에 인정하면서 인간적인 협력관계를 형성할 수 있는 리더십, 정보기술과 방법을 활용한 리더와 추종자의 통합적 접근방법의 리더십, 사이버 공간에서의 정책정보와 자원을 공유하는 Web-관계를 강조하는 전자리더십(e-leadership 또는 digital leadership)(김혜정, 2012; Kane 외 3인, 2019) 등은 정책리더십의 필요성을 제기하고 있다.

현실에서 리더십 그 자체가 작용하여 일의 차이나 효과를 발생시킨다고 하는 것은 추상적이고 환상적일 수도 있다. 때문에 리더십이라는 실체 그 자체는 이해할 수 없는 것이라고 주장하는 안티리더십(anti-leadership) 등의 주장도 극복할 수 있어야 한다.

이와 같은 문제점을 극복하고 해결할 수 있는 이론적이고 실천적인 패러다임으로 정책리더십이 필요하다. 정책리더십은 정책의 어느 한 결정단계나 또는 시행단계의 중요성만을 강조하지 아니한다. 정책의 전체적인 조화와 목표달성에 관한 균형적이고 실천적인 감각을 제시하고 이것을 실천할 수 있는 지식과 기술을 설명하는 것이다. 즉 다양한 이해관계자의 의견충돌이나 정치적인 권모술수에서 벗어나서 어떻게 조화와 균형을 달성할 것인가, 무엇이 정부가 우선적이면서도 집중적으로 해결해야 할 국정과제이며 국정철학인가 하는 것 등을 결정하는 데 초점을 두는 것이 정책리더십이다.

4. 정책리더십의 연구경향

정책리더십(policy leadership)이라는 명칭을 붙인 것 중에서 Jeffrey Luke(1998)는 정책리더십의 실체를 정책을 성공적으로 집행하고 완성시키기 위해서 집단이나 이해관계자를 동원(연합)하고 자극하며 정책조직의 구성원(추종자)과의 합의를 이끌어내는, 즉 정책대상자(집단)들과의 합의를 도출하여 계속적으로 정책을 유지하고 적용시키는 것으로 설명하기도 했다. 이에 따라서 그는 정책리더십의 네 가지 기본 과제를 다음과 같이 제시했다.

① 정책문제나 이슈를 중심으로 공공의 정책의제를 제기하고 이를 형성하는 과제
② 정책문제를 해결할 수 있는 개인이나 집단, 이해관계자 또는 필요한 지식과 정보를 가진 전문가(집단)를 모집하여 정책문제에 사람을 형성시키는 과제
③ 가능한 정책대안이나 선택사양을 합의에 의하여 형성하는 과제
④ 정책을 시행할 때도 정책의 일관성과 추진력을 유지시킬 수 있는 과제

구체적으로 정책리더십이라는 제목을 붙인 것은 아니지만, 정책리더십의 특징이나 내용에 가까운 것으로, 1980년대에 세계적으로 확산된 중산층이나 진보적인 학계 등이 등장하면서 정부와 관료에 대한 비판과 반감에 따라서 나타난 리더십 이론을 들 수 있다.

그 대표적인 예로서, Walter Williams(1987)는 정책리더십을 정책의 힘과 동일시하여 조직을 관리통제하는 능력뿐만 아니라 정치적인 달인의 능력(political mastery)이 필요한 리더십이라고 했다. 특히 대통령의 정책결정의 능력이나 자질, 전문적 분석능력, 정책철학 등을 정책의 촉진자(facilitator)나 변동의 관리자 등으로 설명하는 경우도 있다(Edwards, 외 2인, 2018).

구체적으로 정책리더십이라고 하지는 아니했지만 정책학이 발달하는 초기에 Charles Lindblom(1993)은 정책결정자는 정책을 결정하는 과정에서 실질적으로 정책의 가치와 우선순위, 목적 등을 상당히 변화시킬 수 있고 또 그렇게 변화시킬 수 있는 기회를 만들어 갈 능력이 있어야 한다고 했다. 이때의 정책결정자의 능력을 그는 재구성 리더십이라고 했다.

정책리더십에 해당되는 전통적인 리더십의 설명 중에서 두 가지 정도가 정책리더십의 초기의 경향에 해당된다. 첫 번째의 경향은, 주로 정책의 최고결정권자 또는 최종적으로 결정할 권한과 지위에 있는 정책결정자들의 리더십(이것을 'executive leadership'으로 표현했다)이다(Jaques 외 2인, 1994).

대표적이면서도 고전적인 것으로 Barnard(1886~1961)(1968)의 최고결정권자의 리더십 이론을 들 수 있다. 그는 최종적으로 정책을 결정할 권한과 지위에 있는 정책결정자들의 리더십을 제시하였다. 즉 리더로서 정책결정자는 고도의 책임감을 가지고, 복잡한 도덕적 기준을 명시할 수 있으며, 행동과 실천능력을 소유하면서 추종자의 도덕적이고 성실한 복종과 참여를 유도할 수 있는 정책결정자의 리더십을 설명했다.

두 번째, Robert Nakamura와 Frank Smallwood(1980) 등이 제시한 정책집행에서의 리더십이론을 들 수 있다. 그들은 정책이 결정되는 분야보다 실제로 결정되고 구체화된 정책이 집행되고 실현되는 과정에서 리더십이 중요하다고 했다. 정책을 결정하고 리더십을 발휘할 지위에 있는 정치적 리더들인 정책결정자에게는 정책목표를 달성하고 정책을 성공적으로 실현시키기 위해서 정책을 형성하여 집행하고 평가할 모든 정책과정의 구체적인 활동과 내용을 조정하고 통합하며 통제할 능력이 필요하다고 했다.

그러나 정책결정자가 정책집행의 모든 활동을 조정하고 통제할 수 있는 시간과 능력이 제약되어 있다. 때문에 정책결정자와 정책집행자 사이의 관계(이것은 전통적인 리더십 이론의 리더-추종자 관계가 아니다)가 어떤 유형으로 정립되는가 하는 것에 따라서 정책결정자와 집행자의 관계에 따른 리더십 유형을 Nakamura와 Smallwood는 다섯 가지(전통적 기술관료형, 지시적 위임형, 협상자형, 재량적 실험자형, 관료적 기업가형)로 제시하였다(자세한 것은 정책집행자의 유형을 설명하고 정리한 〈표 3-1〉을 참조할 수 있다).

5. 정책리더십의 유형

1) 정책기업가

기업가적 접근방법이 정책분석이나 정책리더십 등에서 다양하게 설명되고 있다. 특히 창조적이고 독창적이며 새로운 정책가치와 목표를 개발하고, 이를 정책으로 실행하고 집행할 수 있는 실천력을 강조하는 공공기업가 정신(public entrepreneurship)이 정책기업가의 전형으로 되고 있다. 공공기업가 정신이 강조하는 세 가지 요소는 새로운 혁신적인 정책가치와 아이디어를 개발하고(창조단계), 이를 원형으로 하여 창조적이고 개혁적으로 정책을 설계하며(설계단계), 실제의 정책과정에서 이를 혁신과 개혁으로 현실화 하는 것(집행단계) 등이다(Palmer, 2015).

이와 같은 세 가지 단계를 성공적으로 수행할 수 있는 능력과 자질(리더십)을 소유하고 있는 정책담당자를 공공기업가라고 할 수 있다. 이 중에서도 선거에 의해서 정책리더십을 행사할 수 있는 지위에 있는 자를 정치기업가로 다시 구별할 수 있다. 또한 선거에 의해서 선출되지 않고서도 일정한 정책결정의 책임지위에 있으면 이를 수장(首長)기업가라고 할 수 있다. 정부의 공식적인 체계와 조직에서 보면 리더십의 능력을 발휘할 수 있는 지위에 있지 않지만 법적으로 어떤 직책을 부여받고 정책과정에 중요하게 참여하는 자를 관료기업가라고 분류할 수 있다. 마지막으로 정책기업가는 공식적인 정책담당의 지위에 있지 아니하지만 외부의 전문가형으로 정부 외부에서 공공정책 분야에 혁신적이고 개혁적인 아이디어를 개발하고 이를 시행하는 사람으로 분류된다.

정책기업가 접근방법은 정책결정 과정에서 정책결정자나 지도자의 지위변동에 따른 리더십의 변화내용을 설명할 수 있다. 또한 각각의 정책기업가가 소유하고 있는 권한과 힘의 기능과 원천을 구별하여 설명할 수 있다. 그러면서도 정책기업가는 정책주창자나 제안자와 달리 정책 아이디어나 이념 또는 방법 등을 역동적으로 변화시키는 역할을 담당할 수 있다. 나아가 이를 정책분야에 제공할 수도 있다. 그리고 정책의 연합을 형성하여 자신들의 정책을 실질적으로 채택하게 하는 전략을 취하기도 한다(Shin, 2018).

2) 정책촉진자

정책리더십의 대표적인 것으로, 지방정부 수장들의 정책역할을 설명하는 리더십이 있다. 특히 정책촉진 접근방법(policy facilitative)이 지방정부와 단체장들의 리더십에 초점을 둔 이론으로 등장하고 있다. 동시에 대통령의 정책결정 역할로도 많이 설명되고 있다. 선거에 의해서 선출된 정책담당자가 아닌 공식적인 정책과정에서 책임과 결정권을 가지고 있는 정책결정자나 분석가의 리더십에 초점을 둔 정책리더십으로 정책촉진자를 들 수 있다.

정책촉진자(policy facilitator)란 정책사업을 효과적으로 추진하고 성공시키기 위해서 관련되는 정책분야의 담당자나 외부 전문가들에게 이들의 자질과 역량을 충분히 발휘할 수 있도록 필요한 권한과 힘과 자원을 제공하는 정책결정자로 보고 있다. 이때의 정책리더십은 정책담당자들이 정책참여자들과 다양한 이해관계를 보다 원만히 조정할 수 있는 리더십이다. 그리고 정책을 원만하게 형성할 수 있는 길을 앞장서서 헤쳐 나가는 역할을 강조하는 정책리더십의 접근방법이라고 할 수 있다(Gesell, 2014).

정책촉진 접근방법에서는 정책리더를 정책조정자, 정책균형자, 정책브로커, 정책조작자 등으로 부르고 있기도 하다. 구체적으로 정책촉진 접근방법의 특징을 다음과 같이 지적할 수 있다(Whitaker and Jenne, 1995).

① 정책참모나 정책조정자 또는 정책분석가와 인간적인 유대관계를 중시하고 그들의 사기를 진작시킬 기준을 가지고 있어야 하며, 각 정책보좌관들의 장단점을 잘 파악해야 한다.

② 정치적으로 최고정책결정자나 또는 정책담당자나 일반시민의 지지와 성원을 유도하고 조장하기 위한 의사전달, 대인관계, 홍보, 합의형성 등에 관한 능력이 있어야 한다.

③ 정책대상자나 집단에 대한 장래의 비전을 제시하고 이를 달성할 구체적인 전략을 구상할 수 있어야 한다.

④ 그러면서 정책절차와 과정에서는 민주주의 원칙과 가치를 지킬 수 있어야 한다.

⑤ 정책대상자의 참여관계에서 정책이념과 목표를 공유할 수 있는 정보와 지식과 자료를 상호 전달할 수 있는 능력 등이 중요하다고 했다.

3) 정책창도자

정책창도(policy advocacy) 접근방법은 정책의 중요성과 효과성을 정책결정자나 대상자 모두에게 설득하고 정책을 수행할 조직을 형성하며 적극적으로 자신의 정책가치를 주도할 수 있는 능력을 강조한 접근방법이다. 정책리더를 정책선도자, 정책세터, 정책창도자, 정책대변자, 정책교육가 등으로 달리 표현하는 것도 정책창도 접근방법의 한 유형이다.

정책창도는 정책과정과 결과를 단순히 기술하고 설명하는 것이 아니다. 정책의 인과관계를 정책결정자의 가치와 판단에 따라서 선도하고 주창할 수 있는 자신감을 강조하고 있다. 따라서 과학적 정책결과 뿐만 아니라 신념과 이념에 기초한 정책결정자의 확신이나 의지의 강도에 의하여 정책의 정당성을 확보할 수 있는 리더십이다(Gardner and Brindis, 2017).

4) 정책자정 리더십

정책결정자의 정책리더십은 상당히 고립적이며 개인적이다. 때문에 외부적인 통제나 견제에는 한계가 있다. 더구나 정책결정자들이 구체적 정책분야의 전문성을 향상시키거나 정책경험을 높일 방법도 역시 정책결정 과정의 내부에 의존하고 있다. 따라서 제도나 법적인 처벌이나 또는 정치적 견제 등은 한계가 있다. 따라서 이와 같은 정책현실에서 볼 때, 우선적으로 정책리더 스스로의 자기정화, 즉 자정(自淨)리더십의 필요하다.

정책리더들의 자기 정화인 도덕적이고 윤리적인 자아실현의 방법이 정책리더십의 핵심이라는 사실을 설명하는 것이 정책자정 리더십이다. 그래서 우선 정책리더의 도덕성과 윤리기준에 초점을 두는 자정모형을 〈그림 4-2〉와 같이 제시해 볼 수 있다.

〈그림 4-2〉 정책자정 리더십

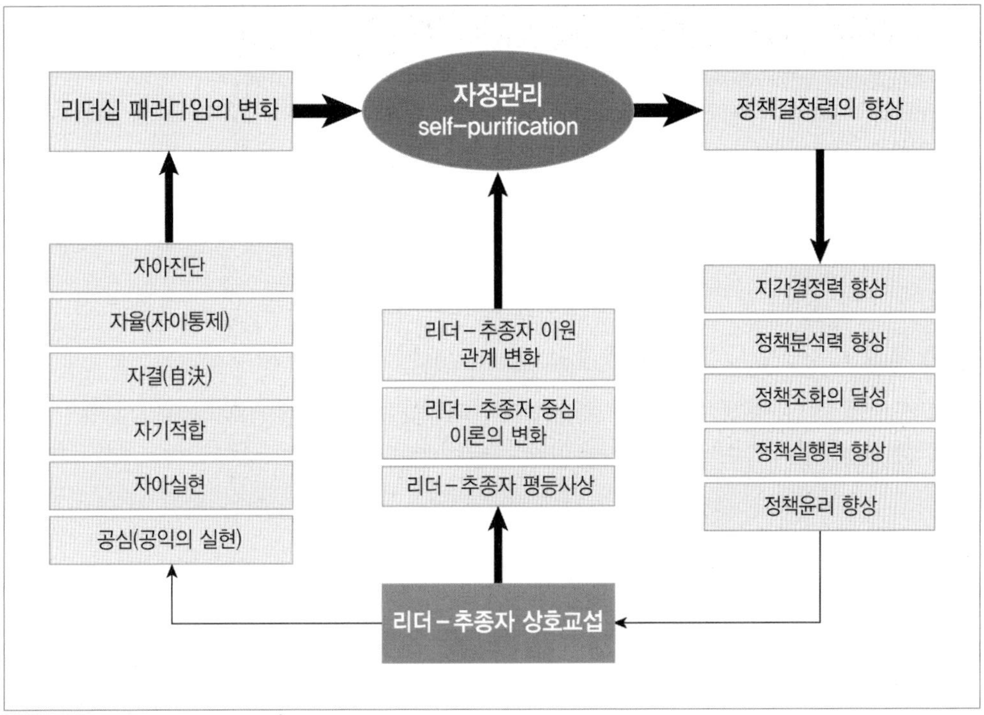

출처: 이해영. 2005. "정책리더십의 접근방법으로 자정모형의 가능성 탐색". 『한국정치학회보』. 39(2): 22.

정책자정 리더십의 핵심은 정책리더 스스로의 자기정화의 노력과 관리이다. 정책리더십은 정책과제를 창조적이고 진화적으로 정립하고 정책의 이해관계자와 정책대상자 그리고 담당자들의 참여와 합의에 의해서 결정되는 일들을 원만한 정치적 관계로 정립할 수 있어야 한다고 본다. 뿐만 아니라 정책현장에서 정책을 실현하기 위해서 지지와 참여를 동원하고 유도할 수 있는 자질과 능력이 또한 중요하다고 보고 있다.

자정(自淨)이란 정책리더의 능력과 자질과 기술을 스스로 습득하고 학습하며 연마하는 것을 의미한다. 동시에 무엇을 위한 그리고 누구를 위한 자정인가 하는 것도 분명히 할 수 있어야 한다. 그것은 정책의 공공성과 공익을 위한 자정이다. 즉 개인의 이해관계가 아닌, 정책의 이해관계를 위한 자정이란 뜻이다.

자정관리의 실천덕목(자아진단(self-diagnosis), 자율(self-regulation), 자결(self-determination), 자기적합(self-adaptation), 자아실현(self-actualization), 공심(public mind))은 전통적인 윤리 덕목

으로 강조된 것이다. 나아가 국가 통치와 리더십의 기본이 되어 온 것이다. 이것을 정책리더십의 주체인 정책리더가 자신을 관리할 수 있는 항목으로 결집하여 정책분야에 응용하는 것이 자정리더십이라고 할 수 있다. 이와 같은 리더십은 정책리더 스스로가 리더십의 기본적인 자질과 능력을 깨우치고 함양하여 수순하게 하고자 하는 덕목을 강조하기 때문에 자신을 먼저 수련하는 수기(修己)를 기본으로 하고 있다.

정책자정 리더십은 자정관리를 통하여 정책결정력(policy determination)을 향상시킬 수 있으며 궁극적으로 정책리더의 정책윤리와 도덕성을 높일 수 있을 것이다. 이와 같은 정책결정력을 구체적으로 네 가지 정도로 요약할 수 있다.

① 사정에 의한 성책리더십은 우선 정책리더의 지각결정력(sensemaking)의 향상으로 나타난다.

② 자정은 정책리더의 정책분석력을 향상시킬 수 있다.

③ 정책리더십의 실질적인 정책실행력인 집행력의 향상을 들 수 있다.

④ 자정을 통하여 정책의 윤리기준과 도덕성이 향상되면, 정책의 조화를 달성할 수 있는 능력이 향상될 것이다.

정책리더십의 종국적인 목적은 정책에 관련된 정책의 비용과 혜택을 조화롭게 정리하여 정책을 원만하게 종결하면서 동시에 정책을 성공적으로 실시하여 정책효용을 향상시키는 것이다. 따라서 자정리더십에는 이해관계자와 참여자 및 추종자의 입장을 오케스트라의 지휘자가 조정하여 조화시키는 것과 같은 능력이 필요하듯이, 자정관리를 통해서 조정하고 통합할 수 있을 때 정책은 조화될 수 있다는 것을 강조한다.

제 5 장

정책 실천성[1)]

1) 정책학에서의 실천성은 필자의 『정책사상 대계』(2020, 근간)의 제6장의 현실주의를 수정하고 재구성한 것이다.

1. 정책 실천성이란 무엇인가?

1) 정책실천의 중요성

정책 실천성(practicality)을 개념적으로 설명하기 이전에, 왜 정책에서 실천(practice)이 중요한가 하는 것을 세 가지로 요약할 수 있다.

첫째, 정책의 실천적 사고(practical thinking)가 필요하기 때문이다.

정책의 본질적 속성과 존재의 가치는 정책을 실천하고 실현하는 것이다. 정책 그 자체로서만 존재하는 것도 정책의 상징성이나 명목적인 이념이나 철학을 제시할 수 있다. 그러나 동시에 정책은 정책현실에서의 도구적이고 수단적인 성격으로서 이념화 된 정책목표나 가치를 실현하기도 한다. 그래야만 정책의 존재의 값을 다할 수 있을 것이다. 따라서 정책에서 실천적 사고의 필요성이 먼저 제기되는 이유가 바로 여기에 있다고 할 수 있다.

정책 실천성은 실천적인 노력에 의한 실천적인 탐구(practical inquiry)라고 요약할 수 있다. 따라서 정책 실천성은 정책결정이나 정책환경, 특히 정책결정권자나 정책분석관 등의 정책행위에 직·간접적으로 영향을 미치거나 안내 또는 지도할 수 있다는 사실을 이론적으로 설명하고 체계화 하는, 실천적 탐구의 지식체계를 갖추는 것이다. 이것이 정책학에서 실천성의 첫 번째의 중요성이다.

따라서 정책학의 실천적 사고를 실천탐구로 요약할 수 있다(Wallace, 1969). 그렇다고 정책현장에 필요한 도구나 기술과 같은 방법이나 기법이 아니라, 정책의 실천성을 철학적으로 체계화하는 하나의 정책사상으로도 정책의 실천성이 필요하다는 것이다.

둘째, 정책의 실천성은 이론과 현실의 이분법적인 사고체계가 아니다. 실천성에 의한 이론-실제의 조화(실천성)를 설명하고자 하는 정책학의 학문적이고 현실적인 필요성에 의하여 발달하고 있는 이론이다.

정책학도 여타의 사회과학과 마찬가지로 이론과 현실 또는 실제와의 조화의 문제를 중심적인 주제로 삼고 있다. 특히 현실에서 정책의 존재의 가치를 실현하고자 하는 실천주의 중심의 정책학은 구체적인 정책과제나 해결책에 관한 분석적이고 해석적인 이론이나 기술 또는 방법 등을 설명하고 있다.

동서와 고금에 걸쳐서 이론과 현실과의 괴리현상(theory-practice dichotomy)이나, 그것을 극복하거나 좁히기 위한 다양한 논쟁이나 방법 등이 수없이 진행되고 있다. 대표적으로 Immanuel Kant(1724~1804)는 1793년에, 소위 "이론과 실체(theory and practice)"로 알려진 논문에서, 물론 제목처럼, "상식에서 말하면, 이론적으로는 정확할지 모르지만 실제에서는 무용지물"인 것이 많다고 했다. 따라서 실천이 따르지 못하게 되는 근본적인 이유를 Kant는 판단부족이라고 했다. 즉 추상적인 이론이지만 이것을 현실에 적용하고 설명하고자 하는 이론의 발견자나 구성자들이 자신만의 새로운 원칙을 찾고 이것을 완성시키지 못한 판단 부족 때문이라고 했다(Kant, 1996).

지금까지 수많은 학자들이 이론-실제의 이원론을 설명하면서 이론과 실제(현실)와의 조화를 제안하고 있다. 대표적으로 위에서 Kant는 이론을 실천규칙의 총합이라고 했고(1996), Alfred Whitehead(1861~1947)는 추론기능을 실천이라고 했다(1929). 이에 따르면 정책학은 문자와 언어의 추론에 의한 죽은 사상이 아니라는 것을 정책의 실천성으로 설명하면서 그 가능성을 찾아야 할 것이다. 그렇다면, 정책학은 정책이론으로서의 실천지식과 정책실제로서의 현실을 실천성을 중심으로 사상체계를 구성하면서 정책이론과 실제의 조화의 가능성을 설명할 수 있을 것이다.

정책학에서도 정책의 이론과 실제의 문제를 계속 논의하면서 고민하고 있다(Morgan, 2017; Nemec, 2017). 필자를 포함하면서 많은 경우에 정책학의 현실과 미래의 정향에서 정책이론과 현실의 괴리현상을 줄이기 위한 다양한 방법이나 이론, 즉 실천적인 정책이론의 정립에 관한 것을 논의하고 있다. 특히 한국정책학의 학문적인 집단정체성을 대표하는 한국행정학회와 한국정책학회 등에서도 정책이론과 현실의 문제점을 계속해서 고민하면서 논의하고 있기도 하다. 정책이론을 현실에서 어떻게 실천할 것인가 하는 문제에서부터 시작해서 실천적인 방안이나 논리, 정책이론의 현실적 적용가능성 등을 설명하고 있다. 이와 같은 설명의 중심적인 주제를 정책이론의 현실적인 가능성과 타당성 및 적실성 등으로 요약할 수 있다(한국정책학회(www.kaps.or.kr) 학회자료실).

셋째, 정책학의 지식체계로서의 실천성의 구체적인 실천요소가 필요하다.

정책학에서 이론과 현실의 조화로운 관계, 즉 관련성을 정책 이론과 현실이 각각 독립적으로 분리되어 있기보다는 상호 간에 인과적이고 체계적이며 사상적으로 연계되어 있다는 사실(Loveday, 2016)을 정책학의 실천성으로 설명하고자 하는 것이다. 이와 같은 실천성의 개념적 구성요소를 실천지식과 실천지혜, 실천판단, 실천책무 등으로 설명할 필요성을 밝힐 수 있는 정책이론이 있어야 한다.

2) 실천성의 개념적 이해

정책학에서 실천성은 정책의 실천적인 방법이나 기법 또는 정책현장에 적용될 실천지식이나 실천사고를 직접적으로 설명하거나 논의하는 것은 아니다. 대신에 정책의 본질에 관한 철학적 사고를 정책이론으로 체계화하고자 하는 정책이론, 즉 정책의 현실에서의 실천가능성 및 적실성 등과 같은 실천성의 개념을 중심으로 실천논리를 구성하는 정책학의 실천이론라고 할 수 있다.

실천성을 의미하는 용어를 영어권에서는 'practicalism'과 'practicality'로 구별하고 있지만, 한자문화권에서는 두 용어를 구별하지 아니하고 사용하기도 한다.

예를 들면, 이상과 현실을 비교하면서, 현실을 'practicalism'으로 번역하기도 한다(신우철, 2011). 실용주의나 실용(성)을 'practicalism' 또는 'practicality'(송현동, 2013) 등으로 영역하기도 한다. 그리고 철학사상에서의 실천성을 'practicality'(김종석, 2017)라고 하기도 한다. 물론 한자의 어의적 의미에 따라서 'practicality'와 'practicalism'을 구별하는 이유나 내용을 밝히지 아니해서 정확하게 알 수 없지만, 한자문화권에서는 이것이 혼용되고 있음을 알 수 있다.

영어문화권에서도 실천성의 의미로 'practicality'와 'practicalism'을 동의어로 사용하기도 한다. 그러나 보다 많은 경우에, 실용주의 사상에 큰 영향을 미친 Charles Pierce의 실험에 의한 과학주의 정향이나, John Dewey의 사회정향적인 도구론 중심의 실용주의보다는 William James의 주관주의적 실천주의, 즉 사물이나 사건의 실천적 함의가 무엇인가 하는 실천적인 특성을 설명하는 개념으로 'practicalism'을 의미한다고 이해할 수 있다(Dousa, 2010). 그래서 'practicalism'을 어떻게 행동할 것인가, 무엇을 할 것인가 하는 방법에 관한 지식이나 논리로 이해하는 경향이 강하다(Hetherington, 2017).

'Practicality'를 이념적 개념이면서도 동시에 행동이나 행위 중심의 실천개념으로 요약해 볼 수 있다. 따라서 정책학에서 실천성을 'practicalism'으로 설명하기보다 'practicality'로 이해하는 것이 보다 더 타당할 것 같다. 정책학에서 이론과 현실의 보이지 아니하는 격차와의 분리를 좁히면서, 해결하고자 하는 정책이론으로서 실천적 사고가 필요하다고 한 것과 같은 개념적 필요성에서 본다면 'practicality'가 보다 더 타당한 용어라고 할 수 있다.

2. 정책 실천성의 구성요소

1) 정책의 실천지식

정책의 실천지식(policy practical knowledge)은 실천성에 기초가 되는 정책의 지식체계이다. 그러나 단순한 정책지식이 아니다. 실천적 관점에서, 즉 정책현실에서 정책의 이론이 타당하고도 적실하다는 것을 주장할 수 있고 실현할 수 있는 지식을 의미한다. 따라서 정책의 실천지식은 정책의 실천성에 초점을 둔 지식체계를 구성한 것이다. 정책의 현실적 맥락을 어떻게 이해하고 구성할 것인가 하는 지식이라고 할 수 있다.

실천적 지식은 실천 또는 실제(practice)를 일상적으로 이론과 대칭되는 개념으로 보고 있다. 이론은 실제를 설명하거나 예측하는 것인 반면에, 실제 또는 실천은 현실에서 사건이나 일의 진행이나 행함(行: doing)이라고 할 수 있다(Kustermans, 2016). 이와 같은 실제나 실천에 관한 지식(경험지식이나 인식지식 또는 선험지식 등)인 실천지식은 사건이나 일의 진행에 관한 지식이다. 그러나 의식이나 목적도 없이 마치 나뭇잎이 바람에 흔들리거나 사계절이 변화하는 것과 같은, 자연적 변동이나 변화의 진행이나 행함에 관한 지식이 아니다. 의식이나 목적에 의한 행동이나 변화에 관한 지식이라고 할 수 있다(Campbell, 2018: 159).

실천성의 실천지식을 이론지식과 구별해서 〈표 4-4〉와 같이 이해할 수 있다.

〈표 4-4〉 이론지식과 실천지식의 차이점

	이론지식(knowing-that)	실천지식(knowing-how)
인식상태	의식적, 의도적 인식의 언어로 표시	묵시적, 불분명한, 자동적 인식
학습형태	공식적인 구도인 과학, 관찰, 학습 등에서 학습	실천과정에서의 경험적이지만 말할 수 없는 학습
실제와의 관계	지식은 실제보다 선행된다, 실제의 뒤편에 숨어있다.	지식은 실천 속에 있다, 실천 속에 구속되어 있다.
추론양태, 유형	명시적인 정당성, 정신에서 현상으로 관찰	묵시적이고 자명한 현상에서 정신으로 행함(行)
잘 알려진 범주	이론, 구도, 모델, 계산, 추론	상식, 경험, 직관, 기술

출처: Pouliot, Vincent. (2008). "The Logic of Practicality: A Theory of Practice of Security Communities." *International Organization*. 62(2): table 3.

〈표 4-4〉에서 보는 이론지식과 실천지식을 요약하면, 세 가지 현상과 관계되어 있다고 볼 수 있다. 즉 사실적 판단의 준거기준으로서 앎의 영역에서만 자신의 관점을 주장하고 전개할 수 있는 지식, 인식의 양상으로서의 지식인 논리적 사유와 양립할 수 있는 이론지식, 실천적 추론에 의한 실천지식인 현실세계에서 실천하고자 하는 의도나 목적에 타당하고 적합한 실천지식 등이라고 할 수 있다.

특히 정책학의 실천성을 이론적으로 설명하고자 하는 실천지식은 실천철학(practical philosophy)에서 중점적으로 논의되고 있는 실천지식에 기초하고 있다고 할 수 있다.

Aristotle는 이론지식과 실천지식을 분명하게 구분하면서 이론지식(*theoria*)은 의견이나 진술이 아니라 우주의 실상, 즉 사물에 관한 이론적이고 철학적인 지식(episteme)이라고 했다; 반면에, 실천적인 추론에 의한 실천지식은 현실적인 활동이나 행동에서 무엇을 어떻게 할 것인가 하는 지식으로서 실천지혜(*phronesis*)라고 하기도 했다. 그래서 많은 경우에 실천적인 추론에 의한 윤리적이고 도덕적인 판단을 할 수 있는 행동에 필요한 지식으로, '*phronesis*'는 Aristotle의 실천지로 잘 알려져 있다.

실천지식은 또한 칸트철학의 핵심적인 주제이기도 하다. 물론 칸트철학은 실천과 이성, 진리 및 이론의 판단에 관한 논쟁과 설명이 핵심지만, Kant의 실천이론도 그의 실천철학의 주제어라고 할 수 있다. Kant는 실천지식을 경험에서 발생되는 것이 아니라 이성적인 추론의 역량에서 발생되는 합리적 것이라고 했다. 그래서 실천지식의 역량을 이해하고 인식하는 것이 인간의 의지이며, 의지에 의한 실천지식은 실천적인 판단에 달려있다고 했다. 나아가 실천적인 판단은 실천적인 원칙에서 발생된다고 보았다. 또한 실천적인 판단은 조건지을 수 없는 인간의 의지를 만들어가는 인식의 형태인 정언명령[2)]이라는 것을 전제로 하고 있다고 했다(Kant, 1993).

Kant의 실천지식은 그의 "이론과 실제"라고 알려진 논문에서 설명한 바와 같이, 준수하고 순응하며 행동해야 할 이론이나 원칙에 관한 삶의 문제를 실천이라고 했다는 것만 여기서 지적하고자 한다. 그는 현실, 즉 실천이나 실제는 지켜야 할 원칙이나 순서 등으로 결과에 영향을 미치는 문제라고 했다. 물론 철학적으로 Kant의 실천지식에 관한 논의는 선과 도덕에 관한 실천의지와 판단, 자유의지와 내적 갈등, 실천지식의 실천에 내재하는 갈등구조 등을 자세히 설명해야 하지만(김창원, 2006), 이론적으로 정확하면서도 올바르다고 할지라도, 실천에서 무용지물이 되는 것을 찾아내고 발견하고 판단할 수 있는 실천적이고 이성적인 판단에 근거하는 지식이 이론이다; 이것이 실천지식으로 총합된다는 것을 실천철학으로 설명한 것이라고 할 수 있다.

또한 공자(孔子)도 배우는 것에서 그치지 아니하고 현실에서 활용하고 적용하는 학이시습(學而時習), 즉 학습(學習)을 강조하고 있다. 그래서 공자의 지식론의 핵심은 역시 배움이지만 실천하고 실습하는 실천지식이라는 사실을 알 수 있다. 그러나 공자의 배움은 단지 실천적이고 구체적인 기술의 수준이 아니라 배움의 최종적인 길은 도(道)에 있음은 당연하다.

유교사상은 사람을 중심으로 하는 배움에 의한 지식을 몇 가지로 구분하기도 한다. 물론 모든 지식은, 특히 실천지식은 실천의 주체인 인간의 행동이나 행위에 초점을 두고 있지만 지식의 주체인 자신의 인성과 성품의 개발과 발전, 즉 수신(修身)에 초점을 두는 위기지학(爲己之學)과, 세상에 보이기 위한, 소위 출세나 이해관계에 초점을 두는

---

2) 칸트철학에서 정언명령 또는 정언명법(categorical imperative)은 최고의 도덕원칙을 의미한다. 일반적으로 Kant의 정언명령은 절대적이고 일반적인 도덕법칙으로서 실천이성의 자율에서 존재한다. 이것은 자연적인 환경이나 타율적인 강제나 명령에서 구할 수 없다. 왜냐하면 도덕법칙은 절대적이고 필연적이기 때문이다. 그래서 정언명령을 첫째, 도덕적인 인간의 자율성을 근본으로 하는 보편적 의지(보편성 정식), 둘째, 인간의 존재가치와 인격이 그 자체로서 목적이며 절대적 가치(목적의 절대가치 정식) 등으로 정형화되어 있다고 설명하기도 한다(나종석, 2003: 94-95).

위인지학(爲人之學) 등으로 구분해서 설명하기도 한다(『논어』, 헌문).

실천지식을 순자(荀子)가 그 당시의 농경사회에 해당될 적절한 비유를 들면서 설명한 것도 예시할 수 있다. 즉 "농사군은 밭일에 정통하지만 농사일을 지도하고 관리하는 관리가 될 수 없다. 상인은 시장의 장사에 정통하지만 시장관리인이 될 수 없다. 그러나 이것을 직접 할 수는 없지만, 즉 사업이나 일에 정통하지는 아니하지만, 사물의 이치와 법칙에 정통하고(이물물: 事物物), 사물의 본질적인 기능과 역할을 잘 알고 이해하는(겸물물: 兼物物) 사람이라면 농사나 장사나 공장의 일을 관리하고 다스릴 수 있다"라고 했다(『순자』, 혜폐).

정책은 살아 움직이는 생명체와도 같다. 동시에 정책의 현실은 매우 복잡하고 다양하다. 특히 정책의 이해관계에 의한 인간의 판단과 결정이 조삼모사(朝三暮四)와 같이 끊임없이 바뀌는 것이 현실이다. 그래서 정책을 배우고 가르치는 것이 무용지물이라고 하는 비판은 굳이 정책학뿐만 아니라, 실천과 응용의 영역을 가진 모든 사회과학에 해당되는 비판이라고 할 수 있다. 그래서 이론-실제 이원론은 영원한 수수께끼라고 하기도 한다.

학습에 의한 정책학의 지식이 실천지의 중심인 것은 사실이다. 또한 이것이 정책학의 학문적 정체성을 위한 기본 지식이다. 이것이 정책학이 탄생되고 발생된 근본적인 이유이고 목적이기도 하다. 그럼에도 불구하고 정책현실에서의 실천지식은 매우 중요한 지식이 되고 있음도 사실이다. 이와 같이 정책학의 실천지식은 배움의 지식뿐만 아니라, 정책현실에서 경험하거나 관찰하면서 얻어지는 지식인 현장지식이나 실무능력 또는 현장감각 등의 지식도 실천지식으로 중요하다고 할 수 있다.

2) 정책의 실천지혜

정책의 실천지혜(policy practical wisdom)를 구체적으로 설명하기 이전에, 맹자(孟子)가 비유해서 설명한 알묘자(揠苗者: 벼를 뽑아 올린 사람)를 우선 소개할 수 있다. 즉 "송나라 사람이 벼가 빨리 자라지 아니하는 것을 걱정해서 벼를 뽑아 올려 주었다. 그래서 집에 와서 친척들에게 내가 벼가 자라는 것을 도와주었다고 했다. 그의 아들이 달려가서 보니 벼가 모두 말라 죽어 있었다. 모든 사람이 벼가 빨리 자라기를 바라고 노력하고 있다. 그러나 그대로 내버려 둔다면 벼가 자라도록 김매기를 하지 아니하는 것과 같은 것이다.

억지로 자라도록 하는 사람은 벼를 뽑아 올려 준 사람과 같다. 이와 같이 조작하는 행동은 이익됨이 없을 뿐만 아니라 해를 미치게 된다"고 한 비유이다. 이와 같은 비유는 지식으로 행동하지만 지혜롭지 못한 사람의 지식의 한계와 위험을 맹자가 지적한 것이다.

정책의 실천성을 구성하는 실천지혜는 기술적이고 방법론적 지식이나 또는 과학적 증거나 현실적인 경험에만 의존하는 지식주의나 증거주의 등과 같은 좁은 의미의 지식이 아니다. 그래서 『중용』에서 강조하고 있는 격물(格物) 사상과 같이, 사물의 궁극적인 이치를 통달하면서 각자의 특성과 소양에 따라서 다양하게 이해하고 이용할 수 있다는 순자의 설명이나, 맹자가 비유한 벼를 뽑아 올리는 자와 같은 어리석음의 지식 등을 경계하여 실천적으로 적용하고 응용할 수 있는 것이 정책의 실천지혜라고 할 수 있다.

일반적으로 서양철학에서 지혜를 이론적 지혜(sophia)와 실천적 지혜(*phronesis*) 등으로 구분하여 설명하기도 한다(Hacker-Wright, 2015). 이것을 구체적으로 세 가지로 구분해서 이해할 수 있다.

첫째, 철학적 지혜(philosophical wisdom)이다.

철학의 지혜는 인간 세상과 생명에 관한 지혜, 즉 인간존재에 관한 근본적인 문제를 궁구하는 것이라고 할 수 있다(Lorence, 2001). 그래서 철학의 지혜를 자아 초월적인 존재로서 인간을 이해하면서 동시에 현상에 관한 직관적인 앎이라고 정리하기도 한다(Trowbridge, 2011). 그래서 Aristotle는 그의 『윤리학』에서 철학적 지혜를 인간의 본성에서 가장 가치로운 것으로 직관과 학문으로 인식하는 것이라고 했다.

둘째, 이론적 지혜(theoretical wisdom)는 지혜의 개념적 정의와 지혜를 인식하거나 발견하는 문제에 초점을 둔 것이다(Ardelt, 2004). 그래서 일반적인 수준으로 통용될 지혜를 정의하기는 어렵다고 하지만 많은 경우에 지혜를 이론적 수준으로 정의하거나, 그의 공통적인 요소 등을 제시하고 있기도 하다. 이론적 지혜는 실천적 지혜를 위한 하나의 전제요소로 생각하면서 이론적 지혜는 그 자체로서 답을 제공하지는 아니하지만 답을 얻을 수 있는 상황을 만들 수 있다고 보았다.

셋째, 지혜를 이해하고 설명하는 철학적이거나 이론적 문제보다는 아마도 지혜의 실천에 관한 실천적 지혜(practical wisdom)가 정책 실천성에서 중요하다.

이와 같은 실천적 지혜는 Aristotle의 '*phronesis*'를 중심적인 개념으로 설명하고 있다. 이것은 배움과 실천이 조화된 군자의 실천덕목으로도 이해할 수 있다(Davies, 2019).

그러나 실천적 지혜를 현자나 성인의 개인적 자질이나 수기치인과 같은 인격형성과 품성에 관한 것뿐만 아니라 공공생활에서 지혜의 실천에 초점을 둔 정책의 실천성으로 이해하는 것이 필요하다. 즉 상황을 인지하고, 적절하고 타당한 감정과 욕망을 이해하면서 정확하게 선택하고 행동하기 위하여 숙고하는, 개인적 수준에서보다 제도적인 수준에서 공적으로 논의되고 사회적으로 실천되는 지혜가 실천지혜일 것이다(Schwartz, 2011).

하나의 예를 들면, 2005년에 카트리나(Katrina) 태풍이 미국 뉴올리언스 주를 강타한 자연재난에서 얻을 수 있는 실천지혜가 있다; 즉 다양한 집단을 효과적으로 응집할 수 있는 공통선의 구축, 현명하게 선택된 소수의 구성원에게 공유된 규칙과 전술을 수행할 수 있도록 하는 사회행동의 동반관계 구축과 상호 간에 분담하는 책임감, 가치로운 사회적 결과를 도출할 조직이나 연합운동, 네트워크 등의 다양한 구성방법, 시민단체 등을 포함하는 개방적인 사회행동 네트워크의 구성, 다수를 위한 공통선을 추구하는 것 등을 정책에서의 실천지혜라고 설명하기도 했다(Cowan, 2017).

이와 같은 지혜를 인간의 개인적인 의사의 결정이나 조직이나 집단, 가족 또는 정부, 국가 등과 같은 공공의 의사결정에서 현재의 때와 위치에서 또는 불확실하면서도 불분명한 미래를 위한 의사를 결정하고 실천해야 하는 현장의 실천지혜라고 할 수 있다.

3) 정책의 실천판단

정책의 실천판단(policy practical judgment)은 정책의 실천지식과 지혜를 기초로 하는 정책의 결정과 실행에 관한 선택과 결정에 초점을 둔 정책 실천성의 또 하나의 개념적 요소라고 할 수 있다.

제4편 1장의 정책과 국가에서 국가의 정책개입의 정당성은 정치적이고 법률적인 정당성(legitimacy) 뿐만 아니라 정책의 수단과 목표에 의한 정당성, 정책의 존재 그 자체의 정당성(justification) 등을 확보해야 한다고 했다. 이것을 정책현실의 실천적인 관점에서 보면 어떻게, 누가, 보편적 수준에서 정치적이고 사회적이면서도 윤리적이고 도덕적으로 정당하고도 타당한가 하는 것을 결정하거나 선택할 것인가 하는 정당성의 판단이 정책의 실천판단의 중심적인 개념이라고 할 수 있다.

정책의 실천판단에서 판단(judgment)을 지식과 지혜를 전제로 하는 실천적이고 인식적인 작용이라고 정의해 볼 수 있다. 특히 개념적 속성에서 볼 때 판단은 현장중심적이고 실천적이라고 할 수 있다. 그래서 행동의 지혜를 영어권에서 사려와 분별력에 의한 신중함(prudence)으로 이해하고 있기도 하다(Cowan, 2017).

정책의 실천판단에서 판단은 실천적 추론에 의한 정책의 과정이나 목표의 합리성으로 설명되기도 한다. 그러나 실천적인 추론은 합리성만으로 만족될 수 없고 실천적인 판단으로 보강되어야 한다. 즉 정책의 결정에 의한 정책의 실천을 유도하고 지도할 수 있어야 한다. 그래서 체제사고(system thinking) 이론으로 유명한 Geoffrey Vicker(1894~1982)는, 인간의 생태체제 내에서 의사결정의 다양한 구성요소들이 시간과 환경에서 상호작용에 의한 균형되는 상태를 정책결정이라고 했다. 즉 정책결정은 정책의 사실과 인과관계의 지식을 판단하는 현실판단과 정책의 목표와 가치에 관한 가치판단, 목표와 수단과의 괴리현상을 극복할 수 있는 정책수단에 관한 도구판단 등을 구성요소로 하는 공감판단(appreciative judgment)이라고 해서 정책결정을 곧 판단의 예술이라고 보았다(Adams 외 2인, 1995).

현실적인 행동과 결정이라는 실천에 초점을 둔 실천판단도 판단 그 자체의 정당성이 아닌 실천성을 판단한다는 것이다. 도덕적 판단이나 정치적 판단, 가치판단, 심지어 철학적 이론이나 이념에 의한 판단 등의 정당성을 현실이나 실천에 초점을 둔다면 판단은 필수적으로 실천성의 구성요소라고 할 수 있다(Svavarsdottir, 2009). 그래서 실천이론이 밝히고 있듯이 철학이나 이론으로서는 정확하고 올바르지만 실천적으로 무용지물이 될 수 있다는 Kant의 지적과 같이, 실천판단이 판단이론의 중심적인 주제이고 과제인 것은 사실이다.

판단에 관한 실천이론이지만 현실에서의 판단과 행동이 간단하거나 명쾌하지는 아니할 수 있다. 예를 들면 실천적인 지혜의 부활이 판단이라고 했지만 현실이나 행동으로 지혜를 부활하는 것을 기술하거나 설명하기는 매우 어렵다. 또한 행동에서의 지혜도 이와 마찬가지이다. 정책의 실천판단은 지식이나 지혜 등을 구분하는 이분법적인 사상이 아니라 정책을 실현하고자 하는 종합적 사고체계라고 할 수 있다. 사고(thinking) 그 자체는 실천력이 아닐 수 있다. 그러나 사고는 다양한 유형의 행동으로 그 형태를 구성할 수 있다. 이때 사고나 사상을 행동으로 전환 또는 변환시키는 현실적 개념을 실천판단이라고 할 수 있다.

4) 정책의 실천책무

정책의 실천책무(policy practical commitment)는 정책 실천성을 종합하는 개념이라고 할 수 있다. 즉 실천적 관점으로 판단한 것을 행동으로 확인하면서 확정하는(determination) 정책 실천성의 구성요소이다. 그러나 실천책무는 정책의 실천지식과 지혜에 의한 판단에 따라서 순차적으로 진행되는 논리적 단계가 아니다. 정책의 실천성, 즉 정책의 현실적 타당성과 적실성이라는 실천적인 지식체계를 설명할 수 있는 정책의지와 책임에 관한 철학적 책무(philosophical commitment) 라고 할 수 있다(Hutchinson, 2011). 철학적 책무이지만 실천적 책무에 관한 의지이고 책임이다.

실천판단은 행동에서의 지혜인 사려와 분별에 의한 판단과 행위의 신중함으로 이해되고 있다고 했다. 또한 지식이나 지혜는 실천적인 추론이나 숙고에 의하여 판단과 결정에 의한 행동을 전제로 하고 있다. 따라서 정책의 실천성에서 행동에의 의지나 책임성 등과 같은 실천책무를 다시 설명할 필요성이 있는가 하는 의문이 생길 수 있다. 그러나 실천책무를 의지에 의한 실천가능성의 자기 확인이나 확신이라고 개념적으로 정의한다면(물론 실천성의 요소로서의 실천책무를 이해하기 위한 수준이지만) 실천판단이나 지혜에서 행동하고자 하는 실천의 의지에 의한 실천의 힘을 설명할 수 있는 실천책무도 정책 실천성의 구성요소에서 중요하다.

실천의 힘 또는 실천력은 행동하는 힘이다. 실천의 힘은 실천적 가능성의 한계를 극복할 수 있는 정신적이고 육체적인 노력의 결과에 의해서 나타나는 에너지라고 할 수 있다. 실천의 가능성은 실천적 지식이나 지혜에 의한 또는 실천판단의 사고작용이나 판단의 선택 등을 실현할 수 있다는 것을 스스로 확인하는 것이다. 이것을 실행할 수 있는 에너지는 실천의 힘, 즉 실천력이라고 할 수 있다.

정책의 실천책무는 실천이라는 행동으로 전환하고자 하는, 즉 자기실현의 의지를 낙관적인 실천 가능성인 실천의지로 정책현실에서 확인하고 개입하는 것이다. 그럼에도 불구하고 의지나 실천 가능성 등은 현실의 경험사회에서 검증하거나 실험하여 측정할 수 없다. 즉 실천적 개념이나 인식개념이라기보다 형이상학적 개념이다. 그러나 정책현실에의 실천책무를 공자와 맹자 및 장자가 비유적으로 설명한 것을 들 수 있다.

먼저 실천성을 맹자(孟子)는 굴정(掘井)(우물파기)에 비유했다. 즉 "아무리 깊이 우물을 팠다고 하더라도 땅속에서 물이 나오지 아니한다면 쓸모없는 우물"(『맹자』, 진심장구 상)이라는 비유로 이해할 수 있다. 이와 같은 비유는 왕도정치의 이념이나 사상도 실천의지에 따라서 실천가능성을 확인하고 이에 따라서 개입하여 실현한다는 실천책무를 맹자가 비유적으로 설명한 것이다.

장자(莊子)는 "양여(들보)로 성(城)을 뚫을 수 있지만 구멍을 막을 수 없는 것은 각 도구의 쓰임새가 다르기 때문이다. 하루에 천리를 달리는 준마이지만 쥐를 잡는 데는 살쾡이나 족제비만도 못한 것은 각각의 타고난 기술이 다르기 때문이다. 올빼미는 밤에 벼룩을 잡고 털끝도 살필 수 있지만 낮에는 눈을 부릅떠도 언덕이나 산도 보지 못한다. 이것은 각각의 본성이 다르기 때문"이라고 지적했다(『장자』, 외편 추수).

공자(孔子)는 안회(顔回)라는 제자가 "공자를 뵙고 위(衛)나라로 가서 위나라 군주(젊으면서 독단적이고 자신의 과오를 깨닫지 못하고 경망스럽게 정치를 하며 백성을 죽음으로 내몰면서, 온 나라에 죽은 자가 마치 연못에 잡초가 가득하듯이 해서 백성들이 안절부절 못하는 나라)에게 공자에게서 배운 것(정치가 올바른 나라에는 떠나고, 혼란스런 나라에는 나아가 실천한다)을 가르치고 실천하고자 해서 간다고 했다. 이에 공자는 만약 위태로운 위나라로 간다면 그대는 죽임을 당할 수도 있을 것이다. 왜냐하면 도는 잡스럽지 아니해야 한다. 잡스러우면 번잡해지고, 번잡하면 탁해지고, 탁해지면 근심이 생긴다. 근심이 있으면 남을 구제하지 못한다(즉 도를 실천할 수 없다). 예로부터 지극한 사람은 먼저 자신에게 도를 갖추고 이후에 남에게 갖추게 하였다. 자신도 아직 부족하기 그지없으면서 어느 겨를에 포학한 군주를 선도할 것인가"라고 하면서 그의 제자의 섣부른 실천행을 지적했다(『장자』, 내편 인간세).

정책의 실천책무는 철학실천이나 철학하기 또는 철학상담, 철학치료, 철학치유, 임상철학 등과 같은 다양한 용어의 대표되는 철학실천(philosophical practice)과는 다르다. 즉 철학실천은 일상적인 현실생활과 철학을 중심주제로 하고 있다(Achenbach, 2018). 그러나 정책의 실천책무는 정책의 현실이나 실천을 중심으로 하고 있다. 실천지식과 지혜 및 판단 등을 실천적인 책임감이나 대응력 등으로 종합하는 실천성의 요소이다.

정책 또는 정책학의 실천성의 구성요소 네 가지를 〈표 4-5〉와 같이 요약할 수 있다.

〈표 4-5〉 정책 실천성의 네 가지 구성요소

	속 성
정책의 실천지식 (practical knowledge)	• 정책의 현실적 맥락의 이해에 관한 철학적 사고체계의 실천지식 • 실천철학의 실천지식 • 정책학습의 학습지, 경험지, 관찰지 등의 실천지식
정책의 실천지혜 (practical wisdom)	• 정책의 실천에 관한 지혜(Aristotle의 '*Phronesis*' 등) • 사물의 궁극적인 이치에의 통달인 격물(格物)사상에 기초
정책의 실천판단 (practical judgment)	• 실천지식과 실천지혜 등을 정책세계에서 실행할 선택과 결정 • 지식과 지혜를 전제로 하는 실천적인 정책인의 인식작용
정책의 실천책무 (practical commitment)	• 실천적으로 판단한 것을 정책행동으로 확인하고 확정(determination) • 정책의 실천성에 관한 정책의지와 책임의 철학적 책무

참고문헌

강민. (1978). “한국정치학자의 정책연구: 경향과 평가.”『한국정치학회보』. 12: 93-110.

강영철 · 이철주. (2012). “정책집행상 실패한 사업의 존속과 부활에 대한 연구: 정부사업은 어떠한 논리로 지속되는가?”『한국정책학회보』. 21(3): 125-157.

강오윤. (1970).『정책결정의 배경과 방법론』. 서울: 법문사.

강은숙 · 이달곤. (2005). “정책사례연구에 대한 방법론적 논의.”『행정논총』. 43(4): 96-121.

강진호. (2007). “초기 분석철학 연구의 최근 쟁점들.”『철학과 현실』. 72: 110-123.

김성윤. (2010). “사회발전과 인구변동에 관한 연구.”『정책과학연구』. 19(2): 5-21.

김성준. (2012).『공공선택론: 정치 · 행정의 경제학적 분석』. 서울: 박영사.

김성준 · 오정일. (2012).『비용편익분석의 이해』. 대구: 경북대학교 출판부.

김영평 · 성지은. (2005). “한국 정책학 연구의 어제와 오늘, 그리고 내일.” 고려대학교 행정학과 50주년 기념발표논문.

김주환. (2002). “정책학의 과거, 현재, 미래.”『한국정책학회보』. 11(1): 313-318.

김정인. (2017). “공공리더십에 관한 경험적 연구.”『지방정부연구』. 21(3): 313-339.

김종석. (2017). “성호 이익의 철학사상에 있어서 실천성의 의미.”『국학연구』. 33: 131-164.

김창원. (2006). “실천적 행위에 내재한 근본적인 갈등구조: 칸트의 실천철학을 중심으로.”『철학연구』. 75: 289-313.

김춘남. (1987). “梁啓超의 국가사상.”『동국사학』. 21: 73-91.

김혜정. (2012). “전자민주주의에 있어 전자투표에 관한 연구: 전자투표의 한계극복을 위한 e-리더십의 제고.”『한국지역정보화학회지』. 15(3): 175-196.

나종석. (2003). “정언명법과 칸트 윤리학의 기본특성에 대한 고찰.”『철학연구』. 62: 93-112.

나태준. (2017). “4차 산업혁명과 정책분석 · 평가연구의 방향.”『정책분석평가학회보』. 27(4): 193-221.

노화준. (1996). “한국 정책학의 발전과 성격.”『행정논총』. 34(1): 19-31.

목진휴 · 강근복 · 오철호 · 최영훈 · 홍형득 · 김희경 · 박영원. (2007). “한국 정책학 교육의 실태분석과 발전을 위한 제안.”『한국정책학회보』. 16(4): 97-120.

박병구. (2016). “내성외왕(內聖外王) 사상의 군자정치 연구: 공자와 맹자를 중심으로.”『퇴계학과 유교문화』. 59: 203-232.

박석희 · 이종원. (2008). “정책갈등 상황에서의 관료정치 전략분석.”『한국행정연구』. 17(2): 59-87.

박정한. (2018). “저출산 대책에 대한 다학제적 접근.”『보건행정학회지』. 28(3): 233-239.

박종화. (2007).『현대입지론』. 서울: 대영문화사.

박현모. (2006).『세종의 수성(守成) 리더십』. 서울: 삼성경제연구소.

백완기. (2003). “행정학사: 행정학과 공공정책.” 사단법인 한국정치학회 편. 『한국정치학회 50년사: 1953-2003』: 309-365.

사득환. (1999). “민선시대의 환경갈등과 정책조정.” 『한국정책학회보』. 8(1): 249-272.

서지문. (2012). 『서양인이 사랑한 공자 동양인이 흠모한 공자』. 파주: 양서원.

송규범. (2007). “『정부론』 저술과 관련한 몇 가지 쟁점.” 『영국연구』. 18(0): 125-155.

송현동. (2013). “융복합시대의 종교학: 인문과 실용.” 『종교연구』. 73: 177-204.

신우철. (2011). “우리 헌법사에서 기본권의 의미: 그 이상과 현실의 교직.” 『역사비평』. 96: 61-108.

안병철 · 이계만. (2009). “정책실패에 관한 연구경향 분석.” 『한국정책과학학회보』. 13(2): 1-19.

안치민. (2003). “사회정책사상과 불평등 문제.” 『사회복지정책』. 16: 7-25.

양승일. (2014). 『정책변동론: 이론과 적용』. 서울: 박영사.

오영석 · 고창택. (2008). 『정책논증의 구조와 방법』. 경주: 대양기획.

우창빈. (2013). “행복을 추구하는 행복정책은 가능한가? 행복을 목표로 하는 공공정책의 이론, 논란, 가능성과 조건들.” 2013년 한국정책학회 춘계학술대회 발표논문.

유민봉. (1992). “정책결정의 논변모형에 의한 접근과 논변과정에서의 왜곡.” 『한국행정학보』. 25(4): 102-121.

윤수재. (2012). 『정부업무평가에 대한 메타평가 및 개선방안 연구』. 한국행정연구원 연구보고서 2012.

윤형섭. (2009). “갈림길에 선 한국: 무엇이 문제이며, 어디로 갈 것인가?” 2009년 8월 한국정치학회 주최 세계학술대회 기조연설.

이광희. (2104). 『행정관리역량평가 실태분석 및 개선방안 연구』. 한국행정연구원 연구보고서 2014-05.

이영균. (1994). “행정학 연구영역의 변천에 관한 소고: 박사학위 논문분석을 중심으로.” 『한국행정학보』. 28(4): 1463-1482.

이종원. (2011). “정책 사례연구 방법의 활용현황과 발전을 위한 제언: 비교사회과학 방법론의 논의를 중심으로.” 『한국거버넌스학회보』. 18(3): 1-20.

이해영. (2001). 『다차원 정책론: 실체와 적용』. 서울: 법문사.

이해영. (2005). “정책리더십의 접근방법으로 자정모형의 가능성 탐색.” 『한국정치학회보』. 39(2): 7-26.

이해영. (2010). “정책철학 연구의 필요성과 배경논의에 관한 소고.” 『한국정책학회보』. 19(1): 11-34.

임의영. (2006). “합리성의 행정철학적 논의구조와 H. A. Simon의 합리성 개념.” 『한국행정논집』. 18(4): 981-1002.

정경희. (2009). “다문화주의 논쟁: 남톤과 구노.” 『역사교육』. 110: 211-242.

정광호. (2004). “미국의 정책학 교육.” 한국정책학회 동계학술대회 발표논문.

정연홍. (2010). “화이트헤드의 과정철학에서 존재와 지각.” 『철학논총』. 59: 313-330.

정용남. (2013). “정부변동과 정책변동 관계 이해연구: 영국사례를 중심으로.” 『한국사회와 행정연구』. 23(4): 103-141.

정정화. (2003). “부처 간 정책갈등과 관료정치: 새만금 간척사업을 중심으로.” 『한국행정논집』. 15(1): 81-105.

정준표. (2003). "합리적 선택이론에 있어서 합리성의 개념." 『대한정치학회보』. 11(2): 415-439.
조화순 · 송경재. (2004). "인터넷을 통한 시민 정책참여: 단일이슈 네트워크운동의 정책결정과정." 『한국행정학보』. 38(5): 197-214.
차의환. (2007). 『정책평가의 이론과 실제』. 전면개정판. 파주: 도서출판 한울.
최은광. (2016). "하버마스 담론윤리의 이상화 전략." 『윤리연구』. 109: 85-110.
한국정책학회. (2014). 『정책사례연구』. 서울: 대영문화사.
허만용 · 이해영. (2012). "정책학의 학문적 정체성에 관한 시론적 연구: 한국정책학회와 한국정책학회보를 중심으로." 『한국정책학회보』. 21(2): 1-31.
허범. (2002). "정책학의 이상과 도전." 『한국정책학회보』. 11(1): 293-311.
홍성운. (2009). "온리인상의 정책의제 형성과정에 관한 연구." 『한국거버넌스학회보』. 16(3): 109-131.
황해동. (2011). "정책대상집단의 정책불응에 관한 연구: 무등산 공유화운동을 중심으로." 『지방정부연구』. 15(2): 211-232.
時事通信社. (1954). "ダニエル・ラーナー,ハロルド・D.ラスウェル「政策科学」." 『世界週報』. 35(20): 68-69.
山口定. (1993). "政策科學部の課題と展望." 『政策科學』. 創刊號: 1-17.
平井宜雄. (1995). 『法政策学：法制度設計の理論と技法』. 東京: 有斐閣.
刘雪明 · 钟贞茂. (1999). "论政策科学的产生与发展." 『江西教育学院学报(社会科学)』. 4期.
钱再见. (2007). 『现代公共政策学』. 南京师范大学出版社.

Achenbach, Gerd. (2018). "What Matters? What Is Important in Truth? What Is Crucial in the End? Leading Principles in Philosophical Practice." *Philosophical Practice: Journal of the American Philosophical Practitioners Association*. 13(3): 2171-2181.
Adams, Guy B., Bayard L. Catron, and Scott D.N. Cook. (1995). "Forward to the Centenary Edition of the Art of Judgment." in *The Art of Judgment: A Study of Policy Making*. Sir Geoffrey Vickers Centenary Edition. Thousand Oaks; California: SAGE Publications: xiii-xxiv.
Adams, William C., Donna L. Infeld, Laura F. Minnichelli, and Michael W. Ruddell. (2014). "Policy Journal Trends and Tensions: *JPAM* and *PSJ*." *Policy Studies Journal*. 42(S1): S118-S137.
Agrawal, Ajay, Joshua Gans, and Avi Goldfarb. (2016). "The Obama Administration's Roadmap for AI Policy." *Harvard Business Review Digital Articles*. 12월 21일: 2-6.
Allison, Graham T. (1969). "Conceptual Models and the Cuban Missile Crisis." *American Political Sciences Review*. 63(3): 689-718.
Allison, Christine R. and Audrey L'Esperance. (2010). "Morality Policies, Legal Mobilization, and the Canadian Charter of Rights and Freedoms: Does Policy Determine Politics and Patterns of Judicialization?" A conference paper on the American Political Science Association.
Almaashi, Ibrahim. (2015). "The Request for a Bridge Between Politics and Public Policies." *SEA: Practical Application of Science*. 3(2): 255-258.

Anderson, James E. (2014). *Public Policymaking*. eight edition. Stamford; Connecticut: Cengage Learning.

Anjum, RL and SD Mumford. (2017). "A Philosophical Argument Against Evidence-based Policy." *Journal of Evaluation in Clinical Practice*. 23(5): 1045-1050.

Aron, Raymond. (1965). *Main Currents in Sociological Thought 1: Montesquieu, Comte, Marx, Tocqueville; The Sociologists and the Revolution of 1848*. translated by Richard Howard and Helen Weaver. Middlesex; England.

Austerlitz, F and E Heyer. (2018). "Neutral Theory: From Complex Population History to Natural Selection and Sociocultural Phenomena in Human Populations." *Molecular Biology and Evolution*. 35(6): 1304-1307.

Bardach, Eugen. (1976). "Policy Termination as a Political Process." *Policy Sciences*. 7(2): 123-131.

Bardach, Eugene. (1977). *The Implementation Game: What Happens After a Bill Becomes a Law*. Boston: MIT Press.

Bardach, Eugene and Eric Patashnik. (2015). *A Practical Guide for Policy Analysis: The Eight Path to More Effective Problem Solving*. Washington, D.C.: CQ Press.

Barnard, Chester I. (1968). *The Function of the Executive*. Cambridge: Harvard University Press.

Barrios, Cristina. (2010). "The Politics of Policy-making in Democracy Promotion: A Study of American and European Actors." A conference paper on the international studies association.

Bauer, Michael W. (2006). "Policy Termination as a Policy-analytical Concept." *Politische Vierteljahresschrift*. 49(2): 147-165.

Baumer, Donald C. and Carl E. Van Horn. (2013). *Politics and Public Policy: Strategic Actors and Policy Domains*. fourth edition. Washington, D.C.: CQ Press.

Baumgartner, Frank R. and Bryan D. Jones. (1993). *Agendas and Instability in American Politics*. Chicago: University of Chicago Press.

Behn, Robert D. (1982). "How to Terminate a Public Policy: A Dozen Hints for the Would-be Terminator." in *Cases in Public Policy-making*. James E. Anderson. edited. second edition. New York: Holt, Rinehart and Winston: 257-273.

Behn, Robert D. and James W. Vaupel. (1982). *Quick Analysis for Bust Decision Makers*. New York: Basic Books, Inc., Publishers.

Berman, Paul (1978). "The Study of Macro- and Micro implementation." *Public Policy*. 26(2): 157-184.

Birkland, Thomas A. (2011). *An Introduction to the Policy Process: Theories, Concepts, and Models of Public Policy Making*. London; M.E. Sharpe.

Bleich MR. (2017). "Leadership Roles in Standards and Policy Development." *Journal of Continuing Education in Nursing*. 48(5): 203-205.

Boyer, Robert. (1995). "Introduction." in *Regulation Theory: The State of the Art*. edited by Robert Boyer and Yves Saillard, English translated by Carolyn Shread, New York: Routledge.

Breznau, Nate and carola Hommerich. (2019). "The Limits of Inequality: Public Support for Social

Policy Across Rich Democracies." *International Journal of Social Welfare*. 28(2): 138-151.

Brown, Lawrence D. (1983). *New Policies, New Politics: Government's Response to Government Growth.* Washington, D.C.: Brookings Institution.

Brummer, Klaus. (2016). "Fiasco Prime Ministers': Leaders' Beliefs and Personality Traits as Possible Causes for Policy Fiascos." *Journal of European Public Policy*. 23(5): 702-717.

Brunner, Ronald D. (1991). "The Policy Movement as a Policy Problem." *Policy Sciences*. 24(1): 65-98.

Buchanan, James M. and Gordon Tullock. (1962). *The Calculus of Consent: Logical Foundations of Constitutional Democracy*, Ann Arbor: University of Michigan Press.

Burns, James M. (1978). *Leadership*. New York: Harper Torchbooks.

Campbell, Lucy. (2018). "An Epistemology for Practical Knowledge." *Canadian Journal of Philosophy*. 48(2): 159-177.

Capano, Giliberto. (2017). "Resilience and Robustness in Policy Design: A Critical Appraisal." *Policy Sciences*. 50(3): 399-426.

Christie, Christina A. (2014). "Critical Criteria on Client and Customer Satisfaction for the Issue of Performance Measurement." *Journal of Management in Engineering*. 30(1): 10-18.

Clark, Tim W. (2002). *The Policy Process: A Practical Guide for Natural Resource Professionals*. New Heaven: Yale University Press.

Cobb, Roger W. and Charles D. Elder. (1982). "Issue Creation and Agenda Building," in *Cases in Public Policy-making*. James E. Anderson. edited, second edition. New York: Holt, Rinehart and Winston: 3-11.

Cohen, Michael D., James C. March, and Johan P. Olsen. (1972). "A Garbage Can Model of Organizational Choice." *Administrative Science Quarterly*. 17(1): 1-25.

Corduneanu-Huci, Cristina, Alexander Hamilton, and Issel Ferrer. (2012). *Understanding Policy Change: How to Apply Political Economy Concepts in Practice*. Washington, D.C.: World Bank Publications.

Cowan, Michael A. (2017). "Inclusiveness, Foresight, and Decisiveness: The Practical Wisdom of Barrier-crossing Leaders." *New England Journal of Public Policy*. 29(1): 1-10.

Crosby, Barbara C. and Jogn M. Bryson. (2018). "Why Leadership of Public Leadership Research Matters: And What To Do About It." *Public Management Review*. 20(9): 1265-1286.

Crossler, Robert E., James H. Long, Tina M. Loraas, and Brad S. Trinlle. (2017). "The Impact of Moral Intensity and Ethical Tone Consistency on Policy Compliance." *Journal of Information Systems*. 31(2): 49-64.

Crozier, Michael. (2008). "Information Flows: From Models of Politics-policy to Modes of Policy-politics." American midwestern political science association conference paper.

Davies, Melanie. (2019). "Practical Wisdom and Democratic Education: Phronesis, Art and Non-traditional Students." *Widening Participation & Lifelong Learning*. 21(1): 145-151.

deLeon, Peter. (1988). *Advice and Consent: The Development of the Policy Sciences*. New York:

Russell Sage Foundation.

deLeon, Peter. (1994). "The Policy Sciences Redux: New Roads to Post-positivism." *Policy Studies Journal*. 22(1): 176-185.

deLeon, Peter and Christopher M. Weible. (2010). "Policy Process Research for Democracy: A Contemporary on Lasswell's Vision." *International Journal of Policy Studies*. 1(2): 23-33.

Demeny, Paul. (2011). "Population Policy and the Demographic Transition: Performance, Prospects, and Options." *Population and Development Review*. 37(Supplement): 249-74.

de Souza, Yalle H. and Leonardo Secchi. (2015). "Policy Termination: A Theoretical Synthesis of the Forgotten Stage of the Policy Cycle." *Cadernos Gestao Publica E Cidadania*. 20(66): 75-93.

Doornbos, Martin. (2012). "Research, Policy and Politics: Connections, Collusions and Collisions." *Halduskultuur*. 13(1): 39-48.

Dousa, Thomas M. (2010). "Classical Pragmatism and Its Varieties: On a Pluriform Metatheoretical Perspective for Knowledge Organization." *Knowledge Organization*. 37(1): 65-71.

Dror, Yehezkel. (1968). *Public Policymaking, Reexamined*. New Brunswick: Transaction.

Dror, Yehezhel. (1971). *Design for Policy Sciences*. New York: American Elsevier Publishing Co.

Dror, Yehezkel. (1994). "Basic Concepts in Advanced Policy Sciences." in *Encyclopedia of Policy Studies*. second edition, revised and expanded, edited by Stuart S. Nagel. New York: Marcel Dekker, Inc.: 1-30.

Dryzek, John S. (1990). *Discursive Democracy: Politics, Policy, and Political Sciences*. Cambridge: Cambridge University Press.

Dunlop, Claire A. and Claudio M. Radaelli. (2018). "Does Policy Learning Meet the Standards of an Analytical Framework of the Policy Process?" *Policy Studies Journal*. 46(S1): s48-s68.

Dunn, William N. (2018). *Public Policy Analysis: An Integrated Approach*. sixth edition. New York: Routledge.

Dye, Thomas. (2016). *Understanding Public Policy*. fifteenth edition. Upper Saddle River; New Jersey: Pearson.

Easton, David. (1957). "An Approach to the Analysis of Political Systems." *World Politics*. 9(April): 383-400.

Edelenbos, Jurrien. (1999). "Design and Management of Participatory Public Policy Making." *Public Management* 1(4): 569-578.

Edwards, Peter and Daniel Kleinschmit. (2015). "National Forest Policy Between Change and Resistance." *Scandinavian Journal of Forest Research*. 30(3): 201-203.

Edwards, George C., Kenneth R. Mayer, and Stephen J. Wayne. (2018). *Presidential Leadership: Politics and Policy Making*. Lanham; Maryland: Rowman & Littlefield Publishers.

Eggertsson, Gauti B. and Vaishali Garga. (2019). "Sticky Prices versus Sticky Information: Does It Matter for Policy Paradoxes?" *Review of Economic Dynamics*. 31: 363-392.

Ehrlich, Paul R. (1968). *The Population Bomb: Population Control or Race to Oblivion?* New

York: Buccaneer Books, Inc.

Eller, Warren and Glen Krutz. (2009). "Policy Process, Scholarship, and the Road Ahead: An Introduction to the 2008 Policy Shootout!" *Policy Studies Journal*. 37(1): 1-4.

Ellison, B. Scott, Ariel M. Aloe, and Sheghreen Iqtadar. (2019). "Policy Field and Policy Discourse: The American Federation for Children Network." *Education Policy Analysis Archives*. 27(4): 1-22.

Elmore, Richard F. (1978). "Organizational Models of Social Program Implementation." *Public Policy*. 26(2): 185-228.

Etzioni, Amitai. (1967). "Mixed-scanning: A Third Approach to Decision-making." *Public Administration Review*. 27(5): 385-392.

Etzioni, Amitai. (1968). *The Active Society: A Theory of Societal and Political Processes*. New York: Free Press.

Farr, James, Jacob S. Hacker, and Nicole Kazee. (2006). "The Policy Scientist of Democracy: The Discipline of Harold D. Lasswell." *American Political Science Review*. 100(4): 579-587.

Farr, James, Jacob Hacker, and Nicole Kazee. (2008). "Revisiting Lasswell." *Policy Sciences*. 41(1): 21-32.

Ferry, Martin and John Bachtler. (2013). "Reassessing the Concept of Policy Termination: The Case of Regional Policy in England." *Policy Studies*. 34(3): 255-273.

Fisher, Frank. (1998). "Beyond Empiricism: Policy Inquiry in Postpositivist Perspective." *Policy Studies Journal*. 26(1): 129-137.

Frohock, Fred M. (1979). *Public Policy: Scope and Logic*. Englewood Cliffs: Prentice-Hall, Inc.

Gardner, Annette and Claire Brindis. (2017). *Advocacy and Policy Change Evaluation: Theory and Practice*. Stanford; California: Stanford Business Books.

Gerston, Larry N. (1983). *Making Public Policy: From Conflict to Resolution*, Dallas: Scott, Foresman and Company.

Gesell, Izzy. (2014). "Facilitative Leadership." *Journal for Quality & Participation*. 37(1): 25-34.

Gluckman P. (2014). "Policy: The Art of Science Advice and to Government." *Nature*. 13(507): 163-165.

Gokariksel, Banu, Christopher Neubert and Sara Smith. (2019). "Demographic Fever Dreams: Fragile Masculinity and Population Politics in the Rise of the Global Right." *Signs: Journal of Women in Culture & Society*. 44(3): 561-587.

Graham, George A. (1993). "How Professor Wilson Rate Public Administration Today." *Public Administration Review*. 53(5): 486-502.

Hacker-Wright, John. (2015). "Skill, Practical Wisdom, and Ethical Naturalism." *Ethical Theory and Moral Practice*. 18(5): 983-993.9

Haider-Markel, Donald P. (2018). "The Relevance of Moral Dialogs for Policy Studies and Political Science." *Social Science Journal*. 55(1): 25-27.

Hartmann, Betsy. (2016). *Reproductive Rights and Wrongs: The Global Politics of Population*

Control. third edition, New York: Haymarket Books.

Heidelberg, Roy L. and Anand Desai. (2015). "Simulation Rules: The Role of Simulation in Policy Inquiry." *Administrative Theory & Praxis*. 37(1): 1-17.

Heineman, Robert A., William T. Bluhm, Steven A. Peterson, and Edward N. Kearmy. (2002). *The World of the Policy Analyst: Rationality, Values, & Politics*. third edition. New York: Seven Bridges Press. LLC.

Hetherington, Stephen. (2017). "Knowledge as Potential for Action." *European Journal of Pragmatism and American Philosophy*. 9(2): 1-19.

Hornung, Johanna, Nils C. Bandelow, and Colette S. Vogeler. (2019). "Social Identities in the Policy Process." *Policy Sciences*. 52(2): 211-231.

House, Ernest R. (2015). "The Politics of Evaluation and the Evaluation of Politics." *Evaluation*. 21(4): 492-496.

Hutchinson, Phil. (2011). "Commentary: the Philosopher's Task: Value-Based Practice and Bringing to Consciousness Underlying Philosophical Commitments." *Journal of Evaluation in Clinical Practice*. 17(5): 999-1001.

Hyndman, Rob J. and George Athanasopoulos. (2018). *Forecasting: Principles and Practice*. www.otexts.org (on-line textbook publisher).

Inazu, John D. (2016). *Confident Pluralism: Surviving and Thriving through Deep Difference*. Chicago; Illinois: University of Chicago Press. Jones,

Jaques, Elliott and Stephen D. Clement. (1994). *Executive Leadership: A Practical Guide to Managing Complexity*. Arlington; Virginia: Cason Hall & Co. Publishers, Ltd.

Jones, Charles O. (1970; 1984). *An Introduction to the Study of Public Policy*. third edition. Monterey; California: Brooks/Cole Publishing Company.

Jones, G. W. (1984). "Politics and Administration: Woodrow Wilson and American Public Administration." *Public Administration & Development*. 4(4): 385.

Jordan, Andrew and Dave Huitema. (2014). "Innovations in Climate Policy: The Politics of Invention, Diffusion, and Evaluation." *Environmental Politics*. 23(5): 715-734.

Kane, Gerald C., Ahn H. Phillips, Johathan Copulsky, and Garth Andrus. (2019). "How Digital Leadership Is(n't) Different: Leaders Must Blend Traditional and New Skills to Effectively Guide Their Organizations into the Future." *MIT Sloan Management Review*. 60(3): 34-39.

Kant, (1996). *Practical Philosophy*. translated and edited by Mary Gregor. Cambridge; UK: Cambridge University Press.

Kaplan, Abraham. (1963). *American Ethics and Public Policy*. New York: Oxford University Press.

Kecskemeti, Paul. (1952). "The Policy Sciences: Aspiration and Outlook." *World Politics*. 4(July): 520-535.

Kim, Jaegwon. (2011). *Philosophy of Mind*, third edition. Boulder; Colorado: Westview press.

Kjaer, Poul F. (2017). "European Crises of Legally-constituted Public Power: From the Law of Corporatism to the Law of Governance." *European Law Journal*. 23(5): 417-430.

Kjellberg, Francesco. (1977). "Do Policies(Really) Determine Politics? And Eventually How?" *Policy Studies Journal*. 5(special issue): 554-570.

Koliba, Christopher, Jack W. Meek, and Asim Zia. (2010). *Governance Networks in Public Administration and Public Policy*. Boca Raton: CRC Press.

Konye, Michael. (2016). "Which Theory of Communication Is Political Correctness?" *Journal of Education*. 2: 53-74.

Kraft, Michael E. and Scott R. Hurlong. (2017). *Public Policy: Politics, Analysis, and Alternatives*. sixth edition. Thousand Oaks; California: CQ Press.

Krause, George A. and Benjamin F. Melusky. (2012). "Concentrated Powers: Unilateral Executive Authority and Fiscal Policymaking in the American States." *Journal of Politics*. 74(1): 98-112.

Kristiansen, Mads B. (2015). "Management by Objectives and Results in the Nordic Countries: Continuity and Change, Differences and Similarities." *Public Performance & Management Review*. 38(3): 542-569.

Kristinsson, Axel and Arni D. Juliusson. (2016). "Adapting to Population Growth: The Evolutionary Alternative to Malthus." *Cliodynamics: The Journal of Theoretical & Mathematical History*. 7(1): 37-75.

Kroner, Richard. (1936). "Philosophy of Life and Philosophy of History." *Journal of Philosophy*. 33(8): 204-212.

Kustermans, Jorg. (2016). "Parsing the Practice Turn: Practice, Practical Knowledge, Practices." *Millennium: Journal of International Studies*. 44(2): 175-196.

La Porte, Todd M., Chris C. Demchak, and Martin de Jong. (2002). "Democracy and Bureaucracy in the Age of the Web: Empirical Findings and Theoretical Speculations." *Administration & Society*. 234(4): 411-447.

Lasswell, Harold D. (1950). *Politics: Who Gets What, When and How*. New York: Peter Smith.

Lasswell, Harold D. (1951). "The Policy Orientation." in *The Policy Sciences: Recent Developments in Scope and Methods*. Lasswell and Daniel Lerner. edited. Stanford: Stanford University Press: 3-15.

Lasswell, Harold D. (1966). *Analysis of Political Behavior: An Empirical Approach*. Hamden: Archon Books.

Lasswell, Harold D. (1970). "The Emerging Conception of the Policy Sciences." *Policy Sciences*. 1: 3-14.

Lasswell, Harold D. (1971). *A Pre-view of Policy Sciences*. New York: American Elsevier.

Lasswell, Harold D. and Myres S. McDougal. (1943). "Legal Education and Public Policy: Professional Training in the Public Interest." *Yale Law Journal*. 52: 203-295.

Lasswell, Harold D. and Myres S. McDougal. (1992). *Jurisprudence for a Free Society: Studies in Law, Science and Policy*. 2 volumes. New Haven: New Haven Press.

Lawlor, Andrea and Deserai Crow. (2018). "Risk-based Policy Narratives." *Policy Studies Journal*. 46(4): 843-867.

Leontief, W. (1971). "Theoretical Assumptions and Nonobserved Facts." *American Economic Review.* 61: 1-7.

Levin, Lia. (2012). "Towards a Revised Definition of Client Collaboration: The Knowledge-power-politics Triad." *Journal of Social Work Practice*. 26(2): 181-195.

Lewis, Helene. (2016). "Chapter 2: Social Darwinism." *Journal of Psychohistory*. 44(2): 154-161.

Lindblom, Charles E. (1959). "The Science of Muddling Through." *Public Administration Review.* 39(6): 79-88.

Lindblom, Charles E. and Edward J. Woodhouse. (1993). *The Policy-making Process*. third edition. Englewood Cliffs: Prentice Hall.

Lipsky, Michael. (2010). *Street-level Bureaucracy: Dilemmas of the Individual in Public Service.* 30th anniversary expanded edition. New York: Russell Sage Foundation.

Loveday, Vik. (2016). "Embodying Deficiency Through Affective Practice: Shame, Relationality, and the Lived Experience of Social Class and Gender in Higher Education." *Sociology*. 50(6): 1140-1155.

Lorence, Wlodzimierz. (2001). "Wisdom and Philosophy in a Hermeneutical Approach to Philosophy." *Dialogue and Universalism*. 11(7/8): 15-31.

Lowi, Theodore J. (1972). "Four Systems of Policy, Politics, and Choice." *Public Administration Review.* 32(2): 298-310.

Lowi, Theodore J. and Benjamin Ginsberg. (1994). *American Government: Freedom and Power*. third edition. New York: W.W. Norton & Company.

Luke, Jeffrey S. (1998). "Policy Leadership." in *International Encyclopedia of Public Policy and Administration.* Jay M. Shafritz. edited. Boulder: Westview Press.

Malthus, Thomas. R. (1970). (original, 1798). *An Essay on the Principle of Population and a Summary View of the Principle of Population*. edited with an introduction by Antony Flew. New York: Penguin Books.

March, James G. and Herbert A. Simon. (1958). *Organizations.* New York: John Wiley & Sons.

Massey, Douglas S. (2013). "America's Immigration Policy Fiasco: Learning from Past Mistakes." *Daedalus*. 142(3): 5-15.

May, Peter J. Joshua Sapotichne, and Samuel Workman. (2009). "Widespread Policy Disruption and Interest Mobilization." *Policy Studies Journal*. 37(4): 793-815.

McDougal, Myres S. (1979). "Harold Dwight Lasswell, 1902-1978." *Yale Law Journal.* 88(5): 675-678.

McFarland, Andrew S. (2007). "Neopluralism." *Annual Review of Political Science*. 10(1): 45-66.

McKeown, Bruce and Dan B. Thomas. (2013). *Q Methodology: Quantitative Applications in the Social Sciences.* second edition. Thousand Oaks; California: SAGE Publications, Inc.

Mead, Lawrence M. (1985). "Policy Studies and Political Science." *Policy Studies Review.* 5(2): 319-335.

Merelman, Richard M. (1971). "The Development of Policy Thinking in Adolescence." *American Political Science Review.* 65(4): 1033-1047.

Miser, Hugh J. and Edward S. Quade. (1985). *Handbook of System Analysis.* edited. New York: Elsevier Science Publishing Co.

Marshak, Robert J. and Gervase R. Bushe. (2018). "Planned and Generative Change in Organization Development." *Organizational Development Practicinoners*. 50(4): 9-15.

Monteiro, David. (2016). "Street-level Bureaucracy Revisited." *Language & Dialogue*. 6(1): 54-80.

Morgan, M. Granger. (2017). *Theory and Practice in Policy Analysis*. New York: Cambridge University Press.

Mucciaroni, Gary. (1991). "Unclogging the Articles: The Defeat of Client Politics and the Logic of Collective Action." *Policy Studies Journal*. 19(3/4): 474-494.

Mullin, Tracy. (2004). "Politics vs. Policy." *Chain Store Age*. 80(1): 26.

Nakamura, Robert T. and Frank Smallwood. (1980). *The Politics of Policy Implementation.* New York: St. Martin's Press.

Nemec, Patricia B. (2017). "The Long Road from Policy to Practice." *Psychiatric Rehabilitation Journal*. 40(2): 260-262.

Noda, Koji. (2018). "Institutional Economics as Theory of Policy Change: Impact of Past Policy Failure on Present Policy." *Journal of Economic Issues*. 52(1): 117-135.

Olson, Johan P. (2001). "Garbage Cans, New Institutionalism, and the Study of Politics." *American Political Sciences Review.* 95(1): 191-198.

Paige, Glenn, D. (1968). *The Korean Decision.* New York: Free Press.

Palmer, James R. (2015). "How Do Policy Entrepreneurs Influence Policy Change? Framing and Boundary Work in EU Transport Biofuels Policy." *Environmental Politics*. 24(2): 270-287.

Parsons, Talcott. (1951). *The Social System*. London; Routledge & Kegan Paul Ltd.

Parsons, Wayne. (1995). *Public Policy: An Introduction to the Theory and Practice of Policy Analysis*. Aldershot: EDWARD ELGAR.

Pelletier, David. (2004). "Sustainability of the Policy Sciences: Alternatives and Strategies." *Policy Sciences*. 37(3/4): 237-245.

Pielke Jr., Roger A. (2004). "What Future for the Policy Sciences?" *Policy Sciences*. 37(3/4): 209-225.

Pielke Jr., Roger A. (2007). *The Honest Broker: Making Sense of Science in Policy and Politics*. Cambridge; Cambridge University Press.

Prinsen, Gerard and Nijhof. (2015). "Between Logframes and Theory of Change: Reviewing Debates and a Practical Experience." *Development in Practice*. 25(2): 234-246.

Quade, Edward S. (1970). "Why Policy Sciences?" *Policy Sciences.* 1: 1-2.

Reynolds, James F. (1975). "Policy Science: A Conceptual and Methodological Analysis." *Policy Sciences.* 6(1): 1-18.

Robichau, Robbie W. and Laurence E. Lynn Jr. (2009). "The Implementation of Public Policy: Still the Missing Link." *Policy Studies Journal*. 37(1): 21-36.

Robinson, James A. (1999). "Landmark Among Decision-making and Policy Analyses and

Template for Integrating Alternative Fames of Reference: Glenn D. Paige, *The Korean Decision*." *Policy Sciences*. 32(3): 301-314.

Rourke, Francis E. (1984). ***Bureaucracy, Politics, and Public Policy.*** third edition. Boston: Little, Brown and Company.

Rugg, Deborah L. (2016). "Evaluation and Politics: Tips and Barriers to Use." *Journal of Development Effectiveness*. 8(3): 435-445.

Rutherford, Murray B., Michael Gibeau, Susan Clark, and Emily Chamberlain. (2009). "Interdisciplinary Problem Solving Workshops for Grizzly Bear Conservation in Banff National Park, Canada." *Policy Sciences*. 42(2): 163-187.

Ryan, Phil. (2015). "Positivism: Paradigm or Culture?" *Policy Studies*. 36(4): 417-433.

Sabatini, Fabio and Francesco Sarracino. (2019). "Online Social Networks and Trust." *Social Indicators Research*. 141(3): 229-260.

Sager, Fritz. (2018). "Policy Evaluation and Democracy: Do They Fit?" *Evaluation & Program Planning*. 69: 125-129.

Samsung Electronics Co., Ltd. (2019). "Samsung Electronics Co., Ltd. SWOT Analysis." MarketLine.

Sapru, R. K. (2004). ***Public Policy: Formulation, Implementation, and Evaluation***. second edition. New Delhi; India: Sterling Publishers Pvt. Ltd.

Schick, Allen. (2007). *The Federal Budget: Politics, Policy, Process*. third edition. Washington, D.C.: Brookings Institution Press.

Schneider, Anne and Helen Ingram. (1990). "Behavioral Assumptions of Policy Tools." *Journal of Politics*. 52(2): 510-529.

Schneider, Anne L. and Mara Sidney. (2009). "What Is Next for Policy Design and Social Construction Theory?" *Policy Studies Journal*. 37(1): 103-119.

Schwartz, Barry. (2011). "Practical Wisdom and Organizations." *Research in Organizational Behavior*. 31: 3-23.

Simon, Herbert A. (1978). "Rationality as Process and Procedure of Thought." *American Economic Review*. 68(2): 1-16.

Simon, Herbert A. (1997). *Administrative Behavior: A Study of Decision-making Processes in Administrative Organization*. fourth edition. New York: Free Press.

Shin, Youjung. (2018). "A Policy Entrepreneur in the Information Society: Shaping the Interdisciplinarity of Brain Research in Korea." *Minerva: A Review of Science, Learning & Policy*. 56(2): 231-257.

Siaroff, Alan. (1999). "Corporatism in 24 Industrial Democracies: Meaning and Measurement." *European Journal of Political Research*. 36: 175-205.

Skidmore-Hess, Daniel, Jasmine Ellison and Chase Sherrod. (2017). "Policy Point-counterpoint: Is Democracy the Best Form of Governance? Aristotelian vs. Platonic Thought." *International Social Science Review*. 92(2): 1-10.

Spicker, Paul. (2018). "The Real Dependent Variable Problem: The Limitations of Quantitative Analysis in Comparative Policy Studies." *Social Policy & Administration*. 52(1): 216-228.

Srinivasan, T.N. (2000). "The Washington Consensus a Decade Later: Ideology and the Art and Science of Policy Advice." *World Bank Research Observer*. 15(2): 265-271.

Stephens, Anne, Ann Taket, and Monica Gagliano. (2019). "Ecological Justice for Nature in Critical System Thinking." *Systems Research & Behavioral Science*. 36(1): 3-19.

Stokey, Edit and Richard Zeckhauser. (1978). *A Primer of Policy Analysis*. New York: W·W· Norton Company.

Stone, Clarence N. (2005). "Rethinking the Policy-politics Connection." *Policy Studies*. 26(3/4): 241-260.

Stone, Deborah. (2011). *Policy Paradox: The Art of Political Decision Making*. third edition. New York: W·W· Northon & Company.

Strelkov, Alexander. (2019). "EU Justice Scoreboard: A New Policy Tool for Deepening European Integration?" *Journal of Contemporary European Studies*. 27(1): 15-27.

Svavarsdottir, Sigrun. (2009). "The Practical Role Essential to Value Judgment." *Philosophical Issues*. 19(1): 299-320.

Taeihagh, Araz. (2017). "Network-centric Policy Design." *Policy Sciences*. 50(2): 317-338.

Torfing, Jacob, Eva Sorensen, and Tina O. Bentzen. (2019). "Institutional Design for Collective and Holistic Political Leadership." *International Journal of Public Leadership*. 15(1): 58-76.

Torgerson, Douglas. (2017). "Policy Sciences and Democracy: A Reexamination." *Policy Sciences*. 50(3): 339-350.

Tribe, Laurence H. (1972). "Policy Science: Analysis or Ideology?" *Philosophy and Public Affairs*. 2(1): 66-110.

Trowbridge, Richard H. (2011). "Waiting for Sophia: 30 Years of Conceptualizing Wisdom in Empirical Psychology." *Research in Human Development*. 8(2): 149-164.

Tucker, Robert C. (1995). *Politics as Leadership*. revised edition. Columbia: University of Missouri Press.

Uberti, Luca J. (2016). "Can Institutional Reforms Reduce Corruption? Economic Theory and Patron-client Politics in Developing Countries." *Development & Change*. 47(2): 317-345.

Van Wart, Montgomery. (2013). "Administrative Leadership Theory: A Reassessment After 10 Years." *Public Administration*. 91(3): 521-543.

Vedung, Evert. (2009). *Public Policy and Program Evaluation*. New Brunswick; Transaction Publishers.

Vitalis, Nakrosis. (2014). "Theory-based Evaluation of Capacity-building Interventions." *Evaluation*. 20(1): 134-150.

Walker, Larry. (1989). "Woodrow Wilson, Progressive Reform, and Public Administration." *Political Science Quarterly*. 104(3): 509-516.

Wallace, James D. (1969). "Practical Inquiry." *Philosophical View*. 78(4): 435-450.

Walster, Diam. (2017). "Information Policy and Social Media: Accept of Decline." *TechTrends:*

Linking Research & Practice to Improve Learning. 61(3): 301-307.

Whitehead, Alfred N. (1929). *The Function of Reason*. Boston; Massachusetts: Princeton University Press.

Whitehead, Alfred N. (1978). *Process and Reality*. corrected edition. edited by David R. Griffin and Donald W. Sherburne. New York: Free Press.

Whitaker, Gordon P. and Kurt Jenne. (1995). "Improving City Manager's Leadership." *State and Local Government Review*. 27(1): 84-94.

Wiggins, David. (2001). *Sameness and Substance Renewed*. New York: Cambridge University Press.

Wiggins, David. (2005). "Precis of Sameness and Substance." *Philosophy and Phenomenological Research*. 71(2): 442-448.

Wikstrom, Peter. (2016). "No One Is Pro-politically Correct: Positive Construals of Political Correctness in Twitter Conversations." *Nordic Journal of English Studies*. 15(2): 159-170.

Wildavsky, Aaron and Naomi Caiden. (2004). *The New Politics of the Budgetary Process*. fifth edition. New York: Peaerson Education, Inc.

Williams, Walter. (1987). "Policy Leadership and Organizational Competence: Britain and USA." *Parliamentary Affairs: A Journal of Comparative Politics*. 40(2): 188-202.

Wolf, E. and Van Dooren. (2017). "How Policies Becomes Contested: A Spiral of Imagination and Evidence in a Large Infrastructure Project." *Policy Sciences*. 50(3): 449-468.

Wu, Zhenhyu. (2018). "Classical Geopolitics, Realism and the Balance of Power Theory." *Journal of Strategic Studies*. 41(6): 786-823.

Yi, Hongtao and John T. Scholz. (2016). "Policy Networks in Complex Governance Subsystems: Observing and Comparing Hyperlink, Media, and Partnership Networks." *Policy Studies Journal*. 44(3): 248-279.

Yin, Robert K. (2014). *Case Study Research: Design and Methods*. fifth edition. Newbury Park; California: SAGE Publications, Inc.

Youker, Brandon W., Ken Ford, and Nicholas Bayer. (2017). "Dismissing the Goals: A Comparison of Four Goal-dismissive Goal-free Evaluation." *Evaluation & Program Planning*. 64: 1-6.

찾아보기

ㄷ

ㄹ

ㅁ

ㅂ

ㅅ

ㅊ

저/자/소/개

■ **이 해 영**(李海盈)

- 영남대학교 행정학과 교수
- 제49대 한국행정학회 회장(2014년)
- 정부업무평가위원회 위원장(2014 ~ 2018년)
- 영남대학교(행정학사), 경북대학교(행정학 석사)
- University of Maryland, Baltimore(정책학 박사, Ph.D.)
- 『다차원 정책론』, 2001. 서울: 법문사
- 『정치지도자의 정책리더십』, 2003. 서울: 집문당
- 『정책균형이론』, 2008. 대구: 영남대학교 출판부
- 『정책사상 대계』, 2020. (근간), 외 다수

정책학신론(5판)

1판 1쇄 발행 — 1997년 2월 7일
2판 1쇄 발행 — 2004년 2월 16일
3판 1쇄 발행 — 2010년 3월 5일
4판 1쇄 발행 — 2016년 1월 10일
5판 1쇄 발행 — 2020년 1월 30일

저 자 - 이해영
발 행 인 - 강철원
발 행 처 - 양성원
주 소 - 경기도 파주시 검산로 173번길 29-20
전 화 - 031-946-3861(代)
팩 스 - 031-946-3864
이 메 일 - tnwpub@naver.com
홈페이지 - tnwpub.co.kr
출판등록 - 2015년 8월 31일 제 2015-000211 호

ISBN 979-11-6126-240-6

정가 30,000원